Manual de Direito e Cidadania

Manual de Direito e Cidadania

2022 · 6.ª Edição (Revista e Atualizada)

Iva Carla Vieira
Advogada

José Henriques
Professor do Ensino Superior e Advogado

Olímpio Castilho
Professor do Ensino Superior e Gestor

ALMEDINA

MANUAL DE DIREITO E CIDADANIA

AUTORES
Iva Carla Vieira, José Henriques, Olímpio Castilho
1.ª Edição, janeiro, 2009

EDITOR
EDIÇÕES ALMEDINA, S.A.
Avenida Emídio Navarro, 81, 3D
3000-151 Coimbra
Tel.: 239 851 904 ➤ Fax: 239 851 901
www.almedina.net ➤ editora@almedina.net

DESIGN DE CAPA
FBA

PRÉ-IMPRESSÃO
EDIÇÕES ALMEDINA, S.A.

IMPRESSÃO E ACABAMENTO

Setembro, 2022
DEPÓSITO LEGAL

ALMEDINA | GRUPOALMEDINA

BIBLIOTECA NACIONAL DE PORTUGAL — CATALOGAÇÃO NA PUBLICAÇÃO
VIEIRA, Iva Carla e outros
MANUAL DE DIREITO E CIDADANIA
Iva Carla Vieira, José Henriques, Olímpio Castilho
6.ª ed., rev. e atualizada. – (Direito para economistas, gestores e marketeers)
ISBN 978-989-40-0851-4
I – HENRIQUES, José
II – CASTILHO, Olímpio
CDU 34

PREFÁCIO DA 6.ª EDIÇÃO

É com renovado agrado que os autores prepararam esta nova edição. Posto que se mantêm os objectivos traçados na primeira edição, esta obra destina-se, principalmente, aos estudantes dos cursos superiores da área das ciências empresariais e outras, em que o Direito é uma unidade curricular relevante – estudantes que continuam a procurá-lo numa manifestação clara da sua preferência, o que muito agradecemos, pelo que não podíamos deixar de estar atentos às suas necessidades de aprendizagem, bem como às suas solicitações.

Nesta conformidade, foi mantida a sistematização adotada nas duas últimas edições, a qual se revelou adequada. Contudo, há que ressalvar o laborioso esforço de atualização das matérias versadas, incluindo novos temas, tidos como relevantes, Com efeito, nesta 6.ª edição, os autores foram confrontados com as mais recentes alterações legislativas que tornaram obsoletos muitos dos conteúdos da anterior edição, pelo que, com espírito de missão cumprida, a presente edição contempla, quer as alterações verificadas, quer uma análise crítica de tais alterações.

Como sempre, expressamos o nosso agradecimento aos leitores, pela preferência que sempre deram e continuam a dar a esta obra, bem como à prestigiada Editora, por nos honrar com o convite para mais esta nova edição.

Porto, 1 de setembro de 2022

OS AUTORES

SIGLAS E ABREVIATURAS

a.C.	antes de Cristo
ACT	Autoridade para as Condições do Trabalho
art.	Artigo
BCE	Banco Central Europeu
CC	Código Civil
C.Com	Código Comercial
CRP	Constituição da República Portuguesa
CAP	Confederação da Agricultura Portuguesa
CASES	Cooperativa António Sérgio para a Economia Social
CCP	Confederação do Comércio e Serviços de Portugal
CE	Comunidade Europeia
CECA	Comunidade Europeia do Carvão e do Aço
CEE	Comunidade Económica Europeia
CEEA	Comunidade Europeia de Energia Atómica
Cfr.	Confrontar
CGTP-in	Confederação Geral dos Trabalhadores Portugueses, Intersindical
CIP	Confederação da Indústria Portuguesa
CIRE	Código de Insolvência e Recuperação de Empresas
CP	Código Penal
CPC	Código de Processo Civil
CPP	Código de Processo Penal
CRC	Código do Registo Civil
CSC	Código das Sociedades Comerciais
CT	Código do Trabalho
CTP	Confederação do Turismo Português
CTT	Correios de Portugal

DR	Diário da República
Dec.-Lei	Decreto-Lei
DECO	Associação de Defesa do Consumidor
ed.	editor/edição
EIRL	Estabelecimento Individual de Responsabilidade Limitada
EURATOM	Comunidade Europeia da Energia Atómica
FLUL	Faculdade de Letras da Universidade de Lisboa
GNR	Guarda Nacional Republicana
ibidem	aí mesmo
IC	Instituto do Consumidor
idem	o mesmo
IMI	Imposto Municipal sobre Imóveis
INCM	Imprensa Nacional Casa da Moeda
IPSS	Instituições Particulares de Solidariedade Social
IRCT	Instrumento de Regulamentação Coletiva de Trabalho
IRN	Instituto dos Registos e Notariado
IRS	Imposto sobre o Rendimento das Pessoas Singulares
ISEG	Instituto Superior de Economia e Gestão
JO	Jornal Oficial da União Europeia
LOFTJ	Lei de Organização e Funcionamento dos Tribunais Judiciais
LOSJ	Lei da Organização do Sistema Judiciário
LTFP	Lei do Trabalho em Funções Públicas
NLOFTJ	Nova Lei de Organização e Funcionamento dos Tribunais
ob. cit.	obra citada
OIT	Organização Internacional do Trabalho
OMPI	Organização Mundial da Propriedade Intelectual
ONU	Organização das Nações Unidas
OTM	Organização Tutelar de Menores
pág.(s)	página(s)
PME	Pequenas e Médias Empresas
Por ex.	por exemplo
PSP	Polícia de Segurança Pública
RJPA	Regime Jurídico do Processo de Adoção
RNPC	Registo Nacional das Pessoas Coletivas
ROC	Revisor Oficial de Contas sèc. Século
SEF	Serviço de Estrangeiros e Fronteiras

SGPS	Sociedade Gestora de Participações Sociais
SMF	Sistema de Mediação Familiar
SQE	Sistema de Queixa Eletrónica
ss	Seguintes
STJ	Supremo Tribunal de Justiça
TECG	Tratado sobre Estabilidade, Coordenação e Governação da União Económica e Monetária
TIC	Tecnologias de Informação e Comunicação
UCP	Universidade Católica Portuguesa
UE	União Europeia
UGT	União Geral dos Trabalhadores
UPV	Universidade Politécnica de Valencia
v.g.	*verbi gratia* (por exemplo)
§	Parágrafo

PLANO DA OBRA

PARTE I

—

O QUE É O DIREITO

—

1. A Origem e a Necessidade do Direito

Direito é uma palavra que radica no étimo latino *ius rectum*, expressão que pode ser traduzida como "*aquilo que é reto*", na aceção de "*aquilo que é justo*". O conceito de justiça aparece-nos, assim, indissociavelmente ligado a um ideal que pode nortear a conduta dos homens e configurar um valor que deve presidir nas sociedades humanas.

O Direito, entendido como um **sistema normativo regulador da vida humana em sociedade** tem, na sua génese, uma orientação programática que mais não é que a de "balizar" as condutas individuais e a interação, de acordo com critérios de justiça e de segurança jurídica. Enquanto cidadãos, vivemos em relação com os outros e dependemos do funcionamento eficaz das instituições de um Estado, mormente daquelas a quem compete dirimir conflitos. Sabemos, por experiência feita, que a Justiça é um valor absoluto e difícil de concretizar, e temos a percepção e a consciência de que, em determinado caso e circunstância, ela não foi cumprida. Daí que seja muito comum as partes em conflito clamarem pela realização da Justiça no seu caso concreto e interporem recurso de decisões judiciais que, na ótica da parte vencida, não se afiguram justas. Na verdade, elas são titulares de interesses opostos ou divergentes e, pese embora as partes serem os sujeitos de uma relação processual controvertida, tais interesses terão de ser objecto de uma composição para que não se quedem irremediavelmente inconciliáveis.

Este será, assim, um dos grandes objetivos do Direito de um qualquer Estado moderno: **tornar compatíveis os diferentes interesses** dos cidadãos e organizações, muitas das vezes **em absoluta oposição ou** em aberta **conflitualidade**, latente ou manifesta, seja entre particulares ou entre estes e outros entes, como é o caso do próprio Estado, numa ação que lhe seja movida por um cidadão, ou, ainda, entre administração fiscal e contribuinte, uma sociedade comercial e os seus clientes ou os seus sócios, uma federação desportiva e um atleta de uma determinada modalidade.

O Direito estadual assume, decisivamente, uma **função reguladora da vida em sociedade,** para que ela se desenrole num ambiente de **coexistência pacífica**, num clima de **ordem e paz social**, permitindo, consequentemente, a concretização das legítimas aspirações dos indivíduos, bem como o **progresso e o desenvolvimento económico, social e cultural de uma determinada sociedade.**

Se falamos de progresso é porque nada é estático ou imutável. O Direito, como qualquer outra ciência, não pode estagnar ou circunscrever-se a um conjunto de dogmas. O Direito, visto como uma ordem normativa positivada, não tem outra alternativa que não seja a de **acompanhar a evolução dos tempos** e das mentalidades, criando o quadro jurídico ou normativo adequado às novas situações dignas de tutela e que, por não se encontrarem disciplinadas, originam um "vazio" suscetível de lesar os interesses dos cidadão e das organizações. O processo civilizatório dos dois últimos séculos, caracterizado por uma mutação tecnológica acelerada, induziu nas sociedades transformações que eram relativamente estranhas às sociedades que nos antecederam; hoje perfilam-se novos e constantes **desafios que o Direito tem de assumir, com a regulação de novas situações factuais e de novas relações** que os seres humanos, em busca do seu bem-estar, adotam no seio das comunidades em que se integram. Quando estas novas formas de viver, de fazer negócios, de associação, de realização individual, entre outros domínios, se revelam compatíveis com os valores fundamentais da colectividade que é o próprio Estado, cabe ao Direito conferir a respectiva tutela, para assegurar a possibilidade de realização de tias interesses e garantir a paz social do grupo. Assim acontece quando o Direito protege e reconhece determinadas relações, tipifica novas atividades criminosas, prevendo as respectivas molduras penais, estabelece regras imperativas para o combate de actividades praticadas nas redes e plataformas digitais, lança mão da regulação do comércio electrónico, acompanhando a marcha da globalização e acesso e utilização, cada vez mais massificados, das tecnologias da informação e comunicação, entre outros.

Podemos afirmar que a imaginação e o poder criativo do Homem são prodigiosos e, por este motivo, se adiantam à tarefa reguladora do Estado, pelo que estão sempre "um passo à frente" do Direito e das suas normas; a título meramente exemplificativo, referimos a reivindicação para o reconhecimento e a tutela jurídica de novas formas de união e coabitação entre indivíduos do mesmo sexo e de sexo diferente – com a assunção de novas formas de convivência amorosa que não se confine ao modelo tradicional da comunhão sob o mesmo teto, como acontece com a realidade sociológica do "*living apart couple*", mas em que se pretende manter a individualidade e a economia separada de cada uma dos sujeitos – bem como para a regulação jurídica das questões identitárias de género, as novas regras de procriação humana – como a PMA-Procriação Médica Assistida.

Assim sendo, **novas realidades sociais** induzirão **novas formas de regulamentação normativa e de tutela das relações factuais subjacentes**, com uma mundovisão que quebra conceitos convencionais e paradigmas comummente aceites até há bem pouco tempo. Assim acontece com o casamento que, de acordo com a anterior redação do art. 1577.° do CC, "*...é o contrato celebrado entre duas pessoas de sexo diferente que pretendem constituir família mediante uma plena comunhão de vida, ...*" e, como se estabelece no n.° 1 do art. 1587.° do nosso CC, "*é católico ou civil*".

A mutação das sociedades, e dos interesses dos indivíduos, naturalmente estribados nas suas convicções, designadamente as religiosas, levam a que a norma jurídica haja de regular de modo novo as relações humanas do nosso tempo, postergando códigos e legislação avulsa cristalizados no tempo e que se revelam já inadequados, de forma a adaptá-los às novas exigências e às modernas realidades. A título meramente exemplificativo, referimos as alterações legislativas introduzidas ao Código Civil pelo Dec.-Lei n.° 324/2007, de 28 de setembro (tratadas adiante, a propósito dos Livros do CC Português) as quais foram relevantes em matérias atinentes ao casamento, às convenções antenupciais, à validação de casamentos celebrados de acordo com ritos religiosos e ministros de culto e igrejas, além da católica, e que demonstram que o Direito se esforça para acompanhar a transformação de mentalidades e as formas de convívio e de coexistência social, que se pretende pacíficas e normativamente enquadradas.

Acresce a **dissolução das fronteiras físicas entre os Estados**, e a diluição do mapa geográfico convencional, que permitem a disseminação mais rápida de atividades ilícitas como o narcotráfico, a imigração clandestina, o tráfico de crianças e de mulheres, actividades que são gravemente atentatórias dos mais elementares direitos humanos e exigem um esforço mais denodado dos Estados e da comunidade internacional para o combate, além da manutenção de uma rede permanente de contactos e uma cooperação eficaz entre as ordens jurídicas respectivas, com vista a prevenção, o controle e a repressão desta criminalidade à escala global.

O acesso intensivo e generalizado às **tecnologias de informação e comunicação** continuará a exigir do Direito a permanente vigilância e a tipificação como crime de práticas que, noutras décadas, nem sequer eram previsíveis, como é o caso do *download* [1], da pirataria informática, e dos *hackers* [2].

A permanente **evolução tecnológica, científica e social** induzirá, inelutavelmente, nas sociedades humanas – independentemente das suas diferenças culturais, religiosas e étnicas, e o espaço onde vivem, ou seja, a relatividade espacial e temporal das coisas – uma força propulsora das respectivas ordens jurídicas, para que estas se adaptem, com rapidez e eficácia, às novas realidades sociais, regulando-as e tutelando-as, por as validar como legítimas, ou, pelo contrário, proibindo-as e penalizando os sujeitos intervenientes. Só deste modo se poderá realizar um outro valor essencial na vida em sociedade, que é o da **certeza ou da segurança jurídica**, de que falaremos mais adiante.

---

[1] O *download* é o termo que significa a transferência de um ou mais ficheiros de um servidor da Internet para um computador pessoal. Configura um processo de copiar dados, normalmente um ficheiro completo, de uma fonte principal para um dispositivo periférico.

[2] é o utilizador que, abusivamente, acede a sistemas informáticos, com o intuito de se apropriar, indevidamente, de informação ou retirar vantagens económicas desse acesso.

2. Breves Notas sobre a Génese do Direito

"Se as armas falam, as leis se calam"
Provérbio popular

2.1. O Direito, legado da Antiguidade Romana

O Direito é um dos mais relevantes legados da civilização romana, sendo que, até àquela que é considerada a primeira lei romana escrita – a Lei das Doze Tábuas, promulgada por volta do ano 417 a.C. e fixada em doze tábuas de madeira que desapareceram aquando do incêndio de Roma em 390 a.C. – a formação do Direito foi feita com base nos costumes e usos tradicionais.

Este primitivo direito romano baseava-se em conceitos éticos, na equidade, no costume e na dignidade e era elaborado e aplicado pelos denominados jurisconsultos. O próprio vocábulo Direito deriva do latim. Citando, António Marinho Pinto[3], que, sintética e claramente, se refere à origem da palavra Direito:

> *"Na sua origem latina o termo é composto de duas palavras. A preposição «de» (com o sentido superlativo) e a palavra «rectum» («reto»). O Direito e, portanto, o «De-Rectum», o que é «muito reto; o mais reto». A palavra evoluiu, dando origem*

[3] In "Dura Lex Retratos da Justiça Portuguesa", pág. 21, Edições Minerva Coimbra, setembro de 2007.

aos termos «direto» e «direito» (o que não é torto e o que está no oposto ao lado esquerdo)".

A evolução deste primitivo direito romano fez nascer ramificações que permitem autonomizar:

- O *ius naturale* – direito natural comum a todos os seres;
- O *ius gentium* – o direito comum a todas as nações;
- O *ius civile* – o direito civil emanado das regras criadas por cada cidade e que incluíam os éditos dos magistrados;
- O *ius publicum* – o direito público criado por entidades oficiais como os imperadores;
- O *ius privatum* – o direito privado que regulava os atos entre particulares.

2.2. O Direito na Idade Média

Na Europa Medieva, como já se disse, aplicou-se o Direito Romano, implantado em todas as regiões do vasto Império, num processo global a que se chamou de Romanização e que incluiu a difusão do latim.

Pese embora as dificuldades que resultavam do facto de as leis não se encontrarem devidamente organizadas em códigos, e serem esparsas, a aplicação do direito civil estava a cargo dos **monarcas** que, casuisticamente, resolviam os pleitos dos seus súbditos, não havendo uniformidade nas suas decisões.

Os criminosos eram julgados por **tribunais,** mas as sentenças também diferiam de região para região. Sabemos que o monarca concentrava, na sua pessoa, o poder deliberativo e judicial, todavia, para os crimes graves eram os tribunais chamados a decidir e aplicar a lei. Na origem da judicatura, o "**juiz de fora**" foi o antepassado do atual magistrado, sendo um oficial que, em nome do rei, e de forma itinerante, julgava as causas submetidas à sua apreciação.

Já existia também, neste período histórico, a classe profissional dos advogados, que exerciam funções de defesa dos réus e intervinham na elaboração de testamentos.

Antes do movimento de centralização do poder régio, e dada a profusão de leis que iam sendo criadas, frequentemente por existir necessidade de regulamentar a vida dos burgos que nasciam, também o senhor feudal passou a aplicar, nos seus domínios senhoriais, o modelo de leis que lhe parecesse mais adequado.

Foi a partir do séc. XII que o Direito passou a ser estudado nas **universidades,** cuja fundação era recente e não dependia das ordens religiosas nem dos mosteiros, pelo que a importância das disciplinas foi ganhando peso com os séculos.

No Norte da Europa, os costumes de origem germânica marcaram o Direito aí aplicado, ao contrário da região Sul, nitidamente influenciada pelo Direito Romano e pelo Direito Canónico, que concorriam na disciplina das relações civis e seculares. Ao contrário dos procedimentos adotados ao abrigo do Direito Romano, no Norte da Europa era comum averiguar-se da culpa ou da inocência com recurso a duelos, a *justas*[4], a provas de fogo (as denominadas "*ordálias*", em que o acusado era submetido a imersão do corpo, ou de partes dele, em tinas de água fervente e a queimaduras provocadas com ferros em brasa), de cujos efeitos absolutamente aleatórios dependeria a "prova" divina da sua culpabilidade ou inocência.

2.3. Os Direitos Canónico e Concordatário

A par do Direito Romano, nasceu o Direito Canónico, pela mão da Igreja e com uma grande influência no mundo secular e na administração da justiça entre os cidadãos.

Este Direito está expresso em dois códigos:

- O *Codex Iuris Canonici* (Código de Direito Canónico), promulgado em 1983 pelo Papa João Paulo II, que se aplica à Igreja Católica Latina ou Ocidental;
- O *Codex Canonum Ecclesiarum Orientalium* (Código dos Cânones da Igreja Oriental), promulgado em 1990, respeitante às Igrejas Orientais.

---

[4] *Justa* era o torneio ou combate travado entre dois cavaleiros, com lanças, em que um deles seria derrotado se fosse derrubado do cavalo.

Ambos assentam na missão que Cristo confiou à Igreja, e que compreende três funções essenciais: a de ensinar, santificar e governar. Este Direito é, ainda, integrado pelos usos e o costume e as decisões proferidas pelos Tribunais Eclesiásticos.

Há que referir que, dentro do Direito Canónico, se autonomiza o denominado **Direito Concordatário**, que se funda no conjunto de acordos ou concordatas, celebradas entre a Igreja e os Estados soberanos, que regulam questões civis eclesiásticas, isto é, os direitos relativos às pessoas singulares ou instituições que estejam sob a alçada deste Direito. é o caso do casamento católico que, apesar de poder ser dissolvido de acordo com as leis civis do Estado Português, impede o divorciado de contrair novo casamento católico. Este vínculo é, para a Igreja, um sacramento que só é suscetível de anulação, mediante a competente apreciação de um Tribunal Eclesiástico.

Quer o Direito do Estado, quer o da Igreja, foram evoluindo no sentido da **codificação** das suas normas. O processo de codificação, que consiste na reunião ou compilação de normas de acordo com um método lógico (que não se limita a mera compilação cronológica de diplomas), teve o seu início em finais do séc. XIX, no Direito Civil, com a influência do Código de Napoleão, e no Direito Canónico, muito depois do Concílio de Trento, convocado, em 1534, pelo Papa Paulo III.

Devido às guerras que assolavam a Europa, este concílio foi interrompido, para ser terminado no ano de 1563, sendo certo que só lhe foram consagrados oito anos de efetivo trabalho, no termo dos quais se erigiram os principais dogmas da fé cristã e da Igreja Católica. Coube a D. Sebastião promover a aplicação em Portugal dos decretos que consubstanciaram as decisões aí firmadas, no reinado de D. João III, o qual se empenhou ativamente nas sessões do concílio, enviando representantes do clero português.

3. Direito positivo, Direito vigente e Direito natural

Referindo-nos às principais formas de aceder ao sentido da palavra "direito" podemos aludir a uma que o **identifica** com um **conjunto de normas imperativas vigentes num grupo social determinado**, identificando esse conjunto de normas como **ordenamento jurídico positivo**, quer esteja em vigor, quer tenha sido afastado o seu período de validade.

Este entendimento partindo de uma conceção **positivista** do Direito nega carácter jurídico ao Direito natural, havendo quem entenda o Direito natural como um conjunto de princípios ou exigências derivadas da natureza humana; esses princípios têm por finalidade a defesa desta da condição humana bem como a realização das suas potencialidades mais imediatas na vida social (López Calera)[5].

Em termos de Teoria do Direito e, mais concretamente, da fundamentação do Direito, a conceção positivista tem contribuído para absolutizar o caráter normativo (a metodologia lógico-formal do Direito), questionando e inclusivamente negando a possibilidade de contemplar perspetivas referidas a um determinado sistema de valores previamente inscritos e subjacentes à condição humana. Direito natural em contraponto ao Direito positivo englobaria, como se verá a seguir no ponto 3.3., um conjunto de princípios anteriores ao Direito positivo, aos quais caberia fundamentar, orientar e limitar criticamente o Direito positivo, entendido este como imposto com força vinculante por quem exerce o poder na sociedade.

---

[5] Lopes Calera, N., apud Pérez-Luño, A.-E: Teoría del Derecho, Tecnos, Madrid, 5.ª ed., 2006, pág. 71.

De seguida, ficará clarificada cada uma das noções a que se faz referência neste número.

3.1. Direito positivo

A expressão terminológica, *ius positivum*, que não aparece até ao séc. XII, originou o uso frequente dos termos "direito positivo" ou "leis positivas" para designar as normas prescritas e validadas para cada sociedade; isto supõe que, no presente momento e objetivamente, constituirá Direito positivo o sistema jurídico constituído pelo acervo de normas que estão ou estiveram em vigor, podendo ser ou ter sido aplicáveis em dado momento, numa sociedade concreta.

Nesse sentido, a expressão "direito positivo" designa o Direito posto ou imposto por quem exerce o poder numa determinada sociedade e, por isso, válido no âmbito da mesma. Há quem considere (conceção positivista do Direito) o Direito positivo como o único Direito existente, conferindo a sua validade na adequada produção formal das normas de acordo com o procedimento estabelecido pelo próprio ordenamento positivo.

Para evitar que cada um, anarquicamente, negue o caráter de Direito a qualquer disposição normativa com a qual não concorde, por esta não corresponder a uma conceção própria e subjetiva da justiça, torna-se necessário que tais normas sejam acatadas e a sua vigência seja ou tenha sido efetiva.

3.2. Direito vigente

Esta noção de Direito vigente insere-se na compreensão do Direito positivo, mas cingindo a sua extensão apenas às **normas que vigoram no momento atual e numa determinada sociedade**. Por outras palavras, o **Direito vigente é o Direito positivo que se encontra em vigor**, entendendo-se como tal as normas respeitadoras do seu processo de formação e publicação, suscetíveis de ser cumpridas ou de ser suscetível a exigência do seu cumprimento àqueles a quem se destinam, podendo ou devendo ser aplicadas pelos tribunais.

Mesmo que se trate de normas injustas à luz dos grandes princípios jurídicos que a nossa intuição faça prevalecer, **não é por ser injusta que a lei deixa de ser lei** (daí o brocardo latino "***dura lex, sed lex***" que, traduzido à letra, poderá significar "a lei é dura, mas é a lei"). Aliás, **a característica da lei ser geral, isto é, destinada aos cidadãos na sua globalidade sem identificar este ou aquele destinatário em concreto, já implicará supor que possa ser injusta num ou noutro caso particular**.

Ainda que a lei injusta seja discutida, é lei e encontra-se reconhecida pelos que lhe devem obedecer; e isto porque, de uma maneira geral, todos os que se sentem submetidos a ela a consideram como obrigatória.

3.3. Direito natural

Que regras ou princípios gerais prévios à experiência humana são aqueles que constituem como que uma intuição que cremos ter do que é verdadeiramente Direito?

Que regras julgamos existir na consciência coletiva e cujo conhecimento nos é revelado como se de grandes princípios jurídicos se tratasse e que estarão acima da lei?

Que regras não escritas, mas impressas nas nossas consciências e que nos permitem, a partir delas, estabelecer critérios de valoração relativamente ao Direito estabelecido pelo legislador?

Representado pelas regras jurídicas primárias, independentes da legislação positiva e anteriores e superiores a ela, ou por um conjunto de primeiros princípios de conduta, inscritos nas nossas consciências e deduzidos de "*estruturas básicas da natureza humana*" (Coing) ou da "*natureza das coisas*" (Larenz)[6] que, quando têm relação com a justiça, constituem o Direito natural. São **princípios éticos orientadores e antecedentes do Direito positivo, nos quais se deve inspirar a norma jurídica**.

Há quem entenda que os princípios de Direito natural e as convicções ético-sociais dominantes na comunidade, a par dos princípios lógicos positivos, integram os chamados **princípios gerais do Direito**.

---

[6] Apud Lacruz Berdejo, J.L.: Nociones de Derecho Civil Patrimonial e Introducción al Derecho, Dykinson, Madrid, 2006, pág. 6 y Lasarte, Carlos: Curso de Derecho Civil Patrimonial, Tecnos, Madrid, 11.ª ed., 2005, pág. 61.

Dentro da significação equívoca e vaga da expressão "*direitos humanos*" e a sua relação com os Direitos naturais, o pensamento jusnaturalista perfilha a ótica de que aqueles são um prolongamento destes, apesar de esta conexão ser negada pelos autores positivistas. No entanto, encontra-se muito generalizada a tendência para considerar os Direitos humanos como uma expressão mais ampla que a de Direitos naturais.

Para *Thomas Paine*, os Direitos naturais são ***"aqueles que correspondem ao homem pelo simples facto de existir"***; os Direitos humanos são "*aqueles que correspondem ao homem pelo facto de ser membro da sociedade*". A fórmula "*direitos humanos*", mais usual no plano das declarações e convenções internacionais é substituída pela denominação "*direitos fundamentais*" quando positivados a nível interno.

Os autores dos sécs. XVII e XVIII afirmaram o primado dos Direitos naturais subjetivos sobre o Direito objetivo positivo. A lei natural, para S. Tomás de Aquino (*Summa Theologica*)[7], é **originária, universal e imutável**. Os preceitos da lei natural são originários no sentido de que são inatos e têm uma evidência intrínseca à natureza humana que, por isso, os torna naturalmente cognoscíveis.

A lei natural é universal (*lex naturae, quantum ad prima principia communia, est cadem apud omnes et secundum rectitudinem, el secundum notitiam*), isto é, a mesma para todos os homens, tanto pela retidão da sua inteligência como pelo conhecimento desta. Para esta conceção, a lei natural é imutável (*quantum ad prima principia legis naturae lex naturae est omnino immutabilis*) e não pode ser apagada dos corações dos homens (*lex naturalis nullo modo potest a cordibus hominum deleri in universali*).

O desejo de situar os Direitos humanos no plano orbital do absoluto e incondicionado levou as principais construções modernas a inspirar-se, consciente ou inconscientemente, naquelas propriedades clássicas da lei natural, que a situavam acima de qualquer contingência.

---

[7] Apud Pérez-Luño, A.-E: Teoría del Derecho, Tecnos, 2006, 5ªed., pág. 72 y Derechos Humanos, Estado de Derecho y Constitución, Tecnos, 9ª ed., Madrid, 2005, pág. 43.

As ideias de Samuel Pufendorf (todos os homens nascem com a mesma liberdade natural), de John Locke (o homem nasce com um título à liberdade perfeita), de Thomas Peine (Direitos naturais são aqueles que correspondem ao homem pelo mero facto de existir), de Thomas Hobbes (a lei natural é imutável e eterna) e de Jean Jacques Rousseau (*renunciar à sua liberdade, é renunciar à sua qualidade de homem, aos direitos da humanidade...*) encontraram eco na **Declaração de Direitos** do povo de Virgínia (*todos os homens são por natureza igualmente livres e independentes...*) e na **Declaração Francesa dos Direitos do Homem e do Cidadão** (*os homens nascem e permanecem livres e iguais em direitos...*)[8].

Assim, o **pensamento jusnaturalista do séc. XVIII**, na base daquela teorização de uns direitos comuns a todos os homens situados no plano dos valores absolutos, universais e intemporais, encontrou maneira de enraizar uma nova legitimação do poder político na medida em que a autoridade e a ação política deviam estar ao serviço e na prossecução daqueles objetivos, por sua natureza, inerentes a todo o género humano.

3.4. A questão do jusnaturalismo e do juspositivismo

Como se está a ver, esta problemática é controversa e coloca, ainda em pleno séc. XXI, reservas profundas. Ambos decorrem de filiações antagónicas, bebem em correntes filosóficas distintas e estribam-se em conceções que poderão considerar-se não conciliáveis.

Durante séculos tem-se alimentado esta controvérsia, especialmente nas sociedades ocidentais que sempre estabeleceram uma distinção entre dois tipos de Direitos e normas: um **Direito natural**, baseado em leis (naturais) que se impõem ao Homem como autênticos princípios gerais, válidos em todas as eras e para a humanidade em geral; outro, o **Direito positivo**, assente em normas de caráter utilitário, produzidas por uma sociedade para regular as suas relações, na época e no tempo dessa mesma sociedade. Está aqui patente a conceção dualista do Direito que pode-

---

[8] Apud Pérez-Luño, A.-E: Derechos Humanos, Estado de Derecho y Constitución, Tecnos, 9.ª ed., Madrid, 2005, págs. 43 e 44 (cfr. Notas de rodapé 81 a 86). Messner, J.: Ética Social, Quadrante, S. Paulo, sem ano, págs.27, nota 6, 34 e 49.

mos encontrar já nas correntes filosóficas do pensamento na Antiguidade Clássica.

Para as escolas **jusnaturalistas**, é indiscutível a existência de um conjunto de princípios e valores que transcendem o próprio Homem e são inerentes à sua condição humana, à natureza das coisas e do mundo. Daí que se imponham ao Homem como valores, princípios e regras para agir que ele apreende e aceita, ainda que de uma forma imprecisa ou imperfeita. Tal como uma reminiscência de **Platão**, algo que está no próprio subconsciente individual e coletivo da Humanidade.

Este filósofo distinguia:

- O **mundo sensível** – que correspondia ao nível do que é corpóreo, contingente e corruptível e onde se operam todas as mudanças e aparências;
- O **mundo inteligível** – a esfera das essências, dos ideais imutáveis, necessários e eternos, o mundo da permanência, da unidade ou da **Verdade Universal**.

Para Platão, as **Ideias são os arquétipos** ou modelos sobre os quais o Homem constrói a sua realidade ou existência, através de um processo de imitação ou *mimésis*.

Este filósofo parte deste dualismo idealista e **nega o conhecimento empírico, baseado na experimentação e nos sentidos**. No centro da teoria Platónica, está a alma, considerada a essência do Homem, cujo corpo é apenas a prisão que lhe restringe as potencialidades. Daí que, e sempre de acordo com Platão, a existência do Homem deveria orientar-se para a libertação das "correntes" materiais, corpóreas, tendo em vista alcançar a Verdade, através de um processo de ascese que lhe permitiria relembrar as Ideias que a sua alma tinha já contemplado, no mundo Inteligível.

Também **Aristóteles** considerava o Direito natural como um conjunto de normas imutáveis e universais enquanto o Direito positivo seria um conjunto de normas cuja validade e eficácia dependeria da coletividade que o criava, daí que tivesse uma natureza mutável e relativa, isto é, circunscritas àquele povo e ao tempo em que seriam para vigorar.

Muitos pensadores, especialmente os dos Sécs. XVII e XVIII postularam a supremacia do Direito natural em relação ao Direito positivo, como aconteceu com **S. Tomás de Aquino**.

Baseados nestas premissas, os jusnaturalistas aceitam a existência de princípios naturais, imanentes à natureza humana, e que se inscrevem na sua própria condição; daí que se tornem princípios absolutos, imutáveis e universais, já que a todos os Homens dizem respeito, independentemente das condições de tempo e de lugar. Para as correntes jusnaturalistas, há, assim, o primado destes princípios sobre as leis, porque aqueles são válidos para todas as civilizações e eras.

São motivações desta índole que levam a crer que a compaixão, a solidariedade, a busca da Justiça e a paz possam ser considerados como valores absolutos e perseguidos por todos os Homens, seja qual for a latitude e o tempo em que vivem ou tenham vivido.

Para os jusnaturalistas, há um conjunto de regras que informa uma espécie de Direito suprapositivo e supraestadual, estribado em valores e ideais considerados justos pelos povos e pelos tempos, ocupando um lugar de supremacia em relação aos Direitos positivos de cada povo e Estado[9].

As **escolas juspositivistas** negam que assim seja.

Para estas, só o que se apreende através dos sentidos e do método experimental pode ser validado. Para esta corrente, não há princípios imutáveis e universais; a Justiça e outras entidades são princípios criados (não apreendidos) pela inteligência humana, são criados por consciências individuais e coletivas ou sociais que os tornam positivados, como regras de conduta e ideias.

---

[9] Latorre, A.: Introdução ao Direito, Escolar Editora, Lisboa, 2013, págs. 141-144.

Para esta corrente, a norma é criada de acordo com um **processo lógico** que, ao pretender validar, regulamentar e impor regras para a conduta humana, chega a conclusões normativas, como de um silogismo se tratasse; estas regras derivam da **vontade do legislador** e não de uma "entidade" superior ao próprio homem; e a sua legitimidade decorre da própria **força** que elas contêm, já que são normas que devem ser necessariamente acatadas pelos membros da comunidade onde são criadas.

Defendem, consequentemente, e por oposição aos jusnaturalistas, que os princípios são dotados de uma **relatividade,** no tempo e no espaço, variando de época para época e conforme as civilizações; e, ao contrário dos jusnaturalistas – que reconhecem, apenas, a validade das "*leis justas*" e o Direito de desobedecer à lei injusta, como um Direito de resistência – conceção jusnaturalista extrema – ou de observar uma mera "*obediência passiva*" – para o jusnaturalismo moderado – os juspositivistas aceitam que, nas leis criadas pela razão humana, está contida a justiça (critério da legalidade) não cabendo desobediência a elas.

4. O Direito e a Sociedade

O Direito é fundamental à vida em sociedade.

E se quisermos definir uma sociedade, poderemos afirmar que ela é um grupo de indivíduos que se une, de forma duradoura, com o intuito de satisfazer interesses vários. Da coesão do grupo, os seus elementos retiram utilidades; da sua interdependência, resultam benefícios individuais e coletivos.

É comum afirmar que o homem é um ser **iminentemente " político"**, não na aceção restrita de um ser vocacionado para a atividade política mas na mais ampla: como alguém que tende a viver em sociedade, que está predisposto a viver em grupo e não de forma isolada.

A palavra "político" radica no étimo grego ***"polis"***, que significa cidade, a primeira forma de organização política dos Estados nas civilizações da antiguidade clássica.

Com efeito, na Grécia Clássica, a cidade correspondia ao conceito que, hoje, corresponde ao de um Estado. Atenas e Esparta foram cidades – estado dotadas de uma distinta organização política e social, com estruturas próprias para o exercício de poderes de deliberação e representação dos seus cidadãos e com leis diferentes, emanadas dos seus órgãos competentes.

Atenas, que ficou para a História como o "berço do pensamento político e filosófico", foi convertida por Péricles numa grande cidade-estado, com a sua Acrópole recheada de monumentos emblemáticos como o *Partenon*, os teatros, os templos dedicados aos seus deuses e os tribunais com competência territorial para julgar as questões de toda a região do Mar

Adriático. Ainda hoje podemos considerar que foi nesta cidade-estado que nasceu a democracia, sistema de governação que se converteu num modelo para toda a cultura helénica do Século V a.C., mas onde as mulheres, os estrangeiros e os escravos não eram titulares de quaisquer direitos.

Viria a ser derrotada pela sua rival Esparta, também esta uma cidade-estado, com um sistema político distinto daquela, e que ficou para a posteridade conhecida pela sua disciplina militar e pela austeridade dos seus costumes.

Numa época mais recente da história da Europa ocidental, podemos assinalar outras cidades-estado, vulgarmente constituídas em sede de ducados e que, na época, atingiram uma grande importância económica, comercial, financeira e artística. Foram as Repúblicas Italianas, como Florença e Veneza, a denominada "República Sereníssima", governadas por tribunos, doges, chefes militares (os *condottieri*[10]) ou por famílias ilustres, como os Médici, com governos, leis e estruturas judiciárias autonomizados. De entre estas cidades-estado, Veneza, no final do Século XV, era a maior potência marítima do mundo, tendo adotado o sistema oligárquico em finais do Séc. XIII.

Hoje, os Estados não são mais espaços confinados ao território de uma cidade; e as cidades são comunidades modernas, onde o processo de urbanização deixa a sua marca indelével na forma de viver dos seus membros e no modo como desenvolvem a sua atividade económica, marcadamente industrial, comercial ou baseada na prestação de serviços.

Apesar de se reconhecer que, em outras espécies animais, também existe a necessidade de se viver em grupo, de modo gregário ou não, como acontece com as alcateias, algumas espécies de predadores, os primatas e mamíferos de *habitat* marinho, e que a ciência tem vindo a demonstrar

---

[10] Senhores feudais que controlavam milícias e contratavam com Estados interessados nos seus serviços; surgiram em virtude das rivalidades e constantes conflitos entre as cidades Italianas (cidades-estado) e, nos Séculos XV e XVI, formaram grandes companhias que eram verdadeiras escolas de guerra.

que determinadas espécies possuem uma organização social hierarquizada e sistemas de divisão do trabalho mais ou menos elaborados (v.g. as abelhas, as formigas), **o homem distingue-se das demais espécies por ser portador de um conjunto de capacidades ou características**, das quais poderão destacar-se:

- A **atividade de abstração** – que permite a elaboração de um raciocínio, partindo do simples para o complexo;
- A **atividade cognitiva** – que possibilita a compreensão e o relacionamento entre conceitos, incluindo a capacidade para compreender regras complexas contidas em códigos (entendidos como qualquer conjunto de normas que disciplinam a atividade humana, nos seus mais variados aspetos), na linguagem e na descodificação de sinais;
- O **livre arbítrio** – assumido como a possibilidade de entender conceitos como o do Bem e do Mal, e a capacidade para se autodeterminar, na sua conduta individual, de acordo com os valores que integram esses mesmos conceitos do Bem e do Mal.

O próprio **conceito de sociedade** foi tratado de modo diverso por pensadores e filósofos. Para **Aristóteles**[11] a sociedade era uma realidade intrínseca à natureza humana e que se formava através de um processo orgânico, pela integração sucessiva do homem em "núcleos" como a família, a aldeia e, finalmente, a cidade. Para este pensador, a **sociabilidade era uma característica inata e inscrita na natureza humana**, daí que a tendência natural do ser humano fosse a de viver em sociedade.

Já para **Jean-Jacques Rousseau**[12], a vida em sociedade não é um fenómeno natural. Para este pensador, o homem, nascido para viver num estado de natureza em que se sente livre, é forçado a associar-se a outros homens, com base num **pacto ou "contrato social", pelo qual se submete a uma vontade geral ou coletiva**, sacrificando a sua liberdade individual em nome de benefícios que retira dessa vida em sociedade.

---

[11] Filósofo grego, nascido em 384 a.C. e que se distinguiu nos domínios da metafísica e da lógica.

[12] Escritor e filósofo humanista de expressão francesa, nascido em 1712.

Para este filósofo, a apropriação individual dos bens (a propriedade privada) e a divisão do trabalho foram os fatores que levaram o homem a abdicar voluntariamente da sua liberdade para viver em sociedade, com as **leis necessárias para assegurar a justiça entre todos os seus membros, pela via da resolução das tensões e dos conflitos** gerados pela raridade dos bens e pela sua procura e/ou apropriação.

Seja qual for a perspetiva filosófica, as sociedades modernas são hoje regidas por sistemas políticos e económicos que visam **garantir a manutenção de uma interdependência entre os indivíduos** que podem perseguir a concretização dos seus interesses puramente individuais ou egoísticos (conceção de **Adam Smith**[13], para quem o interesse geral seria a soma dos interesses particulares de cada um dos membros de uma sociedade), ou, pelo contrário, poderão satisfazer interesses altruísticos, não se limitando a viver dominantemente preocupados com o seu bem-estar pessoal e os seus benefícios individuais.

Para Adam Smith, e o seu pensamento nuclear, a economia de mercado baseia-se na **busca do interesse próprio** por parte de cada indivíduo, processo que conduz à maximização do bem-estar de toda a sociedade, e pressupõe a existência de verdadeiras leis económicas naturais que permitem que o sistema de mercado funcione (sistema que ficou denominado de "mão invisível").

Independentemente das diferenças assinaladas em relação a estes pensadores, aceita-se, hoje, que toda e qualquer sociedade se cria para garantir a sobrevivência de um grupo, bem como o funcionamento normal das suas instituições, coletividades e organizações que, por sua vez, possibilitam aos indivíduos o "espaço" e os meios para a concretização de objetivos múltiplos e de distinta natureza, uns egoísticos, por visarem a satisfação de interesses próprios, outros altruísticos, por almejarem interesses de outrem, mas que dificilmente se atingiriam se o homem agisse de forma isolada e com os seus parcos recursos.

[13] Pai do pensamento económico moderno, nasceu na Escócia em 1723 e faleceu em 1790. A sua mais conhecida obra é "A Riqueza das Nações", de 1776. Influenciou autores como Karl Marx e John M. Keynes.

Daí que, para que o homem possa atingir estes objetivos e viver pacificamente em sociedade, se tornem indispensáveis as regras ou **normas de conduta social** que disciplinem a coexistência humana.

Citando António Marinho e Pinto[14] "*... O Direito é um conjunto de princípios e regras (legais e não só) que conformam a vida dos homens uns com os outros (em sociedade); que fazem com que os homens atuem (regulem os seus interesses) em conformidade (em respeito) uns com os outros.*"

[14] "Dura Lex Retratos da Justiça Portuguesa" – Edição Minerva Coimbra, setembro de 2007.

5. Os Códigos de Conduta

A vida do homem em sociedade seria praticamente impossível sem a existência de normas que disciplinam os vários aspetos da sua vida em contexto de comunidade. A sua interação seria abandonada às leis do acaso, originando o caos, entendido aqui como um estado de ausência de uma ordem necessária. Daí que a atividade humana em sociedade carece de uma regulação que confira "coerência e significado" ao comportamento dos indivíduos e dos grupos e estabeleça padrões de referência e ligação à comunidade a que estes pertencem (padrões religiosos, culturais e outros).

Ressalvada a pluralidade de modelos culturais e civilizacionais, as normas sociais reguladoras da atividade do homem em sociedade são o pilar fundamental, ao prescrever os comportamentos considerados corretos e adequados, ou não, as condutas tidas como lícitas ou ilícitas e, consequentemente, proibidas.

A **função normativa do comportamento humano e social** prende-se, entre outros, com os seguintes objetivos:

- **Definir os "papéis" de cada indivíduo** no grupo social a que pertence;
- Assegurar a **cooperação ativa** entre todos os indivíduos e entre estes e os grupos;
- Garantir a **coexistência pacífica, a ordem pública**, bem como a segurança individual e coletiva;
- Possibilitar a realização de **fins comuns ou sociais**, que exijam um esforço grupal;
- **Prevenir e dirimir os conflitos** de interesses instalados.

De entre a vasta e intrincada rede de normas que disciplinam a vida quotidiana em sociedade, sem que frequentemente nos apercebamos da sua existência, destacam-se **códigos de conduta específicos**, que visam regular aspetos particulares da vida em sociedade e em determinadas circunstâncias concretas, pelo que poderemos destacar as seguintes:

- Normas de higiene
- Normas de cortesia
- Normas de decoro
- Normas de etiqueta
- Normas de protocolo
- Normas religiosas
- Normas morais
- Normas jurídicas

Todas elas são normas que diferem de época para época e, no mesmo tempo ou era, divergem entre povos e culturas. Daí que se possa falar de uma característica que lhes é inerente: a sua **relatividade espácio-temporal.**

Algumas delas, de tão informais, quase passam despercebidas, sendo apreendidas pelos indivíduos de acordo com os **usos e as convenções sociais** do grupo a que pertencem. São regras veiculadas pelo próprio processo de sociabilização do indivíduo e pelas organizações em que, gradualmente, ele se integra (família, escola, associações desportivas e culturais, empresas, instituições públicas).

5.1. Normas de higiene

Estas normas compreendem as regras que se destinam a assegurar o bem-estar físico e psíquico dos indivíduos, bem como a sua relação harmoniosa com os demais membros da comunidade e o meio envolvente.

A **higiene física** visa a manutenção permanente da limpeza do corpo, evitando-se a sujidade e os micro-organismos nocivos e suscetíveis de causar uma infeção ou contágio.

A **higiene mental** tem por preocupação manter os indivíduos afastados de ambientes e fontes causadoras de *stress* ou fadiga, capazes de desencadear perturbações e disfunções físicas, neurológicas e outras.

No que respeita à **higiene e ambiente**, cada vez mais se realça a importância e o valor da **preservação dos meios naturais e dos ecossistemas,** prevenindo-se ou reduzindo-se as formas de poluição e de risco ambiental, como forma de salvaguardar a conservação da Natureza, das espécies e da vida do planeta num quadro de equilíbrio.

O **incumprimento** destas regras por parte dos indivíduos pode suscitar reações de diversa natureza, que vão desde a reprovação social e a rejeição por parte de um grupo até à aplicação de sanções previstas na lei, porquanto muitas destas regras encontram-se absolutamente inscritas em normas jurídicas, cuja violação pode acarretar a aplicação ao infrator de sanções pecuniárias (v.g. coimas), quando, por exemplo, se verifica a deposição de lixos domésticos em local público não apropriado, quando as indústrias promovem a rejeição dos seus resíduos líquidos, sólidos ou semissólidos nos solos ou em cursos de água, com a consequente contaminação destes.

A título de mera curiosidade se refere aqui que a preocupação com **a política de higiene pública** que já existia em Roma no ano de 312 a. C., onde existiam diretivas muito claras para resolver problemas como o abastecimento de água potável e em abundância (através dos aquedutos), a s alubridade da cidade (com a construção de cloacas que permitissem a rejeição das águas residuais para bem longe da urbe), e as termas que permitiam aos cidadãos o hábito dos banhos públicos (*tepidarium* – o banho de água quente; *frigidarium* – o banho de água fria e o *unctorium* – a massagem).

5.2. Normas de cortesia

São regras que se impõem no convívio e que mais não refletem do que a **afabilidade, o trato, a sociabilidade, a educação e a urbanidade** do sujeito. A cortesia revela como que uma nobreza de caráter, uma elegância moral, e, em casos especiais, a discrição e a mesura de quem a pratica.

Assim foi entendida pela escola poética provençal, desenvolvida nos finais do séc. XI no Sul de França. Este lirismo que floresceu nas côrtes e foi a fonte de inspiração dos trovadores galaico-portugueses é um bom exemplo da relação amorosa cortês, atravessada por um ideal e por um conjunto de virtudes que guindavam a mulher amada ao nível do suserano, a quem se devia vassalagem, como se de um senhor feudal se tratasse.

A cortesia, aplicada ao domínio das relações sociais, mais não é do que o trato afável, urbano e cordial que deveria constituir um valor a preservar no quotidiano das sociedades conjugais, das famílias, do círculo de amizades, bem como no seio das organizações e empresas, constituindo-se num poderoso fator de facilitação comunicacional entre os indivíduos. No passado recente, era usual a educação dos jovens conter esta componente, através de lições de cortesia ministradas em escolas especializadas.

5.3. Normas de decoro

Do latim *decōru* ("que convém", "que fica bem"), estas normas relacionam-se com o conceito de **decência, compostura, dignidade, vergonha e pundonor** que reflectirá o respeito que o indivíduo tem por si próprio e pelos outros. São regras que se observam com naturalidade, tendo em consideração os locais e as circunstâncias que nos rodeiam. Exemplificando, poderá ser considerada indecorosa a apresentação de um cidadão embriagado num jantar em casa de amigos ou com uma indumentária excessivamente decotada para uma cerimónia pública.

5.4. Normas de etiqueta

Estas normas integram um código difuso, na medida em que podem ser confundíveis com as regras de protocolo, as boas maneiras e a educação em geral. Deste modo, e citando o Dicionário da Real Academia Espanhola da Língua, a etiqueta "*es cerimonia en la manera de tratarse las personas particulares o en atos de la vida privada, a diferencia de los usos de confianza ou familiaridad*".

Desta noção, podemos concluir que a etiqueta mais não é do que uma **particular deferência com as pessoas** com quem tratamos fora do círculo estritamente familiar ou privado. Como exemplo, servirmo-nos de não mais de dois petiscos num *buffet*, tocamos à campainha, mesmo que uma porta esteja aberta, e esperarmos que nos recebam, dizermos obrigado a quem nos serve, identificarmo-nos num serviço de receção, para sermos atendidos por quem deva fazê-lo, termos boas maneiras à mesa, não comermos com a boca aberta, entre outros aspetos que sejam relevantes para a cultura e a sociedade em que estas normas devam ser observadas.

De uma forma sintética, poderá ainda dizer-se que a prática das normas de etiqueta consiste em **saber o que se deve dizer e fazer, em momentos precisos da nossa vida**, para melhorar as nossas relações com os outros, seja no contexto familiar, no círculo de amizades, no mundo das empresas e na vida em geral.

5.5. Normas de protocolo

Do grego *protókollon* (que significa folha inicial, preâmbulo ou forma de abertura de um documento) e do latim medieval *protocollu* (selo que autenticava certos títulos), o protocolo, na Idade Média, era o caderno em que se faziam os primeiros registos sumários de atos públicos, como acontecia com os tabeliães.

Na atualidade, e depois de uma transformação semântica, as regras de protocolo, quer as contidas em códigos especiais, quer as que se transmitem pelo costume, reportam-se à **disciplina de determinadas cerimónias e atos públicos,** sejam de natureza religiosa, civil, militar, e, em particular às **relações entre os Estados** (neste âmbito, pode-se distinguir o protocolo em eclesiástico, de corte, diplomático, entre outros).

Com a observância das regras protocolares, visa-se conferir aos intervenientes nos atos públicos solenes as honras, privilégios e prerrogativas que lhes pertencem, por inerência da dignidade do seu estatuto, função ou título.

5.6. Normas de religião

Estas baseiam-se na crença de que existe uma entidade sobre-humana e superior aos homens que reconhecem, em relação à sua divindade, estar num plano de dependência. Estas normas ou preceitos têm por objetivo essencial disciplinar **a relação que se estabelece entre os crentes e o seu deus**, seja qual for o credo ou confissão religiosa que se professe é ainda através destes preceitos que se estabelecem os rituais e as práticas que consubstanciam o culto prestado, a devoção e a crença na doutrina religiosa professada.

Independentemente das particularidades de outras culturas, entre nós, na cultura europeia ocidental, a sua violação acarreta **sanções do foro íntimo** (o arrependimento, o remorso, a crença e receio de um castigo extraterreno), bem como **sanções formais e externas** (v.g. a excomunhão, prevista pelo Direito Canónico, quando a violação fere os dogmas da instituição religiosa com uma estrutura muito hierarquizada, ou um forte juízo de censura e reprovação quando fere a sensibilidade dos crentes da mesma confissão.

5.7. Normas morais

Têm por objetivo disciplinar a conduta da humanidade, orientando-a no sentido do Bem, auxiliando a estabelecer a diferença entre o Bem e o Mal, pela tomada de uma **consciência ética** dos atos, decisões e escolhas do indivíduo.

Esta consciência ética é, desde logo, **individual**, já que todo o cidadão, que não padeça de limitações, tem a faculdade de se orientar por valores e princípios que considera essenciais e que norteiam a sua atividade. São valores que ele respeita porque acredita na sua validade e não porque teme que, com a violação, irá ter de suportar uma sanção externa.

Como se referiu atrás, a propósito da Moral, também se pode falar de uma **consciência ética social**, quando se verifica que um grupo ou uma sociedade se identifica e respeita um conjunto de valores e princípios morais que se lhe impõem, num dado momento histórico.

Em todo o caso, esta denominada consciência ética está condicionada pelo espaço e pelo tempo em que vive essa sociedade; apresenta uma **relatividade espacial e temporal** absolutamente comprovada, quando comparadas as civilizações ou as culturas – em pleno séc. XXI, as normas morais divergem nas comunidades do Islão e nas Cristãs, as comunidades integradas na chamada sociedade ocidental europeia e as que pertencem à sociedade asiática. E, na mesma sociedade, a consciência ética social pode sofrer variações de acordo com o decurso do tempo (as normas morais foram-se modificando, na Europa, ao longo dos séculos, por influências várias, como as doutrinas religiosas).

A violação de uma norma moral determina, também, sanções do foro íntimo ou psicológico, bem como sanções externas (o juízo de reprovação e a exclusão do infrator do grupo a que pertence).

Há que referir, todavia, um aspeto fundamental inerente ao código de conduta moral: este é assumido pelo indivíduo como um **verdadeiro imperativo categórico**, como algo que se impõe à sua consciência, independentemente de outros códigos, designadamente as leis do seu Estado.

Assim, uma determinada **conduta pode ser considerada lícita e, apesar da sua licitude, o indivíduo abster-se de a desenvolver, por força desse imperativo categórico**. Como exemplo, poderemos referir que, se a lei permite a liberalização do aborto ou da eutanásia, muitas mulheres e homens não aceitarão, por objeção de consciência, praticar manobras abortivas ou prestar o seu auxílio, por ação ou omissão, a quem queira morrer, nesta situação se incluindo os profissionais que exercem a medicina e a enfermagem.

5.8. Normas jurídicas

Como já se disse, estas normas não se bastam com o orientar a sociedade que regem para a prática do Bem, apesar de o Direito se nortear por estes valores e ideais.

A norma jurídica, cuja caracterização se fará adiante, não se circunscreve ou limita a este objetivo; pretende dotar a sociedade de um conjunto de regras cujo fim é disciplinar as relações sociais e as condutas individuais e coletivas, de forma a garantir:

- A ordem pública
- A coexistência pacífica
- A prevenção ou resolução de conflitos
- A realização do bem comum e dos fins sociais.

A este conjunto de normas se dá o nome de **ordenamento jurídico de um Estado ou Direito**.

6. Direito e Coercibilidade

Todas as normas de conduta comportam uma sanção para o caso de serem violadas pelos seus destinatários. Seria ideal presumir que a norma, qualquer que seja a sua natureza, é observada por todos os elementos de uma comunidade.

A violação da norma implica, como efeito, uma reação ou sanção que difere de código para código de conduta, como, de resto, ficou já expresso anteriormente, a propósito das condutas sociais reguladas. Pode mesmo afirmar-se que a distinção das normas pode ser feita de acordo com o critério da natureza da sanção prevista para o caso do seu incumprimento e que as sociedades reforçam as suas normas de conduta através da **cominação** que preveem para o caso da violação ou inobservância das regras e dos preceitos normativos.

De acordo com a **sociologia,** é comum distinguir as sanções em várias categorias:

- **Sanções positivas** – que reforçam a atuação do agente, com sinais de avaliação positiva;
- **Sanções negativas** – que contêm um juízo de censura e de reprovação do agente;
- **Sanções formais** – que se manifestam de acordo com determinados rituais ou códigos;
- **Sanções informais** – que não carecem destes rituais para que o agente se aperceba da reação provocada pela sua conduta no grupo.

Exemplificando:

Sanções positivas formais – um louvor, um aumento salarial, uma promoção na carreira, a atribuição de uma comenda;
Sanções positivas informais – o abraço ou a palmada nas costas de alguém, em sinal de apreço ou amizade, uma recomendação verbal; **Sanções negativas formais** – um despedimento, a exclusão de um grupo, a expulsão de uma colectividade ou corporação, o ostracismo, o exílio;
Sanções negativas informais – uma informação negativa, o afastamento em local público, a negação da saudação, o virar a cara a alguém.

A **violação da norma jurídica**, ao contrário do que acontece com as outras regras de conduta individual e social, não se limita à mera "*degradação social do infrator*", à rejeição ou segregação do elemento violador, feita pelo grupo, ou ao juízo de censura ou de reprovação que a sua comunidade lhe dirige.

Também, no Direito, a sanção não se confina a um mero castigo do foro íntimo, apercebido e vivido pelo infrator da norma, como acontece com o remorso, o sentimento de culpa, o receio da expiação e até o medo de um castigo divino, como acontece com a norma moral e religiosa. A norma jurídica, ao **impor ou proibir uma determinada conduta,** vincula o seu destinatário a **uma determinada ação ou omissão.**

- Será uma **conduta ativa ou positiva** a obrigatoriedade de outorgar uma escritura pública para celebrar determinados negócios, a declaração de rendimentos ao Fisco, o requerimento de alvarás de licença para o exercício de atividades económicas;
- Será uma **conduta passiva ou negativa** aquela que se encontra prevista na generalidade das normas que proíbem atos ilícitos e os tipificam como crime, v.g. o homicídio, as ofensas à integridade física, a violação da propriedade, pelo que se exige a todos os membros de uma comunidade que se abstenham de praticar esses atos, ou imponham um dever de tolerância aos seus destinatários.

Assim, e em caso de violação da norma, esta comporta a possibilidade de se fazer acatar pelo seu destinatário, ainda que de forma involuntária ou pela força. Quando não seja observada uma norma jurídica, a sanção para o seu incumprimento pode consistir no emprego de força física, de modo organizado e através de instituições competentes para este efeito (Polícias, Tribunais, entidades administrativas com competências e atribuições em áreas como a inspeção e o controle). Nisto consiste a denominada coercibilidade ou coactividade da norma jurídica.

A coercibilidade traduz-se, assim, na **possibilidade de uma norma ser imposta pela força** que é exercida pelo Estado e seus órgãos de tutela pública.

6.1. Coercibilidade e força

O Direito deve ser visto como uma ordem com um sentido, sentido esse de justiça, que lhe subjaz, ao ponto de, pretensamente, o Direito ser uma "ordem justa". é essa pretensão de justiça que confere validade ao Direito. E, como escreve Esser, "*o direito apenas é ordem (ordenamento) enquanto esta apenas pode ser referida à ideia de Direito, enquanto aspira a realizar esta ideia*".

Ainda, segundo Max Weber, "*existe direito quando a validade da ordem* (o Direito é visto como uma ordem com um sentido de justiça) *é garantida exteriormente pela probabilidade de uma coação* (física ou psíquica) *que, aplicada por uma instância humana especialmente instituída para este efeito, force ao respeito e puna a violação daquela ordem...*"[15].

A coercibilidade (sanção organizada) como que caucionа as normas jurídicas, as quais se distinguem das restantes normas de conduta social (normas morais, normas de cortesia, normas religiosas, etc.) pelo facto de a sua violação acarretar uma sanção.

A coação ou a coercibilidade (a ameaça de uma sanção efetiva), não sendo da própria essência do Direito são-no da sua natureza e, como diz Batista Machado, há quem afirme que "**o Direito supõe em princípio**

---

[15] Apud Batista Machado, João: *Introdução ao Direito e ao Discurso Legitimador*, Almedina, 1983, pág. 31.

uma sanção" (a coercibilidade é uma característica ou qualidade que resulta da própria natureza do Direito).

Assim, continua o mesmo autor, **no domínio do jurídico, o recurso a meios de coação para repor a Justiça é, não apenas legítimo, mas até exigível**; "*daí que estejam predispostas sanções e instituídos os meios da sua efetiva aplicação àqueles que violem as normas*".

> "*Por detrás do Direito está um poder social organizado (nas sociedades contemporâneas, o poder do Estado) capaz de impor o Direito pela força, se necessário*", diz Batista Machado; daí o entendimento de que a coação depende da Força.

Mas se esta pode eliminar o Direito, a verdade é que **o Direito sem Força seria impotente** e, portanto, o Direito não pode prescindir da Força; "*o uso da Força para a realização do Direito pode mesmo ser exigido pela ideia de Justiça*" e, por isso, é óbvia a conclusão do autor: **o Direito depende da Força, precisa da Força, ou, pelo menos, vive em simbiose com ela... Cabe ao Direito legitimar a própria Força.**

Mas se o Direito depende da Força, há que atentar em que sentido depende dela, já que, doutra forma, não poderia legitimá-la; assim, "*o Direito depende da Força no seu existir (vigência) como Direito, mas não no seu ser, na sua essência, no seu conteúdo*".

Podemos assim dizer, com Batista Machado, que **é o Direito que legitima a Força e que a Força que o Direito requer é uma Força legitimada pelo próprio Direito,** regulada e limitada no seu exercício e, portanto, uma Força "*conforme à ideia de Direito (ou à Justiça)*". Neste sentido, são bem vindas as palavras de Julien Freund "*o Direito não exclui a Força mas a violência*"[16], *donde "a Força sem o Direito é violência*".

6.2. O regime sancionatório do Estado

Como se referiu, a violação de uma norma jurídica faz incorrer o infrator numa penalidade ou sanção que lhe é aplicada *ope legis -por força da lei-* ou

[16] Ibidem, pág. 37.

pelos órgãos estaduais competentes para a apreciação do facto delituoso e que podem revestir as mais diversas formas.

Os destinatários das normas são dotados de livre-arbítrio e, por isso, podem optar pelo incumprimento das mesmas. Assim, é necessário o recurso à aplicação de sanções como meio coercitivo de levar os sujeitos à opção pelo cumprimento ou obediência à lei.

Deste modo, as sanções jurídicas são aquelas que o Direito impõe e que se destinam a sancionar o incumprimento de normas jurídicas, por forma que o agente não se sinta compensado pela prática do crime; daí que a coercibilidade seja uma característica do Direito que o distingue das restantes ordens éticas ou normativas. A existência de sanções jurídicas é absolutamente essencial para justificar e dar razão de ser ao Direito, enquanto regulador das normas sancionatórias.

Uma conduta só pode ser qualificada como ilícita ou contrária à lei, e, por isso, suscetível de ser sancionada, se houver prévia norma jurídica (legalidade) que a qualifique como tal e preveja a cominação para essa mesma conduta violadora (*nullum crimen sine lege; nulla poena sine crimen*).

6.3. Espécies de sanções jurídicas

Pelo facto de existirem **diversas espécies de sanções jurídicas** tal não significa que o mesmo facto não **possa dar origem à aplicação cumulativa de mais do que uma delas**, sendo, pois, normal que, por exemplo, a sanção punitiva/penal coexista com a possibilidade de aplicação de uma sanção compensatória/indemnizatória.

De um modo muito sintético, referimos aqui os tipos de **sanções** previstos e regulados no nosso ordenamento jurídico:

- Sanções penais
- Sanções contraordenacionais (coimas)
- Sanções civis (nulidade e anulabilidade, sanções reconstitutivas e sanções compulsórias)
- Sanções disciplinares

6.3.1. Sanções penais

Estas são as que se encontram previstas pelo nosso Direito Penal (estudo das penas) ou Direito Criminal (estudo dos crimes).

A **pena de morte** para todos os crimes foi abolida em Portugal em 1867, aquando da Reforma Penal e das Prisões; para a época, assumiu-se uma posição vanguardista, em comparação ao resto da Europa, fruto das conceções humanitárias do italiano Marquês de *Beccaria*, amplamente divulgadas na sua obra. Um dos primeiros e mais entusiastas abolicionistas foi Pascoal José de Mello Freire que foi o autor do Projeto de Código Criminal, encomendado pela rainha D. Maria I. Certo é que a última condenação de uma mulher à pena de morte ocorreu em 1772, neste reinado, e a última execução capital verificou-se na cidade de Lagos, em 1846.

Historicamente, este ramo de Direito surgiu como uma forma de evitar e proibir, por parte das vítimas ou das suas famílias, o recurso e o uso da própria força, banindo o sistema de vingança individual ou "justiça popular". Depois de uma longa evolução no tempo, as sociedades afastaram-se dos sistemas de justiça e de julgamento com base em provas de fogo, tortura, imersão do alegado infrator em banhos de óleos ou águas ferventes, como atrás se referiu a propósito das *ordálias*[17] dos povos nórdicos, e outras provas que, de acordo com as épocas, consideravam-se conclusivas, designadamente por se acreditar que o resultado era ditado pela intervenção divina.

Com os séculos também se abandonou o sistema da **vingança ou *vindicta***, o qual se manifesta no uso de uma força arbitrária, excessiva e falível, que abala a segurança que deve prevalecer em todos os grupos sociais e comunidades.

---

[17] Ou *ordálio* ou *judicium dei* (o juízo de Deus) – tipo de prova dolorosa (pelo fogo e a água) a que se submetia, na Idade Média, uma pessoa para averiguar da sua culpa; a premissa era a de que Deus protegeria o inocente, livrando-o de todo o mal causado pela prova. Foi o Concílio de Latrão, em 1215, com Inocêncio III, que proibiu esta prática, substituindo-a pela *compurgação* (um misto de juramento e testemunho) mas continuou a usar-se a tortura para obter a confissão.

Em pleno séc. XXI, cabe ao sistema judicial a aplicação das penas previstas pelas normas de Direito Penal e legislação avulsa, no termo de um processo que, também ele, se encontra regulado, em toda a sua tramitação, quer pelo CPP, quer por outros diplomas normativos (como os que preveem certos tipos de crime, por exemplo, a criminalidade informática, a emissão de cheques sem provisão, o branqueamento de capitais, o tráfico e consumo de estupefacientes, as infrações contra a propriedade industrial

Em todo o caso, a sanção penal traduz um **juízo de censura ou de reprovação ética e jurídica,** endereçado pela comunidade ao infrator, através dos tribunais que são um órgão de soberania com competência para julgar e aplicar ao caso concreto a lei e fixar a medida da penal.

Do elenco das **penas previstas pelo Código Penal**, podemos distinguir:

6.3.1.1. As penas privativas ou condicionantes da liberdade nas quais se incluem:

- **A pena de prisão,** sanção privativa da liberdade individual, e cuja duração pode ir de 1 mês até aos 20 anos (n.º 1 do art. 41.º do C.P.), nunca podendo exceder-se o limite máximo dos 25 anos, nos termos do n.º 2 do mesmo preceito; esta pena pode ser efetivamente executada.
- **A prisão por dias livres**, que consiste na privação da liberdade por períodos correspondentes a **fins de semana**, não podendo exceder 18 períodos, e cada período tem a duração mínima de 36 horas e a máxima de 48 horas, o que equivale a 5 dias de prisão contínua (n.ºs 2 e 3 do art. 45.º do C.P.). Esta pena adequa-se a determinados perfis de arguidos que, não retirando qualquer vantagem de uma prisão convencional, podem prosseguir a sua vida profissional e recolherem ao estabelecimento prisional durante os fins de semana, muitas das vezes sem que a comunidade envolvente se aperceba da sua situação punitiva;
- **O regime de semidetenção,** que consiste na privação da liberdade que permite ao condenado continuar a sua atividade profissional normal, a sua formação profissional ou a sua vida escolar, através

de **saídas do estabelecimento prisional** estritamente limitadas ao cumprimento destas obrigações (art. 46.º do C.P.);

- **A prestação de trabalho a favor da comunidade,** aplicada em substituição da pena de prisão que não seja superior a 2 anos, desde que haja consentimento do condenado e se preveja que, com esta punição, se alcançam os efeitos pretendidos. Este trabalho será prestado gratuitamente a favor do Estado ou outras entidades, de direito público ou privado, e não poderá exceder a jornada normal de trabalho, mas pode ser realizado aos sábados, domingos e feriados (art. 58.º do C.P.); e ainda
- **As medidas de segurança privativas da liberdade**, que se aplicam a indivíduos que sejam considerados **inimputáveis**, ou seja, portadores de anomalia psíquica que os impossibilite, no momento da prática do facto criminoso, de avaliar a ilicitude do seu ato e, consequentemente, de se autodeterminar de acordo com essa avaliação (art. 20.º e 91.º do C.P.).

Quanto a estas, na atualidade, e ao contrário do que ocorreu no passado, em que se exigia a comprovada loucura do infrator, aceita-se que um indivíduo possa estar transitoriamente afetado por uma **grave doença ou perturbação** que o incapacite de fazer a avaliação que qualquer indivíduo, no seu normal estado de saúde, seria capaz de fazer, pese embora o melindre da prova que haverá de ser feita.

Precisamente porque são indivíduos que representam um perigo para a sociedade, mas o seu estado de saúde mental reclama um tratamento legal distinto, são sujeitos à aplicação de medidas de segurança, designadamente o **internamento** em estabelecimentos de cura, tratamento ou segurança, fixando-se o prazo deste internamento, de acordo com critérios de proporcionalidade.

6.3.1.2. A pena de multa em acumulação ou não com a pena privativa da liberdade

– A **pena de multa, em substituição ou acumulação com a pena privativa da liberdade** – quando a multa não seja paga tal facto determina que o condenado cumpra a pena de prisão que lhe foi fixada – **ou**

outra pena não privativa da liberdade; a pena pode ser cumprida em **regime de permanência na habitação**, com o consentimento do condenado, e com o recurso a tecnologias de controlo à distância (como a pulseira eletrónica) quando houver circunstâncias que desaconselham o cumprimento da pena no estabelecimento prisional, como uma gravidez, doença grave, idade avançada (art. 44.º do C.P.); ainda pode ser **suspensa a sua execução** se o Tribunal considerar que não há inconveniente nem para a sociedade nem para o condenado (art. 50.º);

6.3.1.3. A admoestação, pena que se traduz numa "*solene censura oral feita ao agente, em audiência, pelo tribunal*" (n.º 4 do art. 60.º do C.P.); só há lugar a esta sanção quando o Tribunal puder aplicar ao arguido uma pena de multa não superior a 240 dias, o dano tiver sido reparado pelo agente, e se, nos 3 anos anteriores a esta condenação, o réu não tiver praticado qualquer outro tipo de crime;

6.3.1.4. As sanções-acessórias da pena principal

"*Nenhuma pena envolve como efeito necessário a perda de direitos civis, profissionais ou políticos*", assim dispõe o art. 65.º do Código Penal. O Tribunal pode, apenas, aplicar ao arguido uma pena acessória, a qual dependerá da pena principal, e que poderá configurar:

- A proibição do exercício de uma determinada profissão ou funções públicas ou apenas a sua suspensão; incluem-se nesta categoria a **interdição do exercício de uma profissão** (quando o condenado cometeu o crime com grave abuso de profissão, comércio ou indústria que exerce, não é imputável e existe o receio de continuação da prática criminosa da mesma espécie) e a **cassação do título de condução** (pelos mesmos motivos).
- A proibição de conduzir veículos com motor.

A propósito de **penas**, há que mencionar estes dois institutos: **O indulto e a amnistia.**

Sabemos, e ficou dito, que convém ao Direito ou à finalidade do Direito a ideia de justiça, e de segurança ou certeza; assim, parece contrariar essas ideias o reconhecimento da instituição jurídica do indulto ou perdão, o qual era visto por KANT como "*o mais escandaloso de todos os direitos do soberano*".

Por outro lado, também convém à essência do conceito de Direito observar a generalidade das normas e a igualdade dos cidadãos perante as mesmas; dir-se-á, igualmente, que parece contrariar essa essência o entendimento de que o indulto ou perdão se nos apresenta como "*um meio de natureza muito especial para alcançar o direito justo*" (Rudolf Stammler).

É certo que o conceito de perdão, quer quanto à flexibilidade, quer quanto à riqueza do seu conteúdo, foi evoluindo desde as épocas mais recuadas e da ideia de "misericórdia" (Idade Média), entendida esta como "*coisa melhor que o direito*", passou-se a uma forma de "benevolência", isto é, algo mais e que está para além de uma simples "forma mais suave de direito".

Assim, ao indulto ou perdão reconheceu-se a função de permitir, perante o direito positivo, a **realização de uma justiça melhor**, na medida em que possibilita concretizar um direito mais justo, menos geral e abstratamente igual, e mais próximo das exigências individualizadoras da equidade.

Satisfazer o direito de indulto ou perdão é uma exigência de equidade e de prossecução da política geral do Estado, desde que obedeça, também ele, a critérios de aplicação geral ou a princípios certos. É o que nos faz lembrar alguma semelhança com as graças ou privilégios concedidos em especial pela Igreja e o caso do indulto de BARRABÁS, descrito no Evangelho. Deste modo, **o indulto proporciona ao mundo jurídico o afloramento de valores religiosos ou éticos da tolerância mais profundos que os de Direito** – Gustav Radbruch[18].

É, assim, como que uma espécie de raio de luz nas trevas da cegueira (generalidade e igualdade) que se atribui à aplicação da justiça, humanizando-a no caso concreto.

---

[18] RADBRUCH, Gustavo: "*Filosofia do Direito*", Arménio Amado – Editor, Coimbra, 1974, pág. 335 e ss.

O *perdão genérico* distingue-se do *perdão individual ou particular* (indulto ou comutação) porque o primeiro dirige-se a uma generalidade de delinquentes; é um ato geral da Assembleia da República, enquanto que o segundo é um ato individual da competência do Presidente da República, ouvido o Governo.

Estas medidas, de perdão genérico e de indulto, diferenciam-se da amnistia porque esta, sempre da competência da Assembleia da República, se dirige ao crime, enquanto o perdão genérico e o indulto visam somente a pena aplicada, extinguindo-a no todo ou em parte ou substituindo-a por outra menos gravosa ou mais favorável prevista na lei. Por isso mesmo o perdão genérico e o indulto só podem beneficiar delinquentes já condenados, contrariamente ao que sucede com a amnistia[19].

A amnistia é uma medida excecional que:

- Tem em vista **apagar o crime e todas as suas consequências** do ponto de vista penal;
- **Significa esquecimento,** já que radica etimologicamente, na palavra que se reconduz a esta ideia;
- Determina a **abolição da incriminação** de certos factos passados;
- aniquila os factos passados objeto de incriminação;
- Pretende fechar os olhos à aplicabilidade das leis que mandam punir os crimes, como se aquelas tivessem sido revogadas e não fossem suscetíveis de aplicação.

A amnistia é de natureza objetiva, abstrata; porque voltada para a infração, esquece os seus agentes, o que a diferencia do perdão. Se a **amnistia é a abolição da incriminação, o perdão é a abolição da execução da pena,** no todo ou em parte, e pressupõe a culpabilidade; já amnistia tem caráter impessoal.

É a própria **Lei da amnistia** que fixa os termos e condições da sua aplicação (apenas a certo tipo de crimes e desde que praticados até deter-

[19] Maia Gonçalves, M.: "*Código Penal Português*", Anotado, Almedina, Coimbra, 10.ª ed., 1996, pág. 430 e ss.

minadas datas). É uma lei que resulta dum ato de poder por razões políticas, sociais e de organização dos serviços prisionais ou quando há um acontecimento relevante a nível nacional (visita do Papa, por exemplo).

Muito em síntese, diremos:

- O **indulto da pena é pessoal e limitado** aos efeitos da condenação e a **amnistia é geral e independente da pessoa** que se encontra por ela abrangida;
- O **indulto não faz desaparecer o crime** ou a prática do mesmo; a **amnistia faz desaparecer o crime**, **apaga o crime da memória** e do registo de vida do infrator (o próprio termo amnistia radica no étimo comum de amnésia), como se não tivesse existido a lei em que estava previsto;
- O **indulto atinge a pena** sentenciada a uma pessoa, extinguindo-a e a **amnistia visa o crime** praticado, independentemente da pessoa.

No caso da amnistia, não ficam prejudicados os direitos cíveis de terceiro, que lhe sejam devidos a título de indemnização pelos prejuízos padecidos em consequência do ato que os causou.

6.3.2. Sanções contraordenacionais (coimas)

Estas sanções estão diretamente relacionadas com o denominado **ilícito de mera ordenação social (direito das contraordenações)**, e respetivo processo, que se encontra regulado pelo Dec. Lei n.º 433/82, de 27 de outubro, com as posteriores alterações que foram introduzidas a esta disciplina normativa originária.

O **regime geral das contraordenações** é, em si mesmo, um reflexo da crescente intervenção do Estado contemporâneo em áreas como a Economia, a Saúde, a Educação, a Cultura, o Ambiente, a Ecologia, entre muitas outras em que a atividade humana, designadamente a económica e a industrial, podem por em crise valores coletivos, como é o caso da saúde pública, a higiene e salubridade dos trabalhadores e do público em geral, a concorrência leal, a proteção dos consumidores, o ambiente, assim se garantindo o respeito por valores e interesses essenciais da vida e convivência em sociedade.

De resto, no preâmbulo dos vários diplomas normativos que foram conformando a disciplina das contraordenações, é bem patente a preocupação de, ao descriminalizar certas condutas – por se entender que ao Direito Penal cabe a tarefa imprescindível de mobilizar todos os seus recursos para a prevenção e repressão da criminalidade mais gravosa – se enquadrar ou **alargar a atividade interventora do Estado moderno às múltiplas condutas e atividades humanas suscetíveis de sanção**, por serem "**socialmente intoleráveis**" mas **não atingirem a necessária "dignidade penal"** que reclame a intervenção deste Direito.

Pode, em determinada situação, haver concurso de crime e de contraordenação, bem como pode acontecer que, na pendência de processo contraordenacional, se torne necessário alterar a qualificação deste ilícito de mera ordenação social em ilícito penal; todavia, e sem prejuízo do que atrás se disse, **existe uma fronteira bem demarcada entre crime e contraordenação**.

Os **bens jurídicos tutelados por estas disciplinas normativas têm uma natureza distinta** e uma "*desigual ressonância ética*". Com efeito, o ilícito de mera ordenação social, que foi consagrado a partir de 1979 entre nós, transformou em contraordenações uma plêiade de infrações que, anteriormente, eram consideradas contravenções ou crimes; porém, as permanentes e céleres transformações sociais, tecnológicas e económicas induziram **um crescente movimento de "neo-punição", com a fixação de coimas de montante muito elevado e a aplicação de sanções acessórias especialmente severas**.

Sinteticamente, a respeito do **ilícito de mera ordenação social (direito das contraordenações)**, pode dizer-se que:

- "***Constitui contraordenação todo o facto ilícito e censurável que preencha um tipo legal no qual se comine uma coima***." (art. 1.º do citado Dec.-Lei n.º 433/82);
- tanto as **pessoas singulares** como as **coletivas, ou equiparadas**, e as **associações sem personalidade jurídica**, são passíveis de aplicação de coimas, sendo que, em relação às pessoas coletivas, o

facto gerador será a prática do ilícito pelos seus órgãos, no exercício das funções respetivas;

- só é punível o facto praticado com **dolo**, ou, quando tenha sido praticado com **negligência,** a punição só é admissível se for prevista especialmente na lei;
- a **tentativa** só pode ser punida nos casos expressamente previstos na lei e, se assim acontecer, poderá corresponder-lhe coima especialmente atenuada;
- **consideram-se "tentativa"** os atos de execução de uma contraordenação, praticados pelo agente que não chegou a consumar o ilícito;
- quando exista **comparticipação** na prática de uma contraordenação, qualquer dos agentes incorre em responsabilidade e será punido de acordo com a sua culpa, independentemente da punição e do grau de culpa dos demais;
- as **coimas** são fixadas na lei de acordo com montantes mínimos e máximos e estes divergem consoante o agente seja pessoa singular ou coletiva;
- a **determinação do valor da coima** faz-se em função da gravidade da contraordenação, da culpa e da situação económica do infrator, e, ainda, do benefício económico que este extraiu da prática do ilícito;
- para além da coima, poderá ser aplicada do agente uma **sanção acessória** que compreende um vasto elenco, a saber:

  - **perda dos objetos** que serviram para a prática do ilícito, pertencentes ao infrator, e que representem um perigo grave para a comunidade ou possam vir a ser utilizados na prática de um crime ou outra contraordenação;
  - **interdição do exercício** de profissões ou atividades económicas;
  - **privação do direito a subsídios** ou benefícios concedidos por entidades ou serviços públicos;
  - **interdição de participar em arrematações, concursos públicos** cuja finalidade seja a adjudicação de empreitadas, obras

públicas, fornecimento de bens ou serviços, concessão de serviços públicos, atribuição de licenças e alvarás;

- **encerramento de estabelecimentos** cujo funcionamento dependa de autorização ou licença emitida por entidade administrativa;
- **selagem** de equipamentos industriais;
- suspensão da laboração;
- suspensão de autorizações, licenças e alvarás;
- **publicação das punições** fixadas em processo contraordenacional.

➢ o processo e a aplicação da coima e da sanção acessória são da competência das **autoridades administrativas** às quais a lei confere os poderes inspetivos e sancionatórios;

➢ estas autoridades deverão **remeter o processo ao Ministério Público** sempre que considerem que a infração constitui crime;

➢ **não se permite a prisão preventiva** nem qualquer procedimento de intrusão na correspondência e nos meios de comunicação do infrator;

➢ o processo pode ter início mediante **participação** de autoridade policial ou administrativa (fiscalizadora) ou, ainda, por **denúncia particular**;

➢ o **arguido deve ser notificado** do auto de contraordenação, bem como dos demais atos, decisões, despachos e medidas tomadas pelas autoridades autuantes;

➢ ao arguido assiste o **direito de ser ouvido, de se defender e nomear Advogado**, em qualquer fase do processo, devendo ser nomeado defensor oficioso se aquele não o indicar;

➢ poderá também **impugnar judicialmente** as decisões, despachos e demais medidas decretadas pelas autoridades;

➢ o **recurso da impugnação** será feito por escrito e apresentado, no prazo de 20 dias a contar do conhecimento do arguido, à autoridade administrativa que aplicou a coima, devendo conter alegações e conclusões e será competente para o conhecer o Tribunal da área territorial onde se consumou a infração;

- o processo pode ser **arquivado** por despacho da autoridade administrativa ou pelo Juiz, que absolverá o arguido, bem como pode ser proferida decisão através de simples despacho ou mediante a realização de julgamento;
- admite-se o **pagamento voluntário da coima**, em qualquer altura do processo, nos termos previstos na lei e sem prejuízo da aplicação de sanção acessória que ao caso couber.

6.3.2.1. As sanções acessórias do pagamento da coima

O Tribunal pode, também aqui, aplicar ao arguido uma sanção acessória, a qual poderá configurar:

- A proibição do exercício de uma determinada profissão ou funções públicas ou apenas a sua suspensão; incluem-se nesta categoria a **interdição do exercício de uma profissão** (quando o condenado cometeu a contraordenação com grave abuso de profissão, comércio ou indústria que exerce (caso dos delitos económicos e de práticas ilegais contra o ambiente, por exemplo; quando o arguido não é imputável e existe o receio de continuação da prática delituosa da mesma espécie) e a **cassação do título de condução** (pelos mesmos motivos).
- A proibição de utilização de alvará no exercício de determinadas atividades económicas e por períodos limitados.

6.3.3. Sanções civis

São deste tipo as sanções que configuram situações de **invalidade e ineficácia de atos jurídicos** praticados com violação dos requisitos legais de forma ou de substância: **nulidade** e **anulabilidade**.

Acrescem **as sanções reconstitutivas,** quer na modalidade de reconstituição natural, por equivalente ou por compensação, bem como as **sanções compulsórias**.

6.3.3.1. A nulidade e anulabilidade

Os princípios gerais e as normas a seguir na celebração dos negócios jurídicos aparecem nos artigos 217.º e ss. do CC: assim, quanto às modalidades da declaração, forma, perfeição da declaração negocial, interpretação e integração, falta e vícios da vontade, etc.

No domínio dos negócios jurídicos, prevê a lei civil a aplicação de sanções, quando aqueles se encontrem feridos de vícios, igualmente previstos na lei.

Estes vícios podem dizer respeito aos requisitos de **forma** do negócio que devam ser, eventualmente, observados pelos contratantes, especialmente se se tratar de formalismo solene ou outro procedimento estrito e taxativo que, sendo imperativo, ou seja, imposto por lei, é negligenciado ou até voluntariamente afastado pelas partes.

Quanto à forma adotada para os negócios jurídicos, vigora, entre nós, o princípio da liberdade contratual, previsto no art. 219.º do CC que dispõe que "*A validade da declaração negocial não depende da observância de forma especial, salvo quando a lei a exigir.*". Deste modo, sempre que seja preterida a forma exigida por lei, a declaração negocial será **nula**, se não for outra a sanção especialmente prevista na lei (art. 220.º do CC)

Podem os vícios, também, relacionar-se com a própria **perfeição da declaração negocial** (art. 224.º e ss. CC). Ainda e no que se refere à falta e vícios da vontade e para que um negócio jurídico possa ser perfeitamente concluído, terá de existir uma convergência absoluta entre a real vontade das partes e a aquela vontade que, pelas mesmas, foi tácita ou expressamente declarada (art. 240.º e ss do CC).

Situações em que o declarante é induzido em erro pela parte contrária, no caso em que uma das partes usa de **reserva mental,** emitindo uma declaração negocial contrária à sua vontade real e com o intuito de enganar a contraparte, o declaratário (art. 244.º do CC). Neste caso, a reserva não prejudica a validade da declaração, exceto se for conhecida do declaratário, situação em que terá os mesmos efeitos da **simulação**, prevista no n.º 1 do art. 240.º do mesmo Código que dispõe: "*Se, por acordo entre declarante e declaratário, e no intuito de enganar terceiros, houver divergência entre declaração negocial e a vontade real do declarante, o negócio diz-se simulado.*" E, como sanção, será considerado **nulo** (n.º 2 do mesmo preceito normativo).

Na hipótese da reserva mental caberá, por exemplo, uma proposta feita por A a B para fazerem em conjunto uma viajem de recreio a Londres quando, na realidade, o que pretende A é usar esta oportunidade para traficar estupefacientes.

A **coação física** – o negócio é celebrado em virtude de um dos contratantes estar a ser sujeito ao uso de força física ou violência (art. 246.° do CC); a coação moral, cada vez mais frequente (art. 255.° do CC).

O **erro de cálculo ou de escrita** (art. 249.° do CC), tão suscetível de ocorrer;

O **erro sobre a pessoa do declaratário ou sobre o objeto do negócio** (art. 251.° do CC) – A julga que está a contratar com B, mas, na verdade, não se trata de B, mas sim de C, gémeo de B;

A **incapacidade acidental** (art. 257.° do CC) – que atinge o indivíduo que, por razões ligadas ao abuso de drogas ou por hipnose, fica privado, temporariamente, do uso das suas normais faculdades e, consequentemente, de entender o alcance das suas declarações, como acontece com quem, estando embriagado, vende um veículo por um preço manifestamente inferior ao seu valor, por não estar em condições de negociar;

Quando, por virtude da existência de qualquer tipo de vício ou de erro, uma das partes se sinta prejudicada, ou o interesse público subjacente à norma seja ferido pela inobservância das disposições legais imperativas, coloca-se a possibilidade, segundo a sanção que vier prevista na lei, de o negócio jurídico ser nulo ou anulável, consoante os casos.

Os regimes da nulidade e da anulabilidade do negócio jurídico vêm regulados no art. 285.° e ss do C. C.

Sumariamente, quando a lei declara como sanção jurídica a nulidade (art. 286.° e ss. do CC), há que ter presente os seguintes requisitos e efeitos: a nulidade pode ser invocada por qualquer pessoa interessada ou oficiosamente pelo tribunal e a sua arguição não depende de prazo; os efeitos da nulidade operam desde o momento em que foi praticado o ato nulo.

Diversamente, a sanção jurídica da anulabilidade (art. 287.° e ss. do CC) está dependente da sua arguição pelos interessados envolvidos e prejudicados na relação jurídica, arguição essa a fazer-se dentro do prazo fixado na lei, normalmente um ano a contar do conhecimento do facto violador pelo arguente; os efeitos da anulabilidade são declarados no momento da anulabilidade.

6.3.3.2. Sanções reconstitutivas

Têm por finalidade remediar os danos decorrentes da violação da norma. Aqui, o infrator terá ao seu alcance 3 modalidades de sanções reconstitutivas:

A) Com a reconstituição ***in natura ou em espécie***, pretende-se que o agente reponha o lesado na situação que este teria, anteriormente à produção do facto danoso; deste modo, o agente restitui ao lesado, em género e espécie, aquilo de que o privou, colocando-o na situação chamada de "*stato quo ante*" (estado em que estava antes da lesão). Sempre que possível dever-se-á recorrer a este tipo de sanção por ser o que melhor serve as finalidades do Direito (art. 562.° do CC).

Exemplo:

A, empreiteiro ou pintor, celebrou um contrato com B, dono de uma casa, pelo qual se obrigou a pintar todas as paredes interiores da sua habitação; contudo não realizou a sua prestação.

B pode recorrer aos Tribunais e obter sentença que o obrigue a realizar essa prestação ou actividade (execução para prestação de facto).

B) **Na impossibilidade de reconstituição *in natura***, deverá a pessoa causadora da lesão ser obrigada a proceder à reintegração por equivalente da situação do lesado, procedendo à entrega de uma soma pecuniária que permita a reconstituição da situação, em termos de valor, que existia anteriormente (art. 566.° do CC). Esta reintegração por equivalente é efetuada através de uma indemnização tendo em conta os danos patrimoniais sofridos.

Nesta indemnização, serão tidos em conta quer os danos produzidos, os chamados danos emergentes, quer os lucros cessantes, isto é, o valor daquilo que o lesado deixou de receber em consequência da lesão.

O **ressarcimento** (ou indemnização) – também sanção indemnizatória – é a forma mais frequente da sanção reconstitutiva por equivalente. Aqui, o lesante tem de pagar ao lesado um valor pecuniário equivalente ao valor do bem de que o segundo se viu privado. A indemnização visa, precisamente, tornar **indemne (sem dano)** o lesado e cobre os **danos patrimoniais**, isto é, aqueles que são suscetíveis de uma avaliação pecuniária.

Exemplo:

A, por mero descuido ou negligência, queimou, com o seu cigarro, uma camisola de B, que já não existe para venda. Como não pode substituir o bem por outro de igual natureza, A deverá pagar a B o valor que este gastou na aquisição da referida camisola.

C) Finalmente, há que ter em conta os danos não suscetíveis de reconstituição natural e não suscetíveis de indemnização por equivalente; são os danos não patrimoniais, também chamados de danos morais relacionados com direitos à integridade física, à honra e à liberdade, os chamados direitos de personalidade), que mereçam a tutela do direito (art. 496.° do C. C.).

A **reparação faz-se por compensação pois não se trata de valores objetivos ou objetiváveis de mercado para compensar um dano estético, a colocação de material de osteossíntese, ou a perda do direito à vida de um familiar próximo.** Assim acontece com os chamados **danos não patrimoniais** (também conhecidos por **danos morais**), danos que, pela sua própria natureza, são insuscetíveis de uma avaliação pecuniária ou financeira. É o caso da morte de um ente querido, a dor e o sofrimento físico e moral suportado pela vítima, a humilhação infligida em local público, as sequelas psíquicas e traumáticas que resultam de uma agressão física ou de um acidente causado por terceiro, como a desfiguração, o aleijão, uma deformidade, entre muitos outros.

Neste caso, o lesante ou agressor deverá pagar ao lesado um valor que não corresponde, em caso algum, a um "preço do sangue", mas funciona como uma compensação, permitindo ao lesado um conjunto de meios que lhe permitam financiar um determinado projeto, concretizar um sonho, atenuar a dor ou o desgosto sofrido.

6.3.3.3. Sanções compulsórias (cláusula penal dos contratos)

Este tipo de sanção é muito frequente no **domínio dos contratos** e, em particular, dos **contratos-promessa** (sobre os quais adiante se falará). Estes últimos, que também podem ser denominados de promessa de contrato, estabelecem vínculos legais e obrigacionais entre os seus outorgantes, aqui designados de promitentes. Com efeito, num contrato-promessa, uma parte (contrato-promessa unilateral) ou ambas as partes (contrato-promessa bilateral) prometem realizar uma determinada prestação e a esta se vinculam de modo efetivo, porquanto, apesar de se tratar de uma promessa de contrato futuro, a sua validade e eficácia é inquestionável, quando celebrado com os requisitos e formalidades específicas previstas para o negócio em causa.

O contrato-promessa, sendo admissível para a quase generalidade dos negócios jurídicos (compra e venda, mútuo, arrendamento, trespasse, cessão de quota em sociedade comercial, etc.), encontra a sua disciplina inserta no art. 410.° do CC e, no que concerne o seu incumprimento, no art. 830.° do mesmo Código.

Por via de regra, quando se trata de negócios onerosos, isto é, que geram para as partes obrigações de pagamento de preço ou outras contrapartidas, é vulgar uma das partes entregar à outra uma dada quantia, a qual toma o nome de **sinal** e pode ser pago já a título de início de pagamento de preço e funcionar, também, como uma espécie de "garantia" de que o contrato prometido será celebrado.

Vulgar é, também, as partes estipularem que, em caso de incumprimento de uma delas, será aplicada uma sanção que pode assumir a forma pecuniária. Esta é a denominada **cláusula penal**, que funciona como uma penalidade para a parte faltosa no contrato.

Como exemplo comum, podemos aqui referir a cláusula inserta em muitos contratos-promessa de compra e venda de frações ou de habitação, em fase de construção, em que as partes convencionam que, por cada dia de atraso em relação à data contratualmente fixada para a realização do contrato definitivo de compra e venda, o faltoso pagará à contraparte uma determinada quantia.

A este propósito do **incumprimento do contrato-promessa,** estabelece o art. 830.° do CC, que, quando uma das partes seja inadimplente (incumpridora), pode a outra exigir:

A **restituição do sinal em dobro**, quando a parte que não cumpre o tenha recebido, ainda que a título de princípio de pagamento do preço (salvo se expressamente tiverem convencionado, no contrato-promessa, que haverá lugar à devolução do **sinal em simples**);

A **perda do sinal,** quando o contratante faltoso o tenha pago;

Uma **indemnização,** nos precisos termos fixados na **cláusula penal** convencionada entre as partes;

A **execução específica** do contrato, através da qual se visa obter sentença judicial que produza os efeitos da declaração negocial da parte faltosa, sempre que a tanto não se oponha a natureza do negócio jurídico em causa e da obrigação assumida; caberá nesta previsão o caso de um contrato em que A, pintor retratista, promete realizar o retrato de B que não pode vir a executar por se encontrar afetado por uma lesão na mão.

De resto, há que referir, ainda, que, nos termos do n.º 3 do citado art. 830.º, é **nula a cláusula que exclui a faculdade** de inserir penalidade pela mora ou incumprimento de contrato.

6.3.4. Sanções disciplinares

O **poder disciplinar**, juntamente com os outros dois poderes (mais precisamente o poder de direção e o poder de regulamentação) constitui o conteúdo ativo da posição da **entidade empregadora** na relação jurídico-laboral.

E se há quem diga que decisivo, nesta parte ativa da relação, é o poder de direção que a entidade empregadora detém sobre o trabalhador, importa salientar que há autores a destacar a supremacia do poder disciplinar no contrato de trabalho.

A este propósito importa referir as palavras de Maria do Rosário da Palma Ramalho: "*é o elemento disciplinar que constitui o traço distintivo fundamental do contrato de trabalho*" (*in* "Do fundamento do poder disciplinar laboral", Almedina, Coimbra, 1993, p. 295).

E as características do poder disciplinar que esta autora apresenta são:

a) A natureza laboral que resulta na expressão do "*binómio contratual supremacia/sujeição ao lado do binómio patrimonial de escambo entre atividade laborativa e retribuição*";

b) A natureza sancionatória punitiva que resulta do "poder de punir" mediante "*aplicação de sanções, mais ou menos delimitadas por via legal ou convencional, ou ainda pelo regulamento interno ou pelos usos da empresa*"; para além deste conteúdo sancionatório, o poder disciplinar tem "*um especial conteúdo ordenador e preventivo atinente à necessidade da organização da unidade produtiva em que o trabalhador se encontra inserido*".

Há, assim, uma distinção entre a **função precetiva** (traduzida na faculdade que assiste ao empregador de estabelecer regras vinculativas do comportamento do trabalhador e de assegurar o seu cumprimento através da aplicação de sanções) – poder disciplinar em sentido amplo – e a **função punitiva** do poder disciplinar (concretizada na faculdade que assiste ao empregador de estabelecer e aplicar sanções disciplinares ao trabalhador pelo não cumprimento dos seus deveres contratuais) – poder disciplinar em sentido restrito ou nuclear.

Donde se deduz, como diz Maria do Rosário da Palma Ramalho, que o poder disciplinar é uma faculdade conferida à entidade empregadora e não um dever ou poder-dever. É, além disso, um poder discricionário, na medida em que a entidade empregadora tem a possibilidade de optar pela sanção que entenda dever corresponder à infração praticada, devendo, contudo, ser orientada pelas regras da adequação e proporcionalidade, tendo em conta o grau de culpa do infrator e a gravidade da infração, bem como a possibilidade de manutenção do vínculo da relação laboral.

No exercício do poder disciplinar a entidade empregadora deve respeitar:

a) O princípio da boa fé, evitando utilizar o processo disciplinar para outros fins que não aqueles para que a lei o estabelece;
b) O princípio da celeridade, isto é, que as medidas a tomar o sejam com rapidez;
c) O princípio da garantia da defesa por parte do trabalhador, com audição prévia do trabalhador e realização de todas as diligências por ele indicadas;
d) O princípio da proporcionalidade entre a infração e a sanção;

e) O princípio do respeito pelos direitos e garantias gerais do trabalhador, evitando as sanções abusivas.

Na opinião de Paula Quintas e Hélder Quintas "*o exercício legítimo do poder disciplinar contribui, em larga medida, para o equilíbrio das relações entre trabalhadores e para assegurar a produtividade da empresa, bem como a sua própria estrutura organizacional. No fundo, o exercício do poder disciplinar tem o objetivo de manter o comportamento do trabalhador em perfeita sintonia com os interesses da empresa*" (*in* "*Código do trabalho, Anotado e Comentado*", Almedina, Coimbra, 2003, p. 617).

Nos termos do art. 328.° do **Código do Trabalho**, o empregador pode aplicar as seguintes sanções disciplinares:

a) Repreensão;
b) Repreensão registada;
c) Sanção pecuniária;
d) Perda de dias de férias;
e) Suspensão do trabalho com perda de retribuição e de antiguidade;
f) Despedimento sem indemnização ou compensação.

Obviamente e até aqui, falamos da **relação jurídica de emprego privado**. Mas existe também a relação jurídica de emprego público. No que a ela se refere, recordar-se-á que, neste caso, estaremos perante um trabalhador cuja entidade empregadora é o Estado ou outro ente público, dotado do chamado "*ius imperii*" (autoridade) ou poder de soberania ou supremacia. O que, em boa verdade, em termos de relação jurídica, implica a distinção destas duas relações quanto aos seus elementos: sujeitos, objeto, facto jurídico e garantia.

Neste tipo de **relação jurídica de emprego público**, "*o trabalhador obriga-se a colocar o seu trabalho ao serviço da Administração Pública, de modo a desempenhar, sob a autoridade e direção dos respetivos órgãos, um conjunto de atividades e tarefas destinadas a realizar as funções próprias e permanentes do Serviço público*". "*É, justamente, esta permanência de funções, inexistente na relação jurídica de emprego privado, que justifica que na relação de emprego público a execução* *do trabalho seja feita de forma profissionalizada, isto é, como modo de vida e, em princípio, como único meio de o trabalhador assegurar o seu sustento*" (*in* "*Função Pública, Regime Jurídico, Direitos e deveres dos Funcionários e Agentes*", de Paulo Veiga Moura, 1.º vol, Coimbra Editora, 1999, p. 54).

Com a aprovação da **Lei Geral do Trabalho em Funções Públicas (LTFP)**, pela Lei n.º 35/2014, de 20.06, foi adotado um regime que se distancia da relação de trabalho privada regulada pelo CT, como se verá adiante.

O Estatuto Disciplinar dos Trabalhadores Que Exercem Funções Públicas, aprovado pela Lei n.º 58/2008, de 9 de setembro, foi integrado na Lei do Trabalho em Funções Públicas, aprovada pela Lei n.º 35/2014, de .20 de junho.

O art. 180.º deste diploma estipula, no n.º 1, que as sanções disciplinares aplicáveis aos trabalhadores pelas infrações disciplinares que cometerem, são, as seguintes:

a) Repreensão escrita;
b) Multa;
c) Suspensão;
d) Despedimento disciplinar ou demissão.

O n.º 2 do mesmo art. 180.º dispõe: "*Aos titulares de cargos dirigentes e equiparados é aplicável a sanção disciplinar de cessação da comissão de serviço, a título principal ou acessório.*"

7. O Direito e a Moral

"Homem de boa lei, tem palavra como rei"

Provérbio popular

O vocábulo "moral" pode ser usado com diversos sentidos. Como adjetivo, poderá abranger um espectro alargado de estados espirituais ou mentais, por oposição a tudo o que é físico ou corpóreo.

Com base no étimo latino "*mores*" (costumes), a realidade Moral reporta-se a um dos domínios da Filosofia que se ocupa da problemática relativa à conduta do homem, enquanto ser livre e confrontado com as regras e as normas que regem a sociedade onde se insere.

Para a Moral importa **a decisão livre do homem**, os atos por este praticados, a sua conduta enquanto "sujeito de um agir livre". Para a Moral não há "coisas" afetadas de moralidade, entidades que possam ser qualificadas como "moralmente boas ou más". Em última hipótese, as coisas são amorais.

Só o homem, e o seu comportamento, são passíveis de uma apreciação moral. é por este conjunto de razões que se condena, por moralmente inaceitável, que um prisioneiro de guerra seja objeto de tratamento desumano ou de sevícias físicas, ainda que tenha sido capturado em pleno teatro de guerra ou sobre ele recaiam fortes indícios de ter praticado atos igualmente condenáveis à luz da Moral, como um ataque bombista. é, igualmente, por esta ordem de motivos, que nos repugna a prática de atos contra pessoas indefesas ou incapazes, como a violência sobre crianças, o infanticídio, as execuções sumárias e o genocídio.

De uma forma muito elementar, podemos dizer que a Moral representa um conjunto de normas reconhecidas e aceites por um determinado grupo social, para uma dada época. é neste sentido que podemos falar de uma "moral burguesa" ou de uma "moral dos Gregos". Não se circunscreve a uma "ciência dos costumes"; a Moral assume a natureza de **um código normativo que trata do "dever ser" e não apenas do "ser".** Estuda **o bem e o mal** e enuncia um conjunto de regras de ação que o homem deverá seguir na sua conduta. A Moral, porque se liga intimamente ao que de mais pessoal existe no ser humano, é, também ela, uma ciência humana que domina outras ciências, como a economia e a política.

A Moral parte da experiência fáctica do ser humano e centra o seu objeto nos mais diversos setores da vida individual e social, por serem permeáveis aos padrões da Moral, como é o caso da conduta individual, o interrelacionamento pessoal, a vida familiar, as relações no trabalho, nas empresas e nas organizações, entre outros aspetos da vida em sociedade.

Em rigor, não poderemos afirmar que há "tratados sobre o Bem e o Mal", guias exatos para qualificar uma conduta humana e social como boa ou má; não obstante, em todas as sociedades assume-se um conjunto de normas morais que, podendo ser distintas em função da cultura do grupo, norteiam o comportamento dos seus membros e, por essa razão, são apreendidas como regras obrigatórias, que se impõem e orientam o homem na sua conduta, nas suas opções e escolhas quotidianas, sem perder a sua condição de ser que pode e deve gerir a sua liberdade.

Resulta claro que o **objetivo da Moral não coincide ou se sobrepõe ao do Direito.** Não é propósito do Direito transformar os cidadãos em homens bons. Ao Direito importa, dominantemente, garantir que os indivíduos coexistam pacificamente, num clima de manutenção da ordem pública, dos bons costumes e com observância da lei, que a todos regula, impondo deveres e consagrando/tutelando direitos.

Para o Direito, fundamental será que cada indivíduo seja capaz ou tenha as condições para realizar os seus objetivos pessoais, numa esfera de liberdade que tem os seus limites, uma fronteira para lá da qual começa a liberdade dos outros. Daí a distinção clássica entre o que é a **liberdade e a libertinagem,** a atuação humana que não conhece qualquer limite e provoca a devassa e a lesão dos direitos dos outros.

Apesar de tudo, há sempre um **fundo residual moral no Direito e nas normas jurídicas**. Se analisarmos muitos dos preceitos normativos contidos no Código Penal, diploma que tipifica e prevê as sanções para os crimes, verificamos que a proibição do homicídio, do furto, do roubo, entre outros atos delituosos, corresponde a este imperativo moral e cultural que já encontrava a sua expressão em códigos como Decálogo Cristão[20], que estabelecem, como Mandamentos, o dever de não matar, não furtar coisa alheia, não cobiçar a mulher do outro.

Representando-se graficamente os dois campos, o da Moral e o do Direito, pode afirmar-se que há uma conexão entre eles, através de círculos concêntricos, em que o menor será o da Moral dentro do da norma jurídica.

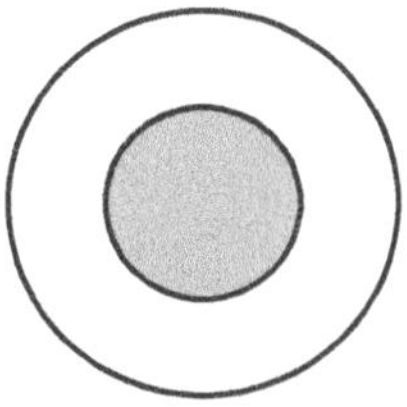

Batista Machado (*in* Introdução ao Direito e ao Discurso Legitimador) aponta três critérios distintivos do Direito e da Moral, enquanto ordens normativas:

1.º O do **mínimo ético**, segundo o qual o Direito teria como objetivo assegurar as regras morais básicas da paz, liberdade e justiça na ordem social enquanto a Moral planearia o Bem;
2.º O da **heteronomia e coercibilidade**, em que ao Direito importa a heterovinculação ou vinculação heterodeterminada e sujeita a coação, sendo relevante na Moral o sentido do dever;
3.º O da **exterioridade**, por via da qual importa ao Direito o lado exterior da conduta humana, e à Moral a faceta do ditame interior ou da consciência ética.

[20] Os dez preceitos religiosos e morais que, de acordo com o Antigo Testamento, Deus confiou à Humanidade, por intermédio de Moisés.

8. O Direito e a Justiça

Pelo que ficou dito, conclui-se que o mundo do Direito nos envolve quotidianamente, desde o nascimento à morte, e seria impossível o convívio humano sem uma série de normas e princípios que regulassem e estabelecessem os limites da atuação de cada um, com vista a dar solução aos conflitos sociais. Ao sistema de normas ou conjunto normativo que tem como finalidade instrumental a resolução dos conflitos ou de um problema social determinado, na área em que pretende intervir, com o recurso à força regulada e disciplinada, mas sem o uso da violência, chama-se Direito.

A Justiça é um valor humano e social. Sabemos que a vida humana é regulada por diversas disciplinas que têm os seus critérios particulares de valoração; assim, se a valoração da economia se faz pelo critério da utilidade e o da estética pelo critério da beleza, a valoração do Direito faz-se pela justiça, enquanto valor, algo que, sendo juridicamente valioso, permite alcançar a noção da injustiça, como desvalor. Ao representar um ideal de comportamento, a justiça tende a indicar como "*deve ser*" esse comportamento sem que tal implique que as ações humanas sejam necessariamente justas (*ubi ius ibi societas*).

Na medida em que o Direito apenas se revela necessário onde existam pessoas (*ubi societas ibi ius* – onde existe sociedade, existe Direito e vice-versa, *ubi ius ibi societas* – onde há Direito, aí há sociedade), a justiça é, também, um valor social pois refere-se a comportamentos ou atos das pessoas, os quais afetam outras pessoas; **a justiça não faz sentido onde só haja um sujeito**; a sua dimensão social carece de uma projeção intersubjetiva, isto é, do caráter relacional do sujeito que desenvolve, perante os demais, comportamentos ou ações humanas justas ou injustas.

A justiça poderá ser entendida de muitas formas e de acordo com as situações e as épocas, ou seja, a conceção de justiça difere no tempo e no espaço. Em todo o caso, poderemos distinguir entre:

- A justiça formal e a justiça material;
- A justiça comutativa e a justiça distributiva;
- A justiça legal e a justiça social.

Segundo Chaim Perelman[21], existiram, historicamente, distintas formas de justiça:

1) O mesmo a cada um;
2) A cada um segundo o seu mérito;
3) A cada um segundo as suas obras;
4) A cada um segundo as suas necessidades;
5) A cada um segundo a sua classe;
6) A cada um segundo o que a lei lhe atribui.

A justiça em geral também foi denominada **justiça legal** "*porque por intermédio dela se cumprem os preceitos da lei dirigidos a estabelecer as contribuições de cada membro da sociedade para a vida coletiva*" (Pérez Luño); para S. Tomás[22], o que caracteriza a justiça em geral é dirigir a conduta dos governantes e governados no sentido da salvaguarda do bem comum. E para Messner[23], na justiça legal incluem-se todos os deveres cujo cumprimento constitui exigência do bem-comum imposta pelo Direito positivo; são os deveres do legislador, de criar as leis necessárias ao bem-comum e os deveres dos cidadãos de cumprir essas leis.

---

[21] Apud Perez Luño, A.E., *"Teoría del Derecho"*, pág. 207; Chaim Perelman, Filósofo do Direito, um dos mais importantes teóricos da Retórica do Séc. XX. A sua obra principal é o *Traité de L'Argumentation – La nouvelle rhétorique* (1958), escrito em parceria com Lucie Olbrechts-Tyteca, no Brasil.

[22] Frade Dominicano e teólogo Italiano. O mais distinto expoente da Escolástica, viveu entre 1225 e 1274 e sistematizou o conhecimento teológico e filosófico da sua época na *Summa Theologiae* e na *Summa Contra Gentiles*.

[23] Um dos estudantes mais distintos de Max Weber na Universidade de Viena; teólogo, advogado e político Austríaco, autor de "*Social Ethics*" e "*De executive*" (1891-1984).

"*A **justiça social** faz referência ao bem-estar económico e social da sociedade como uma comunidade de trabalho, enquanto o bem-estar de um povo, enquanto Estado, é uma tarefa que compete aos grupos que participam no processo económico-social; os deveres impostos pela justiça social emanam principalmente da justiça natural, ao passo que os deveres impostos pela justiça legal têm o principal fundamento no direito positivo*" (Messner). Neste sentido, a justiça social deve ter em vista uma distribuição justa dos bens comuns ao mesmo tempo que previne as contribuições necessárias à formação daquele bem comum necessário ao progresso económico e social.

O **Estado Social de Direito ou o Estado de bem-estar social** (*Wellfare State*), que transitou do Estado liberal, atribui um novo protagonismo à justiça social que passou a ser um valor de referência nesta forma de Estado; a este propósito se tem falado na crise do Estado Providência e na necessidade da sua redefinição, com vista à assunção, pelos poderes públicos, de responsabilidades sociais no sentido do desenvolvimento e execução de políticas de pleno emprego com adequada remuneração do trabalho, a tutela dos interesses dos consumidores face aos desequilíbrios do mercado, a equitativa distribuição ou redistribuição dos recursos e rendimentos, por via de um sistema tributário justo e o reconhecimento da cidadania, ao nível da participação e exercício dos Direitos sociais, civis e políticos.

A **justiça comutativa**, assim chamada na doutrina de ARISTÓTELES[24], por oposição à justiça distributiva, significava a igualdade absoluta entre bens como, por exemplo, a que se dá entre o salário e o trabalho ou entre o dano sofrido e a indemnização.

A **justiça distributiva** tinha a sua essência na igualdade (relativa) existente no modo de tratar pessoas diversas; seria o caso da distribuição conforme com a capacidade tributária, e o do prémio ou do castigo proporcionais ao mérito ou demérito (Radbruch[25]).

---

[24] Filósofo grego (384-322 a.C.), um dos maiores pensadores de todos os tempos, é considerado o criador do pensamento lógico.

[25] RADBRUCH, Gustav: "*Filosofia do Direito*", Arménio Amado Coimbra, 1974, pág. 8; Professor de Direito da Universidade de Heidelberg, integra a corrente de filósofos do Direito jusnaturalista.

Del Vecchio[26] faz corresponder ao conceito de **justiça comutativa** o de **Justiça corretiva**, equiparadora, retificadora ou sinalagmática, por presidir às relações de troca. Pérez Luño[27] diz que a regra básica neste tipo de justiça é a de uma estrita igualdade baseada no critério da equivalência e que deve inspirar o desenvolvimento dos negócios jurídicos no âmbito do Direito privado.

Já a **justiça distributiva**, baseada numa proporção geométrica, ao contrário da proporção aritmética, característica da justiça comutativa (Del Vecchio) é aquela que estabelece os critérios, quer para repartir os benefícios, quer para impor as contribuições entre os membros de uma comunidade; entre esses critérios poderiam apontar-se os referidos atrás por Perelman: o mesmo a cada um ou segundo o mérito, as obras, as necessidades, a classe social ou a lei, dependendo a preferência por cada destes critérios das ideologias e formas de organização política.

Por isso se diz que a **justiça distributiva é característica do Direito público**, sendo a que representa a forma primitiva de justiça e é nela que, segundo Radbruch, "*vamos encontrar a Ideia de Justiça com relação à qual deve orientar-se o* "*conceito de direito*". No entanto, este autor alerta-nos para o facto de que a justiça – "*relação entre pessoas, não acerca do modo como as devemos tratar*" – carece de ser completada com outros princípios fundamentais que com ela concorrem, como é o caso da **equidade (justiça de cada caso particular).** Assim, o Direito não é, afinal e senão, "*a realidade que tem o sentido de se achar ao serviço da ideia de justiça*".

Batista Machado[28] recorda que Larenz faz notar que "*não é possível dar uma noção de direito sem necessariamente fazer referência à questão da justiça... O direito é uma ordem de convivência humana orientada pela ideia de uma ordem justa, ideia essa a que, pelo seu próprio sentido, tal ordem vai referida*".

---

[26] Jurista italiano (1878-1978) e Reitor da Universidade de Roma. Depois de se afastar da filosofia fascista do Direito, assumiu um jusnaturalismo de linha tomista.

[27] Pérez Luño, A.E.: "*Teoría del Derecho*", Tecnos, Madrid, 2006, pág. 207; professor e investigador da Universidade de Sevilla.

[28] Machado, João Batista: "*Introdução ao Direito e ao Discurso Legitimador*", Almedina, Coimbra, 1983, pág. 32; Jurista e Professor Universitário, nasceu em 1927 e faleceu em 1989; dedicou-se, principalmente, ao Direito Internacional Privado e à Filosofia do Direito.

O Direito, como um complexo de normas gerais visando a vida de relação que é a vida dos homens em comum, é a realidade que tem o sentido de se achar ao serviço da justiça (Radbruch).

9. O Direito e a Segurança

A Justiça, enquanto valor jurídico, mantém uma relação constante com outros valores jurídicos; ao Direito compete, na sua positividade, garantir não só as expectativas, em que cada um assenta as suas decisões e os seus planos de vida, mas também proporcionar a estabilidade da vida social e criar a confiança necessária e fundamental à segurança dos cidadãos.

Quando se fala aqui na segurança, esta é mais do que a segurança física; é a **segurança jurídica** correspondente à estabilidade das instituições sociais e ordenadora da garantia conferida aos cidadãos, em atenção aos valores económicos e sociais em circulação.

Desta forma a segurança constitui, enquanto condição da sociedade concretamente ordenada, uma das aceções da justiça e representa uma *çmissão contida na própria ideia de Direito*".

Segundo Batista Machado, "*a segurança é uma das exigências feitas ao Direito que pode conflituar com a exigência de justiça, achando-se as duas numa relação de tensão dialética*" (ora uma, ora outra). No entanto a **justiça representa um ideal de hierarquia superior ao da segurança,** podendo em muitos casos, a segurança sobrepor-se à justiça, por exigência da própria praticabilidade do Direito.

Numa aceção subjetiva, encarnada na forma de "*certeza jurídica*", a segurança pode ser estudada como a possibilidade dos cidadãos terem **conhecimento prévio das consequências jurídicas dos seus atos**, o que lhe permite governar a sua vida e orientar a sua conduta. A segurança ou certeza jurídica possibilita, assim, estabelecer um clima de confiança na ordem jurídica fundada em condições razoáveis de possibilidade, o que constitui um pressuposto e função do Estado de Direito.

Neste contexto, há institutos jurídicos que se inspiram notoriamente no valor da segurança e da certeza jurídica; são exemplos, entre outros:

- O **caso julgado** que salvaguarda a insusceptibilidade de recurso contra decisões jurídicas transitadas em julgado[29];
- O princípio da **não retroatividade das leis**, que protege os direitos adquiridos e as expectativas legítimas, e que será objeto de estudo mais adiante;
- A **usucapião** ou prescrição aquisitiva que confere credibilidade a uma prática que perdura ao longo dos anos.

[29] Do latim *transitu* (passagem) para o Direito transita em julgado a sentença que já não admite recurso, por, eventualmente, ter-se esgotado o prazo para a sua interposição (trânsito em julgado formal) ou por não ser legalmente admissível recorrer de uma decisão (trânsito em julgado material).

10. As dimensões do Direito

O Direito possui um inquestionável significado **social, normativo e axiológico**; no entanto, o Direito não se reduz unívoca ou unilateralmente nem ao facto social, nem à norma, nem ao valor. Necessariamente estão implicadas entre si, porque entre si interferem, as três dimensões ou planos do Direito.

Nem todas as relações do homem com os seus semelhantes ou com as coisas, no seu dia a dia em que se materializa a sua ação, constituem experiências relevantes para o Direito. Nem todas as ações ou experiências humanas são experiências interessantes para o Direito. Há muitas situações e relações da vida humana que não interessam ao Direito e, por isso, não se tornam experiências jurídicas.

A ação humana **(praxe humana)** só se torna experiência jurídica quando se encontra numa tensão dialética com a justiça. *As formas da ação passam a ser jurídicas enquanto tendem a tornar possível a convivência social, segundo os modelos históricos de racionalidade em que se concretiza a exigência da justiça.*"[30]

Repare-se, a título de exemplo, num acidente rodoviário que causa a morte a um peão que atravessa na passadeira; as três dimensões básicas do direito estão aí presentes:

- O "*facto*" da vida humana;
- A morte de uma pessoa;

---

[30] Pérez Luño, A. E.: "Teoría del Derecho. Una concepción de la experiencia jurídica", 5.ª ed., Tecnos, Madrid, 2006, pág. 39.

- A "*norma*" do C.P. que tipifica esse facto e o "*valor*" que se encontra protegido pelo ordenamento jurídico, isto é, além da vida humana, a ordem e a segurança das relações humanas como postulado da justiça.

"*Os valores são critérios intelectuais com base nos quais julgamos as condutas e os objetos*"; "*são modos de preferências conscientes generalizáveis*" (*Heller*) e é através deles que os seres humanos satisfazem as suas necessidades. Como diz *Perez luño*, citando *BoBBio*, o valor é uma abstração mental realizada a partir de uma experiência humana concreta e, portanto, um produto do homem que se configura a partir do discurso racional intersubjetivo baseado nas necessidades humanas em determinado contexto social e histórico. Todavia, não se traduzem em fórmulas abstratas e vazias mas em conteúdos antropológicos ligados ao sistema de necessidades básicas.

Por isso há **valores ou critérios de valoração** específicos das distintas disciplinas que regulam os diferentes planos da vida humana.

Para o Direito o valor fundamental é a justiça, para a economia é o da utilidade, para a estética o da beleza, e para a ética é o bem. Na nossa cultura jurídica, a raiz etimológica dos termos "*Ius*", "*Right*", "*Recht*", "*Droit*", "*Diritto*", "*Derecho*", "*Direito*", remete-nos para o que é reto, correto, racional, proporcional, enfim, para a exigência de justiça, enquanto elemento integrador da noção geral de Direito.

A história relata-nos numerosos exemplos de **sistemas de direito positivo afastados ou até contrários à justiça**; alguns, inclusive, são ordenamentos jurídicos legítimos, Estados de Direito, onde acontecem episódios de injustiça, formas deficientes ou degradadas de justiça. E porque as normas jurídicas devem organizar a vida social não só em termos de ordem e coercibilidade, mas também em termos de um direito justo, isto é, de garantia das liberdades e do bem-estar coletivo, pode-se dizer que os episódios de **injustiça** são formas imperfeitas face àquela convicção racional e humana do que é possível e desejável organizar.

Da mesma forma que um computador não deixa de o ser só pelo facto de estar avariado, de não funcionar, de não cumprir a sua finalidade principal, embora mantendo todas as suas características externas e elementos de *hardware* (...), também o **direito injusto** é um direito que não regula racionalmente a vida social, sendo certo que essa era a sua principal finalidade.

Pelo facto de, nem sempre, a regra jurídica (o Direito) traduzir um princípio de justiça, tal não impede que o Direito se apresente como a realização da justiça, como valor a perseguir.

Assim, vejamos algumas concretizações do que acaba de ser dito: uma vez determinada a norma, a conduta humana é justa na medida em que se submete a ela (circular pela mão direita) e injusta quando se lhe opõe (circular em contramão). Neste caso, a justiça corresponde à qualidade da conduta humana que se conforma com o direito (norma jurídica).

Por outro lado, a própria norma pode ser entendida como justa ou injusta conforme respeite ou não o equilíbrio, a equidade ou a proporção; neste caso, seria injusta tanto a norma que castigasse, com pena de prisão de um ano, tanto o facto de o peão atravessar fora da passadeira como aquela que castigasse, com a mesma pena, o homicídio.

Por último, a justiça ou injustiça pode ser predicado da norma que se opõe aos grandes princípios jurídicos, cujo conhecimento é património da humanidade, no sentido de que a dita norma se opõe P*a uma intuição que cremos ter do que é verdadeiramente Direito: umas regras não escritas, mas de algum modo eficazes, impressas nas nossas consciências e a partir das quais valoramos o Direito estabelecido pelo legislador – Direito natural*" (*Lacruz Berdejo*[31]).

Tal como toda a atividade humana, que acontece num lugar e num tempo determinado, segundo a teoria da relatividade, também a experiência jurídica se desenvolve no tempo. Ao pensarmos o que é o Direito, como nasce e como se aplica, não podemos ficar alheios ao facto de o tempo ser um fator que, de forma inexorável, gravita nos processos quer da criação, quer da interpretação e aplicação do Direito.

Aliás, o *"elemento histórico"* bem como *"as circunstâncias do tempo"* em que o Direito foi criado não coincidem com o **tempo histórico** em que,

---

[31] Catedrático de Direito Civil (nascido em 1921 e falecido em 1989), foi um dos maiores juristas de Aragão e uma autoridade em *Derecho Foral*; é autor de uma vasta obra científica de cariz generalista e, também, versando o direito aragonês.

o mesmo, é, na maioria das vezes, aplicado. O decurso do tempo é tido em conta na realidade do Direito, e a ele se atribuem os mais variados efeitos; veja-se, a título de exemplo, o decurso do tempo para atingir a maioridade; ao invés, o decurso do tempo para que a inércia, decorrente do não exercício do direito, se transforme nas figuras da caducidade ou da prescrição. Nesta perspetiva, não será estranha a ideia de *Perez luño*, quando afirma que o Direito é História e que, correlativamente, a História é Direito.

Assim, importará reter que, relativamente ao direito, este universo de que falamos no âmbito da experiência jurídica é, pois, constituído por quatro (três mais uma) dimensões a que podemos chamar, na linguagem do já referido autor, **tetradimensionalismo** jurídico: **facto, norma, valor e história**; sendo certo que, nas palavras de *Gerhart Husserl*, "*cada sistema jurídico representa uma determinada fase na história da humanidade; os ordenamentos jurídicos têm história e eles mesmos são história*".

Temos, portanto, uma projeção "*do tempo sobre o direito*" e vice-versa, "*do direito no tempo*". é dentro deste enfoque que deve ser entendida a experiência jurídica como constitutiva dos processos sociais e culturais dos homens que conformam a história (*Guido Fassò*).

Há, pois, que ter presente que cada época se distingue das outras pela pe culiaridade das sensibilidades, interesses, preocupações e anseios que informam a existência coletiva. Sem prescindir, é dentro de uma perspetiva holística ou total que devem ser estudados os problemas atuais de direito, dentro de uma dinâmica e complexa rede de conexões globais.

Os fenómenos políticos, económicos, éticos e jurídicos devem ser analisados numa relação de interdependência, tendo em conta que a sociedade humana, e por isso também a experiência humana, é multidimensional, multicêntrica e multicultural.

11. O Direito, a Ética e a Deontologia

11.1. A axiologia

Podemos atribuir a esta palavra – que deriva de *áksia,* dignidades – pelo menos duas significações:

- Uma, mais geral, no sentido de teoria ou reflexão sobre os valores, seja algo com relação aos valores ou doutrinas relativas aos valores;
- O utra, mais restrita, compreendendo a filosofia dos valores, enquanto ciência ou estudo sistematizado dos valores.

Tanto a Axiologia como a ética tratam da **dimensão valiosa das coisas e das pessoas,** sendo que a ética trata do que é mais importante para o Homem.

Segundo *J. Nabert*[32], os valores são as referências indispensáveis, inferidas pelo homem, a partir da experiência da sua incontornável finitude. A Filosofia dos valores procura responder às questões fundamentais:

Que e quais são os valores?
Como se apreendem?

Uma axiologia mais abrangente poderá estudar a essência dos valores; as suas características; o seu significado e fundamentação última.

Lalande refere-se aos valores como significando o **caráter das coisas**, que consiste em serem mais ou menos estimadas ou desejadas (*Vocabulaire technique de Philosophie*). Assim, haverá que notar que valor pode ser

[32] Resweber, Jean Paul: "*A Filosofia dos valores*", Almedina, Coimbra, 2002, pág. 102.

aquele que constitui um "*valor em si*" (a bondade, a beleza, a compaixão) e aquilo que é um "*valor realizado*" (o homem bondoso, o objeto belo, a ação oportuna).

Fernando Savater[33] ao falar nos **valores da vida** (saúde, satisfação sensual, segurança, força física e beleza, entendidas como aptidão apetecível para a tarefa carnal, fidelidade familiar aos mais próximos e semelhantes, harmonia comunitária, compaixão pelos que sofrem) e da liberdade (excelência e risco, atrevimento da novidade, desejo de conhecimento, ânsia de imortalidade, conquista, invenção, transgressão dos limites e das rotinas, exigência de perfeição e justiça, autonomia individual) acentua que os mesmos se intersetam, se impregnam e se reforçam mutuamente com frequência, sendo certo que, em numerosas ocasiões, se opõem frontalmente; por isso, diz: "*as sabedorias axiológicas, tentarão conciliar e equilibrar estas exigências díspares mas inevitavelmente complementares*".

E se ninguém descobre, por si só, a existência destes valores da vida e da liberdade é preciso tomar consciência do **papel da educação** na sua fixação, bem como o lugar do **grupo humano a que pertencemos** e que no-los impõe ou propõe de tal forma que "*cada um se veja obrigado a refletir em mais ou menos grau sobre eles e ir dotando a sua conduta de perfis axiológicos idiossincráticos*".

Desta forma, e uma vez aprovados socialmente, os valores ***"ficam codificados em diversos tipos de norma ou leis que explicitam de forma publicamente imperativa a conduta requerida assim como a rejeitada"***.

> *Weber* relata-nos que "*qualquer que seja a significação atribuída à noção de valor, ideal ou fim, esta supõe sempre uma dupla referência fundamental: à relação e à ordem*".

[33] Savater, Fernando: "*O meu Dicionário filosófico*", Dom Quixote, Lisboa, 2000, pág. 143. Fernando Savater é Catedrático de ética na Universidade Complutense de Madrid e é autor de uma vasta obra que abarca o Ensaio, a Narrativa e o Teatro. é um dos pensadores mais destacados de Espanha, tendo sido galardoado, entre outros, com o Prémio Sakharov de direitos Humanos.

é, com efeito, sobre o campo de relação (intersubjetividade) que o valor se transforma em função. A ordem dos valores, como a relação intersubjetiva, funda-se na experiência de um "*sentir comum*". E termina este autor por dizer que a inversão dos valores, preconizada por *Nietzsche*[34], não acaba nunca. "*Não são os valores, que faltam no nosso mundo, mas os sujeitos que faltam aos valores*"[35].

11.2. A ética

A ética é um adjetivo substantivado que, atenta a sua origem grega, tanto pode querer significar a maneira de proceder exterior, como a maneira de ser interior. No primeiro caso, ligaremos a ética a comportamento e no segundo fará sentido associar a ética ao caráter.

Naquele primeiro entendimento, caracterizar-se-á um comportamento como ético ou não ético segundo a sua conformidade ou não com regras ou padrões estabelecidos ou defensáveis em determinado momento e lugar. Já na segunda aceção, dir-se-á que a ética de uma determinada pessoa vai neste ou naquele sentido ou tem este ou aquele padrão normativo, de acordo com a maneira de ser própria e a formação humana e cultural que essa pessoa tem.

Daqui resulta que os dois significados têm subjacentes **duas conceções de ética** que radicam no suporte etimológico de dois termos gregos:

- *Éthos*, substantivo neutro com o significado de uso, costume, hábito, por um lado, e
- *Êthos*, substantivo neutro, significando morada, estância, residência, maneiras de ser, caráter, por outro[36-37].

---

[34] Filósofo e Filólogo Alemão (1844-1900), conhecido pela sua obra "*Assim falava Zarastruta*", pertenceu à escola Romântica e ficou célebre pelas suas ideias: a Morte de Deus, Vontade de Poder, Eterno retorno, Super-Homem.

[35] *Ibidem*, pág. 107.

[36] Cabral, Roque: "*Temas de Ética*", Faculdade de Filosofia de Braga – UCP, Braga, 2003, pág. 33. Filósofo e Teólogo.

[37] Pereira, Isidro: "*Dicionário Grego-Português e Português-Grego*", Livraria Apostolado da Imprensa, Porto, 4.ª edição, 1969.

Parece haver quem associe Aristóteles ao uso daquele primeiro termo e *heidegger* à preferência pelo uso do segundo[38], e na "*Ética a Nicómaco*" Aristóteles fará uso de ambos os termos, cuja tradução é feita, respetivamente, por hábito ou "*habituação*" e por caráter[39].

Deste modo, é suposto esperar comportamentos e condutas éticas por parte de pessoas que tenham a sua maneira de ser moldada por princípios e valores enraizados na educação e enformados pela cultura e que, ao agirem, o fazem de determinada forma e de acordo com pressupostos prévios.

A maneira de ser da pessoa caracteriza a maneira de estar na vida e vice-versa, a qual, por sua vez, condiciona a forma de agir de cada um. Desde este ponto de vista pode afirmar-se que a ética, enquanto significação referida ao caráter, envolve uma vinculação ao sujeito que é capaz de gerar comportamentos, atitudes ou condutas éticas.

Neste contexto, é óbvio que um sujeito desprovido de consciência ética dificilmente poderá gerar comportamentos tidos em si como éticos; se falta à pessoa uma consciência normativa, poderá faltar também a capacidade para assumir, nas relações com os outros e com o mundo, atitudes éticas. Desta forma, poder-se-á afirmar que o sujeito, enquanto possuidor de uma consciência ou caráter ético e, por isso, dotado de uma certa maneira de ser, contribui para revelar uma **conceção expressamente normativa da ética**; por outro lado, as atitudes e os comportamentos exteriores do mesmo sujeito, enquanto maneira de agir ética, contribuem para revelar uma **conceção puramente descritiva da mesma ética.**

Poderíamos, neste âmbito, distinguir, sem separar, o **plano do ser** (conceção normativa ou filosófica) e o **plano do fazer** (conceção descritiva ou sociológica); por outras palavras, o nível das ideias e o nível dos comportamentos; a educação, a cultura, a reflexão filosófica, isto é, a teoria, por um lado, e o comportamento, as atitudes, as decisões, ou seja, a prática, por outro; teremos duas faces de uma mesma moeda que,

---

[38] Arêdes, José de Almeida Pereira, "*Ética e Consciência*", Philosophica, Departamento de Filosofia, Flul, Lisboa, 25-2005, pág. 19.

[39] Aristóteles: "*Ética a Nicómaco*", Tradução de António C. Caeiro, Quetzal Editores, Lisboa, 2004, pág. 43, nota 54.

teleologicamente, se correspondem. Aristóteles caracterizava a ética como "*sabedoria prática*" e Epicuro[40] pensava-a como "*arte de viver*"[41].

A ética pode, deste modo, caracterizar e vincar uma **forma de ser e de agir** de modo a distinguir o ser e agir éticos de outras formas de ser e agir não éticas. Não parece existir uma realidade que seja mais ou menos ética; ou é ou não é. Tal como não existe uma pessoa mais ou menos séria – ou é séria ou não é séria – também não será concebível admitir o meio-termo na ética, isto é, uma ética a tempo parcial.

Não existe uma ética com períodos de suspensão, interrupção e, muito menos, com prazo de validade ou prazo de prescrição; a ética não caduca; há pessoas com ética e pessoas sem ética, como há pessoas educadas e pessoas sem educação; há condutas éticas ou eticamente aceitáveis e condutas não éticas ou eticamente inaceitáveis.

A ética será, antes de mais, uma forma de ser que se traduz numa forma de estar perante o "*Outro*" e perante o mundo, numa relação de intersubjetividade e de diálogo, ao mesmo tempo em que é reconhecida a multidimensionalidade do sujeito em que se inscreve a sua aventura ética[42]. Seria possível uma **ética sem moral**? Seguramente que sim; aliás, da mesma forma que é possível viver sem um braço ou sem uma perna, viver-se-ia, mas, na verdade, com bastante dificuldade, com limitações razoáveis.

A liberdade e a comunicação, através da linguagem, assumem expressão de relevo na intersubjetividade com o "*Outro*", sem o qual não existe o "*Eu*". Por isso, **só tem deveres quem é livre**. Se uma pessoa viciada, porque tem uma necessidade psicológica de proceder de determinada maneira, não tem liberdade, só uma pessoa livre é que pode experimentar

---

[40] Filósofo Grego, nascido em 341 a.C., fundou a sua própria escola chamada O Jardim, marcada pelos valores do ascetismo, serenidade e doçura; a sua doutrina baseia-se no prazer do sábio, a quietude da mente e o domínio das emoções, sendo, frequentemente confundida com a corrente hedonista.

[41] Araújo, Luís de: "*Ética uma introdução*", INCM, Lisboa, 2005, págs. 107 e 108.

[42] Edgar Morin, referido por Araújo, Luís de: "*Ética uma introdução*", INCM, Lisboa, 2005, pág. 107.

a necessidade do dever; é a experiência do dever e da obrigação que põe questões muito sérias ligadas ao próprio sentido da nossa vida.

A liberdade em sentido psicológico deve ser entendida como **capacidade de autodecisão**, sendo certo que nenhum de nós tem essa capacidade a 100%, porque vivemos condicionados.

Diferentemente, a liberdade em sentido moral diz respeito à **licitude;** entre o que podemos decidir fazer, há algumas coisas que não devemos fazer. Segundo Roque Cabral, a lei moral pressupõe um sujeito que tem liberdade psicológica e tira-lhe a liberdade em sentido moral. "*Psicologicamente somos capazes de matar, mas não temos liberdade moral para o fazer*".

Se a norma que cada um deve seguir é a própria consciência, agir contra a consciência é sempre, moralmente, condenável. Por isso, sempre que a consciência me diz: "*Faz isto porque é bom*", é porque isso aparece à nossa consciência como bom, lícito ou até obrigatório; daí a necessidade de informar e formar a nossa consciência enquanto norma subjetiva, pessoal; isto porque a norma de agir é sempre um ditame da consciência.

Daí que, nas palavras de Roque Cabral, "*o que é, moralmente, bom é querer o que a consciência dita*", e acrescenta: "*Diz S. Tomás que Deus nem sempre quer que o homem faça o que Ele quer, mas quer sempre que o homem faça o que pensa que Deus quer*". A necessidade de formação e informação da consciência surge no sentido de fazer coincidir a minha consciência com o que Deus quer.

Luís de Araújo[43] invoca os motivos para a "*compreensão da urgência da Ética como pensar fundamental para a hora atual*" e aponta a inseparabilidade entre Filosofia (construção de uma sabedoria para a vida) e ética (decidir e agir corretamente), dizendo mesmo que "*a Ética tem como máxima intenção construir uma sabedoria para a existência de um ser*".

José Arêdes[44], perante a realidade do nosso tempo que "*é particularmente fascinante pela possibilidade extraordinária que nos é dada de assistir e participar,*

---

[43] Araújo, Luís de: "*Ética uma introdução*", INCM, Lisboa, 2005, págs. 7 e 8.

[44] Arêdes, José de Almeida Pereira: "*Ética e Consciência*", Philosophica, Departamento de Filosofia, FLUL, Lisboa, 25-2005, págs. 8 e 9.

mais ou menos conscientemente, nas grandes transformações geo-políticas, tecno-científicas, climatéricas e, inevitável e dolorosamente, psicossociais que estão ocorrendo" diz: "*compreende-se, pois, a urgência de pensar as questões da ética*".

Ao mesmo tempo, refere este autor que a crise que hoje nos afeta é uma crise que pode ser considerada de crescimento, tanto mais quanto é certo termos de responder com novas soluções aos novos desafios que a globalização nos colocou.

Fernando Savater[45] a propósito do que trata a ética, pretende dizer que "*há certas coisas que podemos, conforme nos dê jeito, aprender ou não... há outras coisas que temos de saber, porque nelas, como costuma dizer-se, está em jogo a nossa vida*". E continua dizendo "*saber viver não é lá muito fácil porque existem diversos critérios opostos em relação ao que devemos fazer... Quando se trata de viver... as opiniões estão muito longe de serem unânimes*"[46].

Barros Dias apresenta uma definição de ética como sendo "*a teoria do comportamento moral dos seres humanos em sociedade*"[47].

Ética e Moral podem ser usadas como sinónimos; no entanto e atendendo às diferentes etimologias – o *mors* latino e o *ethos* grego – poder-se-á dizer, com José Arêdes[48], que a *Moral* "*designa o âmbito da formação de normas obrigatórias e da sua hierarquização e aplicação a casos concretos*", entendimento este radicado na postura mais utilitária, jurídica e normativa dos romanos perante a vida, enquanto a ética dos Gregos, *remete para uma reflexão acerca dos princípios que devem orientar a ação humana, para a fundamentação das normas que orientam a ação, para a definição dos fins que orientam ou devem orientar a existência, tendo em vista a autoconstrução de cada um na prossecução de uma vida boa e feliz*".

---

[45] Catedrático de ética na Universidade Complutense de Madrid.

[46] Savater, Fernando: "*Ética para um jovem*", Dom Quixote, Lisboa, 13.ª ed., 2005, págs. 23 e 24.

[47] Dias, J. M. de Barros: ética e Educação, Universidade Aberta, Lisboa, 2004, pág. 23.

[48] Arêdes, José de Almeida Pereira, ob. cit., pág. 12.

Este entendimento, diz ainda José Arêdes, tem a sua explicação no facto de os Gregos, "*mais filósofos e mais preocupados com uma estética do viver, cuidarem de definir ethos em função da intenção e da finalidade dos atos*".

Numa outra perspetiva, e recuperando a dualidade, acima referida, entre o plano do ser (conceção normativa ou filosófica) e o plano do fazer (conceção descritiva ou sociológica) e, ainda, o nível das ideias (educação, cultura e reflexão) e o nível dos comportamentos (atitudes e decisões), caberia aqui destacar que a Moral coincide em boa parte com aquela conceção descritiva ou sociológica da ética, na medida em que a Moral "*indica o que se deve fazer*"; enquanto a ética, naquela conceção normativa ou filosófica, "*indica o que se deve ser, como condição do que se deve e pode fazer*".

Esta distinção entre moral e ética, sugerida por José Arêdes faz coincidir *moral* com *éthos* (costume, hábito), cujo significado vai dirigido à maneira de ser exterior e, desta forma, moral e ética podem ser sinónimos; ao mesmo tempo, este autor distingue *moral* e *êthos* (caráter), isto é, distingue moral de ética enquanto esta vai referida ao ser, à maneira de ser interior (conceção normativa ou filosófica).

Assim, "*a moral, porque judicativa, tem uma vocação casuística, a ética, porque propiciadora de princípios, tem de ser capaz de apresentar modelos de transformação (do agente) manifestando uma vocação ontológica*"[49].

Segundo Roque Cabral, ao longo dos tempos não foi uniforme o uso dos termos éticoé e moralm; umas vezes empregues como sinónimos, outras com diferente significado, que varia segundo os autores. Para alguns **a Moral é a Ética vivida e a Ética é o estudo da Moral**.

A **Ética trata da dimensão valiosa das coisas e das pessoas** estudando o valor (o que vale) e a **Moral anda à procura do que deve ser.** Não há nenhuma outra disciplina para a qual estejamos tão bem preparados, diz Roque Cabral. Uma pessoa normal é capaz de, dentro da

[49] *Ibidem*, pág. 12.

liberdade, escolher o que é bom e sabe isso muitas vezes pela educação; ao escolher livremente decide e assume a responsabilidade.

Fernando Savater diz mesmo, em certa altura[50], que não quer distinguir o campo ético ou moral, por desejo de clareza. E continua: reflexão moral não é apenas um tema especializado, sobretudo para aqueles que desejam frequentar cursos superiores de filosofia, na parte essencial de qualquer educação digna desse nome; "*a ética é apenas o propósito racional de averiguar como vivemos melhor*" e assim "*ter uma vida humana boa*".

Prossegue este autor[51] referindo que "*para a consciência ética, o mau não é aquele que pode ser sancionado*" mas antes "*o impróprio de mim*". Para Savater, os valores éticos nunca deixarão de ser o reconhecimento da nossa humanidade na do outro, a semelhança essencial de condição sob a disparidade de situação e atitudes, a permanência de um respeito que não deve ser alterado nem sempre para conseguir a mais deslumbrante das experiências.

Luís Araújo, ao caracterizar a época atual em que os conteúdos morais podem apresentar-se questionáveis, reconhece que "*a realidade revela um pluralismo moral que conduz a conceções por vezes radicalmente diferentes da ideia de bem e da perfeição humana, contingência que dificulta à ética ir além de uma proposta formal de obrigações universais*"; e afirma que "*é necessário promover a conciliação entre o bem-estar individual e o dos outros indivíduos, o que porventura se alcança conferindo-lhes um sentido de justiça; porém o conceito de justiça padece de uma relatividade tal que depende de quem o usa e da intenção com que o faz.*".

Neste sentido, mesmo reconhecendo aquilo a que *edgar morin* [52] chama de **multidimensionalidade do sujeito**, é preciso tomar consciência de que a **aventura ética passa por alguns necessários princípios universais mínimos** que possibilitem ao ser humano, no exercício da sua liberdade responsável, alcançar a felicidade possível, no respeito pela existência do *Outro*" (alteridade) e da sua dignidade.

---

[50] Savater, Fernando: "*Ética para um jovem*", Dom Quixote, Lisboa, 13.ª ed., 2005, pág. 13.

[51] *Ibidem*, págs. 63 e 64.

[52] Filósofo e sociológo francês; viveu no séc. XX.

Então, a reflexão ética não será mais, numa perspetiva antropológica e axiológica, do que a "*afirmação de valores que constituam a base de todo o agir lúcido e corajoso, abrindo-se num jovial amor à vida, mas obediente a um sentido de responsabilidade solidária capaz de dominar aqueles delírios que sempre destroem a liberdade e atraiçoam a justiça*"; o que nas palavras de Luís Araújo fará compreender a inseparabilidade entre filosofia e ética.

Nas palavras de Roque Cabral, a filosofia moral ou ética, enquanto disciplina, elucida e justifica racionalmente a realidade moral, no fundo, a reflexão sobre a ação humana.

Sintetizando, diz Luís Araújo que "*se considerarmos a ética como estudo da moralidade do agir humano, então, impõe-se examinar a dimensão antropológica do agir, para, em seguida, se refletir acerca da dimensão ou estrutura ética da existência humana; sendo certo que o agir é uma atuação de natureza profundamente axiológica sustentado na intersubjetividade que supõe a reflexão acerca dos motivos, valores, fins e consequências que transformam aquele agir num agir relevante*".

A filosofia moral dará conta da formulação de princípios da ação em vista a "*definir uma arte de viver que possa responder ao modo de vida desejável*", pela afirmação de uma conceção de bem que se traduza socialmente num ideal de justiça que possa proporcionar uma sabedoria prática atenta à diversidade das culturas e "*visando a plena personalização de todo o género humano*"[53].

Por isso, a **ética é uma disciplina muito mais próxima da vida**; é uma disciplina teorética, é certo, mas acerca da prática. Muito do que já sabemos da ética veio-nos pela educação: "*há conhecimentos aos quais chegámos porque nos disseram que era assim; há outros conhecimentos aos quais chegámos porque assim nos ensinaram, mas a certa altura compreendemos por que razão era assim*" (Roque Cabral).

---

[53] Araújo, Luís de: "*Introdução à Ética*", ob. cit., pág. 12.

Para Barros Dias[54], qualquer ciência do comportamento humano ou de relações entre os seres humanos pode trazer uma contribuição útil para a ética com reflexão acerca da moral. *Além de relacionar-se com o Direito ou estudo do comportamento do ser humano como comportamento normativo, a ética também se relaciona com a economia política ou ciência das relações económicas que os seres humanos contraem no âmbito dos processos de produção*".

11.3. A deontologia

No seu sentido mais amplo e fiel à etimologia, poderíamos significar deontologia como a ciência de "*o dever*", "*o apropriado*", "*o ajustado ao caso*". Fernando Savater[55] entende por deontologia "*o conjunto de normas estabelecidas dentro de uma determinada comunidade para resolver os conflitos de interesses entre os seus membros ou entre alguns dos seus membros e os interesses coletivos*".

A deontologia refere-se ao **exercício das atividades ou ofícios, profissões, artes ou cargos políticos**. Esta consta de códigos – os chamados **códigos deontológicos**, onde são delineadas as normas ou leis aplicáveis ao exercício "*decente*" da profissão, bem como as obrigações e as sanções em caso de incumprimento (Savater); estes códigos da conduta profissional só se aplicam aos membros da corporação nela inscritos e enquanto exercerem a profissão.

São também chamados **estatutos profissionais** as regras deontológicas aplicáveis a certas atividades, registando-se a tendência atual para se generalizarem e aplicarem a todos os agentes profissionais.

A propósito do Estatuto da Ordem dos Advogados (aprovado pela Lei n.º 145/2015, de 9 de setembro, que revogou o anterior Estatuto, aprovado pela Lei n.º 15/2005, de 26 de janeiro, dizia-se, na nota introdutória à primeira edição do Estatuto agora revogado[56]:

[54] Dias, J. M. de Barros: "*Ética e Educação*", Universidade Aberta, Lisboa, 2004, pág. 70.

[55] Savater, Fernando: "*O meu dicionário filosófico*", ob. cit., pág. 148.

[56] Magalhães, Fernando Sousa: "*Estatuto da Ordem dos Advogados*", Almedina, Coimbra, 2006, pág. 7.

– *"Tem-se procurado salientar e aprofundar com progressiva intensidade, que o conhecimento e o respeito pela Deontologia Profissional constituem uma verdadeira condição de sobrevivência na nossa profissão..."*, e ainda *"na Deontologia Profissional assenta, em boa verdade, a essência da nossa identidade e na sua permanente realização a dignificação da nova função social"*.

Portanto os estatutos profissionais ou códigos deontológicos mais não são do que preceitos necessários, além de outros, ao exercício profissional da atividade em causa.

Saliente-se, também, a Resolução do Conselho de Ministros n.º 18/93, DR I Série B n.º 64, de 7 de março, que aprovou a **Carta Deontológica da Função Pública,** onde se acentua a importância da atividade dos funcionários públicos; porém, não podemos esquecer que a tenacidade e o racionalismo não chegam para dar resposta às exigências com que os funcionários se veem confrontados; é também necessário que essas qualidades sejam permanentemente inspiradas pelos valores éticos do serviço público, uma vez que não basta "*fazer*"; importa também "*quem*" faz, o "*modo como faz*". E, mais adiante, refere-se:

" Trata-se de um guia que, por ser moral...; por isso, os valores éticos ultrapassam os meros deveres jurídicos... A carta deontológica do serviço público... baseia-se nos valores considerados fundamentais do serviço público... Os valores fundamentais do serviço público são concretizados em deveres... para com os cidadãos ... para com a administração.... e para com os órgãos de soberania..."[57].

Assim e citando mais uma vez Savater:

"Por exemplo, algo moralmente tão incoerente como receber prendas com as quais alguém nos testemunha o seu afeto pode ser deontologicamente incorreto quando se ocupa certos cargos públicos".

---

[57] Luís, José Gomes: "*Estatuto Disciplinar dos funcionários e Agentes da Administração Central, Regional e Local*", Rei dos Livros, Lisboa, 1997, pág. 46.

Um sinal de vitalidade ética é justamente o confronto, perante as situações concretas, entre a consciência moral e a deontologia, já que não se pode confundir ética com o deontológico.

Segundo João Caupers, as exigências éticas na administração pública projetam-se em várias ideias, tendo todas elas, como pano de fundo, os conflitos de interesses públicos e privados.

Diríamos que é na Administração Pública onde mais claramente se impõe a "necessidade ética" do exercício da honrosa função do serviço à sociedade, sem corporativismos que premeiem mais os direitos que os deveres dos servidores públicos.

Os **princípios éticos da Administração Pública** são conhecidos:

- **Princípio do serviço público**: os trabalhadores encontram-se ao serviço exclusivo da comunidade e dos cidadãos, prevalecendo sempre o interesse público sobre os interesses particulares ou de grupo.
- **Princípio da legalidade**: os trabalhadores atuam em conformidade com osprincípios constitucionais e de acordo com a lei e o direito.
- **Princípio da justiça e imparcialidade**: os trabalhadores, no exercício da sua atividade, devem tratar de forma justa e imparcial todos os cidadãos, atuando segundo rigorosos princípios de neutralidade.
- **Princípio da igualdade**: os trabalhadores não podem beneficiar ou prejudicar qualquer cidadão em função da sua ascendência, sexo, raça, língua, convicções políticas, ideológicas ou religiosas, situação económica ou condição social.
- **Princípio da proporcionalidade**: os trabalhadores, no exercício da sua atividade, só podem exigir aos cidadãos o indispensável à realização da atividade administrativa.
- **Princípio da colaboração e boa fé**: os trabalhadores, no exercício da sua atividade, devem colaborar com os cidadãos, segundo o princípio da boa fé, tendo em vista a realização do interesse da comunidade e fomentar a sua participação na realização da atividade administrativa.
- **Princípio da informação e qualidade**: os trabalhadores devem prestar informações e/ou esclarecimentos de forma clara, simples, cortês e rápida.

- **Princípio da lealdade**: os trabalhadores, no exercício da sua atividade, devem agir de forma leal, solidária e cooperante.
- **Princípio da integridade**: os trabalhadores regem-se segundo critérios de honestidade pessoal e de integridade de caráter.
- **Princípio da competência e responsabilidade**: os funcionários agem de forma responsável e competente, dedicada e crítica, empenhando-se na valorização profissional.

11.4. A ética no dia a dia das empresas

As más práticas, a falta de controlo, o abuso de poder, a ambição sem limites e a ideia de impunidade são fatores de risco que, de um momento para o outro, podem destruir facilmente o que custou a ganhar, isto é, a confiança dos clientes, investidores, trabalhadores e sociedade em geral. Na era da informação, importará compreender que a produtividade não resulta apenas do conhecimento, antes integrando o recurso humano numa dupla vertente: enquanto detentor de capacidades, por um lado, e como fator gerador de compromissos e mobilizador de vontades na rampa de lançamento ético do bem-estar comum onde impere a sensação de serem bem tratadas no trabalho e nos incentivos.

Verdadeiramente, trata-se de um compromisso ou de um contrato moral que possibilite à empresa, como instituição social (sistema de atividades conscientemente coordenadas, formado por duas ou mais pessoas em cooperação recíproca, comunicação e disponibilidade para alcançar um objetivo[58]) evoluir no sentido de **tomar consciência do papel que a ética pode desempenhar** na sua gestão ou, por outras palavras, na avaliação ética da finalidade da empresa.

Basta que nos detenhamos a ler jornais e revistas para nos aperceber, nas suas páginas, que várias empresas aparecem, por vezes e nem sempre pelos melhores motivos; também, há dezenas de anos que constatámos a falta de ética profissional e de honestidade no mundo dos negócios, o que fez desaparecer empresas e empresários antes admirados; é uma realidade

[58] Chiavenato, I.: *Administración de Recursos Humanos*, Madrid, McGraw-hill, 2000, pág. 7.

inultrapassável; em muitos casos, desapareceram por más práticas e falta de ética; noutros, os comportamentos de administradores, dirigentes e gestores ocasionaram graves consequências para as suas empresas e levaram-nos a responder nos tribunais; mas quando falamos em tribunais, falamos da crueldade da lentidão e da triste conclusão fáctica e irrebatível de que o crime, em alguns casos compensa.

Os consumidores, nós mesmos, também valorizamos o comportamento ético das empresas quando refletimos sobre as nossas motivações de consumo; deixamos de consumir um produto ou solicitar um serviço desde que nos conste a "má fama" que determinada empresa possa ter relativamente ao amb iente ou a más práticas sociais. Convém recordar as palavras de Shumantra Ghosal num artigo intitulado "*As más teorias estão estragando as boas práticas*". A importância de comportamentos éticos e íntegros na gestão de interesses coletivos resulta, por demais, evidente face à leitura de jornais e a notícias nas redes virtuais. São vários os exemplos, a nível internacional, da necessidade de ética nas organizações/empresas, das graves consequências de comportamentos imorais e das faltas de responsabilidade ou, melhor, responsabilização de dirigentes das empresas.

Estamos no momento de passar à ação; a época do ceticismo e da incredulidade quanto à ética nos negócios já passou; estamos, agora, perante o desafio de levar à prática o desenvolvimento efetivo de mecanismos para a gestão ética das organizações. **A finalidade da ética da empresa levará esta a ocupar-se das condições que tornam possível a sua credibilidade social** e, portanto, a confiança em si depositada por parte de todos os grupos que formam parte ou estão afetados pela sua atividade[59].

11.4.1. Uma forma de estar ética

São vários e de variada natureza os problemas colocados às empresas; uns, de difícil resolução, outros, colocam-se no âmbito da dimensão ética de

[59] García-Marzá, D.: *Ética de la empresa. Del dialogo a la confianza*. Madrid, Trotta, 2004.

atuação. Sempre existiram problemas éticos no âmbito financeiro, quanto à veracidade e fidelidade na publicitação de resultados; na área de marketing, são conhecidos problemas referidos a publicidade enganosa ou a informação relativa a serviços pós venda ou a consumidores; na gestão dos recursos humanos direcionados a critérios de seleção, promoção e remuneração tem havido abusos; há dificuldades de gestão ética em temas relacionados com a discriminação sexual, o assédio moral, o meio ambiente, a responsabilidade social, a partilha de bem-estar social, a cobertura de riscos sociais, etc. Não raro, estas questões são colocadas, também, na dimensão legal e, como sabemos, nem tudo o que é legal é permitido, no sentido de que nem tudo o que é legal é moral ou moralmente aceitável.

A ética é, também, uma dimensão da realidade humana e, como tal, não deve ficar à margem de nenhuma atividade, mesmo a empresarial; o ser humano é constitutivamente moral e, porque é livre, deve responder, no sentido de ser responsabilizado, pelas suas decisões e justificar os seus atos[60] tanto na vida privada como na profissional, académica, económica ou política. A consideração de que apenas alguns cínicos estarão dispostos a aceitar o abuso ou a falta de respeito, a traição e a mentira, como comportamentos desejáveis no mundo dos negócios, bastará para **o despertar da avaliação ética do comportamento da empresa e da importância prática daquela avaliação na construção de um mundo melhor** e de um melhor prestígio social dos negócios, com a confiança de que o mercado poderá recompensar os comportamentos julgados corretos. Como diz algum autor, a preocupação pela ética deve levar as pessoas a pensar sobre a conduta mais adequada nos negócios ou a pensar nos negócios de uma forma distinta; tratar-se-ia do desenvolvimento da consciência moral na organização.

Na perspetiva de uma ética empresarial, não se trata, obviamente, de um conjunto de receitas, normas ou valores concretos a aplicar mecanicamente a situações problemáticas; no âmbito profissional e laboral, os objetivos a incrementar e a desenvolver, na perspetiva da formação ética,

---

[60] López-Aranguren, J. L.: ética, Obras Completas. Madrid, Trotta, vol. II, (1958), 1994.

são, preferentemente, **as capacidades de ajuizamento moral e autonomia moral das pessoas** da mesma forma que os gerentes e administradores ou responsáveis desenvolvem aptidões específicas no sentido da comunicação de qual a conduta ética mais valorizada e de quais as dimensões éticas a adotar no processo decisório. Ter-se-á em conta, por um lado, a identificação dos problemas éticos reais e das suas causas, definindo-os, e, por outro, a adoção de rigor metodológico na análise e uso dos conceitos, com a consciência de que o conhecimento profundo da cultura e estrutura organizacional possibilitarão a melhoria da imprescindível dimensão ética.

11.4.2. Os códigos e as comissões de ética

Quando falamos em códigos de ética queremos dizer algo distinto dos códigos de conduta e dos códigos de boas práticas, embora haja quem os misture.

Alguns entendimentos sobre o código de ética: há quem o entenda como a institucionalização ou parametrização de uma auto-obrigação correspondente à expressão de um compromisso com pretensões éticas fundamentais na hora de tomar decisões[61]; há quem entenda que se trata de uma lista de princípios éticos expressos de forma imperativa[62]; ainda, há quem veja os códigos de ética como a expressão escrita das respostas partilhadas na sequência de vontades formuladas e expressas numa organização; neste caso, os códigos de ética seriam como que uma institucionalização, pública e comprometidamente assumida, da expressão de critérios, valores e finalidades; para outros, os códigos de ética tratariam da materialização dos princípios com que se quer identificar a empresa e orientar a conduta dos membros da organização[63].

Não deixará de ser consensual o entendimento expresso por Lozano de que **um código ético para a empresa é fundamentalmente uma espécie de compromisso público** na medida em que são expos-

---

[61] Wittmann, S.: "Ethik-kodex und Ethik-Kommission". *Beiträge und Berichte.* St Gallen: Institutt für Wirtschaftsethik. Núm. 69, 1995.

[62] L'Etang, J.: "A Kantian Approach to Codes of Ethics, *Journal of Business Ethics*, 1992, 11, págs. 737-744.

[63] García-Marzá, D.: *Ética de la empresa. Del dialogo a la confianza.* Madrid: Trotta, 2004.

tas publicamente as responsabilidades partilhadas e as obrigações autoimpostas e que ficam sujeitas, quer umas, quer outras, à crítica construtiva dos demais participantes no processo produtivo e corresponsabilizados no conjunto de valores, critérios e finalidades que estruturam a organização[64].

É natural que em situações específicas da organização, o caráter da mesma, o seu fim social e a sua interação com ambientes culturais e de investigação que a rodeiam, possam ser forjados através de diretivas de ação ou de simples adoção de comportamentos morais por parte dos seus membros; estas diretivas ou comportamentos morais podem ser traduzidos, para além das atividades concretas que realiza e dos intercâmbios económicos que gera, na finalidade de um código ético referido ao fim social da organização e à legítima existência da mesma. Mesmo sabendo que não é o código que vai evitar os casos de corrupção ou de condutas desonestas por parte de quem está determinado a ir por aí, a verdade é que **os trabalhadores e sociedade em geral perceberão,** através da função educativa do código ético, **a homogeneidade cultural de princípios e valores que se esperam daquela organização.**

No dizer de Adela Cortina[65], **a ética empresarial consistiria na descoberta e aplicação de valores e normas partilhados por uma sociedade pluralista** – valores que compõem uma ética cívica no âmbito particular da empresa; são exemplo desses valores éticos mínimos que nenhum código questionaria **a igualdade, a liberdade, a solidariedade**, o diálogo e o respeito ao lado de valores instrumentais, como a inovação, a atenção ao cliente, a flexibilidade ou, ainda, junto a outros valores éticos como a integridade, o respeito, a responsabilidade o que verdadeiramente importaria seria a prevalência axiológica dos valores éticos sobre os estratégicos, estéticos ou económicos.

As **comissões éticas**, vistas como uma espécie de consciência ética da organização, poderão ter um papel relevante na formulação de códigos

---

[64] Lozano, J. M.ª.: *Ética i empresa*. Barcelona, Proa, 1997, pág. 186.
[65] Cortina, A. (ed.): *Ética de la empresa*, Madrid, Trotta, 1994.

de ética, **funcionando quer como centro de serviços** (vigilância do cumprimento), **quer como espaço de diálogo** (corpo de especialistas e de apoio à direção); há o risco de serem entendidas como tendo a última palavra ou solução para tudo e de serem manipuladas, como tal; o objetivo deve ser o de manterem a sua independência organizativa; para tal e com o apoio da própria organização, deverão ser dotadas de autonomia financeira, capacidade de imposição das decisões e ser um mecanismo ativo na proposta de ações e iniciativas.

Em boa verdade, apesar da sensibilidade que se espalha quanto ao tema e quanto à necessidade de enveredarmos por este caminho, utilizando a ética no dia a dia das empresas, até como mais um elemento ou fator de concorrência num mercado global, ainda estamos longe de atingir os degraus cimeiros. Mais uma vez e como em tudo, *piano, piano se va lentano.*

11.4.3. As vantagens da ética nas empresas ou "a empresa ética do futuro"

A empresa com nível ético deve tratar de oferecer um serviço ou um produto de qualidade, entendido este como uma resposta às expectativas do cliente e nem outra coisa será de esperar; a atitude da empresa deve ser a de corresponder às espectativas do mercado e, verdadeiramente, deve preocupar-se em fazer bem o que é bom.

Por outro lado, **uma empresa com nível ético é uma empresa responsável e consciente do impacto que a sociedade exerce sobre ela e vice-versa**, da influência que ela mesma exerce sobre o contexto social em que se insere. Colaborar em campanhas de sensibilização, fomentar o voluntariado, lutar contra a exclusão social, integrar ações de filantropia, são exemplos de ações adotadas por empresas éticas.

A ética aplicada ao nível empresarial não é uma garantia de sucesso, só por si, tal como uma empresa dotada da melhor tecnologia, das maiores reservas de capital ou possuidora dos melhores técnicos, tão pouco tem o sucesso garantido; mas, **se a ética empresarial não garante o sucesso, pelo menos favorece-o**, da mesma forma que o dinheiro não dá a felicidade mas ajuda.

Por outro lado, **a ética nas empresas pode facilitar o desenvolvimento económico** o qual se produz num contexto social concreto, que também pode vir a tornar-se desenvolvido, sobretudo se o contexto social não é violento, inseguro ou injusto; ainda, é consensual a ideia de que o benefício económico e a eficiência produtiva não devem justificar a escravatura ou a destruição do meio ambiente; de resto, convém não perder de vista que a dimensão económica e produtiva apenas é uma das dimensões multidimensionais da vida humana ao lado de outros aspetos culturais, espirituais e emocionais.

São muitas as preocupações de uma empresa com nível ético: respeitar os trabalhadores, investidores, clientes; proporcionar uma boa política de fornecimento de informação aos trabalhadores e boas condições de trabalho, ao nível da formação e dos planos de saúde, higiene e segurança no trabalho; desenvolver, em termos de proteção do meio ambiente, campanhas de sensibilização bem como colaborar ativamente com outras instituições; agilizar procedimentos em termos de defesa e respeito pelos direitos humanos, cumprindo a legislação e debatendo as leis que geram injustiças.

Juan Carlos Siurana[66] classifica os **indicadores para avaliar o nível ético das empresas**, em **três tipologias**: os indicadores de auto compreensão relacionados com as metas e partilha dos valores da atividade empresarial, quer para proprietários quer para trabalhadores; os indicadores de fundamentação, respeitantes ao diálogo e à antecipação dos problemas com as pessoas envolvidas e, finalmente, os indicadores de adaptação referidos à busca de excelência profissional e à gestão ética da empresa.

Seguindo os contributos dados por J. Félix Lozano[67], também estudioso da **responsabilidade social corporativa**, importa acreditar que há comportamentos que podem melhorar e, se acreditamos em algumas verdades, seguramente faremos o que depende da nossa ação pessoal para fazer bem o que é bom.

---

[66] Siurana, J. C.: *La sociedad ética. Indicadores para evaluar éticamente una sociedad.* Barcelona, Proteus, 2009.

[67] Lozano, J. Félix: "Qué es la ética de la empresa", Editorial Proteus, 2011. é membro do comité executivo da Fundação éTNOR para a ética dos negócios e as organizações, e do Comité de ética da Investigação da UPV.

Em sua peculiar conceção, filósofo, sociólogo e jurista voltados para as mesmas realidades incidiriam a sua perspetiva em cada uma das vertentes: axiológica/deontológica, o primeiro; fenomenológica ou factual, o segundo e vertente normativa ou da gnoseologia jurídica (conhecimento da norma) o terceiro.

PARTE II

—

COMO NASCE E SE APLICA O DIREITO

—

1. As Fontes do Direito

Quando se fala em fontes do direito queremos aludir à origem, aos processos de formação e revelação das normas (ou regras) jurídicas que compõem determinada ordem jurídica. Assim sendo, para a chamada doutrina tradicional, as fontes do direito consubstanciam os modos de formação ou de relevação do direito. Do elenco tradicional das fontes do direito é comum referir:

- A lei
- O costume
- A jurisprudência
- A doutrina
- A equidade

A valia de cada uma não é, naturalmente, a mesma, e há mesmo quem, quanto a algumas delas, questione o seu valor enquanto fonte, como veremos adiante. Modernamente, vêm-se apontando, também, como fontes do direito os chamados "**princípios fundamentais (ou gerais) de direito**" a que se confere uma certa primazia sobre as demais fontes, apesar de, entre nós, e ao contrário do que acontece noutras ordens jurídicas, não terem consagração legal.

Em Portugal devemos, igualmente, contar com as **fontes europeias,** face à integração de Portugal na União Europeia e também não devemos esquecer os **tratados ou convenções internacionais**, que são **fonte do nosso direito**.

Antes de procedermos a uma breve análise de cada uma destas fontes, bem como do seu valor na ordem jurídica portuguesa, esquematizemos, para melhor compreensão, as classificações que é possível estabelecer relativamente às fontes do Direito. De facto, é possível distinguir entre:

- **Fontes voluntárias** (ou intencionais);
- **Fontes não voluntárias** (ou não intencionais).

As primeiras pressupõem a existência de um ato explícito de criação normativa e as segundas têm na sua origem um facto jurídico em sentido restrito. São exemplos: a **lei** (em sentido material), a **jurisprudência** e a **doutrina**, que são fontes voluntárias; o **costume,** que é fonte não voluntária.

Por seu lado, nos termos do art. 1.° do CC haverá que distinguir:

- **Fonte imediata;**
- **Fonte mediata.**

As fontes mediatas têm a força vinculante que resulta da própria Lei, que para elas remete. Exemplificando: a **lei** e as **normas corporativas** são fonte imediata (art. 1.° do CC); os **usos** e a **equidade** são fonte mediata (art. 3.° e 4.° do CC).

Feita esta breve introdução, vejamos agora, um pouco mais detidamente, cada uma das fontes acabadas de elencar.

1.1. A lei

A propósito da lei haverá que referir a distinção entre lei em sentido material e lei em sentido formal, a qual resulta da chamada teoria dualista surgida nos finais do séc. XIX, no direito alemão. Esta questão está ligada, essencialmente, à caracterização da função legislativa, no âmbito das funções do Estado, e tem relevância para determinar a hierarquia das fontes do direito, assunto de que também trataremos adiante.

Assim, em **sentido puramente formal**, poder-se-á considerar lei qualquer diploma emanado do órgão legislativo competente, segundo o processo estabelecido na Constituição para a formação das leis, independentemente do seu conteúdo, ou seja, quer nesse diploma se contenham verdadeiras normas jurídicas quer comandos individuais concretos. Em **sentido material** será lei a declaração (ou prescrição) de uma ou mais normas jurídicas pela autoridade competente, independentemente da forma adotada. Logo:

- Há leis que o são simultaneamente em sentido formal e em sentido material (exemplo: a Constituição e as leis de revisão constitucional);
- Há leis em sentido material que o não são em sentido formal (exemplo: uma portaria governamental que aprove um regulamento);
- E há leis em sentido formal que o não são em sentido material (exemplo: leis que concedem autorizações legislativas).

Vejamos, agora, o que estabelece o **Código Civil** a este propósito e quais os diversos tipos de atos que poderão configurar uma lei. No n.º 1 do art. 1.º deste diploma, o legislador considera que são fontes imediatas do Direito **as leis e as normas corporativas,** e no n.º 2 estabelece que são:

- Lei – «todas as disposições genéricas provindas dos órgãos estaduais competentes»
- Normas corporativas – «as regras ditadas pelos organismos representativos das diferentes categorias morais, culturais, económicas ou profissionais, no domínio das suas atribuições, bem como os respetivos estatutos e regulamentos internos».

Como se vê, não há qualquer referência às disposições ou regras ditadas pelos órgãos próprios das **regiões autónomas** ou pelas **autarquias locais**, designadamente pelos municípios.

Sem perder muito tempo com este assunto, sempre se dirá que o problema pode ser ultrapassado recorrendo-se à **Constituição da República Portuguesa**, nomeadamente:

a) No que respeita às **regiões autónomas,** aos artigos 112.° e 227.°, sendo que o primeiro preceito constitucional expressamente considera os decretos legislativos regionais como **atos legislativos**;

b) Quanto às **autarquias locais,** ao art. 241.°, que expressamente considera que as «*autarquias locais dispõem de* ***poder regulamentar próprio*** *nos limites da Constituição, das leis e dos regulamentos emanados das autarquias de grau superior ou das autoridades com poder tutelar*».

Antes da atual redação dos mencionados artigos, alguns autores – ainda que sem se verificar unanimidade doutrinária – ultrapassavam o problema, pela seguinte forma:

a) Não considerando como taxativa a enumeração do Capítulo I do CC;

b) Ou entendendo que a expressão "órgãos estaduais" deve ser interpretada em sentido amplo, de modo a abarcar todas as normas provenientes de instituições de direito público, dos órgãos próprios das regiões autónomas ou das autarquias locais;

c) Ou, ainda, incluindo os diplomas por eles emanados na referência às normas corporativas.

Em Portugal, poder-se-á configurar como **lei**, em sentido **material e/ou formal**:

- A **Constituição** e as **leis constitucionais** – cfr. art. 166.° da CRP;
- As **leis orgânicas** e as restantes **leis de valor reforçado** (leis que carecem de aprovação por maioria de dois terços, bem como aquelas que, por força da Constituição, sejam pressuposto normativo necessário de outras leis ou que por outras devam ser respeitadas – cfr. art. 112.° da CRP);
- As **leis** ordinárias aprovadas pela Assembleia da República – cfr. art. 166.° da CRP;
- Os **decretos-leis** aprovados pelo Governo – cfr. art. 198.° da CRP;
- Os **decretos do Presidente da República**, os **regulamentos** aprovados pelo Governo, designadamente os **decretos**, **decretos**

regulamentares, as **portarias**, os **despachos normativos**, bem como as **Resoluções** da Assembleia da República ou do Governo – arts. 112.°, 166.°, 197.°, n.° 2, 199.° da CRP;

- Os **decretos legislativos regionais** aprovados pelas assembleias legislativas ou pelos governos regionais das regiões autónomas dos Açores ou da Madeira, bem como os respetivos **regulamentos** – art. 227.° da CRP;
- Os **regulamentos** das **autarquias locais** – art. 241.° da CRP.

1.1.1. Procedimento legislativo

Cabem aqui mas umas breves palavras a propósito do procedimento legislativo, ou seja, as fases por que passa o processo tendente à produção de um ato legislativo, cujo ato final é a própria lei. De uma forma sintética, podemos referir **cinco** fases:

- Iniciativa
- Elaboração
- Aprovação
- Promulgação
- Publicação

No caso de uma lei, a **iniciativa** pode provir do próprio Parlamento, no nosso caso da Assembleia da República, através dos **deputados ou dos grupos parlamentares**, segundo regras estabelecidas no regimento (normas que disciplinam a atividade parlamentar), ou do **Governo**, e ainda de **grupos de cidadãos eleitores** e das **assembleias legislativas regionais**, no que respeita às regiões autónomas. A este propósito, atente-se no que está estabelecido no art. 167.°, n.° 1 da CRP que consagra:

> *«A iniciativa da lei e do referendo compete aos Deputados, aos grupos parlamentares e ao Governo, e ainda, nos termos e condições estabelecidos na lei, a grupos de cidadãos eleitores, competindo a iniciativa da lei, no respeitante às regiões autónomas, às respetivas Assembleias Legislativas.»*

Quando a iniciativa provém dos deputados ou dos grupos parlamentares toma a forma de **projeto de lei,** e quando provém do Governo, de grupos de cidadãos eleitores ou das assembleias legislativas regionais toma a forma de **proposta de lei**. A iniciativa legislativa de cidadãos encontra a sua disciplina na Lei n.º 17/2003, de 24 de junho, com as alterações subsequentes que lhe foram introduzidas.

A **elaboração** da lei cabe ao Parlamento, através das comissões especializadas, de acordo com o projeto ou a proposta de lei. Nesta sede, recolhem-se os dados que permitam aferir da oportunidade do procedimento legislativo, assim como do seu conteúdo. Esta fase é, de certa forma, intercalada com a seguinte, a da **aprovação**, que comporta **dois debates** no âmbito da respetiva discussão: um debate na **generalidade** e o outro na **especialidade**. De igual forma, contempla **três votações**: na **generalidade**, na **especialidade** e uma **votação final global**. Atente-se aos números 1 e 2 do art. 168.º da CRP que estabelece:

> *«1. A discussão dos projetos e propostas de lei compreende um debate na generalidade e outro na especialidade.*
> *2. A votação compreende uma votação na generalidade, uma votação na especialidade e uma votação final global.»*

Obviamente, **só se passa ao debate e à votação na especialidade caso o projeto ou a proposta sejam previamente aprovados na generalidade**. Entre os dois momentos, o projeto ou a proposta baixam às respetivas comissões parlamentares especializadas onde são analisados, e, eventualmente, alterados e – se assim a Assembleia da República deliberar – são votados na especialidade, subindo novamente ao plenário para a votação final global, já que compete à Assembleia da República a votação final e a aprovação global do diploma normativo.

Este é o procedimento conducente à aprovação de uma **lei**.

Se estiver em causa um **decreto-lei**, então a iniciativa, a elaboração e a aprovação cabem ao **Governo**, apenas se exigindo, previamente, a existência de uma **lei de autorização legislativa**, caso o governo pretenda legislar sobre matéria que constitua reserva relativa de competência legislativa da Assembleia da República (art. 165.º da CRP).

Com efeito, o Governo não é órgão legislativo; é um órgão de soberania ao qual se encontra acometida a função administrativa ou executiva, a condução da política geral do país; todavia, e como se disse, no uso de uma autorização dimanada do Parlamento (a denominada lei de autorização legislativa, que define o objeto, o sentido, a extensão e a duração desta autorização, que pode ser prorrogada), **o Governo pode criar decretos-lei que versem sobre matéria que constitua reserva relativa de competência legislativa da Assembleia da República**. Este procedimento encontra a sua justificação no facto de o processo legislativo adotado pelo Parlamento ser, por via de regra, moroso e se tornar necessário legislar com prontidão em casos que carecem de tutela legal e não são compatíveis com a natural delonga do processo seguido na Assembleia da República.

Segue-se a **promulgação** pelo Presidente da República e a sua **referenda** pelo Governo (alínea b) do art. 134.° e n.° 1 do art. 140.° da CRP), sem o que o diploma será considerado juridicamente inexistente. O Presidente da República tem o poder constitucionalmente consagrado de promulgar leis e, na sua esfera jurídica, cabe-lhe o direito de as **vetar** (n.° 1 do art. 136.°). Como se disse, a falta de promulgação determina a "**inexistência jurídica**" do ato normativo, nos termos da al. b) do art. 134.° da CRP.

Finalmente, temos a **publicação**.

De acordo com a alínea c) do n.° 1 do art. 119.° da CRP, as leis, os decretos-leis e os decretos legislativos regionais devem ser publicados no jornal oficial, o Diário da República, sem o que serão considerados juridicamente ineficazes (n.° 2 do art. 119.°).

Esta fase destina-se a **dar publicidade aos atos legislativos**, para que os mesmos sejam dados a conhecer, previamente à sua entrada em vigor, a todos aqueles a quem se possam destinar. Trata-se de uma exigência lógica do princípio do Estado de Direito democrático.

1.2. O costume

O costume representa, na formação histórica do Direito, a sua primeira e principal fonte, tendo começado a perder importância, nalgumas ordens jurídicas, a partir do século XVIII, sem prejuízo de ainda hoje desempenhar um importante papel nalguns ramos do Direito.

Como fonte distinta da lei, não voluntária ou não intencional, é comum defini-lo como uma **prática social constante ou reiterada** (um **uso**), acompanhada do sentimento ou **convicção de obrigatoriedade** da norma que lhe corresponde.

Assim, são dois os elementos constitutivos essenciais do costume enquanto fonte do **direito consuetudinário** (direito que surge dos costumes de uma certa sociedade, não passando por um processo de criação de leis): o "***corpus***" e o "***animus***".

O "***corpus***", traduzido num **uso**, numa prática social constante ou reiterada, com certa duração, de determinado padrão de conduta em que está implícita uma norma (é evidente que se não estiver implícita uma norma dever-se-á considerar que a prática social não tem valor jurídico, esse uso não terá interesse para o Direito).

O "***animus***", traduzido na convicção de se estar a obedecer a uma regra geral e abstrata **obrigatória**, caucionada pela consciência jurídica da sociedade, pelo que não se estará somente perante uma norma de cortesia ou de rotina. De facto, só quando existe a convicção de que se deve obrigatoriamente atuar de acordo com aquele **uso** é que se poderá dizer que há **costume**, e portanto que estamos perante regras jurídicas.

O **direito consuetudinário** é, como se vê, um direito não deliberadamente produzido, pelo que, neste sentido, o costume é uma fonte **não voluntária ou não intencional. O CC português não inclui o costume como fonte imediata do direito**, apenas prevendo que os usos «*que não forem contrários aos princípios da boa fé são juridicamente atendíveis* ***quando a lei o determine***» – n.º 1 do art. 3.º deste diploma legal.

Registe-se que o Código do Trabalho, no seu art. 1.º, consagra: "*O contrato de trabalho está sujeito, em especial, aos instrumentos de regulamentação coletiva de trabalho, assim como aos* ***usos laborais*** *que não contrariem o princípio* *da boa fé"*. A título exemplificativo, ter-se-ão como usos laborais, aliás no entendimento de alguma jurisprudência, o hábito de oferecer aos trabalhadores, por ocasião do Natal, o bolo-rei, a garrafa de vinho do Porto ou o queijo da Serra.

Assim, o CC apenas consagra os usos (que não o costume) como **fonte mediata** do direito. De qualquer forma, a circunstância de só valerem quando a lei o determine não prejudica o seu caráter de fonte do direito, uma vez que esta não deixa de o ser por tal caráter lhe ser outorgado por uma regra sobre a produção jurídica contida noutra fonte.

No entanto, não parece, em princípio, admissível que a lei voluntariamente posta ou positivada (pelo menos a lei ordinária) tenha legitimidade para excluir a jurisdicidade de normas consuetudinárias nascidas diretamente da comunidade social. Isto, sem prejuízo de certos domínios em que a proibição do costume teve êxito e os órgãos judiciais, nomeadamente, não o aplicam. Será o caso, por exemplo, do chamado **costume irracional**, que conduzirá a que se negue proteção coativa a costumes que se consideram injustificados. E não há dúvida que os juízes negam a aplicação dos costumes quando estes se apresentam com características reprováveis.

No **Direito Internacional Público** o costume (**costume internacional**) continua a ser uma importante fonte do direito e vigora **diretamente** na ordem jurídica interna pelo simples facto de vigorar na ordem internacional (receção automática), tal como o estabelece o n.º 1 do art. 8.º da nossa CRP, quando estatui que "*As normas e os princípios de direito internacional geral ou comum fazem parte integrante do direito português*".

1.3. A jurisprudência

Por Jurisprudência entende-se o conjunto das decisões em que se exprime a **orientação seguida pelos tribunais ao julgar os casos concretos** que lhes são submetidos.

Rigorosamente, deveria entender-se que a jurisprudência só é fonte do direito quando a orientação seguida pelos tribunais (ou por determinados tribunais) na decisão de casos concretos fica a vincular os mesmos ou outros tribunais, no julgamento de casos futuros do mesmo tipo. Assim acontece nos sistemas jurídicos onde vigora a regra do precedente, como é o caso dos países da chamada "*common law*" ou do sistema anglo-americano. Não é assim no nosso país, com a **exceção** de que falaremos adiante. Aqui, tal como nos países onde vigora o chamado **sistema romanístico**, cada juiz está colocado perante os outros em posição de independência. Nesta conformidade, entre nós:

- Os tribunais superiores não têm de julgar de acordo com a orientação dos tribunais inferiores, o que é facilmente compreensível;
- Os tribunais não têm de julgar como já o fizeram outros tribunais do mesmo nível;
- Cada juiz não tem de julgar consoante o próprio já fez, pelo que mesmo o Supremo Tribunal de Justiça não fica inibido de, em dado momento, adotar outra orientação diferente que lhe pareça mais adequada ou fundada;
- E mesmo os tribunais inferiores não têm de julgar de acordo com o que fizeram anteriormente os tribunais superiores.

Como estabelece a nossa lei orgânica judiciária, existe uma hierarquia entre os tribunais portugueses que não põe em crise o **princípio da independência da magistratura judicial.** Porém, isto não significa que as decisões dos tribunais, designadamente dos superiores, não tenham um **peso efetivo** na atividade jurisprudencial posterior, e que não possam existir mecanismos para **uniformização de jurisprudência**, tudo sem prejuízo dos **acórdãos com força obrigatória geral**.

Senão, vejamos:

Efetivamente, as referências à jurisprudência constante, que no fundo significa um repetir, no futuro, da atividade jurisprudencial anterior, indicia uma **presunção de verdade** daquela orientação, sem prejuízo de se poder vir a dar uma viragem jurisprudencial.

De qualquer forma, esta presunção revela que se tende a atribuir valor de criação normativa à constância de decisões e não uma mera repetição de julgados. Daí, o papel importante que podem acabar por ter as decisões anteriores dos tribunais, particularmente dos superiores, na atividade posterior destes.

Por outro lado, a necessidade de atingir maior **segurança nas decisões** e prevenir o desperdício da atividade jurisprudencial face a casos idênticos, conduziu, em vários países, entre os quais Portugal, à adoção de mecanismos destinados a obter a **uniformização da jurisprudência**. Foi o que aconteceu com o Decreto-Lei n.º 329-A/95, de 12 de dezembro, que, para além de ter revogado o art. 2.º do CC – que previa a possibilidade de os tribunais poderem fixar, por meio de **assentos**, doutrina com força obrigatória geral – o que viria a ser declarado inconstitucional pelo Tribunal Constitucional, por violação do então art. 115.º, n.º 2 da CRP – veio consagrar, no plano civil, o chamado **"julgamento ampliado de revista"** (atualmente previsto pelos artigos 686.º e 687.º do CPC), tendo-se criado, desta forma, um meio de uniformização da jurisprudência, embora com os méritos e as limitações de meios desta ordem.

De salientar que os acórdãos proferidos para **uniformização de jurisprudência são publicados, curiosamente, na 1.ª Série-A do DR, que é destinado às fontes gerais do direito**.

Por fim, vejamos o que se passa com os **acórdãos com força obrigatória geral**, os únicos a serem considerados verdadeira fonte de direito e que constituem, em Portugal, a **exceção** atrás apontada a este princípio. Estes estão previstos na **CRP** em três disposições diferentes:

- No n.º 1 do art. 281.º – que se refere à **fiscalização abstrata da constitucionalidade** de qualquer norma ou da legalidade das que nele estão previstas, por parte do Tribunal Constitucional;
- No n.º 3 do art. 281.º – que, referindo-se à mesma matéria, parte agora do pressuposto de **uma mesma norma ter já sido declarada inconstitucional ou ilegal** em três casos concretos, também pelo Tribunal Constitucional;
- No n.º 1 do art. 119.º onde, em termos genéricos, na alínea g), expressamente se prevê que sejam publicadas no **Diário da República** as "*decisões do Tribunal Constitucional, bem como as dos outros tribunais a que a lei confira força obrigatória geral*".

Ora, é o que se passa com o **Supremo Tribunal Administrativo** que, no âmbito da ação administrativa especial, pode vir a proferir declaração de ilegalidade com força obrigatória geral de norma cuja aplicação tenha sido recusada por qualquer tribunal, em três casos concretos, com fundamento na sua ilegalidade (cfr. arts. 72.° e ss do Código de Processo nos Tribunais Administrativos).

Porém, quanto à **declaração com força obrigatória geral**, chame-se a especial atenção para o facto de, nestes casos, haver sempre uma distanciação do caso concreto. Ou seja, nos **acórdãos do Tribunal Constitucional** e do **Supremo Tribunal Administrativo**, que visam declarar a inconstitucionalidade ou a ilegalidade com força obrigatória geral, há sempre distância relativamente aos casos concretos, uma vez que a pronúncia do tribunal é abstrata e independente da solução daqueles.

1.4. A doutrina

Por doutrina entende-se as **opiniões ou pareceres dos jurisconsultos** em que estes desenvolvem, em bases científicas ou doutrinárias, as suas conceções sobre a interpretação ou integração do Direito. Tradicionalmente, ao enunciarem-se as fontes do direito, é normal incluir-se a doutrina. Porém, tal não deve equivocar-nos acerca do significado da mesma, uma vez que ela não é hoje, contrariamente ao passado, fonte do direito.

A influência da doutrina sobre as decisões dos tribunais depende, em muito, do apuro ou acerto técnico da mesma e da autoridade científica de quem a subscreve. No Direito atual o parecer do jurisconsulto **nunca vincula o julgador**, embora possa dispor daquela autoridade científica (força persuasiva dos argumentos), de que atrás falamos.

Não obstante, a doutrina desempenha um importante papel no ambiente onde se desenrolam os fenómenos normativos. De facto, ela cria as condições, os caminhos possíveis, através dos quais se há-de processar a estruturação do material normativo e a alteração das fontes voluntárias. é que, muitas vezes, só a doutrina consegue explicar que a mesma fórmula legal possa ter significados diversos.

Por tudo isto devemos concluir que a doutrina, não sendo fonte do direito, contribui fortemente para ajudar a compreender ou a interpretar as diversas fórmulas legais e com isso ajudar também o julgador a aplicar a norma ao caso concreto.

1.5. A equidade

A propósito da equidade convém começar por recordar que ela é tão antiga quanto o Direito. Uma das definições mais antigas refere-a como "***Justiça** ou **Direito** do caso concreto*". De facto, a resolução dos casos segundo a equidade aparece em contraposição com a sua resolução aplicando o direito estrito. No fundo, a função da equidade traduz-se em **o juiz tomar na devida consideração as circunstâncias especiais do caso concreto** e, consequentemente, não aplicar a norma geral na sua rigidez e inflexibilidade, ou até deixar de a aplicar de todo.

Daqui decorre que, para haver equidade, não é necessária a ausência de regras, até pelo contrário: poderá haver regras e haver recurso à equidade sempre que o juiz estiver **autorizado** a afastar-se da solução da lei e a decidir de acordo com as circunstâncias do caso singular.

A equidade não é um critério normativo, **não dita regras,** pois não tem caráter generalizador; antes **dita soluções** para casos concretos. Com efeito, o princípio geral consagrado no nosso CC é o dever de obediência à lei por parte dos juízes (cfr. art. 8.º) sendo considerada uma **exceção** ao princípio o recurso à equidade, a qual só pode ser utilizada pelos tribunais na nossa ordem jurídica *«**quando haja disposição legal que o permita**», «**quando haja acordo das partes e a relação jurídica não seja indisponível**» ou «**quando as partes tenham previamente convencionado o recurso à equidade, nos termos aplicáveis à cláusula compromissória**»* – art. 4.º do CC.

Por tudo isto, a **equidade não é fonte imediata do direito**, uma vez que a sua força vinculativa lhe advém da lei.

De mencionar, ainda, que a equidade pode aparecer como **critério exclusivo** de solução ou como **critério complementar**.

Aparecerá como **critério exclusivo** sempre que a equidade seja chamada a resolver um caso **independentemente de qualquer critério**

normativo (não se esqueça, porém, que a ordem jurídica portuguesa, atento o teor do art. 4.º do CC, é muito restritiva na admissão deste critério exclusivo).

Então, dentro dos limites estabelecidos, a equidade pode desenvolver funções diversas, a saber:

- Desde a **integração de lacunas**;
- Passando pela **correção da lei** – quando esta o admite para se adequar ao caso concreto, sendo que entre nós tal não tem acontecido, em particular face ao teor do n.º 2 do art. 8.º do CC;
- Acabando na **substituição da lei** – quando serve de critério de decisão em substituição dos critérios legais, o que pode acontecer por autorização da própria lei ou por acordo das partes, quando este é possível.

Aparecerá como **critério complementar** quando a própria lei a estabelece. Vejam-se, por exemplo:

- O n.º 1 do art. 437.º do CC que estabelece:

  "Se as circunstâncias em que as partes fundaram a decisão de contratar tiverem sofrido uma alteração anormal, tem a parte lesada direito à resolução do contrato, ou à modificação dele segundo juízos de equidade, desde que a exigência das obrigações por ela assumidas afete gravemente os princípios da boa fé e não esteja coberta pelos riscos próprios do contrato";

- O n.º 3 do art. 566.º do CC que diz:

  "Se não puder ser averiguado o valor exato dos danos, o tribunal julgará equitativamente dentro dos limites que tiver por provados";

- O n.º 1 do art. 812.º do CC que estatui:

  "A cláusula penal pode ser reduzida pelo tribunal, de acordo com a equidade, quando for manifestamente excessiva, ainda que por causa superveniente; é nula qualquer estipulação em contrário.";

- O n.º 2 do art. 1407.º do CC que dispõe:

> *"Quando não seja possível formar a maioria legal, a qualquer dos consortes é lícito recorrer ao tribunal, que decidirá segundo juízos de equidade."*.

1.6. Os princípios fundamentais (ou gerais) do direito

Temos aqui em vista aqueles **princípios jurídicos** que, porque são exigências feitas a todo e qualquer ordenamento jurídico – se este quer ser coerente com a sua própria pretensão de legitimidade e validade – são transcendentes às decisões positivadoras do legislador e, por isso mesmo, são válidas de *per si* num **Estado de Direito**. Estamos a referir-nos a princípios, designadamente como os da dignidade, integralidade, igualdade e não discriminação da pessoa humana.

Para além destes **princípios universais** podemos considerar, ainda, os **princípios gerais do ordenamento interno**, como princípios de Direito aos quais pode ser reconduzida uma pluralidade de normas dispersas pelos textos legais ou cuja adoção pelo ordenamento positivo vigente se pode, por vezes, induzir do seu afloramento numa ou noutra solução estabelecida pela lei. É o caso do princípio do respeito dos Direitos fundamentais, o princípio da confiança e o princípio da segurança jurídica, o princípio da não retroatividade, o princípio do enriquecimento sem causa, o princípio da hierarquia das regras jurídicas.

Estes princípios são particularmente importantes no domínio da interpretação e, sobretudo, da integração do ordenamento vigente (n.º 3 do art. 10.º do CC).

1.7. As fontes Europeias

1.7.1. A Europa até 2009

Antes de nos debruçarmos propriamente sobre as fontes do Direito Comunitário, melhor será agora dizer, **Direito Europeu**, impõe-se uma **breve síntese histórica relativa à génese da atual União Europeia,** percursora da Comunidade Europeia.

Será, então, oportuno referir que o **primeiro tratado comunitário surgiu em 1951**, ano em que foi assinado em Paris o tratado que instituiu a **Comunidade Europeia do Carvão e do Aço (CECA)**, o único constituído por um período de tempo determinado, cinquenta anos. Seguiram-se-lhe, em 1957, os **tratados que instituiram a Comunidade Económica Europeia (CEE) e a Comunidade Europeia da Energia Atómica (CEEA ou EURATOM)**, ambos assinados em Roma. Todos eles foram subscritos, originariamente, por seis países europeus, quais sejam, a Alemanha (a então República Federal da Alemanha), a França, a Itália, a Bélgica, a Holanda e o Luxemburgo.

A estes três tratados foram acrescendo outros, sejam os tratados de adesão de novos Estados, sejam os tratados que foram alterando os tratados instituidores, atrás mencionados. Quanto a estes, será já de dizer que alguns promoveram alterações substanciais, enquanto outros se limitaram a introduzir pequenas modificações, algumas delas mais de forma do que de substância. Salientamos, pelo relevo que teve, o Tratado assinado em 1986 e que ficou conhecido por **"Ato Único Europeu"**, e cujo objetivo foi o de proceder à reforma das instituições comunitárias para preparar a adesão de Portugal e de Espanha e agilizar o processo de tomada de decisões na perspetiva do mercado único.

Porém, de entre os tratados mais importantes, há um que assume uma importância particular pelo que representou em termos de **reforço de integração** dos Estados membros destas três Comunidades, já não constituídas por apenas seis países, mas sim doze. Estamos a referir-nos ao designado **Tratado de Maastricht**, assinado em 1992, e que, para além das alterações que aprovou aos três tratados então existentes, instituiu a União Europeia, como nova entidade no contexto europeu. De facto, este Tratado teve como objetivos fundamentais preparar a criação de uma união monetária (com a criação de uma moeda única) e introduzir, pela primeira vez, elementos de uma união política (criação de uma cidadania europeia, de uma política comum em matéria de política externa e novas formas de cooperação em matéria de defesa, justiça e de outros assuntos internos).

Seguiram-se-lhe o **Tratado de Amesterdão**, assinado em 1997, e o **Tratado de Nice**, assinado em 2001 e que entrou em vigor em 2003, este com vários objetivos, designadamente **preparar o alargamento** seguinte da União Europeia aos Estados da Europa central e de leste, introduzindo importantes modificações destinadas a permitir aquele numa base realista.

Assim, concretizaram-se significativas alterações **na organização interna e na repartição dos poderes entre os órgãos de direção e os Estados membros, para além de importantes avanços no sentido da reforma do sistema jurisdicional**.

Pelo caminho ficou um tratado que visava estabelecer uma **Constituição para a Europa**, assinada em Roma em 2004, e que viu a sua ratificação posta em causa nalguns dos países signatários, razão pela qual **nunca chegou a entrar em vigor**.

Face ao desaire que representou a recusa de ratificação deste tratado em França e na Holanda, iniciaram-se conversações que haveriam de conduzir à assinatura, em 2009, de um novo tratado que ficou designado por **Tratado de Lisboa**, o qual, apesar de ter ficado aquém do que previa o Tratado de 2004, mesmo assim procedeu a alterações muito importantes no funcionamento das instituições da União Europeia, reforçando-se os poderes do Parlamento Europeu, alterando-se os procedimentos de votação no Conselho, criando-se a figura do Presidente do Conselho (com caráter de permanência), e outras que abordaremos no ponto seguinte.

1.7.2. O Tratado de Lisboa

1.7.2.1. Principais disposições

O Tratado de Lisboa foi assinado pelos vinte e sete Estados membros da União Europeia no dia 13 de dezembro de 2007, tendo entrado em vigor, após ratificação por todos, em 1 de dezembro de 2009.

Muito resumidamente, vejamos quais são as principais alterações promovidas pelo Tratado de Lisboa que, como já salientamos, alterou os anteriores, introduzindo importantes modificações no funcionamento da União Europeia. De facto, podemos dizer que o Tratado de Lisboa conferiu aos **cidadãos** europeus **maior capacidade de intervenção no**

processo de decisão (veja-se **a nova iniciativa dos cidadãos** que ficou consagrada no n.º 4 do art. 11.º do Tratado da União Europeia, nos termos da qual pelo menos um milhão de cidadãos, nacionais de um número significativo de Estados membros, pode tomar a iniciativa de convidar a Comissão Europeia a apresentar uma proposta adequada em matérias sobre as quais esses cidadãos considerem necessário um ato jurídico da União, para aplicar aos tratados, e que esteja no âmbito das suas competências), tornou este mais **rápido e eficiente**, modernizou e alargou as **instituições da União Europeia**, confirmou o **compromisso de realização da união económica e monetária**, assim como a **promoção dos valores da União Europeia no mundo**, definiu, de forma mais clara, **o papel desta no domínio da política externa e da segurança comum**, reforçou a sua capacidade para lutar contra a **criminalidade transfronteiriça internacional, a imigração ilegal e o tráfico de seres humanos, armas e droga**, e reforçou os **objetivos sociais**, prevendo que em todas as suas políticas e ações fosse tida em conta a promoção de um **nível elevado de emprego**.

A acrescer a tudo isto, o Tratado de Lisboa veio, ainda, **criar novos domínios políticos de intervenção** que reforçaram a capacidade da União Europeia para combater a já citada criminalidade transfronteiriça internacional, a imigração ilegal e o tráfico de seres humanos, armas e droga, e que lhe permitem **intervir no âmbito das alterações climáticas e da energia**; de igual forma, o Tratado de Lisboa consagrou expressamente determinados direitos aos Parlamentos nacionais, até aí inexistentes ou não contidos nos textos dos tratados, estabelecendo que os mesmos contribuem ativamente para o bom funcionamento da União Europeia, e tornou a **Carta dos Direitos Fundamentais,** assinada em 2000, **juridicamente vinculativa**; finalmente, mas não menos importante, alterou a denominação do Tratado da Comunidade Europeia para **Tratado sobre o funcionamento da União Europeia**.

Com o Tratado de Lisboa pretendeu-se, também, **clarificar** melhor as **competências da União Europeia**, estabelecendo de forma mais clara os seus **limites** (aqui se incluem, de forma exclusiva, certos domínios, como os das regras da concorrência, política monetária da zona euro e política comercial), as **competências dos Estados membros** (caso dos domínios da saúde ou educação) e as **competências que uma e os outros partilham** (por exemplo, mercado interno, transportes e energia).

Finalmente, o **Tratado afirma o respeito da União Europeia pela igualdade entre os Estados membros** e as suas identidades nacionais, comprometendo-se a proteger as diferentes culturas e línguas. De igual forma, e **pela primeira vez**, o Tratado contém uma **disposição a prever a saída de um Estado membro**, se este o desejar, estabelecendo as regras aplicáveis nessa eventualidade.

1.7.2.2. Mudanças institucionais

Neste âmbito, o Tratado de Lisboa criou novas instituições e alterou, alargando, os poderes de algumas das anteriormente existentes. Vejamos as mais significativas:

Desde logo, foi aumentado o número de instituições previsto no Tratado sobre o funcionamento da União Europeia (cuja anterior designação era, como já vimos, Tratado da Comunidade Europeia), que passou a integrar o Conselho Europeu (até aqui apenas previsto no Tratado da União Europeia, mas sem uma definição clara das suas competências) e o Banco Central Europeu, que ganhou o estatuto de instituição da União Europeia.

Foram, também alterados alguns dos poderes das instituições já existentes. De facto:

a) O **Parlamento Europeu viu aumentado o número de domínios** em que partilha a função legislativa com o Conselho (procedimento denominado de **codecisão**, e que passará, com as novas regras, a ser o «**processo legislativo ordinário**») e reforça os seus poderes orçamentais.
b) O **Conselho Europeu**, que define a orientação e as prioridades políticas da União Europeia, **viu, conforme já dissemos, as suas funções mais claramente definidas**, e foi criado o cargo de **Presidente do Conselho Europeu**, o qual será eleito pelos seus

membros, por um período de cinco anos, competindo-lhe, designadamente, a representação internacional da União ao mais alto nível.

c) O **Conselho** (também designado por Conselho de Ministros) vê **aumentadas as situações em que se aplicará o método de votação por maioria** (em detrimento da unanimidade), e, a partir de 2014, vê introduzido um novo sistema, denominado de «dupla maioria», em que as decisões do Conselho deverão ser aprovadas por 55% dos Estados membros, representando pelo menos 65% da população europeia, o que irá conferir uma dupla legitimidade às decisões. é de registar, também, uma outra novidade que é o facto de o Conselho de Ministros dos Negócios Estrangeiros passar a ser presidido pelo **novo alto-representante da União para os Negócios Estrangeiros e a Política de Segurança e Vice-presidente da Comissão**, cargo que foi criado pelo Tratado de Lisboa e que veio substituir dois cargos já existentes, o de alto-representante para a Política Externa e de Segurança Comum e o de Comissário para as Relações Externas.

Ainda a este propósito, gostaríamos de chamar a atenção para o facto de os **parlamentos nacionais passarem a ter (pela primeira vez) uma participação direta no processo legislativo europeu**. Efetivamente, de acordo com o Tratado de Lisboa, todas as propostas legislativas europeias deverão ser **transmitidas** aos parlamentos nacionais, tendo-se criado aquilo que se denominou de **sistema de alerta precoce**, passando a ter os parlamentos nacionais o prazo de oito semanas para defender a sua posição, caso considerem que uma determinada proposta legislativa não está no âmbito de competência da União Europeia; se houver um número suficiente de parlamentos nacionais a levantar objeções, **a proposta pode ser alterada ou até mesmo retirada**.

1.7.3. O Tratado sobre Estabilidade, Coordenação e Governação na União Económica e Monetária (TECG)

O TECG, também designado por "Tratado Orçamental" ou "Pacto Orçamental", foi assinado a 2 de março de 2012 pelos Chefes de Estado e de Governo dos Estados-Membros da União Europeia (com exceção do Reino Unido e da República Checa), visando reforçar a disciplina orçamental através da introdução de medidas que garantam uma maior fiscalização e uma resposta mais eficaz face à emergência de desequilíbrios orçamentais. Entrou em vigor no dia 1 de janeiro de 2013.

Dada a sua importância para a governação nos Estados-Membros, não podemos deixar de lhe fazer uma referência explícita uma vez que é dos mais recentes Tratados celebrados no âmbito da União Económica e Monetária, e tem uma influência direta na elaboração e na execução dos orçamentos nacionais.

Efetivamente, **o TECG exige que os orçamentos nacionais estejam em situação de equilíbrio ou excedentária**, regra que teria de ser incorporada no direito nacional no prazo de um ano após a entrada em vigor do tratado, mediante disposições cujo cumprimento seja assegurado ao longo dos processos orçamentais nacionais.

Ora, nos termos da alínea b) do n.º 1 do art. 3.º do Tratado, **considera-se que a regra é respeitada se tiver sido atingido o objetivo de médio prazo específico do país, tal como definido no Pacto de Estabilidade e Crescimento revisto, com um limite inferior de défice estrutural de 0,5% do PIB**, sendo que o défice estrutural resulta da diferença entre as receitas e as despesas públicas, excluindo os efeitos temporários e conjunturais.

Caso se constate um desvio significativo desse objetivo ou da respetiva trajetória de ajustamento, prevê-se que seja automaticamente acionado um mecanismo de correção, que compreenderá a obrigação de aplicar medidas adequadas dentro de um determinado prazo.

A transposição da regra de equilíbrio orçamental para o direito interno dos Estados pode ser fiscalizada pelo Tribunal de Justiça da UE, cujos acórdãos serão vinculativos e poderão ser acompanhados por sanções pecuniárias, caso o Estado -Membro em causa não lhes der execução.

Os Estados-Membros cuja moeda seja o euro comprometem-se ainda a adotar as decisões do Conselho no quadro do procedimento relativo a um défice excessivo, salvo oposição por maioria qualificada.

O TECG estabelece, de igual forma, regras sobre a coordenação das políticas económicas e a convergência. De acordo com elas, os Estados-Membros signatários passarão a ter de comunicar os seus planos de emissão de dívida pública e a certificar-se de que as reformas mais importantes em matéria de política económica são debatidas previamente e, sempre que possível, objeto de coordenação com os demais Estados-Membros.

1.7.4. As fontes da União Europeia

Pela sua importância, importa aqui fazer uma breve referência **às fontes do Direito Europeu**, que se podem subdividir da seguinte forma:

Fontes internas:

- Direito originário;
- Direito derivado;
- Princípios gerais do Direito.

Fontes externas:

- Acordos internacionais;
- Princípios gerais do Direito Internacional.

No que respeita ao **Direito originário**, ele é constituído pelos tratados comunitários e europeus (todos os tratados: os que instituíram as Comunidades e a União Europeia, os tratados de adesão de novos Estados, os tratados que foram alterando os tratados instituidores, etc.), que são tratados ou convenções internacionais de tipo clássico, e que começam a ser considerados como a «**Constitui ção da União Europeia**».

Relativamente ao **Direito derivado**, este é constituído por atos normativos diversos adota dos pela Autoridade Europeia competente (Comissão, Conselho Europeu, Conselho e Parlamento), de que salientamos os

Regulamentos, as *Diretivas*, as *Decisões*, e as *Recomendações* e *Pareceres*. Todos estes estão consagrados no art. 288.º do Tratado sobre o Funcionamento da União Europeia.

Sem entrarmos em grandes pormenorizações, sempre diremos o seguinte: De acordo com o mencionado art. 288.º, o **Regulamento** tem «caráter geral», é «obrigatór io em todos os seus elementos», e é «diretamente aplicável» em todos os Estados-membros. Pelo que, atenta a primeira característica, são equiparáveis às leis nacionais, atenta a primeira e a segunda distinguem-se das Diretivas, e tendo em conta a terceira, uma vez publicados no Jornal Oficial (JO) e decorrida a «*vacatio legis*», entram em vigor em todo o território da União, ficando automaticamente a fazer parte do ordenamento jurídico interno dos Estados-membros.

No que respeita à **Diretiva**, esta «vincula o Estado-membro destinatário quanto ao resultado a alcançar, deixando no entanto às instâncias nacionais a competência quanto à forma e aos meios», razão pela qual podemos dizer que tem como objetivo a aproximação (harmonização) das legislações nacionais, sendo por isso os seus destinatários, exclusivamente os Estados-membros (todos, alguns ou apenas um).

A **Decisão** é «obrigatória em todos os seus elementos. Quando designa destinatários, só é obrigatória para estes», pelo que esta pode individualizá-los sendo então obrigatória só para estes, impondo, tal como o Regulamento, não apenas o resultado mas também as modalidades de execução, distinguindo-se daquele pelo facto de nem sempre ser um ato geral e abstrato, mas sim individual e concreto.

As **Recomendações** são atos do Conselho dirigidos aos Estados-membros, ou atos da Co missão dirigidos quer ao Conselho quer aos Estados-membros, tendo em vista permitir à instituição em causa exprimir o seu ponto de vista acerca de determinados assuntos, mostrando-lhes as solu ções reclamadas pelo interesse comunitário.

Finalmente, o **Parecer**, desprovido de força vinculativa, engloba várias modalidades de atos, e pode ser emitido pelo Conselho, pela Comissão, pelo Parlamento Europeu e pelo Tribunal de Contas, bem como pelos diversos órgãos de consulta instituídos no quadro comunitário.

Quanto aos **Princípios Gerais do Direito** e aos **Princípios do Direito Internacional Público**, imp orta começar por referir que o Direito Europeu não é um corpo jurídico isolado relativamente ao Direito Internacional e ao Direito nacional dos Estados-membros. Por isso, é normal que os tri bunais da União Europeia recorram a um e a outro (aos seus princípios), seja para colmatar as lacu nas do Direito Europeu, evitando denegações de justiça, seja para interpretar as normas escri tas que tem de aplicar.

Daí que, os tribunais da União Europeia, nomeadamente o Tribunal de Justiça, tenham evocado, entre outros, os seguintes princípios: da boa fé, da legalidade, do respeito dos direitos da defesa, da igualdade e não discriminação da pessoa humana.

No Direito interno dos Estados-membros, os tribunais da União Europeia têm captado vários princ ípios, de que já falamos atrás, tais como: o princípio do respeito dos Direitos fundamentais, o princípio da confiança e o princípio da segurança jurídica, o princípio da não retroatividade, o princípio do enriqueci mento sem causa, o princípio da hierarquia das regras jurídicas.

No que se refere aos **Acordos ou Convenções internacionais**, e sem prejuízo do que a seguir se dirá, importa aqui referenciar apenas que se deverá distinguir entre os concluídos pelos Estados-membros à margem do quadro europeu (seja entre si, seja com terceiros países), os concluídos pelos Estados-membros no quadro europeu, e os concluídos pela própria União Europoeia com terceiros países ou com uma organiza ção internacional, sendo certo que no que se refere aos primeiros, a sua aplicabilidade no referido quadro europeu depende da compatibilidade com os Tratados da União Europeia.

1.8. As fontes internacionais (Tratados ou Convenções Internacionais)

Os Tratados ou Convenções Internacionais são também reconhecidos pela Constituição como fonte do direito. De facto, é a Constituição que no n.º 2 do art. 8.º prescreve que «*As normas constantes de convenções internacionais regularmente ratificadas ou aprovadas vigoram na ordem interna após a sua publicação oficial e enquanto vincularem internacionalmente o Estado Português.*». Daqui decorre, inexoravelmente, que as normas que fazem parte desses instrumentos internacionais são fonte do direito português; apenas se exige, ao contrário do que acontece com as normas e os princípios do direito internacional geral ou comum, que os tratados ou convenções onde se integram tenham sido regularmente ratificadas ou aprovadas, bem como tenham sido objeto de publicação no Diário da República e continuem a vincular internacionalmente o Estado Português, ou seja, não tenham sido denunciadas.

Convém recordar que um **tratado internacional** é um acordo escrito resultante da convergência de vontades de dois ou mais sujeitos de direito internacional e que tem por objetivo produzir efeitos jurídicos no plano internacional.

Por outras palavras, um **tratado** (ou **convenção internacional**) é um meio pelo qual os sujeitos de direito internacional – principalmente os Estados e as Organizações Internacionais – estipulam, entre si, direitos e obrigações.

Os **tratados** assentam, desde longa data, sobre **princípios internacionais** bem consolidados. Dentre estes princípios, podem destacar-se:

- O **princípio *pacta sunt servanda*** (que, em latim, quer dizer "os acordos devem ser cumpridos");
- O **princípio da boa fé**, segundo o qual os tratados devem ser **negociados e cumpridos** agindo as partes segundo os ditames da **boa fé**, ou seja, os Estados, ou melhor, quem os representa, devem **agir de modo honesto, correto e leal**.

Ambos os princípios estão presentes no costume internacional e no art. 26.º da **Convenção de Viena sobre o Direito dos Tratados**.

Esta Convenção, adotada em 1969 e que Portugal ratificou recentemente (em 7 de agosto de 2003), visa regular o direito dos tratados celebrados entre Estados, sendo um exemplo de **normas escritas** sobre as quais os tratados passaram também a assentar.

Outro exemplo é a **Convenção de Viena de 21 de março de 1986**, que visa regular o direito dos tratados celebrados entre Estados e organizações internacionais e entre estas. Porém, esta Convenção ainda não entrou em vigor dado que não foram até ao momento depositados o número mínimo de adesões necessário para que tal aconteça.

Refira-se, igualmente, pelo seu papel e importância que a torna num excelente exemplo, a **OIT – Organização Internacional do Trabalho**, que foi criada em 1919 pelo Tratado de Versailles, de que Portugal foi um dos signatários. Tem a sua sede em Genebra, na Suiça, e é hoje uma Agência Multilateral ligada à Organização das Nações Unidas, tendo uma **representação paritária de governos dos Estados membros, de organizações de empregadores e de trabalhadores**. No seu âmbito têm sido negociadas e assinadas um número significativo de **Convenções** (as denominadas «*Convenções da OIT*»), a regularem aş relações de trabalho, muitas das quais vinculam o Estado português, porquanto foram regularmente aprovadas e ratificadas.

A OIT – Organização Internacional do Trabalho desenvolve o seu trabalho no âmbito da **redução da pobreza**, de uma **globalização justa** e na **melhoria das oportunidades** para que mulheres e homens possam ter acesso a trabalho digno e produtivo em condições de liberdade, equidade, segurança e dignidade humana.

Pode-se dizer que se pauta por quatro **objetivos estratégicos** com vista a cumprir o seu mandato: **emprego, proteção social, diálogo social e direitos no trabalho**. Neste sentido, e para promover a sua execução, enquanto organização tripartida, a OIT trabalha com governos e organizações de empregadores e de trabalhadores.

2. A Ordenação das Fontes

Até aqui, temos estado a analisar as fontes, de um ponto de vista meramente abstrato, sem estabelecer distinções entre elas, como se todas tivessem o mesmo valor e se situassem no mesmo plano. A verdade, porém, é que existem **diversas categorias de leis**, com diferente valor relativo, tornando-se necessário estabelecer entre elas uma determinada ordem. Nisto consiste a questão que agora se analisa – **a da hierarquia das leis.**

E porque vamos restringir a nossa análise **à hierarquia das leis e das normas de direito internacional e de direito comunitário**, e não analisar a hierarquia das fontes, que pressuporia um estudo mais aprofundado que não nos parece ter interesse para este Manual, optamos por esta designação.

Assim sendo, vejamos como as poderemos **hierarquizar**:

- Normas de direito europeu
- Constituição e leis constitucionais
- Normas de direito internacional
- Leis
- Regulamentos

2.1. Normas de direito europeu

Relativamente ao posicionamento destas normas no topo da hierarquia, há que referir que não se trata de uma posição unânime da doutrina e da jurisprudência de alguns Estados membros, particularmente no que respeita às normas constitucionais (longe disso quanto a estas).

Não obstante, é hoje um facto a primazia que este detém quando confrontado com os diversos direitos internos. De facto, nas matérias para as quais os tratados conferiram a necessária competência às Comunidades ou à União Europeia, esta primazia é de uma importância decisiva para o futuro das comunidades instituídas pelos Tratados de Paris e de Roma, e para a União Europeia, instituída pelo Tratado de Maastricht, porquanto ou o direito comunitário era aceite como hierarquicamente superior ao direito interno ou estaria condenado a não sobreviver senão como categoria residual.

Ora, por força da jurisprudência do Tribunal de Justiça, está firmemente aceite a primazia no que concerne ao direito interno em geral, e, mesmo no que respeita à sua proeminência sobre certas disposições constitucionais, quebram-se as últimas barreiras ao seu reconhecimento (particularmente provindas da jurisprudência italiana e alemã). Quanto a este último aspeto, muito contribuiu o reconhecimento pelo Tribunal de Justiça de que fazem parte do direito comunitário os princípios que garantem os direitos individuais fundamentais, tal como resultam das tradições constitucionais comuns dos Estados-membros (esta é hoje jurisprudência assente, e está, inclusivamente, consagrada no art. 6.º do Tratado da União Europeia).

Assim sendo, o primado da regra comunitária manifesta-se em relação a todas as normas nacionais, quaisquer que elas sejam, anteriores ou posteriores, tornando *inaplicáveis* de pleno direito todas as disposições nacionais existentes.

Isto não significa que, aquando da aprovação para ratificação dos tratados europeus, que introduzem alterações àqueles que atualmente vigoram, não haja uma especial preocupação de compatibilização entre a nossa Constituição e as normas do tratado que se quer aprovar para ratificação. Ainda recentemente o parlamento português aprovou alterações à Constituição Portuguesa para evitar vir a aprovar para ratificação um tratado que pudesse estar em conflito com esta.

O que se quer dizer é que, uma vez ratificado um tratado europeu por todos os Estados membros, e entrando em vigor, este passa a deter primazia sobre todo o ordenamento interno dos Estados membros, incluindo as normas constitucionais.

2.2. Leis constitucionais

Quanto às leis constitucionais, relembre-se que Portugal, tal como a generalidade dos países do mundo, se rege por uma **Constituição**, a qual contém, como também já tivemos oportunidade de referir, as normas fundamentais do Estado Português, o texto jurídico donde decorrem e retiram validade todas as leis internas.

Ora, para alterar a Constituição é necessário aprovar uma lei constitucional (lei de revisão) seguindo o procedimento previsto nos artigos 284.º e seguintes; estas leis constitucionais têm um valor hierárquico superior ao de quaisquer outras.

2.3. Normas de direito internacional

No que respeita a estas normas (quer as gerais ou comuns, quer as convencionais, excluindo como vimos as de âmbito europeu), muito embora coexistam também diversas opiniões, a verdade é que aquela que colhe maior número de adeptos é a que defende que estas têm valor supra legislativo, mas infraconstitucional.

Ou seja: uma vez recebidas no ordenamento jurídico nacional de acordo com o estabelecido no art. 8.º da nossa Constituição, e enquanto vincularem internacionalmente o Estado Português, **estas normas internacionais passarão a prevalecer sobre quaisquer normas de direito interno,** anteriores ou posteriores, **mas não podem sobrepor-se à Constituição** ou às leis constitucionais. Também aqui, as normas de direito interno que contrariem o estabelecido em normas internacionais em vigor, não deverão ser aplicadas pelos tribunais ou outros órgãos aplicadores do Direito.

2.4. Leis

Quanto às leis, já tivemos ocasião de as enunciar. Importa, agora, hierarquizá-las, não esquecendo que, de acordo com a nossa Constituição (n.º 1 do art. 112.º) apenas as leis, os decretos-leis e os decretos legislativos regionais são considerados atos legislativos.

Podemos, então, estabelecer a seguinte hierarquia:

- Leis orgânicas e leis de valor reforçado (de alcance geral ou limitado) emanadas do Parlamento;
- Restantes leis do Parlamento e decretos-leis do Governo;
- Decretos legislativos regionais das Assembleias Legislativas Regionais.

De acordo com o n.º 3 do art. 112.º da CRP, as **leis orgânicas**, as **leis que carecem de aprovação por maioria de dois terços**, bem como aquelas que, por força da Constituição, **sejam pressuposto normativo necessário de outras leis ou que por outras devam ser respeitadas, têm valor reforçado de alcance geral**, o que significa que se sobrepõem às restantes que o não têm, sejam anteriores ou posteriores.

Como leis de **valor reforçado, mas de alcance limitado**, poderemos citar as chamadas **"leis de bases"** ou as **"leis de autorização legislativa"**, ambas da competência do Parlamento. Estas leis apenas se sobrepõem aos decretos-leis que o Governo venha a aprovar para desenvolver os respetivos regimes jurídicos (n.º 2 do art. 112.º da CRP). As restantes leis aprovadas pelo Parlamento e os decretos-leis do Governo têm **igual valor hierárquico**, vigorando aqui plenamente o princípio de que **a lei posterior revoga a anterior** (n.º 2 do art. 112.º da CRP).

Quanto aos **decretos legislativos regionais**, repare-se no que prescreve o n.º 4 do art. 112.º da CRP, que temos vindo a referir e que consagra:

> *«Os decretos legislativos têm âmbito regional e versam sobre matérias enunciadas no estatuto político-administrativo da respetiva região autónoma que não estejam reservadas aos órgãos de soberania, sem prejuízo do disposto nas alíneas b) e c) do n.º 1 do artigo 227.º».*

Quer isto dizer que os **decretos legislativos regionais só vigoram no âmbito da respetiva região autónoma e só podem versar matéria enunciada no estatuto político-administrativo**, sem prejuízo destas regiões autónomas poderem também legislar «*em matérias de reserva relativa da Assembleia da República, mediante autorização desta, com* *exceção das previstas nas alíneas a) a c), na primeira parte da alínea d), nas alíneas f) e i), na segunda parte da alínea m) e nas alíneas o), p), q), s), t), v), x) e aa) do n.º 1 do artigo 165.º*» (alínea b) do n.º 1 do art. 227.º) e de desenvolverem «*para o âmbito regional os princípios ou as bases gerais dos regimes jurídicos contidos em lei que a eles se circunscrevam*» (alínea c) do n.º 1 do art. 227.º).

2.5. Regulamentos

Analisando os regulamentos, refira-se que estes resultam da função administrativa do Estado e, por definição, são normas jurídicas emanadas do Governo, dos órgãos das regiões autónomas, das autarquias locais, de associações públicas (*v.g.* as ordens profissionais) ou de institutos públicos (*v.g.* universidades ou institutos politécnicos).

Contrariamente às leis, que em regra são inovadoras, os regulamentos não o são, dado que são elaborados tendo por base um ato legislativo prévio. Dado o caráter genérico da lei e do decreto-lei, que estabelecem, por via de regra, os grandes princípios ou traves-mestras de uma disciplina normativa, torna-se indispensável pormenorizar ou concretizar esses princípios, de modo a torná-los exequíveis e suscetíveis de serem aplicados aos casos concretos da vida.

Daí que os regulamentos, enquanto normas hierarquicamente inferiores às leis e decretos-lei, traduzem o denominado poder regulamentar do Estado que pertence, em primeira linha, ao Governo e se distribui por toda a sua estrutura orgânica, ou seja, pelos órgãos e agentes da administração pública.

Assim, estes regulamentos também são suscetíveis de serem hierarquizados, posto que podem assumir formas diferentes.

Refira-se que os regulamentos, dimanados do Governo, podem ser **decretos, decretos regulamentares, portarias e despachos normativos.**

Muito em síntese, poder-se-á dizer:

- Os **decretos** são diplomas assinados pelo Primeiro-Ministro e Ministros da Tutela, devendo ser promulgados pelo Presidente da República (n.º 3 do art. 201.º e al. b) do art. 134.º da CRP);

- Os **decretos regulamentares** são da autoria do Governo que, nos termos da alínea c) do art. 199.° da CRP deve fazer "... *os regulamentos necessários à boa execução das leis*";
- As **portarias** são normas regulamentares da autoria de um ou mais Ministros (as portarias conjuntas);
- Os **despachos normativos** consubstanciam decisões ministeriais relativas a assuntos ou requerimentos submetidos à sua apreciação; com efeito, estes despachos versam assuntos como transferências de funcionários da administração pública, suas nomeações e substituições, renovação de comissões de serviço, atribuição de louvores, entre outras matérias. São publicados na II Série do DR na Parte C – Governo e Administração Direta e Indireta do Estado.

3. A Aplicação das Leis no Tempo

3.1. Início da vigência da lei

Dispõe o n.º 1 do art. 5.º do CC que «*A lei só se torna obrigatória depois de publicada no jornal oficial.*». Por sua vez, o n.º 2 do mesmo artigo acrescenta: «*Entre a publicação e a vigência da lei decorrerá o tempo que a própria lei fixar ou, na falta de fixação, o que for determinado em legislação especial.*».

Efetivamente, **a publicação das leis é normalmente um requisito formal da sua validade e existência** (conforme o consagra, entre nós, a Constituição da república Portuguesa, no seu artigo 119.º). Daí que toda a legislação portuguesa seja **publicada no Diário da República**, que é o nosso jornal oficial, enquanto a legislação da União Europeia é publicada no Jornal Oficial da União Europeia, não sendo necessária a publicação no Diário da República para ser válida e produzir efeitos no nosso território.

O Decreto-Lei n.º 2/2011, de 6 de janeiro alterou a forma pela qual se torna do conhecimento público determinados atos jurídicos e **substituiu a sua publicação no DR por outros meios de divulgação pública**, considerados pelo legislador como de mais fácil acesso e consulta. Por força deste diploma legal, **ainda se alterou, em casos específicos, a própria forma de aprovação desses atos**.

Como resulta do próprio preâmbulo deste Decreto-Lei, pretendeu-se evitar "*o congestionamento excessivo*" do DR, por força da obrigatoriedade de aí se publicar os atos normativos referentes a esta matéria, e, entendeu-se, ainda, que os cidadãos podem ter acesso a outras formas de divulgação pública, relativamente a atos muito específicos, que deixam, agora, de ter de ser consultados no jornal oficial e passam a estar **disponíveis em sítios da Internet.**

Neste caso, exemplificativamente, aqui se referem os atos praticados em matéria cinegética (caça), as zonas de intervenção florestal (ZIF), a atribuição do valor postal e determinação da entrada em circulação de selos e formas estampilhadas, e os elementos gráficos dos instrumentos de gestão territorial.

Em relação aos **atos de natureza cinegética**, cuja frequência é muito elevada, a sua **aprovação passa a depender de despacho do membro do Governo responsável** pelas áreas da agricultura, do desenvolvimento rural e das pescas e a sua **publicação é efetuada, exclusivamente, num sítio da Internet** do Ministério da Agricultura, do Desenvolvimento Rural e das Pescas.

Quanto às **zonas de intervenção florestal** (ZIF), o art. 5.º do supra citado diploma legal introduziu alterações aos arts. 11.º e 12.º do **Decreto-Lei n.º 127/2005, de 5 de agosto** (que já fora alterado pelo Decreto-Lei n.º 15/2009, de 14 de janeiro) pelo que as referidas ZIF são criadas por despacho do presidente da AFN – Autoridade Florestal Nacional, com publicação nos sítios da Internet da AFN, bem como dos respetivos municípios envolvidos.

O mesmo se estatui relativamente a **alterações aos instrumentos de gestão territorial** que incidam sobre as respetivas plantas e peças gráficas que determinem a publicação integral das mesmas ou, quando for o caso, da folha ou folhas alteradas; nestes casos, a publicação das plantas e demais peças gráficas será efetuada no sítio da Internet no Sistema Nacional de Informação Territorial (SNIT).

O tempo que decorre entre a publicação e a entrada em vigor da lei denomina-se de **"*vacatio legis*"**, destinando-se a possibilitar o conhecimento da lei pelos seus destinatários, antes de a mesma produzir os seus efeitos. Este período de tempo é estabelecido pela própria lei ou, quando esta nada mencione a este respeito, pelo que estiver estabelecido em legislação especial.

Ora, esta legislação especial é a **Lei n.º 74/98, de 11 de novembro**, com as alterações introduzidas pelas Leis n.ºs 2/2005 de 24 de janeiro, 26/2006 de 30 de junho, 42/2007 de 24 de agosto e 43/2014 de 11 de julho, a qual estabelece no artigo 2.º, confirmando o preceituado no CC:

> *«1 – Os atos legislativos e os outros atos de conteúdo genérico entram em vigor no dia neles fixado, não podendo, em caso algum, o início da vigência verificar-se no próprio dia da publicação.*
> *2 – Na falta de fixação do dia, os diplomas referidos no número anterior entram em vigor, em todo o território nacional e no estrangeiro, no 5.º dia após a publicação.*
> *3 – (Revogado.)*
> *4 – O prazo referido no n.º 2 conta-se a partir do dia imediato ao da sua disponibilização no sítio da Internet gerido pela Imprensa Nacional-Casa da Moeda, S. A.»*

Há, deste modo, um **prazo supletivo** estabelecido na lei para o caso do diploma em causa nada consagrar a propósito da sua entrada em vigor, o qual é de **cinco dias após a sua publicação**. Por sua vez, considera-se que o diploma foi **publicado com a sua disponibilização no sítio da Internet gerido pela INCM**.

Lei n.º 74/98, de 11 de Novembro (versão atualizada)

LEI FORMULÁRIA

Contém as seguintes alterações:

- Lei n.º 2/2005 de 24 de Janeiro
- Lei n.º 26/2006 de 30 de Junho
- Lei n.º 42/2007 de 24 de Agosto
- Lei n.º 43/2014 de 11 de Julho

SUMÁRIO
Publicação, identificação e formulário dos diplomas

A Assembleia da República decreta, nos termos da alínea c) do artigo 161.º da Constituição, para valer como lei geral da República, o seguinte:

Artigo 1.º
Publicação e registo da distribuição

1 – A eficácia jurídica dos atos a que se refere a presente lei depende da sua publicação no Diário da República.

2 – A data do diploma é a da sua publicação, entendendo-se como tal a data do dia em que o Diário da República se torna disponível no sítio da Internet gerido pela Imprensa Nacional-Casa da Moeda, S. A.

3 – Com respeito pelo disposto no número anterior, a edição eletrónica do Diário da República inclui um registo das datas da sua efetiva disponibilização no sítio da Internet referido no mesmo número.

4 – O registo faz prova para todos os efeitos legais e abrange as edições do Diário da República desde 25 de abril de 1974.

5 – A edição eletrónica do Diário da República faz fé plena e a publicação dos atos através dela realizada vale para todos os efeitos legais, devendo ser utilizado mecanismo que assinale, quando apropriado, a respetiva data e hora de colocação em leitura pública.

6 – Sem prejuízo do disposto no número anterior, os exemplares impressos do Diário da República podem ser objeto de autenticação da sua conformidade com a edição oficial eletrónica, nos termos legais aplicáveis.

Artigo 2.º
Vigência

1 – Os atos legislativos e os outros atos de conteúdo genérico entram em vigor no dia neles fixado, não podendo, em caso algum, o início da vigência verificar-se no próprio dia da publicação.

2 – Na falta de fixação do dia, os diplomas referidos no número anterior entram em vigor, em todo o território nacional e no estrangeiro, no quinto dia após a publicação.

3 – (Revogado.)

4 – O prazo referido no n.º 2 conta-se a partir do dia imediato ao da sua disponibilização no sítio da Internet gerido pela Imprensa Nacional-Casa da Moeda, S. A.

Artigo 3.º
Publicação no Diário da República

1 – O Diário da República compreende a 1.ª e a 2.ª séries.

2 – São objeto de publicação na 1.ª série do Diário da República: a) As leis constitucionais;

b) As convenções internacionais, os respetivos decretos presidenciais, os avisos de depósito de instrumento de vinculação, designadamente os de ratificação, e demais avisos a elas respeitantes;

c) As leis orgânicas, as leis, os decretos-leis e os decretos legislativos regionais;

d) Os decretos do Presidente da República;

e) As resoluções da Assembleia da República;

f) Os decretos dos Representantes da República de nomeação e exoneração dos Presidentes e membros dos Governos Regionais dos Açores e da Madeira;

g) Os regimentos da Assembleia da República, do Conselho de Estado e das Assembleias Legislativas das Regiões Autónomas;

h) As decisões e as declarações do Tribunal Constitucional que a lei mande publicar na 1.ª série do Diário da República;

i) As decisões de uniformização de jurisprudência do Supremo Tribunal de Justiça e do Tribunal de Contas e as decisões do Supremo Tribunal Administrativo a que a lei confira força obrigatória geral;

j) Os resultados dos referendos e das eleições para o Presidente da República, a Assembleia da República, as Assembleias Legislativas das Regiões Autónomas e o Parlamento Europeu, nos termos da respetiva legislação aplicável; l) A mensagem de renúncia do Presidente da República;

m) As moções de rejeição do Programa do Governo, de confiança e de censura;

n) Os pareceres do Conselho de Estado previstos nas alíneas a) a e) do artigo 145.º da Constituição e aqueles que o próprio Conselho delibere fazer publicar;

o) Os demais decretos do Governo;

p) As resoluções do Conselho de Ministros e as portarias que contenham disposições genéricas;

q) As resoluções das Assembleias Legislativas das Regiões Autónomas e os decretos regulamentares regionais;

r) As decisões de outros tribunais não mencionados nas alíneas anteriores às quais a lei confira força obrigatória geral;

s) As declarações relativas à renúncia ou à perda de mandato dos deputados à Assembleia da República e às Assembleias Legislativas das Regiões Autónomas.

3 – Sem prejuízo dos demais atos sujeitos a dever de publicação oficial na 2.ª série, são nela publicados:

a) Os despachos normativos dos membros do Governo;

b) Os resultados das eleições para os órgãos das autarquias locais;

c) Os orçamentos dos serviços do Estado cuja publicação no Diário da República seja exigida por lei e as declarações sobre transferências de verbas.

Artigo 4.º
Envio dos textos para publicação

O texto dos diplomas é enviado para publicação no Diário da República, depois de cumpridos os requisitos constitucionais ou legais, por intermédio dos serviços competentes dos órgãos donde provenha.

Artigo 5.º
Retificações

1 – As retificações são admissíveis exclusivamente para correção de lapsos gramaticais, ortográficos, de cálculo ou de natureza análoga ou para correção de erros materiais provenientes de divergências entre o texto original e o texto de qualquer diploma publicado na 1.ª série do Diário da República e são feitas mediante declaração do órgão que aprovou o texto original, publicada na mesma série.

2 – As declarações de retificação devem ser publicadas até 60 dias após a publicação do texto retificando.

3 – A não observância do prazo previsto no número anterior determina a nulidade do ato de retificação.

4 – As declarações de retificação reportam os efeitos à data da entrada em vigor do texto retificado.

Artigo 6.º
Alterações e republicação

1 – Os diplomas que alterem outros devem indicar o número de ordem da alteração introduzida e, caso tenha havido alterações anteriores, identificar

aqueles diplomas que procederam a essas alterações, ainda que incidam sobre outras normas.

2 – Sempre que sejam introduzidas alterações, independentemente da sua natureza ou extensão, à Constituição, aos estatutos político-administrativos das Regiões Autónomas, a leis orgânicas, a leis de bases, a leis quadro e à lei relativa à publicação, identificação e formulário dos diplomas, deve proceder-se à republicação integral dos correspondentes diplomas legislativos, em anexo às referidas alterações.

3 – Deve ainda proceder-se à republicação integral dos diplomas que revistam forma de lei, em anexo, sempre que:

a) Existam mais de três alterações ao ato legislativo em vigor, salvo se se tratar de alterações a Códigos;

b) Se somem alterações que abranjam mais de 20 /prct. do articulado do ato legislativo em vigor, atenta a sua versão originária ou a última versão republicada.

4 – Deve também proceder-se à republicação integral dos diplomas, em anexo, sempre que:

a) Se registem alterações que modifiquem substancialmente o pensamento legislativo das leis em vigor;

b) O legislador assim o determinar, atendendo à natureza do ato.

5 – As alterações legislativas constantes da lei do Orçamento do Estado, independentemente da sua natureza ou extensão, não são objeto de republicação.

Artigo 7.º
Identificação

1 – Todos os atos são identificados por um número e pela data da respetiva publicação no Diário da República.

2 – Os atos normativos devem ter um título que traduza sinteticamente o seu objeto.

3 – Os diplomas de cada uma das Regiões Autónomas têm numeração própria e são ainda identificados pelas letras A (Açores) e M (Madeira), a acrescentar à indicação do ano.

4 – Os diplomas que tenham a mesma designação genérica devem ser identificados pela indicação da entidade emitente.

Artigo 8.º

Numeração e apresentação

1 – Há numeração distinta para cada uma das seguintes categorias de atos: a) Leis constitucionais;

b) Leis orgânicas;

c) Leis;

d) Decretos-leis;

e) Decretos legislativos regionais;

f) Decretos do Presidente da República;

g) Resoluções da Assembleia da República;

h) Resoluções do Conselho de Ministros;

i) Resoluções das Assembleias Legislativas das Regiões Autónomas;

j) Decisões de tribunais;

l) Decretos;

m) Decretos regulamentares;

n) Decretos regulamentares regionais;

o) Decretos dos Representantes da República para as Regiões Autónomas;

p) Portarias;

q) (Revogada.)

r) Pareceres;

s) Avisos;

t) Declarações.

2 – As decisões de tribunais têm numeração distinta para cada um deles. 3 – Os atos referidos no n.º 1 são editados na 1.ª série do Diário da República segundo a ordenação das respetivas entidades emitentes.

4 – Para efeitos do número anterior, é seguida a sequência constitucional de órgãos e, no caso dos atos do Governo, a ordenação resultante da respetiva lei orgânica.

Artigo 9.º

Disposições gerais sobre formulário dos diplomas

1 – No início de cada diploma indicam-se o órgão donde emana e a disposição da Constituição ou da lei ao abrigo da qual foi aprovado e é publicado.

2 – Quando no procedimento tiverem participado, a título consultivo ou

deliberativo, por força da Constituição ou da lei, outro ou outros órgãos além do órgão de aprovação final, ou tenha decorrido uma consulta aos cidadãos eleitores, faz-se referência expressa a tal facto.

3 – As leis constitucionais e as leis orgânicas declaram expressamente a sua natureza, na fórmula do diploma correspondente.

4 – Tratando-se de diploma de transposição de diretiva comunitária, deve ser indicada expressamente a diretiva a transpor.

5 – Os regulamentos devem indicar expressamente as leis que visam regulamentar ou que definem a competência subjetiva e objetiva para a sua emissão.

6 – Após o texto de cada diploma, deverão constar a data da sua aprovação e de outros atos complementares, constitucional ou legalmente exigidos, bem como a assinatura das entidades competentes, nos termos da Constituição ou da lei.

7 – Sempre que o presente diploma se refere a ministros competentes, deve entender-se que são abrangidos aqueles cujos departamentos tenham, em razão da matéria, interferência na execução do ato.

Artigo 10.º
Decretos do Presidente da República

1 – Os decretos do Presidente da República obedecem ao formulário seguinte: «O Presidente da República decreta, nos termos do artigo... da Constituição, o seguinte: (Segue-se o texto.)»

2 – Tratando-se de decretos de ratificação de tratados internacionais, o texto é composto do seguinte modo:

«é ratificado o... (segue-se a identificação do tratado, com indicação da matéria a que respeita, do local e data da assinatura e do número e data da resolução da Assembleia da República que o aprovou para ratificação).»

3 – Tratando-se de decretos de nomeação e exoneração dos membros do Governo, deve ser feita menção expressa à proposta do Primeiro-Ministro.

4 – Após o texto de decreto, seguem-se, sucessivamente, a assinatura do Presidente da República, com a menção da respetiva data e do local onde foi feita, caso não tenha sido em Lisboa, bem como, se estiver abrangido pelo n.º 1 do artigo 140.º da Constituição, a data da referenda e a assinatura do Primeiro-Ministro.

Artigo 11.º
Diplomas da Assembleia da República

1 – As leis da Assembleia da República obedecem ao formulário seguinte: «A Assembleia da República decreta, nos termos da alínea... do artigo 161.º da Constituição, o seguinte:
(Segue-se o texto.)»

2 – Tratando-se de lei constitucional ou orgânica, deve mencionar-se expressamente o termo correspondente, na parte final da fórmula.

3 – Após o texto, seguem-se, sucessivamente, a data da aprovação, a assinatura do Presidente da Assembleia da República, a data da promulgação, a ordem de publicação e a assinatura do Presidente da República, a data da referenda e a assinatura do Primeiro-Ministro.

4 – As resoluções da Assembleia da República obedecem ao formulário seguinte:
«A Assembleia da República resolve, nos termos da alínea... do artigo 161.º e do n.º 5 do artigo 166.º da Constituição, o seguinte:
(Segue-se o texto.)»

5 – Tratando-se de resoluções de aprovação de tratados ou acordos internacionais, o texto é composto do seguinte modo:
«Aprovar (para ratificação, no caso dos tratados) o... (segue-se a identificação do tratado ou do acordo internacional em forma simplificada, com indicação da matéria a que respeita, do local e data da assinatura, sendo o teor do respetivo instrumento publicado em anexo).»

6 – Após o texto das resoluções, seguem-se, sucessivamente, a data da aprovação e a assinatura do Presidente da Assembleia da República.

7 – Tratando-se de uma resolução de aprovação de um acordo internacional em forma simplificada, à assinatura do Presidente da Assembleia da República seguem-se a ordem de publicação, a assinatura do Presidente da República, com a menção da respetiva data, a data da referenda e a assinatura do Primeiro-Ministro.

Artigo 11.º-A
Leis consolidantes

1 – As leis consolidantes reúnem num único ato legislativo normas relativas a determinada área do ordenamento jurídico regulada por legislação diversa.

2 – As leis consolidantes não afetam o conteúdo material da legislação consolidada, salvo quando, nomeadamente, haja necessidade de:

a) Atualizar e uniformizar linguagem normativa e conceitos legais;

b) Uniformizar realidade fática idêntica.

3 – As leis consolidantes:

a) Podem conter organização sistemática e numeração distintas da legislação consolidada;

b) Mantêm as normas revogatórias constantes das leis consolidadas e indicam ainda as normas revogadas por efeito da lei consolidante;

c) Salvaguardam a regulamentação aprovada ao abrigo da legislação consoli-dada revogada, salvo disposição expressa em contrário.

Artigo 12.º
Diplomas legislativos do Governo

1 – Os decretos-leis obedecem ao formulário seguinte:

a) Decretos-leis previstos na alínea a) do n.º 1 do artigo 198.º da Constituição: «Nos termos da alínea a) do n.º 1 do artigo 198.º da Constituição, o Governo decreta o seguinte: (Segue-se o texto.)»

b) Decretos-leis previstos na alínea b) do n.º 1 do artigo 198.º da Constituição: «No uso da autorização legislativa concedida pelo artigo... da Lei n.º ...., de... de..., e nos termos da alínea b) do n.º 1 do artigo 198.º da Constituição, o Governo decreta o seguinte:

(Segue-se o texto.)»

c) Decretos-leis previstos na alínea c) do n.º 1 do artigo 198.º da Constituição: «No desenvolvimento do regime jurídico estabelecido pela Lei (ou Decreto-Lei) n.º ...., de... de..., e nos termos da alínea c) do n.º 1 do artigo 198.º da Constituição, o Governo decreta o seguinte:

(Segue-se o texto.)»

d) Decretos-leis previstos no n.º 2 do artigo 198.º da Constituição: «Nos termos do disposto no n.º 2 do artigo 198.º da Constituição, o Governo decreta o seguinte: (Segue-se o texto.)»

2 – Após o texto, seguem-se, sucessivamente, a data de aprovação em Conselho de Ministros, a assinatura do Primeiro-Ministro e dos ministros competentes, a data da promulgação, a ordem de publicação e a assinatura do Presidente da República, a data da referenda e a assinatura do Primeiro-Ministro.

Artigo 13.º

Propostas de lei

1 – As propostas de lei do Governo devem conter uma exposição de motivos e obedecem ao formulário seguinte:

«Nos termos da alínea d) do n.º 1 do artigo 197.º da Constituição, o Governo apresenta à Assembleia da República a seguinte proposta de lei (com pedido de prioridade e urgência, se for o caso):

(Segue-se o texto.)»

2 – Após o texto, seguem-se, sucessivamente, a data da aprovação em Conselho de Ministros e a assinatura do Primeiro-Ministro e dos ministros competentes.

Artigo 14.º

Outros diplomas do Governo

1 – Os outros diplomas do Governo obedecem ao formulário seguinte:

a) Decretos regulamentares:

«Nos termos da alínea c) do artigo 199.º da Constituição e... (segue-se a identificação do ato legislativo a regulamentar), o Governo decreta o seguinte:

(Segue-se o texto.)»

«Nos termos da alínea g) do artigo 199.º da Constituição, o Governo decreta o seguinte: (Segue-se o texto.)»

b) Decretos previstos na alínea c) do n.º 1 do artigo 197.º da Constituição:

«Nos termos da alínea c) do n.º 1 do artigo 197.º da Constituição, o Governo aprova o... (segue-se a identificação do acordo internacional em forma simplificada, com indicação da matéria a que respeita, do local e da data da assinatura, sendo o teor do respetivo instrumento publicado em anexo).»

c) Decretos:

«Nos termos do... (segue-se a identificação do ato e da respetiva norma que estabelece a exigência de decreto) e da alínea c) do artigo 199.º da Constituição, o Governo decreta o seguinte:

(Segue-se o texto.)»

«Nos termos do... (segue-se a identificação do ato e da respetiva norma que estabelece a exigência de decreto) e da alínea g) do artigo 199.º da Constituição, o Governo decreta o seguinte:

(Segue-se o texto.)»

«Nos termos da alínea g) do artigo 199.º da Constituição, o Governo decreta o seguinte: (Segue-se o texto.)»

d) Resoluções do Conselho de Ministros:

«Nos termos da alínea... do artigo 199.º da Constituição, o Conselho de Ministros resolve:

(Segue-se o texto.)»

«Nos termos do... (segue-se a identificação do ato e da respetiva norma que estabelece a exigência de resolução) e da alínea... do artigo 199.º da Constituição, o Conselho de Ministros resolve: (Segue-se o texto.)» e) Portarias:

«Manda o Governo, pelo... (indicar o membro ou membros competentes), o seguinte:

(Segue-se o texto.)»

2 – Após o texto dos decretos mencionados na alínea a) do número anterior, seguem-se, sucessivamente, a data da aprovação em Conselho de Ministros, a assinatura do Primeiro-Ministro e dos ministros competentes, a data da promulgação, a ordem de publicação e a assinatura do Presidente da República, a data da referenda e a assinatura do Primeiro-Ministro.

3 – Após o texto dos decretos mencionados nas alíneas b) e c) do n.º 1, seguem-se, sucessivamente, a data da aprovação em Conselho de Ministros, a assinatura do Primeiro-Ministro e dos ministros competentes, a assinatura do Presidente da República, com a menção da respetiva data, a data da referenda e a assinatura do Primeiro-Ministro.

4 – Após o texto das resoluções mencionadas na alínea d) do n.º 1, seguem-se, sucessivamente, a data da aprovação em Conselho de Ministros e a assinatura do Primeiro-Ministro.

5 – Após o texto dos diplomas mencionados na alínea e) do n.º 1, segue-se a assinatura do membro ou membros do Governo que os emitem, com a indicação da respetiva data.

6 – Sendo vários os membros do Governo a assinar os diplomas aludidos no número anterior, a data que releva é a da última assinatura.

Artigo 15.º

Decretos de nomeação e exoneração dos membros dos Governos Regionais

1 – Os decretos de nomeação e exoneração dos Presidentes dos Governos Regionais obedecem ao seguinte formulário:

«Ao abrigo do n.º 3 do artigo 231.º da Constituição, nomeio (ou exonero): (Segue-se o texto.) Assinado em...

Publique-se.

O Representante da República para a Região Autónoma..., (assinatura).» 2 – Os decretos de nomeação e exoneração dos membros dos Governos Regionais obedecem ao seguinte formulário:

«Ao abrigo do n.º 4 do artigo 231.º da Constituição, nomeio (ou exonero), sob proposta do Presidente do Governo Regional: (Segue-se o texto.) Assinado em...

Publique-se.

O Representante da República para a Região Autónoma..., (assinatura).»

Artigo 16.º

Diplomas dos órgãos de governo próprio das Regiões Autónomas

1 – No início de cada diploma das Assembleias Legislativas das Regiões Autónomas ou dos Governos Regionais indica-se, para além do órgão donde emana e da disposição constitucional ao abrigo da qual é aprovado, o correspondente preceito do respetivo estatuto político-administrativo e, se for caso disso, o ato legislativo a regulamentar.

2 – Os decretos legislativos regionais aprovados ao abrigo de uma autorização legislativa, ou que desenvolvam para o âmbito regional princípios ou bases gerais de regimes jurídicos contidos em leis que a eles se circunscrevam, devem invocar expressamente as respetivas leis de autorização ou as leis cujos princípios ou bases desenvolvam.

3 – Nos decretos legislativos regionais e nos decretos regulamentares regionais da competência das Assembleias Legislativas das Regiões Autónomas, após o texto seguem-se, sucessivamente, a data da aprovação, a assinatura do seu Presidente, a data da assinatura pelo Representante da República, a ordem de publicação e a assinatura deste.

4 – Nos decretos regulamentares regionais da competência dos Governos Regionais, após o texto seguem-se, sucessivamente, a menção da aprovação pelo Governo Regional e da respetiva data, a assinatura do seu Presidente, a data da assinatura pelo Representante da República, a ordem de publicação e a assinatura deste.

Artigo 17.º

Registo da distribuição

(Revogado.)

Artigo 18.º

Norma revogatória

São revogados os seguintes diplomas: a) Lei n.º 6/83, de 29 de julho;

b) Decreto-Lei n.º 337/87, de 21 de outubro;

c) Decreto-Lei n.º 113/88, de 8 de abril;

d) Decreto-Lei n.º 1/91, de 2 de janeiro.

3.2. Termo da vigência da lei

A este respeito, veja-se o que está consagrado no art. 7.º do CC:

> *«1. Quando se não destine a ter vigência temporária, a lei só deixa de vigorar se for revogada por outra lei.*
> *2.A revogação pode resultar de declaração expressa, da incompatibilidade entre as novas disposições e as regras precedentes ou da circunstância de a nova lei regular toda a matéria da lei anterior.*
> *3.A lei geral não revoga a lei especial, exceto se outra for a intenção inequívoca do legislador.*
> *4.A revogação da lei revogatória não importa o renascimento da lei que esta revogara.»*

Daí que, o CC apenas consagre **duas formas de cessação**:

- A caducidade
- A revogação

O nosso legislador não atribuiu aqui qualquer valor ao desuso e ao costume contrário.

3.2.1. Caducidade

Neste caso, a lei cessa a sua vigência por causas intrínsecas, por circunstâncias que lhe são inerentes, como por exemplo, a superveniência de um facto (previsto pela própria lei que se destina a vigência temporária) ou pelo desaparecimento, em termos definitivos, daquela realidade que a lei quis regular.

Em suma, a caducidade pode resultar:

- De a própria lei estabelecer expressamente no seu texto o prazo durante o qual se mantém em vigor – **leis temporárias**;
- De a lei expressamente se destinar à realização de certa finalidade – **leis afetas à realização de determinado fim**;
- De a lei se destinar a vigorar somente enquanto durar uma situação determinada – **leis transitórias**.

Convém não confundir nenhuma destas situações com aquela, bastante frequente, em que se estabelece na lei que o regime que ela prevê será revisto dentro de certo prazo. Ora, passado o prazo sem que se verifique a sua revisão, nem por isso cessa a vigência de tal lei por caducidade – ela continuará a vigorar até à sua substituição.

3.2.2. Revogação

Na revogação, processo normal de cessação da vigência da lei, pressupõe-se a entrada em vigor de uma nova lei, que resulta de nova manifestação de vontade do legislador, e que expressa ou tacitamente afasta a anterior.

A revogação comporta diferenças quanto à forma e quanto à extensão.

Quanto à forma, a revogação pode ser:

- **Expressa** – quando o legislador na nova lei expressamente consagra a revogação da lei anterior (Ex: "é revogada a Lei n.º xx/20xx, de ...");
- **Tácita** – quando resulta da incompatibilidade entre as disposições novas e as precedentes, ou ainda quando a nova lei regula toda a matéria da anterior – substituição global – art. 7.º, n.º 2. Contudo, de acordo com o n.º 3 deste artigo, **a lei geral posterior não revoga a lei especial anterior**, salvo se «*outra for a intenção inequívoca do legislador*».

Quanto à extensão, a revogação pode ser:

- **Total (abrogação)** – a nova lei revoga todas as disposições da lei anterior, pelo que esta deixa de estar em vigor;

- **Parcial (derrogação)** – a nova lei revoga apenas algumas disposições da lei anterior, pelo que esta se mantém parcialmente em vigor.

Ainda a propósito da revogação gostaríamos, também, de referir o seguinte:

- Há casos em que uma lei é publicada, **mas para produzir os seus efeitos carece de uma outra lei regulamentadora** como, por exemplo, um decreto-lei, um decreto regulamentar ou uma portaria. Ora, neste caso, fica suspensa a sua aplicação até que seja criada essa nova lei regulamentadora. A eficácia jurídica da nova lei encontra-se condicionada pela entrada em vigor de uma outra **(suspensão da eficácia)**. Nestes casos, então, a lei antiga permanece em vigor até que a nova seja regulamentada;
- Nos termos do n.º 4 do art. 7.º **a revogação da lei revogatória (da nova lei) não importa de *per si* (só por si) a repristinação ("o renascimento") da lei anteriormente revogada**. Para que tal aconteça é necessário que o legislador, **expressamente**, a reponha em vigor, como aliás já tem sucedido entre nós, podendo acontecer uma repristinação total ou apenas parcial.

3.3. O conflito das leis no tempo

As leis sucedem-se no tempo uma vez que, a cada passo, o legislador modifica os regimes jurídicos. Porém, por força do princípio «*lex posterior derogat priori*» (a lei posterior derroga a anterior – art. 7.º do CC), esta sucessão de leis no tempo não chega a gerar um conflito real de normas aplicáveis.

Contudo, isto não significa que se não possa configurar um conflito de leis no tempo – conflito extrassistemático a resolver necessariamente antes de se proceder à aplicação das leis aos factos em causa. Efetivamente, atendendo à continuidade da vida social, há factos e situações que, tendo--se verificado antes da entrada em vigor da lei nova, tendem a continuar no futuro ou a nele se projetar.

Atente-se nos seguintes casos, que podemos considerar clássicos:

- Num determinado país institui-se em determinado momento o divórcio, que até aí não era permitido. Será que esta nova lei que veio instituir o divórcio é aplicável a todos os casamentos ou apenas aos que tenham sido celebrados após a sua entrada em vigor?
- A ntónio e Belmiro celebraram um contrato de mútuo (empréstimo) por escrito particular, de acordo com o que na respectiva data estava previsto na legislação então em vigor; posteriormente, uma lei nova passou a exigir escritura pública para os contratos do mesmo tipo. Será que aquele contrato continua a ser formalmente válido?
- Uma lei nova vem alterar o regime da administração dos bens do casal. Aplica-se aos casamentos anteriormente celebrados?
- A té 1978 o cônjuge não era herdeiro legitimário e integrava apenas a quarta classe de sucessíveis. Com a entrada em vigor do Decreto-Lei n.° 497/77, de 25 de Novembro (ou seja, a partir de 1 de Abril de 1978), o cônjuge passou a ser herdeiro legitimário e também a integrar a primeira e segunda classe de sucessíveis. Qual a lei a aplicar à partilha de bens de alguém que faleceu em 1980, tendo casado em 1970? E se já tivesse falecido em 1976, embora a partilha estivesse por realizar?

Saliente-se que os problemas de sucessão de leis no tempo suscitados pela entrada em vigor de uma nova lei podem, pelo menos parcialmente, ser resolvidos por esta mesma lei, mediante disposições específicas que costumam denominar-se de ***«disposições transitórias»***.

3.4. Solução

A solução normal não está tanto nas ditas *«disposições transitórias»*, as quais são sempre em número insuficiente para solucionar todas as questões que se suscitam com a entrada em vigor da nova lei, mas sim no art. 12.° do CC, que estabelece o princípio geral em matéria de aplicação das leis no tempo. A sua redação é a seguinte:

«1. A lei só dispõe para o futuro; ainda que lhe seja atribuída eficácia retroativa, presume-se que ficam ressalvados os efeitos já produzidos pelos factos que a lei se destina a regular.

2. Quando a lei dispõe sobre as condições de validade substancial ou formal de quaisquer factos ou sobre os seus efeitos, entende-se, em caso de dúvida, que só visa os factos novos; mas, quando dispuser diretamente sobre o conteúdo de certas relações jurídicas, abstraindo dos factos que lhes deram origem, entender-se-á que a lei abrange as próprias relações já constituídas, que subsistam à data da sua entrada em vigor.».

Esta disposição veio consagrar entre nós a chamada ***«doutrina do facto passado»***, por contraposição com a ***«doutrina dos direitos adquiridos»***. Então, desenvolvendo o princípio da não retroatividade nos termos da dita *«teoria do facto passado»*, o n.º 2 do citado art. 12.º distingue **dois tipos de leis ou de normas**:

- **As que dispõem sobre os requisitos de validade (substancial ou formal)** de quaisquer factos ou sobre os seus efeitos (1.ª parte);
- **As que dispõem sobre o conteúdo de certas situações jurídicas** e o modelam sem olhar aos factos que lhes deram origem (2.ª parte).

Então, as primeiras só se aplicam a factos novos, ao passo que as segundas se aplicam a relações jurídicas constituídas antes de a lei nova ter entrado em vigor, mas que subsistam ou estejam em curso àquela data.

Entre nós, assiste-se ainda por força das posições que o Tribunal Constitucional vem adotando, a um reforço da salvaguarda de ***«direitos adquiridos»***, não se admitindo a **retroatividade da lei**, mesmo quando o legislador a quisesse consagrar, em todas as situações que pudessem s ignificar a perda de direitos anteriormente concedidos quando isso afetar *«o princípio da confiança ínsito na ideia do Estado de Direito democrático»*.

Por força de tudo o que dissemos, já será fácil responder às questões que atrás colocámos. Assim:

- A nova lei que instituiu o divórcio, porque regula o conteúdo da relação jurídica matrimonial, aplica-se a todos os casamentos, independentemente da data em que foram celebrados;

- O contrato de mútuo celebrado entre António e Belmiro mantém-se válido, porque a nova lei, vindo dispor sobre os requisitos de validade deste tipo de contratos, só se aplica aos que sejam celebrados após a sua entrada em vigor;
- A lei nova que vem alterar o regime da administração dos bens do casal, porque também se destina a regular o conteúdo de relações jurídicas, aplica-se a todos os casamentos celebrados antes ou depois da sua entrada em vigor;
- A lei que vem alterar o regime sucessório porque dispõe sobre os seus efeitos, só se aplica a factos novos, ou seja, valerá o regime em vigor à data da abertura da sucessão, pelo que a lei nova só será de aplicar às heranças abertas após a sua entrada em vigor.

3.5. Aplicação no tempo das leis sobre prazos

Caso especial tem a ver com a aplicação no tempo das leis sobre prazos, a que se refere o art. 297.° do CC. Esta disposição legal contempla nos seus dois primeiros números a hipótese de a lei nova encurtar um prazo ou de o alongar, respetivamente.

Para a primeira hipótese estabelece que a lei nova se aplica aos prazos em curso, mas o novo prazo só se conta a partir do início da vigência desta lei, salvo se, segundo a lei antiga, faltar menos tempo para o prazo se completar.

Para a segunda hipótese estabelece que a lei nova é igualmente aplicável aos prazos em curso, mas se contará todo o tempo decorrido desde o momento inicial.

Contudo, convém referir que há algumas **exceções à aplicação do art. 297.°**, especialmente quando está em causa a primeira hipótese, ou seja, quando a lei nova veio encurtar um prazo previsto em legislação anterior. Esta solução legal destina-se a respeitar o **princípio da não aplicação retroativa da lei**, para que, tal como já vimos, não se coloquem em causa «*direitos adquiridos*», o que, a acontecer, poderia afetar «*o princípio da confiança ínsito na ideia do Estado de Direito democrático*».

4. Interpretação e Integração da Lei

Ao iniciarmos este capítulo gostaríamos de começar por chamar a atenção que, em Direito, pode-se falar de **interpretação em sentido amplo e em sentido restrito**. A diferença está no facto de a primeira abranger a integração das lacunas, enquanto a segunda se lhe opõe. E tudo tem a ver com a forma como o jurista atua: se o faz com o objetivo de encontrar a solução para um caso concreto, em que faz interpretação em sentido amplo (Oliveira Ascenção chama-lhe "Determinação das Regras"[68]); ou se, pelo contrário, procura determinar, apenas, o sentido de uma fonte, em que faz tão-somente interpretação em sentido restrito. Seja como for, há grande correlação entre ambas, sendo que, muitas vezes, a interpretação em sentido amplo acaba por desembocar na interpretação em sentido restrito, ou seja, o intérprete necessita de tomar uma fonte para lhe captar o sentido, e só depois pode partir para a solução do caso concreto.

Normalmente, quando se refere, apenas, o termo interpretação quer-se referir a interpretação em sentido restrito, por contraposição à integração. é o que se passa entre nós na generalidade dos casos, designadamente nos arts. 9.° e 10.° do CC.

Vejamos, então, agora o que se passa com a interpretação (em sentido restrito).

---

[68] Oliveira Ascenção, José "O Direito – Introdução e Teoria Geral", Almedina, Coimbra, 2006.

4.1. Interpretação

A disposição legal apresenta-se ao jurista como um enunciado linguístico, como um conjunto de palavras que constituem um texto.

Interpretar consiste evidentemente em retirar desse texto **um determinado sentido ou conteúdo de pensamento**. De facto, esse texto pode comportar mais do que um significado e contém com frequência expressões ambíguas ou obsc uras, suscitando dúvidas quanto ao sentido que o legislador lhes pretendeu dar ou quanto ao pensamento que, através delas, aquele quis transmitir.

Convém relembrar que **a interpretação não é uma tarefa exclusivamente jurídica**, uma vez que, em todos os ramos da cultura, se coloca o problema de extrair um sentido de certas expressões, pelo que a interpretação representa uma parte crucial da metodologia de qualquer ciência espiritual. Aqui e agora abordaremos apenas a interpretação jurídica.

Para além disto, embora aparentemente claro na sua expressão verbal e portador de um só sentido, há ainda que contar com a possibilidade de **a expressão verbal ter atraiçoado o pensamento legislativo** (**ou do autor da norma,** uma vez que a interpretação se coloca não apenas em relação à lei, mas também em relação a um contrato ou a um testamento, por exemplo) – fenómeno mais frequente do que à primeira vista poderá parecer.

Daí justamente a necessidade da interpretação, ou seja, daquela atividade do jurista que se destina a fixar o sentido e o alcance com que o texto deve valer.

Então, de entre os sentidos possíveis do texto há que eleger um. Qual deles? Certamente que não um qualquer, de entre os sentidos possíveis, mas sim um que garanta um mínimo de uniformidade de soluções, ou seja, um que valha para todas as pessoas e para todos os casos.

4.1.1. Formas de interpretação

A primeira grande distinção que devemos ter presente, a propósito das formas de interpretação quanto ao agente ou à qualidade do intérprete, é a que distingue entre:

- A interpretação autêntica
- A interpretação doutrinal

4.1.1.1. Interpretação autêntica

Diz-se autêntica a interpretação efetuada pelo próprio legislador através de uma nova lei (esta nova lei não pode ser hierarquicamente inferior à lei que visa interpretar, deve ter por fim interpretar a lei antiga e, obviamente, tem de ser posterior a lei interpretada). Ora, a esta lei que apenas se destina a fixar o sentido com que deve valer uma lei anterior chama-se lei interpretativa. A ela se refere o n.º 1 do art. 13.º do CC quando diz: «*A lei interpretativa integra-se na lei interpretada,...*».

Logo, de tudo isto podemos dizer que a lei interpretativa é a que concretiza a interpretação autêntica, havendo interpretação autêntica quando a nova lei se integra na lei interpretada. Por isso, **a lei interpretativa há de ser retroativa** (assim o entende a generalidade da doutrina) muito embora o CC, na disposição já citada, salvaguarde «*... os efeitos já produzidos pelo cumprimento da obrigação, por sentença passada em julgado, por transação, ainda que não homologada, ou por atos de análoga natureza.*».

A interpretação autêntica tem a força inerente à nova manifestação de vontade do legislador, pelo que é obrigatória.

4.1.1.2. Interpretação doutrinal

Diz-se doutrinal a interpretação efetuada por qualquer pessoa, designadamente pelos juristas e pelos tribunais, na sua tarefa de aplicação das leis. Assim sendo, não deve ser tomada como interpretação a cargo da doutrina, uma vez que todos podem fazer interpretação doutrinal. É claro que, quando se trata da aplicação coerciva das normas jurídicas, a interpretação doutrinal é, fundamentalmente, trabalho dos juristas, sobretudo dos tribunais, pelo que através dela pretender-se-á resolver qualquer questão jurídica suscitada no âmbito de um caso concreto.

E aqui a interpretação «*consuma-se*» na decisão deste, o que não significa que não deva valer para todas as situações do mesmo tipo, uma vez que **à lei deve ser atribuído um sentido relativamente uniforme e geral**, sob pena de o Direito não conseguir desempenhar a sua função conformadora e ordenadora das relações sociais e de serem postos em causa princípios como os da **igualdade** e da **certeza** (princípios esses constitucionalmente protegidos – arts. 2.° e 13.° da CRP).

À interpretação doutrinal se refere o CC, no artigo 6.° (interpretação que pode ser feita por qualquer pessoa) e no n.° 3 do art. 8.° (interpretação feita pelo julgador).

Contrariamente ao que vimos acontecer com a interpretação autêntica, a **interpretação doutrinal tem apenas a força ou poder de persuasão** que decorre da sua **fidelidade aos cânones de uma metodologia jurídica correta**, do seu maior ou menor acerto na "descoberta" do Direito.

Logo, isto não quer dizer que a interpretação (jurídica) possa ficar ao arbítrio de cada um, à livre vontade do concreto aplicador. Pelo contrário, **há-de obedecer a regras ou critérios que estruturam o processo de decisão** e, desse modo, tornam «*controlável*» a decisão. Acresce, ainda, que o intérprete não pode substituir o entendimento que decorra da norma, pelo seu próprio, pois isso já não seria interpretar.

De facto, para interpretar as leis, os juristas operam segundo critérios e trâmites que são, de um modo geral, consensuais, ou seja, usam aquilo a que se pode chamar de «***metodologia da interpretação***», para além de que, por vezes, como sucede entre nós, a própria lei estabeleceu algumas diretrizes nesta matéria (é o que se passa com o art. 9.° do CC).

Vejamos então, agora, os **três aspetos** que a teoria (tradicional) da interpretação doutrinal costuma tematizar:

- O do seu objetivo ou fim;
- O dos elementos ou critérios a utilizar pelo intérprete;
- O dos resultados da interpretação.

Começando pelo primeiro, e tendo em conta, como vimos, que a interpretação se destina a fixar o sentido e alcance da lei, aqui procura-se determinar o que deve entender-se por sentido da lei. São, então, possíveis duas alternativas opostas que há muito vêm sendo sustentadas na doutrina, as quais correspondem a duas correntes ou teses fundamentais:

- A *«corrente (ou tese) subjetivista»*
- A *«corrente (ou tese) objetivista»*

A primeira entende que a **atividade interpretativa deve ir apontada à descoberta da *«vontade ou intenção do legislador»*** (*mens legislatoris*), dando menos peso à objetivação linguística dessa vontade no texto ou na fórmula da lei.

Para a segunda **o sentido pode ser apurado por referência ao texto**, ou seja, a atividade interpretativa deve ir no sentido da descoberta da fórmula normativa objetivada no texto, autonomizando este dos seus concretos autores, falando-se aqui na ***«vontade ou intenção da lei»*** (*mens legis*).

Ora, não cabe aqui expor os termos da discussão entre estas duas correntes ou teses e, muito menos, tentar fazer um balanço entre ambas. Nem tão pouco se deve acentuar esta contraposição, até porque o sentido objetivo do texto corresponde, na maior parte dos casos, ao que o legislador quis. Acresce que, o nosso CC, no art. 9.º, fala intencionalmente em pensamento legislativo, certamente para não tomar partido nesta querela entre subjetivistas e objetivistas, limitando-se a combater certos excessos de ambas as correntes. De facto, o n.º 1 parece contrariar a tese objetivista e o n.º 2 a tese subjetivista.

4.1.2. Elementos da interpretação

Vejamos, agora, o segundo aspeto atrás mencionado (o dos elementos ou critérios a utilizar pelo intérprete, os chamados «*cânones*» ou «*fatores*» interpretativos).

Tradicionalmente, estes elementos interpretativos são quatro:

- **O elemento gramatical** (também chamado de «*literal*»; o texto, a «*letra da lei*»);
- **O elemento racional (ou teleológico, como também é designado)**
- **O elemento sistemático;**
- **O elemento histórico.**

Estes três últimos formam o que alguns chamam, quanto a nós impropriamente, de «*elementos lógicos*», que integram o chamado «*espírito da lei*».

Todos estes elementos não podem, porém, ser concebidos isoladamente, antes devem ser sempre utilizados conjuntamente; de facto, todos eles concorrem, em conjunto, para a determinação do sentido da norma, sendo este um processo interpretativo unitário. Daí que não haja duas ou mais modalidades de interpretação, uma gramatical e a outra lógica, nem tão pouco qualquer hierarquia que faça prevalecer um dos elementos em detrimento do outro (ou outros). Vejamos, então, cada um deles.

4.1.2.1. Elemento gramatical

O elemento gramatical é constituído, como o nome já indica, pelo texto da norma, o qual é o ponto de partida da interpretação; a ele também se chama, como já dissemos, «*a letra da lei*», o seu enunciado linguístico.

Podemos dizer que este elemento acaba por ter duas funções:

- Uma **negativa**, que consiste em eliminar aqueles sentidos que não tenham qualquer apoio, ou pelo menos uma qualquer correspondência, no texto da lei;

- E uma **positiva**, que consiste em definir o único sentido do texto como o sentido da norma ou, caso ele comporte mais que um significado, a sua função traduzir-se-á em dar mais forte apoio ou sugerir mais fortemente um dos sentidos possíveis.

A este propósito, veja-se o texto do n.º 3 do art. 9.º do CC, quando consagra:

> *«3. Na fixação do sentido e alcance da lei, o intérprete presumirá que o legislador consagrou as soluções mais acertadas e soube exprimir o seu pensamento em termos adequados».*

Gostaríamos, ainda, de chamar a atenção para o seguinte: muito embora, e com alguma frequência, o direito e as leis usem uma linguagem específica ou técnica, em que termos e conceitos correntes ganham um significado próprio, podendo até assumir significados distintos dentro da mesma lei (aquilo a que se chama de *«relatividade dos conceitos jurídicos»*), a verdade é que, **em nenhuma circunstância, a linguagem das leis se pode afastar em demasia do uso linguístico comum**, sob pena de o direito só poder ser entendido por juristas; ora, o direito tem por destinatários a generalidade dos cidadãos, e não só os juristas, pelo que deve poder ser por aqueles entendido.

4.1.2.2. Elemento racional (e teleológico)

Passando aos chamados «elementos lógicos», analisemos primeiro o elemento racional (e teleológico, de *telos*, finalidade em grego). Consiste este elemento na razão de ser da lei (*ratio legis*), no fim visado pelo legislador ao elaborar a norma.

Para o apurar terá de se tomar em linha de conta os *«princípios fundamentais»* e as *«conceções de justiça»* presentes no ordenamento jurídico em causa. Procurar-se-á saber **a razão de ser da norma: qual a *«questão jurídica»*, e em que termos, a que a norma procura dar resposta?** Nestes objetivos ou fins que o legislador pretende preservar com a norma, encontramos o elemento teleológico.

De facto, o conhecimento deste fim, sobretudo quando acompanhado do conhecimento das circunstâncias (políticas, sociais, económicas, etc.)

em que a norma foi elaborada ou da conjuntura político-económica ou social que motivou a «*decisão*» legislativa (*occasio legis*), ou seja, todo o circunstancialismo social que rodeou o aparecimento da lei, e que integra o elemento histórico que analisaremos adiante), constitui um subsídio da maior importância para determinar o sentido da norma.

A "valoração" ou ponderação dos diversos interesses, bem como o peso relativo dos mesmos, ou a solução que a norma revela por uma determinada opção, é-nos revelada pelo esclarecimento da *ratio legis*, isto é, da razão de ser da lei.

De igual forma, o intérprete não deixará de recorrer às decisões anteriores de outros tribunais, sobretudo dos tribunais superiores, pese embora não exista entre nós, como já tivemos ocasião de referir a propósito das fontes do Direito, a regra da vinculação legal dos tribunais a decisões anteriores (com a exceção ali mencionada). A verdade é que, na maior parte dos casos, um tribunal só seguirá um entendimento diferente se tiver fundadas razões para isso, estando seguramente obrigado a um esforço argumentativo suplementar. Igual «*efeito persuasivo*» poderá também resultar das opiniões (expressas em pareceres, artigos, monografias, etc.) que possam ter sido produzidas pelos juristas mais conceituados, ou seja, a chamada doutrina.

4.1.2.3. Elemento sistemático

Quanto ao elemento sistemático, este compreende a consideração das outras disposições que formam o complexo normativo do instituto ou domínio jurídico em que se integra a norma interpretanda, isto é, que regulam a mesma matéria (contexto da lei), assim como a consideração de disposições legais que regulam domínios normativos paralelos ou institutos afins (os chamados «*lugares paralelos*»). Aqui podem colher-se contributos importantes para aclarar o sentido da norma interpretanda.

Ao fim e ao cabo estamos a considerar o pressuposto de coerência que deve fazer parte de todo o ordenamento jurídico, aquilo a que se chama de «*unidade do sistema jurídico*», tal como, aliás, se mostra consagrado no n.º 1 do art. 9.º do CC que estabelece:

«1. A interpretação não deve cingir-se à letra da lei, mas reconstituir a partir dos textos o pensamento legislativo, ***tendo sobretudo em conta a unidade do sistema jurídico****, as circunstâncias em que a lei foi elaborada e as condições específicas do tempo em que é aplicada.» (negritado nosso).*

De facto, as leis constituem um todo articulado e sistematizado, pelo que importa atender ao «*lugar sistemático*» que compete à norma interpretanda no ordenamento global, assim como a sua consonância com o espírito ou unidade intrínseca de todo o ordenamento jurídico.

A este propósito convém, também, não esquecer a Constituição e chamar a atenção para a necessidade de o intérprete optar, de entre os vários sentidos possíveis de uma norma, por aquele que se mostre compatível com os princípios e os preceitos constitucionais. é aquilo a que se costuma chamar de «*interpretação conforme à Constituição*».

4.1.2.4. Elemento histórico

Finalmente, atentemos ao elemento histórico, também chamado de genético, que compreende todo o historial do preceito, a sua «*génese*», no qual se incluem:

- **A história evolutiva do instituto,** da figura ou do regime jurídico em causa;
- **As chamadas «*fontes da lei*»;**
- **Os trabalhos preparatórios.**

Uma vez que a norma é, as mais das vezes, produto de uma evolução histórica de certo regime jurídico, a consideração da sua **história evolutiva** é suscetível de lançar luz sobre o sentido da norma, pois nos faz compreender o que pretendeu o legislador com aquela fórmula ou com a alteração legislativa introduzida.

As chamadas «**fontes da lei**», ou seja, os textos legislativos ou os doutrinais, porventura até de outros países (direito comparado), que «inspiraram» o legislador, devem também ser tomadas em devida conta.

Os **trabalhos preparatórios** também deverão ser objeto de principal atenção. Consideram-se, como tais, os estudos prévios, os anteprojetos, os projetos, a discussão pública, as propostas de alteração que antecederam a lei, as atas das comissões encarregadas da elaboração dos projetos, as atas da discussão e aprovação do projeto na generalidade e na especialidade no Parlamento (quando for caso disso), etc.

Passemos, agora, ao terceiro dos três aspetos referidos, que a teoria da interpretação doutrinal costuma tematizar (o dos resultados da interpretação). Aqui, será necessário ter em conta a distinção entre «*letra da lei*» (elemento gramatical) e «*espírito da lei*» (elementos «*lógicos*»), e atender ao resultado da interpretação considerados os elementos acabados de analisar.

4.1.3. Resultados da interpretação

Quanto aos resultados da interpretação, esta pode considerar-se:

- Interpretação **declarativa**
- Interpretação **extensiva**
- Interpretação **restritiva**
- Interpretação **corretiva**
- Interpretação **revogatória ou ab-rogante**
- Interpretação **enunciativa**

4.1.3.1. Interpretação declarativa

De acordo com esta, o intérprete limita-se a eleger um dos sentidos que o texto direta e claramente comporta, por ser aquele que corresponde ao pensamento legislativo. Portanto, há aqui uma clara correspondência entre a «***letra***» e o «***espírito da lei***», que se adequa ao resultado.

4.1.3.2. Interpretação extensiva

Neste caso, o texto ficou aquém do sentido apurado para a norma. O intérprete conclui que a «***letra***» fica aquém do «***espírito da lei***», que a fórmula verbal adotada peca por defeito, pois diz-se menos do que aquilo que se queria dizer. Assim, procede-se ao alargamento do alcance do texto fazendo corresponder a «*letra*» ao «*espírito da lei*».

4.1.3.3. Interpretação restritiva

Ao contrário da situação anterior, aqui o texto foi além do sentido apurado para a norma. O intérprete conclui que a «**letra**» é mais ampla que o «***espírito da lei***», que a fórmula verbal adotada peca por excesso, na medida em que diz mais do que aquilo que se queria dizer. Então, o intérprete não deve deixar arrastar-se pelo alcance aparente do texto, antes deve restringir este de forma a fazê-lo corresponder ao pensamento legislativo, adequando assim a «*letra*» ao «*espírito da lei*».

4.1.3.4. Interpretação corretiva

Aqui o que acontece é que o intérprete sacrifica o texto por imposição da razão de ser da norma. Ou seja, como resultado da interpretação o intérprete conclui que a lei tem um sentido nocivo e então poderia afastar a norma inadequada, tomando em consideração que o legislador seguramente a não teria querido se tivesse previsto este resultado. Porém, Oliveira Ascenção [69] tendo em conta o anteprojeto de Manuel de Andrade sobre «*Fontes do Direito*», que continha um artigo que expressamente consagrava a interpretação corretiva, artigo esse que foi eliminado e não tem correspondência no Código Civil, entende que a interpretação corretiva não é admissível na ordem jurídica portuguesa.

Porém, aponta uma exceção: «*Se o sentido da fonte se revelar contrário à ordem natural, é esta que deve prevalecer, pois não há nenhuma segurança que mereça ser comprada com a negação dos princípios fundamentais da convivência social*».

4.1.3.5. Interpretação revogatória ou ab-rogante

Aqui a fonte deve ser considerada como ineficaz. Não se trata de nenhuma correção ou cessação de vigência de uma regra. O que acontece é que é impossível conciliar a letra com o espírito da norma, dado o legislador se ter exprimido de modo incorreto ou de maneira contraditória. Estamos aqui em presença de fórmulas legislativas abortadas ou de verdadeiros lapsos. Por tudo isto, só haverá lugar a este resultado quando entre duas disposições legais existe uma contradição insanável ou se verifica que do

---

[69] *Ob. cit.*

texto não se consegue retirar qualquer sentido normativo. Por estas razões, estas situações são raríssimas.

4.1.3.6. Interpretação enunciativa

Finalmente, impõe-se falar desta interpretação que é aquela pela qual o intérprete infere do preceito, consequências que ele tenha implícitas, ou seja, deduz de uma norma um preceito que nela apenas está virtualmente contido, utilizando para tal certas inferências lógico-jurídicas que assentam nos seguintes tipos de argumentos:

- ***"A maiori ad minus"* – do maior para o menor**: a lei que permite o mais também permite o menos (Ex. se certo indivíduo pode vender determinados bens, também pode onerá-los);
- ***"A minori ad maius"* – do menor para o maior**: a lei que proíbe o menos também proíbe o mais (Ex. se a lei proíbe onerar certos bens, também proíbe vendê-los);
- **" *A contrario*"** ou **"*A contrario sensu*" – pelo contrário**: estabelece que a partir de uma norma excecional se deduz (*a contrario*) que os casos que ela não contempla na sua hipótese seguem um regime oposto, que será o regime-regra. Deve ser utilizado com muita prudência.

Analisada a interpretação (em sentido restrito) passemos agora à análise da integração das lacunas da lei.

4.2. Integração das lacunas

4.2.1. Noção de lacuna

Não obstante o ordenamento jurídico ser constituído por um vasto conjunto de leis, a verdade é que não há leis exaustivas, isto é, que prevejam todos os aspetos da vida que careçam de ser disciplinados. De facto, a vida real é muito complexa, rica e dinâmica pelo que o legislador não pode prever todas essas situações, no momento da criação de uma dada norma, por mais diligente e precavido que seja.

Por outro lado, para além de situações que, embora previsíveis, escapam à previsão do legislador, há outras que são imprevisíveis no momento da elaboração da lei. Pode, também, acontecer que o legislador em relação a certas questões previstas, não tenha querido decidir-se a regulá-las diretamente, nomeadamente por não se ter sentido habilitado a estabelecer para elas uma disciplina geral e abstrata suficientemente definida.

Colocado, então, o intérprete, nomeadamente o julgador, perante uma situação real não regulada por qualquer norma jurídica, ou seja, em face de uma lacuna da lei, como deverá proceder?

Convém desde já dizer que está excluída a hipótese de considerar tais situações **sempre** fora do âmbito jurídico. Daí que, o primeiro procedimento a adotar seja verificar se estamos perante uma verdadeira lacuna da lei, isto é, se o caso em apreço merece tutela jurídica. é que se não merecer, dada a situação ser extrajurídica, em rigor não podemos falar em lacuna da lei, e então nada haverá para decidir. Quando muito poderemos estar no domínio das normas religiosas, morais ou de cortesia (Ex. se alguém se queixa que o vizinho não o cumprimenta quando o encontra na rua).

4.2.2. Dever de julgar

Pelo contrário, podemos estar perante situação que merece tutela jurídica.

Neste caso, para o julgador, impõe-se uma decisão. De facto, a lei é clara neste domínio. Desde logo, o **CC** que, no n.º 1 do art. 8.º, estabelece:

> *«1. O tribunal não pode abster-se de julgar, invocando a falta ou obscuridade da lei ou alegando dúvida insanável acerca dos factos em litígio.».*

O próprio **Estatuto dos Magistrados Judiciais** (Lei n.º 9/2011, de 12 de abril) que, no n.º 2 do art. 3.º, também estabelece:

> *«2. Os magistrados judiciais não podem abster-se de julgar com fundamento na falta, obscuridade ou ambiguidade da lei, ou em dúvida insanável sobre o caso em litígio, desde que este deva ser juridicamente regulado.».*

Logo, a lei estabelece a **proibição de denegação de justiça e cria a obrigação de julgar**. Então, em presença de um caso omisso (não regulado mas merecedor de tutela jurídica) e face ao disposto nas disposições legais citadas, deve o julgador integrar a lacuna da lei tal como o prescreve o art. 10.º do CC, quando estabelece:

> *«1. Os casos que a lei não preveja são regulados segundo a norma aplicável aos casos análogos.*
> *2. Há analogia sempre que no caso omisso procedam as razões justificativas da regulamentação do caso previsto na lei.*
> *3. Na falta de caso análogo, a situação é resolvida segundo a norma que o próprio intérprete criaria, se houvesse de legislar dentro do espírito do sistema.»*.

4.2.3. Analogia e interpretação extensiva

Daqui decorre que a primeira atitude do julgador é recorrer à analogia, ou seja, aplicar ao caso omisso uma norma reguladora de um caso semelhante.

Porém, para que o possa fazer, é necessário que no caso omisso presidam os mesmos fundamentos que presidem no caso análogo. Se isso não acontecer, então o intérprete tem de lançar mão do n.º 3 do art. 10.º e criar a norma idealmente mais adequada para o tipo de casos em que a situação omissa se integra, aplicando-a seguidamente ao caso concreto, ou seja, tem de integrar a lacuna da lei tal como provavelmente o teria feito o legislador se tivesse previsto o caso omisso, sem ofender o espírito do direito vigente.

Antes de terminar este capítulo, duas breves referências: uma para o art. 11.º do CC e a outra, sequencial, para a diferenciação a estabelecer entre aplicação analógica (integração) e interpretação extensiva.

Efetivamente, estabelece o CC, na disposição agora mencionada, que «*As normas excecionais não comportam aplicação analógica, mas admitem interpretação extensiva*». Face a esta disposição, **as normas excecionais não podem ser aplicadas a outros casos que não sejam aqueles que elas preveem**. E isto porque na aplicação analógica o julgador vai aplicar uma lei a um caso que ela não contempla, nem na «*letra*» nem no «*espírito*», enquanto na interpretação extensiva aplica a lei a situações deficientemente abrangidas pela «*letra*» mas compreendidas no seu «*espírito*», uma vez o legislador ter dito menos do que o que queria ao elaborar a norma.

PARTE III

—

AS GRANDES DIVISÕES DO DIREITO

—

1. O Direito Objetivo e o Direito Subjetivo

1.1. O direito objetivo

Direito objetivo e direito subjetivo correspondem a duas formas de entender o direito e que importa considerar, atento o seu significado distinto:

Se Maurício diz "eu tenho direito a reformar-me voluntariamente com tal pensão...", ou "eu tenho o direito de caçar, este ano, em tal terreno...", está a referir-se ao direito como *faculdade*, ao chamado ***direito subjetivo***. Mas quando o legislador consagra as condições de acesso à reforma ou os requisitos do exercício da caça, está a estabelecer *normas jurídicas* sobre aqueles temas, isto é, ***direito objetivo***.

Deste modo, o conteúdo do Direito objetivo será constituído pelo estudo da **norma jurídica** (conceito, características, classes), das **fontes do direito** (a Constituição da República Portuguesa, as leis e outras fontes de Direito), **da interpretação e aplicação da norma** (elementos interpretativos, tipos de interpretação e lacunas) e da **eficácia da norma** (obrigatoriedade, ignorância, dever de julgar, retroatividade).

A lei portuguesa só dispõe de um vocábulo para abranger as duas realidades, ao passo que na terminologia anglo-saxónica, estas duas realidades são expressas por duas palavras distintas: ***law*** **– a lei, o direito objetivo; e *right* – o direito subjetivo.** Deste modo:

- **Direito objetivo** – entendido como a "regulamentação" (um conjunto de normas, comandos, disposições legais) que estruturam, segundo as matérias, o ordenamento jurídico de um Estado. é neste sentido que falamos em legislação sobre a reforma ou em legislação sobre a caça, como significando as normas jurídicas que regulam tal temática.

A ordem jurídica, sem prejuízo da liberdade e da capacidade de decisão das pessoas, é composta pelo **conjunto das regras estabelecidas com vista à organização e convivência pacífica da comunidade**. Assim e com esse objetivo, as normas jurídicas ordenam a observância dos comportamentos (ativos ou passivos) considerados necessários ou adequados à pacificação e manutenção da organização social[70]. E essa ordem vai dirigida quer aos particulares, individualmente considerados e enquanto membros dos grupos sociais, quer aos poderes públicos.

No entanto, a ordem jurídica não tem a pretensão de criar uma regulamentação exaustiva das condutas humanas; a iniciativa e **a liberdade das pessoas** ficaria afetada se qualquer ato ou comportamento estivesse minuciosamente regulado ou regulamentado.

A hiper-regulamentação de que padecemos hoje não pode, nem deve, afetar o respeito pela liberdade dos indivíduos e dos grupos sociais, quer no âmbito da decisão, quer da atuação dos mesmos. Daí que a ordem jurídica deva criar defesas e garantias para que essa liberdade possa ser adequadamente exercida e estabelecer os critérios para que os conflitos, que irremediavelmente surgem no seio de uma sociedade de homens livres, devam, também, ser adequadamente resolvidos; por isso, **o Direito deve ser o garante da liberdade e o ordenamento jurídico deve estabelecer os limites à arbitrariedade do poder** exercido por parte dos poderes públicos sobre os cidadãos para que não haja excesso no exercício daquele mesmo poder.

O **Estado de Direito** será, pois, a conformação da atuação dos poderes públicos aos ditames e aos limites estabelecidos pelo próprio **ordenamento**, proibindo-se toda a espécie de arbitrariedade em benefício da

---

70 Lasarte, Carlos: "*Curso de Derecho Civil Patrimonial. Introducción al Derecho*", 11.ª ed., Tecnos, 2005, pág. 84.

segurança jurídica e da paz social de forma que o objetivo da nossa sociedade seja o de uma sociedade cada vez mais justa e integrada por homens livres e iguais, tanto do ponto de vista formal como material.

Em síntese: como direito objetivo, o nosso ordenamento jurídico integra um conjunto de regras estabelecidas com vista a facilitar e a organizar a convivência humana. Esta ordem jurídica visa, fundamentalmente, **garantir o exercício adequado da liberdade individual e estabelecer critérios de resolução dos conflitos entre os membros de uma comunidade**; para tal, a ordem jurídica adota uma hierarquia de valores e consagra medidas de composição dos interesses que proporcionem às pessoas uma maior satisfação.

1.1.1. A norma jurídica

1.1.1.1. Noção

Como já se referiu, a norma jurídica é um preceito que contém um comando jurídico e que estabelece o modo como os indivíduos e outras entidades devem atuar ou omitir condutas, de forma a evitar ou prevenir conflitos de interesses e permitir a consecução dos fins sociais ou coletivos.

1.1.1.2. Estrutura

Toda a norma jurídica ou preceito normativo apresenta uma redação, uma forma escrita, um texto que traduz a sua estrutura. Assim, o corpo de uma norma jurídica (expresso na sua redação) pode ser decomposto em dois elementos que são:

– A previsão
– A estatuição ou cominação

Tomemos, aleatoriamente, o disposto no art. 483.º do CC, a propósito da responsabilidade civil:

1. "*Aquele que, com dolo ou mera culpa, violar ilicitamente o direito de outrem ou qualquer disposição destinada a proteger interesses alheios fica obrigado a indemnizar o lesado pelos danos resultantes da violação*".

Nesta redacção, podemos verificar que existem **dois momentos**:

1.° – *"Aquele que, com dolo ou mera culpa, violar ilicitamente o direito de outrem ou qualquer disposição destinada a proteger interesses alheios"* – esta é a **previsão contida na norma**, a descrição da situação factual que a norma visa disciplinar e cuja violação importa uma determinada consequência; 2.° – "... *fica obrigado a indemnizar o lesado pelos danos resultantes da violação"* – esta é a **cominação ou a sanção** prevista na norma para o caso da sua violação.

De resto, a suscetibilidade de uma norma ser violada, pelo facto de um cidadão não a querer acatar, é uma quase fatalidade, que o legislador prevê e sanciona, donde haja autores que falam da **violabilidade** como se de uma característica própria da norma jurídica se tratasse.

As normas contidas no C.P., que proíbem condutas como o homicídio, o furto, as ofensas corporais, a lesão do direito de propriedade, são, invariavelmente, o melhor exemplo da estrutura da norma jurídica, já que, em todas elas, o legislador tipifica a situação factual que proíbe e, em simultâneo, estabelece a sanção correspondente à sua violação, de acordo com uma "moldura penal", isto é, os limites mínimo e máximo entre os quais poderá ser fixada uma pena para o agente.

1.1.1.3. Características

São quatro as características de um preceito normativo:

- A imperatividade
- A generalidade
- A abstração
- A coercibilidade (ou coatividade ou, ainda, coercividade)

A imperatividade – a norma jurídica traduz um comando que deve ser acatado e obedecido, com a cominação respetiva para o infrator, em caso de violação.

A generalidade – a norma jurídica tem, como destinatários, uma categoria vastíssima de indivíduos (pessoas singulares) ou entidades (pessoas coletivas) que se encontram na situação factual prevista pela norma; não se destina a indivíduos certos e individualmente considerados.

Os comandos que se destinam a determinadas pessoas, como acontece com uma **sentença condenatória** que obriga A a pagar uma indemnização a B ou C a cumprir pena de prisão efetiva, resulta já da **aplicação de uma lei geral a um caso concreto**.

Também a norma contida no art. 133.º da CRP – que prevê as **atribuições e competências do Presidente da República** – não se destina concretamente ao cidadão X, mas a uma vasta categoria de pessoas que, eventualmente, venham a exercer essas funções de soberania, daí que seja uma norma geral.

A abstração – a norma jurídica aplica-se a uma ampla gama de situações que ela mesma prevê e caracteriza. é o caso das normas do Código Penal que serão aplicadas a todos quantos incorrerem na situação factual nelas prevista e tipificada.

A coercibilidade – é esta a **característica mais distintiva da norma jurídica** e que permite demarcá-la das demais normas de conduta social. Consiste na suscetibilidade que a norma tem de se fazer obedecer e ser acatada pelo seu destinatário, ainda que de forma involuntária ou pela força.

1.1.1.4. Classificação das normas jurídicas

Há múltiplas classificações das normas jurídicas, dada a miríade de regras que disciplinam a nossa vida social. Todavia, releva-se, aqui, aquelas com maior impacto neste estudo do Direito.

Assim, são três as principais classificações, que se baseiam:

- Na **natureza da conduta** exigida aos destinatários da norma jurídica;
- No **âmbito de aplicação** das normas jurídicas; • No **campo de aplicação territorial** das normas jurídicas.

A – Normas imperativas e facultativas

De acordo com a primeira classificação, normas **imperativas** são as que impõem ao seu destinatário uma **conduta ativa ou positiva** (uma ação – as normas **precetivas)** ou uma **conduta passiva ou negativa** (uma omissão ou abstenção – as **normas proibitivas).**

Por sua vez, estas podem subdívidir-se ou subclassificar-se em:

Normas Imperativas	**Normas Precetivas** (ou injuntivas) **Normas Proibitivas**
Normas Facultativas	**Normas Dispositivas** (ou permissivas) **Normas Supletivas** (ou subsidiárias) **Normas Interpretativas**

Exemplos de normas precetivas:

As **normas fiscais** que impõem aos contribuintes o dever de declarar os seus rendimentos e pagar os seus impostos;

A norma do art. 1720.° do CC que estabelece o **regime da separação de bens como obrigatório ou imperativo**, quando um dos nubentes tiver mais de 60 anos.

Exemplos de normas proibitivas:

A norma contida no art. 877.° do CC que proíbe a **venda de bens a filhos e netos,** se não houver consentimento dos restantes descendentes;

A norma do art. 282.° do CC que fere de anulabilidade o **negócio usurário** (em que a taxa de juro excessiva visa explorar a situação de necessidade ou a inexperiência do devedor, entre outras situações (Cfr. os arts. 559.°-A e 1146.°, também do CC).

As normas **facultativas** não obrigam o seu destinatário a adotar uma dada conduta nem proíbem um ato; limitam-se a conceder-lhe a **faculdade ou liberdade de agir,** pelo que o destinatário da norma pode observar a conduta ou afastá-la licitamente; estas normas indicam, apenas, o que o sujeito pode fazer. Em relação a estas, pode estabelecer-se a seguinte sub-classificação:

As **normas dispositivas** são as que traduzem, na sua essência, o figurino da norma facultativa, ao conceder aos seus destinatários a faculdade de praticar, ou não, determinados atos jurídicos.

São exemplos:

O art. 950.° do CC que permite, a todos quantos não estejam inibidos de aceitar, a **faculdade de receber doações ou de as recusar**; O art. 1698.° do CC que permite aos nubentes **escolher um dos regimes legais de bens** que vigorará na constância do seu casamento e que é inalterável (esta opção deverá ser feita mediante a celebração de uma convenção antenupcial);

O art. 2188.° do CC que estabelece para todos os cidadãos maiores e não afetados por qualquer tipo de incapacidade a **liberdade de testar** (fazer o seu testamento).

Por via de regra, uma relação jurídica faz criar entre as partes, os sujeitos, uma teia de relações, e cada uma das partes é titular de poderes, faculdades e deveres, ligados por um elo de reciprocidade. Daí que se fale em **relações jurídicas complexas**, as quais, graficamente representadas, podem assumir o perfil que segue:

Relação creditícia ou obrigacional

A (credor ou sujeito activo) ↔	B (devedor ou sujeito passivo)
↓	↓
Tem o poder/faculdade de exigir cumprimento do dever de pode perdoar-lhe a dívida	Tem o dever de pagar quando a B o se vencer a obrigação ou for pagar ou interpelado pelo seu credor
Norma Facultativa	**Norma precetiva**

Relação de direito real

A – proprietário de um prédio rústico	→ B (têm o dever de se abster
	→ C da prática de actos lesivos
Tem a faculdade de exercer, ou não,	→ D do direito de A)
os poderes sobre a coisa	E
Norma Facultativa	**Norma Proibitiva**

As **normas supletivas** – são as que se destinam a suprir a falta ou insuficiência de declaração ou manifestação de vontade dos indivíduos, quando estes estejam em situação em que devam manifestar essa mesma vontade, porque a sua situação reclama uma disciplina jurídica.

Estas normas existem porque há necessidade de tutelar a situação factual e os sujeitos, por qualquer motivo, não manifestaram ou expressaram validamente a sua vontade.

A lei portuguesa admite, por regra, no domínio dos negócios jurídicos, que as partes tenham uma grande liberdade para regulamentarem os seus interesses. Como veremos, adiante, um dos princípios basilares do nosso Direito é o da **autonomia privada**, cuja sequela prática se traduz na **liberdade contratual**, consagrada no art. 405.° do CC. Não obstante esta liberdade, casos há em que os cidadãos não a exercem ou usam-na de uma forma insuficiente ou inválida. Assim sendo, cabe à lei indicar o modo como esses negócios deverão ser disciplinados, através das normas supletivas.

Exemplificando:

O lugar do cumprimento da obrigação do devedor – Na falta de estipulação das partes contratantes, ou de disposição legal, a obrigação deverá ser cumprida no lugar do domicílio do devedor – art. 772.° do CC **As despesas emergentes do contrato de compra e venda** – na falta de convenção em contrário das partes, cabe ao comprador pagar as despesas relacionadas com o contrato de compra e venda, bem como as acessórias (art. 878.° CC).

Normas interpretativas – são as que visam definir o sentido (o significado) de uma outra norma jurídica, cuja redação suscitou dúvidas.

Trata-se, aqui, de esclarecer o sentido de uma norma, cuja redação é obscura, confusa e que, por via disso, necessita de ser interpretada. é frequente o legislador expressar-se com menos clareza, redigindo de forma imprecisa, o que traz dificuldades quando a lei tem de ser aplicada ao caso concreto. Esta tarefa (a hermenêutica) quando é desenvolvida pelo órgão criador da norma tem-se como **interpretação autêntica** (é o caso da Assembleia da República ou do Governo), e, quando é desenvolvido por entidades que a não criaram, tem-se por **interpretação doutrinária** (como é o caso dos estudiosos do Direito, dos Advogados e Juízes, dos Professores de Direito, entre outros).

Assim acontece quando se torna necessário interpretar a vontade de alguém que morre e deixa um testamento no qual não estabelece com clareza quais os bens que lega a uma determinada pessoa. Imaginando que o **testamento** contém a seguinte disposição: "*Deixo todas as minhas poupanças que estão na gaveta da minha secretária à minha amiga Helena*", e que aí se encontram certificados de aforro, extratos de contas de depósito bancário, peças de ouro, dinheiro, etc...; coloca-se a questão de se saber se a vontade do *de cujus* seria a de legar, apenas, os valores titulados pelos certificados ou outros; esta questão poderá suscitar um litígio entre herdeiros, a dirimir judicialmente, mediante a interpretação da vontade do testador.

Uma norma interpretativa, ao invés da norma interpretanda (que está a ser objeto da interpretação) não visa criar direito novo, ou modificá-lo; daí que seja considerada uma **norma superveniente**, enquanto a norma interpretanda é de **natureza inovatória**.

B – Normas gerais, especiais e excecionais

Normas gerais – constituem o regime-regra para um território, os seus cidadãos ou a matéria por elas regulada;

Normas especiais – consagram uma disciplina que, embora não se oponha ao regime-regra, introduz especialidades ou desvios a este, atenta a especificidade das relações a regular;

Normas excecionais – estabelecem um regime absolutamente distinto do regime-regra, a tal ponto que afastam mesmo as normas gerais.

Exemplos de normas especiais:

As normas que regulam os diversos tipos de contratos que se encontram previstos no Código Civil, como é o caso do contrato de **mandato, empreitada, sociedade**; estas normas são como que uma especialização do regime geral consagrado no **Capítulo das Obrigações em Geral** e atendem às particularidades de cada um destes negócios jurídicos; As normas que regulam as sociedades comerciais, contidas no **Código das Sociedades Comerciais** e outros diplomas normativos avulsos, que introduzem especialidades às contidas nas normas do Código Civil, relativas ao contrato de sociedade;

As normas de **direito penal militar** que tipificam os crimes e as penas correspondentes, quando os seus autores tenham a qualidade de militares.

Exemplos de normas excecionais:

O art. 875.º do CC que dispõe que, sem prejuízo de lei especial, o contrato de **compra e venda de bens imóveis** só é válido se for celebrado por escritura pública ou por documento particular autenticado (alteração introduzida pelo Dec.-Lei n.º 116/2008, de 4 de Julho); O art. 1143.º do CC que impõe para o **contrato de mútuo** de quantia superior a € 25.000,00 a celebração de escritura pública ou do cumento particular autenticado, para que o negócio seja válido (alteração introduzida pelo supra citado Dec.-Lei).

Estas normas, relativas à **forma do negócio**, são excecionais porque se opõem à norma geral contida no art. 219.º do CC que consagra o princípio da liberdade de forma dos negócios quando estabelece que *"A validade da declaração negocial não depende da observância de forma especial, salvo quando a lei a exigir"*.

C – Normas universais e locais

Normas universais (ou de direito universal) – aplicam-se a todo o território estadual;

Normas locais (ou de direito local) – produzem os seus efeitos apenas em determinadas parcelas do território nacional. É o caso das normas criadas nas Regiões Autónomas da Madeira e Açores – os decretos legislativos regionais e os decretos regulamentares regionais que prevalecem sobre as normas gerais, em caso de conflito entre normas de idêntica hierarquia.

1.1.2. A eficácia da norma

1.1.2.1. Ignorância ou má interpretação da lei

Já ouvimos seguramente dizer: "*a ignorância da lei não aproveita a ninguém*". Vale isto por dizer que o desconhecimento da lei não pode isentar o cidadão do seu cumprimento compensando-o pela ignorância; donde, a responsabilização do cidadão pelo incumprimento (violação) da lei mesmo que a ignore. A norma obriga e a sanção pelo seu incumprimento aplica-se indistintamente se a mesma é conhecida ou não.

Eis o que dispõe o art. 6.º do CC: "*a ignorância ou má interpretação da lei não justifica a falta do seu cumprimento nem isenta as pessoas das sanções nela estabelecidas*".

No entanto, se alguém, por erro, entrega, sem causa, algo mais do que a prestação a que estava obrigado, convencido que a lei lhe impunha tal comportamento, poderá repetir (de *retro petire* – pedir de volta) o indevido, para que lhe seja devolvido o que tiver entregado, seja através de uma reclamação, seja através do pedido de devolução.

1.1.2.2. Obrigação de julgar e dever de obediência à lei

Os juízes e os tribunais têm o dever inexcusável de resolver sempre, mediante decisões, os processos que lhes sejam submetidos. A ordem (poder) judicial, face às fontes disponíveis e sua suficiência, não pode invocar a falta ou obscuridade da lei; não tanto porque na lei esteja depositada uma solução consciente para qualquer situação imaginável, mas porque a partir dela, e para qualquer situação, o juiz pode pensar uma solução que seja o reflexo do Direito e do seu conhecimento e não simplesmente uma derivação da lei ou produto do seu livre arbítrio.

Neste sentido, a atitude do juiz que, à vista do art. 8.º do CC, e sem causa legal, se negasse a julgar ou a pronunciar-se sobre pretensões formuladas pelas partes, invocando obscuridade ou insuficiência da lei, indiciaria, de alguma maneira, inabilitação especial para as funções que lhe haviam sido cometidas. Apesar de as leis serem, por vezes obscuras, outras vezes insuficientes e dificilmente ajustadas ao caso concreto, com todos os detalhes, mesmo assim, **persiste para o juiz o dever de julgar, de se pronunciar, de tomar posição em termos de acolher a pretensão de um litigante em prejuízo do outro ou de a recusar fundamentadamente.** Jamais se colocará a situação de o juiz julgar a contenda empatada, atentos os argumentos de demandante e demandado; **na luta forense, necessariamente haverá um vencedor**.

Tão pouco poderá o juiz ou o tribunal *alegar dúvida insanável acerca dos factos em litígio*, já que estará ao alcance do mesmo o uso de todos os meios necessários e suficientes ao esclarecimento das dúvidas; trata-se de um poder-dever de o tribunal ou juiz usar o meio mais adequado à superação das dúvidas surgidas e que, por alegadamente serem entendidas por insanáveis, sirvam de fundamento à abstenção de julgar.

Verdadeiramente, está em causa o princípio da tutela jurisdicional efetiva consagrado no art. 20.º da CRP que estabelece no n.º 1: "*A todos é assegurado o acesso ao direito e aos tribunais para defesa dos seus direitos e interesses legalmente protegidos...*" e no n.º 4: "*Todos têm direito a que uma causa em que intervenham seja objeto de decisão em prazo razoável e mediante processo equitativo*".

1.2. O direito subjetivo

1.2.1. A relação jurídica

é a relação da vida social disciplinada pelo direito (quando as relações sociais são contempladas juridicamente) e que se materializa entre duas ou várias pessoas jurídicas, públicas ou privadas, em virtude da qual uma (ou algumas) pode(m) exigir algo, ou uma conduta, de outra (ou outras), com a possibilidade de recurso à tutela pública. Este conceito de relação jurídica em conexão com o direito subjetivo é útil porque serve para colocar em relevo o seguinte facto: as posições de poder não são concebidas como posições isoladas mas, de acordo com o que sucede na relação social, as pessoas encontram-se ligadas por um conjunto complexo de relações, integradas por sistemas de poder e de submissão que, de algum modo, se equilibram e servem de contrapeso.

As relações sociais relevantes para o Direito não se compõem única e exclusivamente de situações de domínio e de submissão correlativa, mas antes, essas posições de domínio (direito) e submissão (dever) entrecruzam-se, formando uma malha que acaba justificando os direitos que ostenta um sujeito em conexão com os deveres que ostenta um sujeito diferente[71].

São elementos da relação jurídica: os sujeitos, o objeto, o facto jurídico e a garantia. Os sujeitos da relação jurídica podem ser pessoas singulares ou coletivas; o objeto é constituído pelo evento, pelo acontecimento motivador daquela relação concreta disciplinada pelo direito; o facto jurídico é o *nomen iuris* que o direito dá àquele objeto concreto, é a designação jurídica para aquele evento ocorrido; a garantia é enformada pela possibilidade de recurso ao meio sancionatório que implica a satisfação do direito do(s) sujeito(s) e o cumprimento do dever da contraparte.

1.2.2. Direito subjetivo

É a faculdade ou o poder ativo que o seu titular tem de, frente aos poderes públicos e aos demais particulares, impor e satisfazer os seus próprios interesses, ou uma abstenção, colocando-os numa posição de dever jurídico de respeito perante o seu direito. Com este direito, o seu titular ativo tem a faculdade ou o poder de, como credor, exigir o cumprimento da obrigação; como usufrutuário, usufruir da coisa usufrutuada sem interferência de ninguém; como acionista, ver reconhecido os direitos inerentes à sua

---

[71] Lasarte, Carlos: "*Curso de Derecho Civil Patrimonial. Introducción al Derecho*", Undécima edición, Tecnos, 2005, pág. 88.

condição como tal (direito aos dividendos ou a participar na assembleia geral), entre outras situações. É, neste âmbito, que se deve dotar o titular de um direito subjetivo das condições para que, frente a quem provoque a sua lesão, possa garantir, exercer e satisfazer as suas pretensões e interesses de acordo com o seu próprio direito; isto é conseguido desde que se lhe atribua ou reconheça o poder de impor aos demais, de uma maneira juridicamente eficaz, o respeito pelos seus direitos e interesses legalmente protegidos.

Estão nesta categoria o **direito de propriedade, o direito para alienar ou vender determinada coisa, o direito para arrendar, o direito a casar, o direito a fazer testamento**, entre uma vastíssima gama de poderes e faculdades reconhecidas como verdadeiros Direitos e Garantias do cidadão.

O *direito subjetivo*, propriamente dito, deve ser entendido como o **poder jurídico** (atribuído pela ordem jurídica a uma pessoa) de **livremente exigir ou pretender de outrem um determinado comportamento** positivo (ação) ou negativo (omissão ou abstenção).

O direito subjetivo é uma **manifestação e um meio de atuação da autonomia privada** (de liberdade de atuação, de soberania do querer) sendo o sujeito do direito subjetivo livre de exercer ou não o seu direito; o exercício do poder jurídico respetivo está dependente da vontade do seu titular. Só se nos depara um direito subjetivo quando o exercício do poder jurídico respetivo está dependente da vontade do seu titular, em que este é livre de exercer ou não o seu direito.

Contrapõe-se ao direito subjetivo o **dever jurídico** do vinculado (sujeito passivo) a realizar o comportamento a que tem direito o titular ativo da relação jurídica. O titular do dever jurídico deve observar um comportamento determinado, ficando abrangido por sanções jurídicas se, dolosa ou negligentemente, se eximir ao cumprimento do dever.

Assim, frente a direitos subjetivos concretos nascem deveres jurídicos concretos. O poder, o direito subjetivo, gera, pois, um **dever de submissão e respeito** para o sujeito passivo do mesmo; de tal forma que todo o direito subjetivo tem um lado passivo: o do sujeito ou sujeitos que se encontram vinculados ou submetidos ao poder que o direito subjetivo confere.

1.2.3. Aquisição dos direitos

A aquisição dos direitos pode verificar-se de uma forma originária ou derivada, consoante o direito seja adquirido do nada, isto é, através de uma atribuição sem história, sem antecedentes ou, pelo contrário, quando resulte de uma titularidade anterior que é transmitida, comunicada ou transferida ao novo adquirente.

No primeiro caso e tratando-se da titularidade por exemplo do direito de propriedade, estamos perante uma situação em que essa propriedade sobre a coisa não existia antes em nome de alguém; o titular do direito de propriedade é titular por primeira vez, primitivamente, como se de um direito novo se tratasse e sem qualquer vinculação à esfera jurídica de outras pessoas que tivessem estado na titularidade do mesmo, simplesmente porque não há.

No segundo caso, fala-se de transmissão ou sucessão na titularidade; caso em que o novo titular recebe, por assim dizer, o direito que lhe é transmitido, na exata medida em que estava titulado anteriormente, isto é, com as modificações e limitações próprias existentes. Neste sentido, vem a propósito a regra "*nemo plus iuris ad alium transferre potest quam ipse habet*": **ninguém pode transferir a outrem mais direitos do que aqueles que possuía na sua esfera jurídica** ou, ninguém pode transferir a outro o que ele mesmo não tem.

Pelo que fica dito, se vê que na aquisição derivada o novo titular do direito toma a posição jurídica, relativamente a cada coisa, igual à do "*tradens*", isto é, do transmitente. Assim é no caso em que C transmite a D um prédio rústico onerado com uma servidão de passagem e em que o novo titular não pode afastar, pelo mero efeito da transmissão, a aludida servidão.

1.2.4. Exercício dos direitos

1.2.4.1. O tempo

Sobre a forma de como contar o decurso de um espaço de tempo, assinalado por lei, veja-se o art. 279.º do CC que, sob a epígrafe "*Cômputo do termo*", consagra as regras para essa contagem, de acordo com o calendário e os prazos objetivamente estabelecidos neste preceito normativo.

1.2.4.2. A boa fé

Tem-se entendido, desde sempre que o direito subjetivo deve ser exercido com adequada moderação e prudência sobretudo quando interfere com interesses alheios. Nesta relação imprescindível de um com os outros, tem cabimento a boa-fé como a atitude ou conduta que os outros, legitimamente, devem esperar de uma pessoa, bem como as consequências da sua conduta pautada por uma lealdade e por um agir de boa consciência correspondente ao exercício dos direitos.

1.2.4.3. A proibição do abuso de direito

A qualificação de um ato como abusivo depende da normalidade e não da legalidade do seu exercício; e esta normalidade pode variar segundo as épocas. Aqui, terá de ver-se como o "*bonus pater familias*" presumiria que devem exercer-se e até onde pode chegar as faculdades concedidas pela lei, segundo a prática de cada época.

O uso abusivo do direito cai sob a alçada do art. 334.º do CC que dispõe "*é ilegítimo o exercício de um direito, quando o titular exceda manifestamente os limites impostos pela boa fé, pelos bons costumes ou pelo fim social ou económico desse direito*". Sendo ilegítimo o exercício abusivo pode-se pretender, quando seja duradouro, que a sua cessação ou remoção e retificação seja feita nas situações criadas para proteção daquele direito.

Por vezes esta proibição de abuso do direito vem aliada ao "*venire contra factum proprium*".

1.2.5. Perda dos direitos

A titularidade de um direito pode perder-se por diversas causas; assim é o caso, entre outras causas, da alienação, do desaparecimento físico do objeto, da renúncia, da prescrição e da caducidade.

1.2.5.1. A prescrição

Talvez seja esta a manifestação mais notável da influência do decurso do tempo na atribuição e existência dos direitos; aliás, a prescrição funciona como causa de aquisição (prescrição aquisitiva ou usucapião) e como causa de extinção (prescrição extintiva) daqueles direitos.

A **prescrição extintiva** opera pela inação ou inatividade do exercício do direito durante um certo lapso de tempo, legalmente previsto, por parte do titular do direito; por exemplo, se o pagamento de uma dívida não é reclamado pelo credor dentro do prazo que a lei fixa para tal, podemos dizer que a dívida está prescrita, o que significa que o devedor pode ser dispensado de a pagar bastando, para tanto, alegar a prescrição.

A prescrição extintiva tem o seu fundamento na necessidade da segurança e certeza jurídicas, no sentido de que os direitos devem ter titulares determinados que se preocupem com o exercício dos seus direitos, assim se evitando as titularidades contrárias a situações de facto. Neste sentido e havendo tensão dialética entre justiça e segurança, o direito opta por dar prevalência à segurança, como certeza jurídica: senão, veja-se o caso daquele que, pelo não uso da servidão de passagem há quinze, vinte ou mais anos, perde o direito à mesma, vendo extinguir-se o seu direito; ou o caso do credor que, a partir do momento em que o seu crédito se torna exigivível, deixa decorrer o prazo legalmente fixado para o seu exercício, isto é, para o cobrar.

Diferente desta, temos a denominada **prescrição presuntiva**, em que o que atua em termos jurídicos não é a recusa legítima do cumprimento da prestação por parte do beneficiário mas apenas a presunção de que esse cumprimento teve lugar. é o caso da presunção tratada no artigo 317.º, alínea b) do CC.

A prescrição constitui, assim, **uma espécie de sanção a uma atitude preguiçosa e passiva do titular do direito**. Finalmente, os prazos de prescrição são diferentes segundo o direito em causa, pelo que o seu titular deverá ter sempre em conta o que dispõe a lei acerca desses mesmos prazos.

1.2.5.2. A caducidade

é, também, um modo de extinção do direito em certos casos em que, pelo seu não exercício durante um determinado tempo, o prazo corre inexoravelmente, sem que possa ser parado por nada, enquanto não se exerce a ação correspondente. O CC não faz uma clara distinção entre caducidade e prescrição. Não obstante, a caducidade poderá ser entendida como o decurso do prazo dentro do qual há que exercer um direito para constituir, modificar ou extinguir uma relação jurídica, enquanto a prescrição se refere a prazos dentro dos quais há que exercitar ações ou comportamentos tendentes à defesa e mantimento de direitos pré-existentes.

1.2.5.3. A renúncia

Há renúncia quando o titular de um direito – ou de uma faculdade de aquisição – se desinteressa por ele, permitindo a sua extinção por um ato unilateral da vontade própria. Há um tipo de direitos que são irrenunciáveis e, como tal, a sua extinção não depende da vontade do seu titular: é o caso dos direitos de personalidade, como uma espécie privilegiada de direitos subjetivos.

Como mero exemplo, referimos aqui o chamado **repúdio da herança**, previsto nos arts. 2062.° e seguintes do CC.

Há, porém, que consignar que existem **direitos irrenunciáveis** pelo seu titular, como é o caso do direito à vida ou à integridade física. Tal facto deve-se a uma proteção imperativa conferida pelo nosso ordenamento jurídico que não permite ao titular dos direitos subjetivos em questão a possibilidade de a eles renunciar (*v.g.* dar o consentimento para ser morto).

1.3. Direitos subjetivos absolutos e relativos

Em função da maior ou menor amplitude do círculo de sujeitos passivos de um determinado direito subjetivo, costuma distinguir-se direitos absolutos de direitos relativos.

Direito absoluto é aquele em que o sujeito passivo é constituído por todos os demais, isto é, o direito subjetivo absoluto **impõe-se frente a todos ou contra todos** (*erga omnes*); é o caso do sujeito passivo do direito de propriedade que pode ser qualquer pessoa; o direito de propriedade não se impõe a umas pessoas e a outras não. Por outro lado, os **direitos subjetivos relativos** vinculam apenas determinadas pessoas; é o caso dos direitos de crédito em que o seu titular ou credor tem o poder de exigir de uma pessoa concreta e determinada, o devedor, a observância de certa conduta com vista a satisfazer o poder ou interesse do credor.

Exemplo de direito subjectivo relativo:

- Os **direitos de crédito** pressupõem uma relação jurídico-obriga- cional em que o credor tem o poder de exigir de uma pessoa con- creta e determinada, o devedor, a observância de uma determinada conduta, suficiente e necessária para satisfazer o poder do credor.

Exemplos de direitos subjectivos absolutos:

- Os **direitos de personalidade** (v.g. o direito à vida, à honra e à liberdade) distinguem-se dos demais direitos subjectivos patrimoniais, precisamente por serem inerentes ao próprio conceito de pessoa. São absolutos na medida em que **todas as pessoas têm o dever de respeitar tais direitos** e de nada fazer para impedir o seu exercício. Estes direitos são:

– **Irrenunciáveis**, pois ninguém pode renunciar a ser pessoa, ainda que o quisesse;

– **Intransmissíveis**, já que a pessoa não pode ser objecto de tráfico jurídico nem económico;

– **I nsusceptíveis de prescrição**, isto é, não se extinguem pelo seu não exercício, porque o homem nunca deixa de ser pessoa;

– **Não patrimoniais**, ou seja, não são susceptíveis de serem avaliados em dinheiro.

- O **direito de propriedade,** em que o proprietário tem o poder e a liberdade de utilizar o que é seu em seu próprio proveito e como lhe convenha, tendo, para tanto, os instrumentos legais que lhe permitam proteger a sua propriedade dos ataques e ingerências alheias, para o que tem ao seu dispor os Tribunais. Este direito exerce-se *erga omnes*, ou seja, mediante a exigência, a todos os membros da comunidade, de um dever geral de abstenção, que se traduz na obrigação de todos e cada um se absterem da prática de actos que ponham em crise o exercício deste direito.

Correspondentemente e frente aos direitos subjetivos concretos surgem **os deveres jurídicos** concretos. O direito subjetivo gera um dever jurídico de submissão e respeito em relação ao sujeito passivo do mesmo, ou seja, perante todos aqueles que se encontram submetidos ao poder que o direito subjetivo confere.

1.4. Direitos potestativos e ónus jurídicos

Existem, ainda, e como modalidade dos direitos subjetivos, os denominados direitos potestativos, aos quais corresponde um estado de sujeição; trata-se de direitos subjetivos dotados de grande força e que conferem ao seu titular o poder jurídico de constituir, modificar ou extinguir uma relação jurídica, ou seja, de produzir efeitos jurídicos que se impõem, inelutavelmente, à contraparte.

Direitos potestativos são os poderes jurídicos de, por um ato livre da vontade, só de *per* si ou integrado por um ato de uma autoridade pública, produzir determinados efeitos jurídicos que, inevitavelmente ou inelutavelmente, se impõem a outra pessoa (contraparte ou adversário) que fica numa situação de sujeição ao ver produzir-se, necessariamente e na sua esfera jurídica, uma consequência por mero efeito do exercício do direito pelo seu titular.

Este **estado de sujeição** é, pois, a outra face da moeda relativamente aos direitos potestativos; é o estado em que se encontra a contraparte do titular de um direito potestativo; o estado de sujeição não é propriamente um dever jurídico; o sujeitado (passivo) está, necessariamente, exposto à produção dos resultados desencadeados pelo exercício do direito potestativo pelo seu titular.

O estado de sujeição distingue-se do **ónus jurídico** que consiste na observância de certo comportamento, prescrito por lei como **condição da obtenção de uma certa vantagem para o agente,** ou como pressuposto da manutenção de uma certa vantagem ou benefício de que está a usufruir, ou para evitar uma desvantagem.

Portanto, o ato a que se reporta o ónus jurídico não é imposto como um dever. Como exemplos típicos: o **ónus da contestação** e da **impugnação especificada em processo civil** (o réu terá de contestar, facto por facto, se quer evitar que se dê logo como certo e provado tudo quanto em matéria de facto o autor alegou conta ele).

Os direitos potestativos podem, como já se disse, por via do seu efeito e por ato unilateral do seu titular, constituir, modificar ou extinguir uma relação jurídica, consoante os casos.

Exemplos de direitos potestativos constitutivos de uma relação jurídica:

O art. 1550.º do CC – a constituição de **servidão de passagem** em benefício de prédio encravado;
O art. 1555.º do CC – o **direito de preferência do proprietário de prédio onerado com servidão legal** de passagem na venda ou dação em cumprimento do prédio dominante;
O art. 1409.º do CC – o **direito de preferência do comproprietário** relativamente à quota de qualquer dos seus consortes, no caso de venda ou dação em cumprimento;
O art. 1091.º do CC – o **direito de preferência do arrendatário** na compra e venda ou dação em cumprimento do local arrendado há mais de três anos.

Exemplo de direitos potestativos modificativos de uma relação jurídica, a qual continua a existir, apesar de modificada:
O art. 1568.º do CC – a **mudança de servidão** para sítio diferente.

Exemplos de direitos potestativos extintivos de uma relação jurídica:
O art. 1101.º do CC – a **denúncia pelo senhorio** do contrato de arrendamento para efeito de habitação sua ou dos seus descendentes; O art. 396.º do Código do Trabalho – o **direito do empregador resolver o contrato** de trabalho com justa causa.

1.5. Poderes-deveres ou poderes funcionais

Os poderes-deveres ou poderes funcionais ou "ofícios" não são autênticos direitos subjetivos, por falta daquela sobredita liberdade de atuação, de soberania do querer e pelo facto de existir, isso sim, uma vinculação ao exercício dos poderes respetivos.

Estes poderes (dos pais ou do tutor) não podem ser exercidos quando o seu titular quiser e como queira, mas do modo exigido pela função do direito; se não forem exercidos quando devem sê-lo, ou forem exercidos de outro modo, **o seu titular infringe um dever jurídico** e é passível de sanções (por ex. inibição das responsabilidades parentais, remoção do tutor...).

As **responsabilidades parentais traduzem** o conjunto de poderes, faculdades ou deveres, que os pais detêm sobre os seus filhos menores no sentido de os exercerem em benefício precisamente dos seus filhos. Estes poderes são considerados como deveres, a exercer no interesse superior dos menores/filhos; de tal modo são considerados com esta natureza que, com a nova Lei do divórcio, se fala agora em **responsabilidades parentais**, centrando-se o seu núcleo para o eixo dos deveres e não dos poderes.

2. O Direito substantivo e o Direito adjetivo

O direito substantivo confere direitos e impõe obrigações. A aplicação deste direito substantivo aos casos concretos constitui o conteúdo da função jurisdicional, a qual compete ao Estado e exige o recurso à via judicial, normalmente mediante a propositura de uma ação, já que está posta de parte, como regra, a autotutela ou a defesa, pelo titular, dos seus direitos.

O processo judicial tem em vista a efetivação do direito substantivo definindo o tribunal competente para a ação, os trâmites a seguir e as regras a respeitar na propositura e desenvolvimento ou tramitação das ações judiciais, bem como a conduta das partes e dos tribunais e a regulação da intervenção destes. As regras processuais, de que falamos, são designadas de **direito adjetivo (ou processual)** e são entendidas como o complexo de normas que regulam o processo durante o exercício da ação jurisdicional. De *"procedere"*, vocábulo latino, o processo dá-nos a ideia de um caminho que deve ser percorrido até obtenção de sentença que condene ou absolva o réu ou arguido.

Assim, os direitos processuais podem ser tantos quantos os ramos do direito substantivo e tratam da forma através da qual se deverá concretizar ou aplicar o direito substantivo. Como exemplos, podemos referir o Direito Processual Civil, o Direito Processual Penal, o Direito Processual do Trabalho, entre outros, cada um deles sistematizado em correspondentes Códigos, a saber: Código de Processual Civil, Código de Processo Penal, Código de Processo do Trabalho, Código do Procedimento Administrativo, sem descurar a demais legislação avulsa que, igualmente, disciplina questões e matérias de natureza adjetiva.

3. O Direito Público e o Direito Privado

3.1. Considerações prévias

Apesar da ordem jurídica interna de um Estado não poder deixar de ser considerada como um todo (como um sistema jurídico) e de não existirem propriamente compartimentos estanques, considera-se pacifica, nos estados de Direito e respetivos ordenamentos jurídicos, a existência de subconjuntos normativos ou de subdivisões organizadas, uma espécie de hemisfériosh, segundo Batista Machado, "*em torno de certos princípios comuns e de certas técnicas regulamentadoras que lhes conferem uma relativa especificidade.*"

Com efeito, na maioria dos Estados, ao nível do direito positivo (das normas jurídicas efetivamente vigentes) têm preceitos normativos aplicáveis e direcionados à **gestão dos interesses coletivos,** de que se ocupa o "*o poder público*". É o caso das normas que regulam a fixação e recolha de impostos, a organização de serviços comuns e absolutamente imprescindíveis à vida em comunidade – defesa do território, paz e segurança coletiva, saúde pública, ensino e administração da justiça, entre outros serviços acometidos ao Estado e entes públicos menores – à definição dos tipos de crime, bem como à prevenção e repressão da atividade criminosa (a política criminal do Estado); simultaneamente, outros preceitos normativos serão aplicáveis à **atividade própria dos "*particulares*"**, tendo em vista dar uma conformação jurídica ao modo que adotam para levar a cabo a vida que escolhem e realizar os seus interesses específicos, como é o caso dos contratos e negócios jurídicos em geral, a constituição da família, ter filhos ou adotar, fazer disposições de última vontade, beneficiando, em testamento, aqueles que bem entenderem, dentro dos limites da lei, participar em organizações e associações recreativas, desportivas, filantrópicas e um sem número de atividades que contribuem para a valorização humana e a realização de escopos individuais ou altruísticos.

Assim, a partir destas situações e atividades distintas, temos **duas divisões no seio do direito positivo**, adequadas à natureza e estrutura de cada uma: são, portanto, dois conjuntos sistematizados de normas ou de ordenamentos diferentes, conhecidos como **direito público e direito privado**.

3.2. Critérios de distinção

Qual o critério a ser usado para esta distinção? Tradicionalmente, são apresentados três critérios académicos que, na sua essência, são interdependentes, sendo, todavia, seguido apenas um deles. E estes critérios são os seguintes:

- O do interesse tutelado pela norma jurídica;
- **O da qualidade dos sujeitos;**
- **O da posição que o sujeito Estado ocupa na relação jurídica** regulada normativamente.

3.2.1. Critério do interesse tutelado pela norma jurídica

A teoria mais antiga, fundada nos textos do Direito Romano que chegaram até nós, baseia-se no interesse ou utilidade, pública ou privada, das normas jurídicas. Neste contexto, as normas seriam de direito público, desde que visassem um interesse público; pelo contrário, seriam normas de direito privado aquelas que contemplassem um interesse ou utilidade privada ou particular, senão totalmente, pelo menos predominantemente. Este critério, considerado muito impreciso, não foi adotado.

Na verdade, há normas jurídicas que, às vezes, simultaneamente com o interesse público, atendem interesses privados; por exemplo, as normas que impõem à Administração Pública o dever de informar são de direito público e, simultaneamente, têm em vista defender os interesses dos particulares envolvidos.

3.2.2. Critério da qualidade dos sujeitos da relação jurídica

De acordo com este critério, a norma será de direito público ou privado, consoante o sujeito que nela intervém tenha uma natureza pública, um ente com poder público ou "vestes públicas". Segundo este critério distintivo, qualquer norma seria de direito público se regulasse relações jurídicas entre sujeitos, em que um deles fosse o Estado ou outro ente público menor.

Pelo contrário, estaríamos perante uma norma de direito privado se a situação ou relação jurídica regulada apenas tivesse como sujeitos unicamente particulares. Este critério também não foi o adotado tendo em apreço o seu caráter confuso; efetivamente, quando o Estado ou um organismo público compra um lápis ou uma casa e vai registar o imóvel em seu nome, as regras da compra e venda ou as normas aplicáveis ao registo não alteram, quer seja um particular ou o Estado que intervenham no referido negócio.

3.2.3. Critério da posição do sujeito na relação jurídica

Este é o critério adotado: o da posição que o sujeito Estado assume na relação juridicamente regulada.

Numa relação jurídica em que intervém o Estado ou qualquer ente público menor, haverá que atentar na posição em que este se encontra; assim, se é uma posição dotada de autoridade, relativamente ao(s) outros(s) sujeito(s), em que essa autoridade se revela num poder de **superioridade**, o Estado aparece na relação jurídica dotado do seu poder soberano, vulgarmente denominado de ***ius imperii*** e o particular não tem alternativa senão aceitar aquela imposição por parte do outro sujeito (Estado ou ente público menor), neste caso, estaremos perante normas de Direito Público reguladoras daquela situação jurídica em que os sujeitos não se posicionam num plano horizontal ou igualitário, mas onde existe uma manifesta verticalidade ou desigualdade na relação.

Se, pelo contrário, o sujeito Estado (ou ente público menor) intervém **em pé de igualdade** com o particular, sem o seu convencional poder de autoridade ou posição de superioridade e sem possibilidade de dominação sobre o particular, então a regulação jurídica desta situação far-se-á no âmbito de normas de Direito privado, em que prevalece a liberdade de contratar e de fixar o conteúdo aos contratos.

Cabem, nesta previsão, o Direito Civil, o Direito Comercial, o Direito do Trabalho, e, em geral, todos os ramos de Direito que regulam as relações entre os particulares, na base da sua equiparação, igualdade ou horizontalidade; quando a relação não seja desta natureza, estaremos em face de um ramo de Direito Público, como o Direito Administrativo, o Direito Fiscal, o Direito Penal, bem como todos os direitos processuais ou procedimentais (direitos processuais como o administrativo, o laboral, o tributário e o penal), entre outros, em que as regras das competências e atribuições dos intervenientes na relação jurídica, bem como as que respeitam a própria relação e a tramitação, enquanto afetam a gestão da *coisa pública*" (*res publica*) ou preveem sanções para quem perturba a paz e ordem públicas são ditadas pela parte mais fortem da relação, ou seja, o Estado e demais entes públicos.

A verdade é que esta distinção não assume tanta relevância prática quanto a necessidade de, em concreto, se saber a que tribunal recorrer para julgar o litígio que, entretanto, emergiu da relação, e que normas serão aplicáveis ao mesmo.

Por exemplo, os **Tribunais de Trabalho** e os **Tribunais Administrativos** conhecem das questões relacionadas com o emprego e as relações de trabalho dependente das pessoas; a vinculação laboral e as suas vicissitudes (constituição, modificação, alteração, suspensão e cessação do contrato) tanto são apreciadas num Tribunal de Trabalho como num Tribunal Administrativo de Círculo, não sendo contudo indiferente deduzir a pretensão num ou noutro dos Tribunais. E isto porque não é irrelevante, do ponto de vista processual e no âmbito da Lei Orgânica dos Tribunais, ter uma relação jurídica de emprego ou trabalho privado ou uma relação jurídica de emprego público.

Se um cidadão está vinculado ao Estado ou outro ente público por uma das formas de constituição da relação jurídica de emprego público (nomeação ou contrato) será da competência do Tribunal Administrativo de Círculo apreciar as questões que se prendam com essa vinculação. Em todos os casos em que a vinculação ao Estado ou outro ente público se haja constituído – o que também é possível quando o Estado não intervém dotado de ***ius imperium*** – por contrato de trabalho, semelhante aos contratos celebrados com empregadores privados, no âmbito de uma relação jurídica de emprego privado, a competência para apreciar as questões atinentes com essa vinculação será do Tribunal de Trabalho. é neste tribunal que serão dirimidos os conflitos laborais entre os particulares ou entre o particular e o Estado, desde que no âmbito de uma relação jurídica de emprego privado.

3.3. Conclusão

Teremos, deste modo, no Direito Privado:

- **O Direito Civil** como Direito Privado comum
- **Direitos Privados especiais** como o Direito Comercial e, ainda, embora com naturezas mistas em que afloram aspetos de Direito Público, o Direito do Trabalho, o Direito da Segurança Social, o Direito da Propriedade Industrial, o Direito Bancário e o Direito Agrário.

No **Direito Público**, é possível, nomeadamente, distinguir:

- O Direito Constitucional
- O Direito Administrativo
- O Direito Penal e o Direito Processual, seja ele Civil, Administrativo, Fiscal, Penal ou do Trabalho

A partir do Direito Administrativo autonomizaram-se outros ramos do Direito, como, por exemplo:

- O Direito Financeiro
- O Direito Fiscal
- E, para alguns, o Direito Aduaneiro.

Segundo Marcelo Rebelo de Sousa, uma prevenção deve ser tida em conta: **novíssimos ramos jurídicos estão a despontar**, que compreendem uma componente de Direito Público e outra de Direito Privado, o que obriga a cuidadosa distinção, no seu seio, de tais componentes

– é o caso do Direito Económico, do Direito Bancário, do Direito do Ambiente ou do Direito do Urbanismo.

Há autores[72] que, perante a distinção entre Direito Público e Direito Privado, adiantam poder a mesma ser controversa, embora não indefensável, atenta a **evolução do próprio conceito de Estado**. Estes autores afirmam ser mais fácil sustentar a distinção numa estrutura dirigista ou autoritária de Estado, numa conceção em que o Estado se revela mais interventivo e determinante na evolução das estruturas sociais (Estado Providência e Estado Social de Direito), tendo como pano de fundo a definição dos direitos de cidadania, aquela distinção estaria diluída. Acrescentam ainda que novos ramos do direito como o Direito Económico e o Direito dos Consumidores resistem claramente à sua integração no Direito Público ou no Direito Privado.

Marcelo Rebelo de Sousa[73] esclarece que tendem a acentuar-se as influências recíprocas entre Direito Público e Direito Privado e que há domínios que dificilmente cabem na bipartição traçada. O Direito Económico, por exemplo, de origem estadual, resulta da convergência entre Direito Público e Direito Privado.

Ao mesmo tempo, reafirma o que ficou implícito supra, isto é, que **o Direito Público está a privatizar-se ao introduzir esquemas conceptuais do Direito Privado e, por sua vez, este (o Direito Privado) está a publicizar-se, por força do alargamento dos fins do Estado e da sua intervenção na vida económica, social e cultural.**

---

[72] Nandim de Carvalho e Outros: "*Introdução do Estudo do Direito e do Estado*", Universidade Aberta, Lisboa, 1998, págs. 73 e 74: "*Não é fácil, senão mesmo inútil, dizer se esses novos ramos do direito devem ser qualificados como estruturalmente mistos (públicos e privados) como de Direito Público (por terem em vista a concretização de desígnios estaduais, ancorados muitas vezes em imperativos programáticos constitucionais, como ocorre na Constituição da República Portuguesa) ou de Direito Privado (na medida em que, em última instância, regulam relações jurídico-privadas)*". E mais adiante: "*Fala-se, por vezes de um tertio genius, o Direito Social, onde se poderia reclassificar, nomeadamente, o Direito dos Consumidores, o Direito do Ambiente, o Direito do Trabalho, o Direito da Segurança Social*".

[73] Rebelo de Sousa, Marcelo: "*Introdução ao Estudo do Direito*", Publicações Europa-América, Mem Martins, 1998, 4.ª ed., pág. 35.

Conclui este autor que a divisão em ramos do Direito, mantendo embora uma não subestimável utilidade científica e pedagógica, deve ser relativizada e completada por indagações complementares.

3.4. Ramos do Direito Público

3.4.1. Direito Constitucional

Este Direito é o Código dos Códigos e, como ramo do direito, constitui a trave mestra de todo o ordenamento jurídico nacional[74]; é o conjunto de normas que regulam a estrutura e o funcionamento dos órgãos superiores do Estado bem como os direitos, liberdades e garantias fundamentais dos cidadãos. A Constituição, enquanto norma qualitativamente superior às restantes e norma fundamental e fundamentadora de toda a ordem jurídica, incorpora o sistema de valores essenciais que constituem a ordem de conveniência política e que informa todo o ordenamento jurídico.

Segundo Marcelo Rebelo de Sousa, o poder constituinte consiste na faculdade de criar as regras de Direito que representam a definição suprema do Estado-coletividade e estabelecem os grandes valores da sua organização[75]; sendo a Constituição o resultado do exercício desse poder, o estatuto do poder político do Estado e o estatuto essencial do cidadão, quer quanto à sua esfera jurídica individual, quer quanto à forma da sua intervenção na vida política.

Este Direito compreende regras elaboradas e revistas por um processo solene mais exigente do que o usado para elaborar uma lei; o poder de revisão constitucional é a faculdade de alterar ou modificar as regras da Constituição.

A primeira Constituição escrita Portuguesa é de 1822, já que, até esta data, o monarca era o livre autor das leis do reino; com a revolução liberal de 1820, acolheu-se em Portugal o princípio da divisão tri-

[74] Nandim de Carvalho e Outros: "*Introdução do Estudo do Direito e do Estado*", Universidade Aberta, Lisboa, 1998, pág. 74.

[75] Rebelo de Sousa, Marcelo: "*Introdução ao Estudo do Direito*", Publicações Europa-América, Mem Martins, 1998, 4.ª edição, pág. 35.

partida dos poderes do Estado e deu-se prevalência à forma escrita das normas constitucionais, deste modo se garantindo que estas estivessem acima do livre arbítrio dos monarcas governantes. Outras Constituições se lhe seguiram, a saber, a de 1911, informada pelos ideais da República, instaurada em 1910; a de 1933, que é concomitante com a instituição do Estado Corporativo, e que perdurou até à Revolução de 25 de Abril de 1974, por força da qual houve que alterar profundamente a Lei Constitucional; assim, foi aprovada, em 1976, a atual CRP, que reconhece e tutela o Estado de Direito Democrático e o pluralismo ideológico e partidário, a qual foi já objeto de diversas revisões.

3.4.2. Direito Administrativo

É o ramo do Direito onde se enquadram as normas reguladoras da administração pública, disciplinando a atividade administrativa do Estado nas suas diversas vertentes (criação, competência e funcionamento dos órgãos de Administração Pública – entendida como o conjunto de órgãos que se encontram estruturalmente vinculados ao Estado e com funções específicas para realizar interesses públicos, no uso dos seus poderes e dentro dos limites da Lei) bem como as suas relações com os particulares, no exercício e observância dos princípios da legalidade e prossecução do interesse público, com vista à satisfação das necessidades coletivas da população (art. 226.º da CRP).

Para Diogo Freitas do Amaral[76], o Direito Administrativo é um ramo de direito público porque a atuação da Administração que ele regula é aquela em que **a Administração surge investida de poderes de autoridade** e deve ser definido como sistema de normas jurídicas que regulam a organização e o funcionamento da Administração Pública, bem como as relações por ela estabelecidas com outros sujeitos de direito no exercício da atividade administrativa de gestão pública.

E continua salientando que o Direito Administrativo é constituído por um sistema de normas jurídicas de três tipos diferentes, conforme regulam a *organização* da Administração, o seu *funcionamento*, ou as *relações* estabe-

[76] Freitas do Amaral, Diogo: "*Curso de Direito Administrativo*", vol. I, Almedina, Coimbra, 2.ª edição, 2005, pág. 130.

lecidas entre ela e outros sujeitos de direito; "*o Direito Administrativo não regula toda a atividade da Administração, mas apenas uma parte dela: o Direito Administrativo não regula a atividade de gestão privada, mas apenas a atividade administrativa de gestão pública*".

A função específica dos órgãos da administração Pública é prosseguir a satisfação das necessidades e interesses coletivos ou públicos, para o que dispõem de poderes e iniciativa própria. Porém, com a sua atuação, não podem afetar ou prejudicar interesses de particulares, assim se observando o **Princípio da Legalidade**.

A Administração Pública estrutura-se desde a **Administração Central**, titulada pelos Ministros, e a **Administração Local Autárquica**, desenvolvida pelos municípios que detêm poder sobre parcelas de território nacional e exercem uma administração descentralizada.

3.4.3. Direito Penal

Este ramo, outrora designado Direito Criminal, integra o Direito Público e nele se tipificam as sanções penais aplicáveis aos agentes criminosos, cuja conduta seja subsumível aos tipos de atos ou omissões qualificadas como crime.

Para haver crime é necessária a existência de um ilícito e, ao mesmo tempo, de **culpa**. Daí que a ação ilícita e culposa suscetível de uma pena prevista na lei, seja declarada como crime (*nullum crimen sine lege* – princípio da legalidade dos crimes; e *nulla poena sine lege* – princípio da tipicidade das penas).

Neste Direito, visa-se **a defesa e a proteção dos valores fundamentais da sociedade**, como a vida, a integridade física e sexual, a honra, o património, a segurança interna e externa do Estado; daí que a pena que é aplicada ao agente violador contenha um juízo de censura grave e solene, por ser aplicada pelo e em nome da sociedade que, em simultâneo com a vítima do crime, se sente ofendida e lesada nos seus interesses essenciais.

As penas, como atrás já foi referido, a propósito das sanções, podem ser, entre outras, de prisão, multa, prestação de trabalho a favor da comunidade e admoestação.

Nenhuma pena envolve, como efeito necessário, a **perda de direitos civis, profissionais ou políticos**; contudo, a lei pode fazer corresponder a certos crimes a proibição do exercício de determinados direitos ou profissões, tais como a proibição ou a suspensão do exercício de função, a proibição ou a suspensão do exercício de profissão ou atividade titulada e a proibição de conduzir veículos motorizados.

Em todo o caso, com a reforma introduzida no nosso Direito Penal recente, concretamente com o C.P. de 1982, o legislador optou, claramente, pela via **ressocializadora** do agente, ao perfilhar a ideia humanista de que o cumprimento da pena induz a reabilitação social do delinquente e a sua futura reintegração na sociedade que o exclui, quando o mantém recluso e a cumprir pena.

3.4.3.1. Queixa eletrónica

A Portaria n.º 1593/2007, de 17 de dezembro, criou o denominado SQE – Sistema de Queixa Eletrónica. Lendo o preâmbulo deste diploma, se alcança que esta medida vem na esteira do processo de simplificação da relação entre os cidadãos e a administração pública, com o recurso às novas tecnologias, e visa facilitar o procedimento de apresentação de uma queixa ou participação às forças de segurança pública. Trata-se, portanto, de um modelo que se inspira numa tendência de modernização da administração pública, na vertente de ***e-policing*** e no projeto de governo eletrónico.

Este sistema é partilhado pela GNR – Guarda Nacional Republicana, pela PSP – Polícia de Segurança Pública e pelo SEF – Serviço de Estrangeiros e Fronteiras e permite aos cidadãos, nacionais ou estrangeiros, que tenham sido vítimas de **crime público ou semipúblico**[77] ou tomaram conhecimento da prática de um crime contra terceiro.

[77] Crime público é aquele cuja promoção processual cabe ao Ministério Público, não carecendo de queixa do ofendido ou do seu representante legal (v.g. homicídio, furto, fogo posto); o semipúblico está dependente da apresentação de queixa e é promovido pelo Ministério Público (v.g. ameaças, dano, cheque sem provisão); o crime particular é aquele cujo procedimento criminal depende de queixa e de acusação, devendo o ofendido constituir-se assistente no processo e fazer-se representar por Advogado (v.g. difamação, injúrias).

De acordo com este diploma legal, através deste sistema, o cidadão poderá esclarecer as suas dúvidas relativas ao registo de denúncias que pretenda apresentar, em especial se a queixa é relevante para a prossecução da ação penal. Esta possibilidade foi aberta pela alteração introduzida ao n.º 1 do art. 94.º CPP pela **Lei n.º 48/2007**, de 29 de agosto, que **permite a utilização de formulários eletrónicos e assinatura eletrónica certificada.**

O **denunciante deverá autenticar a sua queixa** através de:

- Uma assinatura digital, com o recurso ao cartão do cidadão;
- A partir de uma conta VIACTT – neste caso, o denunciante apresenta um endereço para as suas notificações e é identificado pela caixa de correio eletrónico onde deve previamente fazer-se registar;
- Confirmação presencial junto de qualquer posto da GNR, PSP, balcão do SEF ou, ainda, uma loja do cidadão ou estação dos CTT. (Anexo II da citada Portaria).

O ilícito penal que se pretende denunciar tem de ser praticado em território português, nos termos do art. 4.º da referida Portaria e, de acordo com a Anexo I da referida Portaria, **só poderão ser denunciados os crimes relativos a**:

- Ofensa à integridade física;
- Violência doméstica;
- Maus tratos;
- Tráfico de pessoas;
- Lenocínio[78];
- Furto, roubo, dano, burla e burla relativa a trabalho ou emprego;
- Extorsão;
- Danificação ou subtração de documento e notação técnica;
- Danos contra a natureza;
- Uso de documento de identificação ou de viagem alheio;
- Poluição,

[78] Prática criminosa que consiste, com intuito profissional ou lucrativo, fomentar, favorecer ou facilitar o exercício por outra pessoa da prostituição (Código Penal Português).

Todos previstos pelo **C.P.**, e, ainda, os **ilícitos previstos pela Lei n.º 23/2007**, de 4 de julho, a saber:

- Auxílio à emigração ilegal;
- Angariação de mão de obra ilegal;
- Casamento de conveniência.

O sistema produz automaticamente documento que confirma a receção da queixa pela autoridade, com o número, tipo de queixa, data e hora da certificação. Só depois de autenticadas, é que **as queixas apresentadas serão enviadas às competentes autoridades** a quem se encontra acometida a função de dar continuidade ao processo.

Assim, nos termos do art. 2.º da citada Portaria n.º 1593/2007, o SQE *constitui um serviço público da sociedade de informação, prestado por via eletrónica, no âmbito da prevenção e investigação criminal e apoio às vítimas de crimes.*

Na órbita do Direito Penal, há que registar o **Direito Penitenciário,** cujas normas se aplicam na **fase de execução da pena e ao regime de reclusão**, regulando todos os aspetos relativos aos direitos e deveres de reclusos, o regime das suas saídas precárias do estabelecimento prisional, a concessão da liberdade condicional, e garantindo que o tratamento dispensado a quem cumpre pena não é aviltante nem desumano, nem viola as normas indispensáveis à manutenção da saúde física e mental do recluso (v.g. as que respeitam ao denominado direito a «céu aberto», ou seja, a poder sair da cela, durante períodos de tempo regulamentarmente previstos, e ter acesso ao trabalho e à educação ou formação que garantam, ou facilitem, em fase posterior ao cumprimento da pena, a sua integração social).

3.4.4. Direito Contraordenacional

Como também já foi anteriormente tratado, na matéria atinente às sanções contraordenacionais, estamos perante um tipo de ilícito diferente do crime, o chamado ilícito de mera ordenação social. Constitui contraordenação todo o facto ilícito e censurável que preencha um tipo legal no qual se comine uma coima. As sanções são conhecidas por **coimas** e, simultaneamente, a lei prevê a aplicação de **sanções acessórias** em função da gravidade da infração e da culpa do agente.

Tais sanções acessórias podem ser, entre outras, a perda de objetos pertencentes ao agente, interdição do exercício de profissões ou atividades, a privação do direito a subsídio ou benefício, o encerramento de estabelecimento, a suspensão de autorizações, licenças e alvarás.

O processamento das contraordenações e a aplicação das sanções acessórias competem às autoridades administrativas, ressalvadas as especialidades previstas na lei.

3.4.5. Direito Financeiro

Este Direito é integrado pelas normas jurídicas que regulam a aquisição (cobrança de receitas) e a utilização (realização de despesas públicas) de meios financeiros para satisfação das necessidades coletivas.

José Casalta Nabais[79] define o Direito Financeiro como um ramo do direito que tem como objeto o complexo de normas jurídicas que disciplinam **a obtenção e distribuição do dinheiro necessário ao funcionamento dos entes públicos** e, bem assim, à gestão dos bens propriedade desses mesmos entes. Deste modo, o Direito Financeiro estende-se por três setores: o direito das receitas, o direito das despesas e o direito da administração ou gestão financeira.

3.4.6. Direito Tributário

O direito tributário é um ramo do direito público que tem como objeto **regular a cobrança de tributos das pessoas singulares e coletivas pelo Estado**. Ou seja, a receita tributária constitui uma parte da receita pública, a par da receita patrimonial e da receita creditícia.

Assim, a **receita tributária integra os impostos, as taxas e as contribuições financeiras**, pelo que o direito tributário há-de ser constituído pelas normas que os regulam.

---

[79] Nabais, José Casalta: "*Direito Fiscal*", Almedina, Coimbra, 2.ª edição, 2004, pág. 4. Professor universitário da Faculdade de Direito de Coimbra. [76] *Ibidem*, pág. 6.

3.4.7. Direito Fiscal

Como sub-ramo do Direito Financeiro, para José Casalta Nabais[76], regula a obtenção de receitas públicas através dos impostos, como receitas coativas unilaterais (Direito Fiscal, em Portugal e França) e demais contribuições ou receitas coativas de natureza contributiva (Direito Tributário, em Itália e Espanha).

Continua o mesmo autor dizendo que, na prática, não há diferenças muito acentuadas entre o universo das matérias versadas nos manuais de direito tributário e o universo das matérias tratadas nos manuais de direito fiscal. Por isso, o Direito Fiscal ocupa-se das normas que disciplinam a figura dos impostos, ou seja, das normas que têm por objeto assegurar a capacidade funcional do Estado, proporcionando-lhe os meios financeiros que suportam tanto a sua existência como o seu funcionamento.

3.4.8. Direito Económico

Para Manuel Afonso Vaz[80] é o conjunto de normas e princípios jurídicos que regem a atividade produtiva na perspetiva do interesse geral. Ou, para António Carlos Santos[81], o ramo do direito que tem por objeto o conjunto de princípios e normas que regem a ordenação da atividade económica pelos poderes públicos e privados. Ou, ainda, e talvez de forma mais vasta, António Sousa Franco, subdivide o Direito da Economia em duas áreas: o Direito Internacional da Economia como o Direito produzido por fontes normativas internacionais e cujo conteúdo é formado pela regulamentação normativa da ordem económica e das instituições económicas, e o Direito Interno da Economia (ou Direito da Economia em sentido estrito) composto pelo Direito Administrativo da Economia (a parte do Direito Administrativo que regula as formas específicas de atuação e intervenção do Estado, sob forma administrativa na economia) e pelo Direito Económico (ramo do ordenamento jurídico que regula, segundo princípios próprios, a ordem económica e as suas instituições económicas fundamentais)[82].

---

[80] Professor da Escola de Direito do Porto da Universidade Católica Portuguesa.

[81] Licenciado em Direito pela Universidade de Coimbra e Professor Auxiliar convidado do ISEG e ex-Secretário de Estado dos Assuntos fiscais.

[82] Nandim de Carvalho, Luís e Outros: "*Introdução do Estudo do Direito e do Estado*", Universidade Aberta, Lisboa, 1998, pág. 92.

3.4.9. Direito Processual

Este ramo de Direito é o que se designa de direito adjetivo, em oposição ao direito substantivo. Isto porque é nele que encontramos as regras jurídicas que disciplinam a forma como os processos devem tramitar, seguir os seus termos até final, com a sentença que pode ser condenatória ou absolutória.

Nos vários direitos processuais – Código de Processo Civil, Código de Processo Penal, Código de Processo do Trabalho, entre outros e muita legislação avulsa, também adjetiva – encontramos as normas que disciplinam os direitos e deveres de todos os intervenientes no processo, desde as partes, as testemunhas, os peritos, aos juízes, os recursos, os prazos, a forma como devem ser praticados os atos no processo.

3.5. Ramos do Direito Privado

3.5.1. Direito Civil

É o direito privado comum ou geral, também conhecido por direito-regra. É um direito subsidiário porque ao regular a relação jurídica entre parti culares ou entre estes e o Estado, atuando despojado da veste do *ius imperium* e não dotado de poderes de autoridade (*publica potestas*) em que o particular fica numa posição subordinada, nele se incluem todas as normas de direito privado que não façam parte de ramos de direito especiais. O CC integra a grande maioria de normas de direito civil.

Seguindo a classificação germânica, o Direito Civil pode ser dividido nas seguintes matérias:

- **Direito das Obrigações (Livro II do CC) –** regula o tráfico jurídico de bens e serviços e a reparação dos danos e têm por instituição fundamental o contrato como forma por excelência da autonomia privada (Batista Machado)[83];

[83] Batista Machado, João: "*Introdução ao Direito e ao Discurso Legitimador*", Almedina, Coimbra, 1983, pág. 21.

- **Direito das Coisas (ou Direitos Reais, Livro III)** – que disciplina os poderes diretos e imediatos que podem ser exercidos sobre as coisas; a instituição central deste sub-ramo é a **propriedade**, que se apresenta como um direito real máximo e cujo conceito remonta ao Direito Romano; para além dele, também aqui se disciplinam a **posse**, e os demais direitos reais menores, limitados e limitadores do direito de propriedade, como o direito de superfície, as servidões prediais, o direito de usufruto, entre outros direitos reais de gozo, e, ainda, os direitos reais de aquisição e de garantia, que serão tratados mais adiante;
- **Direito da Família (Livro IV)** – que regula a constituição da família (instituições típicas: o matrimónio e a adoção – embora a simples procriação também gere relações de família) e as relações que dentro dela se estabelecem: são fontes das relações familiares o casamento, o parentesco, a afinidade e a adoção;
- **Direito das Sucessões (Livro V)**, que regula a sucessão por morte nos bens do defunto, sucessão essa que, consoante o título de vocação su cessória, pode ser testamentária (o testamento como negócio unilateral, é também uma manifestação da autonomia privada), legitimária (ou forçosa, prevalecendo contra a vontade do autor da sucessão) e legítima (com caráter supletivo, para a hipótese do autor da sucessão morrer intestado).

3.5.2. Direito Comercial

É um ramo de direito privado especial que regula o comércio enquanto atividade económica lucrativa, sendo um ramo autónomo do direito civil.

Jorge Manuel Coutinho de Abreu define o Direito Comercial como o sistema jurídico-normativo que disciplina de modo especial os atos de comércio e os comerciantes[84]. E continua este autor dizendo que o Direito Comercial ou direito mercantil é, fundamentalmente, um ramo de direito privado, na medida em que regula a organização dos sujeitos (singulares e coletivos) privados e as relações estabelecidas entre eles ou entre eles e entidades públicas, estas atuando como particulares. Isto, não obstante as

---

[84] Coutinho de Abreu, Jorge Manuel: "*Curso de Direito Comercial*", vol. I, Almedina, Coimbra, 1999, pág. 13.

leis comerciais conterem também disposições de direito público, como as relativas às firmas, escrituração mercantil e inscrições no registo comercial. Relativamente ao Direito Civil, considerado este como direito privado comum ou regra, o Direito Comercial é, globalmente, considerado **um direito especial, com regras diferentes das do direito comum (civil)**.

3.5.3. Direito Empresarial

É um ramo de direito para o qual se inclina parte da Doutrina, e que resulta da reordenação do Direito Comercial (comerciante/industrial do séc. XIX) numa perspetiva da empresa como "*instrumento ao serviço da atividade económica de amplas faixas da população*"[85] e subjaz ao próprio empreendedorismo. Iva Carla Vieira e Maria Manuel Busto[86] sustentam que as oscilações legislativas corporizadas nas normas positivadas, refletem distintas especulações que transformam o conceito de empresa em algo de desmultiplicado, em perfeita consonância com a sua fenomenologia económica e social, onde ela nos aparece como uma realidade plurifacetada ou poliédrica. Esta perspetiva das autoras não renegará que a lógica e coerência interna deste ramo do direito se faz, hoje em dia, na definição das estruturas jurídicas da empresa e nos múltiplos instrumentos jurídicos que servem a sua atividade.

As figuras do empresário em nome individual, das profissões independentes ou liberais, das microempresas e das pequenas e médias empresas (PME), bem como empresas de maior dimensão, criadas sob a forma de sociedades civis sob forma comercial ou de sociedades comerciais, tornam a empresa dos nossos dias num instrumento ao serviço da atividade económica dos seus titulares e num potenciador de desenvolvimento local e regional. Contudo, na atualidade, tende-se a considerar empresa não somente a mera organização de fatores de produção, com vista à obtenção do lucro – numa perspetiva económica tradicional, já ultrapassada – como

---

[85] Nandim de Carvalhio e Outros: "*Introdução do Estudo do Direito e do Estado*", Universidade Aberta, Lisboa, 1998, pág. 88.

[86] Vieira, Iva Carla e Busto, Maria Manuel: "*Manuel Jurídico da Empresa*", Almedina, Coimbra, 5.ª ed., 2005.

toda e qualquer atividade, ainda que artesanal ou de natureza familiar, donde se possa hoja concluir pela polivalência do conceito de empresa.

Acresce que a empresa não se pode divorciar atualmente da chamada responsabilidade social empresarial ou responsabilidade corporativa, entendida como um dever que lhe assiste de se integrar na região, no meio local onde opera e contribuir para o seu desenvolvimento e crescimento, abraçando causas sociais, ambientais e outras igualmente relevantes, entre outros projetos em que a empresa pode intervir de modo exemplar.

Porém, ao invés da corrente Italiana, o nosso ordenamento jurídico continua a entender que as empresas, seja qual for a sua natureza e forma jurídica, devem subordinar-se às regras do direito comercial, por se entender que são universos atravessados por relações jurídicas que, por sua vez, são disciplinadas por outros direitos, que não apenas o direito comercial, como é o caso do direito do trabalho, do direito da segurança social, do direito do ordenamento do território, do direito do ambiente, do direito fiscal, do direito processual civil, e outros.

De resto, o conceito de empresa é de tal forma polivalente que o Código da Insolvência e da Recuperação de Empresas (CIRE) considera empresa, para efeitos do mesmo, toda a organização de capital e de trabalho destinada ao exercício de qualquer atividade económica.

3.5.4. Direito do Trabalho

Ramo de direito privado especial, tem uma perspetiva híbrida, embora maioritariamente seja constituído por normas de direito privado. São três as áreas sobre as quais o Direito do Trabalho incide: a relação individual de trabalho, as relações coletivas de trabalho e a segurança, saúde e higiene no local de trabalho.

No que respeita às duas primeiras áreas, que absorvem a maior parte das normas de Direito de Trabalho, dir-se-á que elas constituem o cerne do Direito do Trabalho enquanto ramo do Direito Privado; neste sentido, **o contrato de trabalho é a figura central e a razão de ser do Direito do Trabalho**; aliás, a caracterização de determinado contrato como contrato de trabalho e não como contrato de prestação de serviços constitui a maior parte dos pedidos formulados nas ações judiciais pendentes nos tribunais de trabalho. Sobre a "**presunção de laboralidade**" (art. 12.º do CT) muito se tem escrito no sentido de afastar os falsos recibos verdes; segundo Leal Amado, *apurando-se a existência de uma prestação de atividade em regime de heterodeterminação e a troco de uma retribuição, toparemos com um contrato de trabalho e não com um qualquer contrato de prestação de serviço, ainda que esta seja a designação contratual adotada pelas partes e independentemente da cor do recibo passado pelo prestador de atividade*[87]. E conclui, mais à frente, este autor: *doravante, provando o prestador da atividade que,* in casu, *se verificam algumas daquelas características, a lei presume que haverá um contrato de trabalho, cabendo à contraparte fazer prova em contrário.*

O Direito do Trabalho estuda o **trabalho voluntário** (não prisional), **pessoal** (*intuito personae*), **por conta alheia** (assalariado), **livre** (não escravo), **subordinado** (juridicamente) **e remunerado** (justamente) e apenas o trabalho prestado nestas condições e não todo o trabalho **humano**. O trabalho prestado fora destas condições não está sujeito ao Direito do Trabalho.

O Direito do Trabalho regula, assim, a **relação jurídica de emprego privado**; regula a desigualdade, intrinsecamente conflitual entre trabalhadores e empregadores colocados, teoricamente, em pé de igualdade, sem que um tenha sobre o outro, um *ius imperium*; é precisamente na regulação desta, fortemente assimétrica, relação laboral, cujo contrato representa sempre um sinal de liberdade pessoal, fundada no trabalho juridicamente (cada vez mais economicamente) subordinado, que o Direito do Trabalho (re)encontra a sua génese e o seu desenvolvimento. Por isso e apesar disso, como dizia um autor, "***entre o rico e o pobre, o forte e o fraco, é a lei que protege e é a liberdade que oprime***".

Sem embargo, o Direito do Trabalho resultaria amputado na sua essência sem a regulamentação das **relações coletivas de trabalho** (associativismo sindical e patronal, greve, contratação coletiva, etc.), ao abrigo da respetiva autonomia negocial. Aliás, é no texto constitucional (art. 56.º,

---

[87] Amadao, J.L.: *Contrato de Trabalho*, Coimbra Editora, Coimbra, 2010, 2.ª ed., págs. 72 e 73.

n.º 3), como um dos direitos fundamentais dos trabalhadores, que a contratação coletiva encontra expressa consagração.

Quanto às relações coletivas de trabalho, **o trabalhador tem direito a filiar-se no sindicato que deseja** (liberdade sindical positiva) e, por outro, não pode ser obrigado a fazê-lo, direta ou indiretamente (liberdade sindical negativa). Esta liberdade constitui uma emanação do princípio do **pluralismo sindical** (se existe um sistema unicitário de sindicatos, o trabalhador é induzido a filiar-se no sindicato único e não pode escolher outro).

Os instrumentos de regulamentação coletiva de trabalho (IRCT) **negociais** são:

a) As **convenções coletivas** (o **IRCT** nuclear) que se estabelecem entre, por um lado, as associações sindicais (representativas dos trabalhadores), e, por outro, com: as associações patronais (contrato coletivo de trabalho) um conjunto de empresas (**acordo coletivo de trabalho**) ou iii) apenas uma empresa (**acordo de empresa**);
b) O **acordo de adesão**;
c) A **decisão arbitral, em processo de arbitragem voluntária**.

Por oposição aos instrumentos de regulamentação coletiva negociais, estão os **não negociais** constituídos por:

a) **Portarias de extensão**;
b) **Portaria de condições de trabalho** e
c) **A decisão arbitral, em processo de arbitragem obrigatória ou necessária**.

A matéria relativa às questões de **saúde, segurança e higiene** tem tendência a ser tratada autonomamente sendo, claramente, do **domínio do Direito Público** (está fora do alcance negocial das partes: o empregador e o trabalhador).

Deste modo, e como meros exemplos, as regras relativas à colocação de extintores de incêndio, o uso de capacetes, viseiras, luvas e outros equipamentos de proteção individual, a própria edificação e conservação dos locais de trabalho e as condições em que deve ser prestada a atividade dos trabalhadores (que devem estar em estrita conformidade com as condições obrigatórias para que as empresas possam laborar com o competente alvará de licença de exploração ou laboração) não estão, propriamente, ao alcance da negociação entre as partes.

Por isso, há quem diga que o Direito do Trabalho é um **ramo do direito híbrido,** na medida em que é constituído, simultaneamente, por normas de Direito Privado e de Direito Público; se, apenas, atentarmos nas relações individual e coletiva de trabalho, obviamente que teremos de considerar o Direito do Trabalho como um ramo do Direito Privado.

O **Código do Trabalho, aprovado pela Lei n.º 99/2003**, de 27 de agosto, que entrou em vigor em 1 de dezembro de 2003, foi revisto e aprovada a sua **revisão pela Lei n.º 7/2009**, de 12 de fevereiro. Entre 2003 e 2009, como diz Leal Amado[88], a palavra-chave é: continuidade. Ainda e segundo este autor, *em alguns aspetos o Código inova (pense-se, p. ex., nos reflexos laborais da violência doméstica, no trabalho intermitente ou no despedimento irregular), corrige normas que se revelavam deficitárias (refira-se, desde logo, na presunção de laboralidade) e suprime-se soluções que se mostravam problemáticas (pense-se, sobretudo, na faculdade de reabertura do procedimento disciplinar, em caso de despedimento ilícito).*

Depois da revisão, o legislador não descansou e vários diplomas foram publicados. Assim, a **Lei n.º 105/2009, de 14 de setembro**, veio regulamentar e proceder à primeira alteração do "novo/revisto" Código do Trabalho; a **Lei n.º 53/2011, de 14 de outubro,** introduziu-lhe alterações, estabelecendo ainda um novo sistema de compensação em diversas modalidades de cessação do contrato de trabalho, aplicável apenas aos novos contratos de trabalho; a **Lei n.º 3/2012, de 10 de janeiro** estabelece um regime de renovação extraordinária dos contratos de trabalho a termo certo, celebrados ao abrigo do disposto no Código do Trabalho, que atinjam o limite máximo da sua duração até 30 de junho de 2013, bem como o regime e o modo de cálculo da compensação aplicável aos contratos de trabalho objeto dessa renovação extraordinária; a **Lei**

[88] Amadao, J.L.: *Contrato de Trabalho*, Coimbra Editora, Coimbra, 2009, pág. 6.

n.º 8/2016, de 1 de abril, que procedeu ao restabelecimento dos feriados nacionais, previstos no n.º 1 do art. 234.º do CT; a **Lei n.º 73/2017, de 16 de agosto**, retificada através da **Declaração de Retificação n.º 28/2017, de 2 de outubro**, que veio reforçar o quadro legislativo para a prevenção da prática de assédio; e a **Lei n.º 14/2018, de 19 de março**, que veio alterar o regime jurídico aplicável à transmissão de empresa ou estabelecimento e reforçar os direitos dos trabalhadores.

Diferentemente da relação jurídica de emprego privado, há a considerar a LTFP que se aplica à relação jurídica de emprego público entre o Estado, ou qualquer ente público, e o trabalhador, desde que, como o próprio nome indica, tenha por objeto funções públicas e o Estado ou ente público assuma a veste de soberano, dotado de "*ius imperium*".

Nesta situação jurídica, o trabalhador não fica ou fica com pouco espaço para discutir o conteúdo contratual ou para negociar as funções correspondentes à sua categoria.

A LTFP é uma espécie de Código do Trabalho dos Trabalhadores da Administração Pública, ou seja, culmina a congregação de temas que, de forma dispersa, se repartiam por diferentes diplomas legais, como acontecia com a Legislação de Trabalho, antes da publicação CT (2003). Neste sentido, poderíamos dizer que a LTFP pretende ser um entrave à dispersão legislativa, reunindo os temas essenciais num diploma que tem o seu modelo organizativo na sistematização do CT. A aproximação da LTFP ao CT tem vindo a fazer-se de forma paulatina e inequívoca ao ponto de podermos, com alguma antecipação, afirmar que talvez um dia o CT regule, de forma única, as relações jurídico-laborais privadas e públicas, sem distinção; mais do que nunca, essa convergência faz-se agora sentir na medida em que é a própria LTFP que, expressamente, remete para o CT e legislação complementar em determinadas matérias. Neste sentido, a LTFP torna o CT como regime subsidiário.

Em termos finais, temos pois: por um lado, uma convergência tendencial de dois regimes laborais- o dos trabalhadores da Administração Pública e o dos trabalhadores comuns; por outro, temos a figura do contrato de trabalho em funções públicas como modelo de vínculo de emprego público e, ao mesmo tempo, uma tendência para esse regime unitário de contratação, face à atual dualidade de modelos: contratação e nomeação. Derradeiramente, a LTFP integra no seu seio o Regime Disciplinar do trabalhador em funções públicas, o qual constava de diploma próprio. Acresce que, quanto ao âmbito de aplicação subjetivo da LTFP, esta não é aplicável aos militares das Forças Armadas, aos militares da Guarda Nacional Republicana e ao pessoal com funções policiais da Polícia de Segurança Pública, ao pessoal da carreira de investigação criminal, da carreira de segurança e ao pessoal com funções de inspeção judiciária e de recolha de prova da Polícia Judiciária e ao pessoal da carreira de investigação e fiscalização do Serviço de Estrangeiros e Fronteiras (alteração ao art. 2.º da LTFP, introduzida pela Lei n.º 70/2017, de 14.08).

Os **três grandes pilares legislativos em que se divide o novo regime jurídico dos trabalhadores em funções públicas**, vêm previstos nos arts. 3.º, 4.º e 5.º da LTFP e são:

1. A própria *Lei Geral do Trabalho em Funções Públicas* sobre inúmeras matérias que, especifica ou constitucionalmente, recomendam um tratamento próprio, tais como: *o regime de gestão e as regras de recrutamento de recursos humanos na Administração Pública, os direitos e deveres do trabalhador público, as garantias de imparcialidade no exercício de funções públicas, a estruturação das carreiras, a mobilidade, o estatuto remuneratório, o poder disciplinar, a cedência do interesse público, o procedimento de requalificação de trabalhadores em caso de reorganização ou racionalização de efetivos, a extinção dos vínculos de emprego público, a negociação e a contratação coletiva.*
2. O *CT* e *respetiva legislação complementar,* como regime subsidiário, em matérias relacionadas com direitos de personalidade, igualdade, parentalidade; regime do trabalhador-estudante e dos trabalhadores com deficiência e doença crónica; organização e tempo de trabalho; tempos de não trabalho; promoção de segurança; comissões de trabalhadores; associações sindicais e representantes dos trabalhadores em matéria de segurança e saúde no trabalho; mecanismos de resolução pacifica de conflitos coletivos; greve e lock-out.
3. *Legislação avulsa e complementar,* em matérias que justificam regulamentação em diplomas próprios: sistema integrado de gestão e

avaliação do desempenho na Administração Pública; o regime de acidentes de trabalho e doenças profissionais dos trabalhadores que exercem funções públicas; o regime de formação profissional dos trabalhadores que exercem funções públicas; os estatutos do pessoal dirigente da Administração Pública.

Finalmente, as questões emergentes das relações jurídicas privadas são submetidas ao **Tribunal de Trabalho** e aos **Tribunais Administrativos** são submetidas as questões emergentes da relação jurídica de emprego dos trabalhadores que exercem funções públicas, qualquer que tenha sido a forma de constituição do vínculo jurídico-laboral.

3.6. Outros Ramos de Direito

A evolução da sociedade e do conhecimento têm conduzido ao aparecimento de **novos ramos do Direito**, quer por **autonomização** relativamente a alguns já existentes, quer pela **evolução registada nos próprios sistemas normativos**, que criaram novas normas jurídicas, até aí inexistentes, para disciplinar e dar resposta às novas relações surgidas da evolução do conhecimento e/ou da técnica, ou resultado de novas políticas. Acrescem, ainda, novas formas de encarar o Direito, imbuídas de uma diferente filosofia de vida. é assim que podemos agora falar dos novos ramos do direito que *infra* seguem:

3.6.1. Direito do Ambiente

Este ramo do Direito é, na opinião de Freitas do Amaral, o primeiro ramo do Direito que nasce, não para regular as relações dos homens entre si, mas para tentar disciplinar as relações do Homem com a Natureza – os direitos do Homem sobre a Natureza, os deveres do Homem para com a Natureza e, eventualmente, os direitos da Natureza perante o Homem.

Por isso, não é mais um ramo especializado de natureza técnica, mas pressupõe toda uma nova filosofia que enforma a maneira de encarar o Direito[89].

---

[89] *Direito do Ambiente*, Instituto Nacional de Administração, 1994, pág. 17.

Para Sousa Franco[90], o Direito do Ambiente – entendido como um conjunto, horizontal e materialmente determinado, de tópicos, princípios, regras e situações jurídicas pertencentes a diversos ramos do Direito (Constitucional, Administrativo, Financeiro, Civil) nasceu, no século passado, da preocupação do homem com o ambiente. Daí que o Direito do Ambiente (o direito ao ambiente e o dever de defesa do ambiente) tivesse surgido também da necessidade de concretizar socialmente políticas de ambiente (os poderes de intervenção do Estado, os critérios de financiamento dos custos de prevenção, manutenção ou reparação de disfunções e desgastes ambientais).

Já Alexandre Kiss[91] fala no direito internacional do ambiente dizendo que faz parte do direito internacional público no mesmo plano que o direito internacional do mar ou os direitos do homem.

3.6.2. Direito dos Consumidores

Sendo o consumidor todo aquele a quem sejam fornecidos bens, prestados serviços ou transmitidos quaisquer direitos, destinados a uso não profissional, por pessoa que exerça, com caráter profissional, uma atividade económica que vise a obtenção de benefícios, o Direito dos Consumidores limitar-se-á, por isso, aos atos de consumo da vida pessoal e familiar, sem enquadramento profissional ou empresarial.

Nesta medida, poderá dizer-se que, de sub-ramo do Direito Económico, o Direito dos Consumidores posicionou-se de forma a adquirir autonomia como ramo do direito, tanto mais quanto é certa a sua dignidade resultante da consagração como Direito Fundamental dos Cidadãos na Constituição da República Portuguesa.

O Tratado CE, após a revisão de Maastricht, deu especial relevo à política de consumo exigindo "*um grau elevado de proteção dos consumidores*". Emma Bonino, Comissária responsável pela Política de Consumo na União Europeia, em 1995, a propósito da publicação de legislação

---

[90] Professor Catedrático da Faculdade de Direito da Universidade de Lisboa, já falecido; foi Ministro das Finanças em vários Governos.

[91] Pioneiro do direito do ambiente internacional, autor de "*Droit International de L'Environement*".

pela DECO, escrevia que não basta a promulgação da legislação para se garantir a adequada proteção do consumidor; tornava-se igualmente importante que os direitos previstos nessa legislação fossem efetivamente exercidos.

Os consumidores são os principais agentes económicos numa economia de mercado e têm, entre outros, o direito de escolha, de serem ouvidos e representados e o direito a uma justiça pronta. Entre nós, a lei n.º 24/96, de 31 de julho (que instituiu o regime legal de defesa dos consumidores, revogando a disciplina anterior ínsita na Lei n.º 29/81, de 22 de agosto) consagra, no seu artigo 2.º, n.º 1, que será tido como **consumidor** " … *todo aquele a quem sejam fornecidos bens, prestados serviços ou transmitidos quaisquer direitos, destinados a uso não profissional, por pessoa que exerça com carácter profissional uma atividade económica que vise a obtenção de benefícios.*" No n.º 2 do mesmo preceito, **o legislador considera incluídos no âmbito deste regime legal**, " … *os bens, serviços e direitos fornecidos, prestados e transmitidos pelos organismos da Administração Pública, por pessoas coletivas públicas, por empresas de capitais públicos ou detidos maioritariamente pelo Estado, pelas regiões autónomas ou pelas autarquias locais e por empresas concessionárias de serviços públicos.*".

O artigo 3.º deste diploma legal elenca os **direitos do consumidor** dignos de tutela jurídica, a saber:

a) *À qualidade dos bens e serviços;*
b) *À proteção da saúde e da segurança física;*
c) *À formação e à educação para o consumo;*
d) *À informação para o consumo;*
e) *À proteção dos interesses económicos;*
f) *À prevenção e à reparação dos danos patrimoniais ou não patrimoniais que resultem da ofensa de interesses ou direitos individuais homogéneos, coletivos ou difusos;*
g) *À proteção jurídica e a uma justiça acessível e pronta;*
h) *À participação, por via representativa, na definição legal ou administrativa dos seus direitos e interesses.*".

Ademais, é o legislador ordinário quem, neste diploma legal, cuida de aprimorar o acervo de faculdades que consubstanciam cada um destes direitos subjectivos do consumidor, aos quais corresponderão os deveres que impedem sobre as pessoas singulares e colectivas, de direito privado e direito público que estabelecem a relação jurídica com o consumidor, com a ênfase devida ao direito de informação em geral e ao direito de informação em particular – o qual deverá ser assegurado pelos fornecedores de bens e prestadores de serviços já na fase de negociação ou da celebração do contrato, garantindo aos consumidores uma informação clara, objectiva, adequada sobre os mais detalhados aspectos do negócio, desde logo as características do bem ou serviço, o preço, as modalidades do seu pagamento, sistema de tratamento de reclamações, garantias, entre múltiplos outros.

Este regime legal, estabelecido pela citada Lei n.º 24/96, foi sendo sucessivamente alterado por diplomas vários, de igual valor normativo ou por decretos-lei, sendo a **última alteração introduzida pelo Decreto--Lei n.º 109-G/2021, de 10 de dezembro**.

Em Portugal, a primeira associação do consumidor surgiu em 1974 – a **DECO, Associação Portuguesa de Defesa do Consumidor**, cujo papel é fundamental no domínio da informação e educação do consumidor e na defesa dos seus interesses gerais. Como forma de concretizar o imperativo constitucional, surgiu o INDC (Instituto Nacional de Defesa do Consumidor) que veio a ser substituído pelo IC (Instituto do Consumidor), sem poder de decisão para resolver conflitos de consumo, pois as suas atribuições situam-se, predominantemente, no domínio da informação e educação dos consumidores, no apoio às organizações, na promoção de políticas de salvaguarda dos direitos do consumidor. Hoje, a **DGC – Direção-Geral do Consumidor**, cuja missão tem inscrita no seu ADN um vasto leque de atribuições que visam contribuir para a elaboração, definição e execução de uma **política de defesa do consumidor capaz de lhe garantir um elevado nível de protecção** e, ainda, garantir, junto das entidades responsáveis pelo controlo de mercado, o cumprimento da obrigação de segurança, com a retirada efetiva e imediata dos produtos e serviços, a sua recolha junto dos consumidores e a destruição em condições adequadas, bem como propor ao Governo a adoção das medidas necessárias à prevenção e à proteção contra riscos que os produtos colocados no mercado possam vir a apresentar (incluindo a proibição com caráter obrigatório geral do fabrico, importação, exportação, troca intracomunitária, comercialização ou colocação no mercado de produtos ou categorias de produtos suscetíveis de pôr em risco a saúde e segurança dos consumidores, em virtude das suas características) e assegurar o funcionamento do Centro Europeu do Consumidor em Portugal, sendo o serviço de ligação único, para efeitos de aplicação em Portugal do Regulamento (CE) n.º 2006/2004, do Parlamento Europeu e do Conselho, de 27 de outubro, na sua redação atual, relativo à cooperação entre as autoridades nacionais responsáveis pela aplicação da legislação europeia de defesa do consumidor.

3.6.3. Direito da Concorrência

Direito constituído pela legislação sistematizada de defesa da concorrência tendo em vista o combate aos efeitos nocivos para o mercado livre da atividade isolada de uma empresa ou da atuação concertada de diversos entes empresariais; daí a possibilidade de penalização para os atos anticoncorrenciais, por contraordenação, com decorrente punição dos infratores e/ou indemnização pelos prejuízos. Existe regulamentação comunitária rigorosa a este respeito.

3.6.4. Direito Canónico

Como foi já sobejamente referido, a propósito da evolução histórica do Direito, aqui se consigna, apenas, que se trata de um Direito que tem reflexos no direito interno português, por força da Concordata celebrada em 1940 entre Portugal e a Santa Sé, entretanto alterada, sendo um direito não estadual aplicável aos fiéis da igreja católica.

3.6.5. Direito Europeu

Também chamado Direito da União Europeia, é um ordenamento jurídico novo, embora não recente. As suas principais características são:

- A existência de instituições europeias específicas e independentes;
- O reconhecimento dos particulares como sujeitos de Direito junto dos Estados membros;

- A aplicabilidade direta de certas normas de Direito europeu;
- A competência da União a propósito das infrações ao direito europeu que causem um prejuízo;
- A criação, por um lado, de direitos e obrigações e, por outro, de procedimentos obrigatórios para a constatação da violação e a aplicação de sanções principalmente pelo Tribunal de Justiça;
- A primazia do Direito europeu relativamente aos direitos nacionais.

Mesmo que, ao estudar as fontes do Direito Português, se analise o Direito europeu, convém fazer uma referência às relações intensas entre o Direito europeu e o dos Estados Membros, em consequência da sua diversidade. Recorde-se a afirmação do Tribunal de Justiça, na sentença de 15 de julho de 1964 (processo Costa/Enel):

> *"O Tratado CEE institui um ordenamento jurídico próprio integrado com o sistema jurídico dos Estados membros.... e que se impõe às suas jurisdições".*

Daqui se inferem, como características destas relações, a complementaridade ou a subsidiariedade de ambos os ordenamentos, a autonomia do Direito europeu em relação aos Direitos nacionais, a primazia daquele sobre este e a sua inserção no ordenamento jurídico dos Estados membros.

Com a celebração de tratados internacionais, que agrupavam seis países (França, Alemanha, Bélgica, Holanda, Luxemburgo e Itália), foram instituídas três comunidades:

- A **Comunidade Europeia do Carvão e do Aço** (**CECA** – Tratado de Paris de 18 de abril de 1951), atualmente extinta, por ter expirado o prazo de 50 anos para o qual se constituiu;
- A **Comunidade Europeia da Energia Atómica** (**EURATOM**);
- A **Comunidade Económica Europeia** (**CEE**), depois denominada CE – Comunidade Europeia, sendo que estas últimas se instituíram pelo Tratado de Roma de 25 de março de 1957.

Em 1992, foi instituída a **União Europeia**, pelo Tratado de Maastricht, evoluindo-se, deste modo, de uma comunidade económica para um outro tipo de integração.

Numa perspetiva económica, pretendia-se a criação de um **mercado comum europeu**, através do desmantelamento de barreiras aduaneiras, administrativas e legais, entre os Estados-Membros, facilitando a harmonização das legislações e o estabelecimento de políticas económicas comuns.

Numa perspetiva jurídica, evoluiu-se para uma espécie de "direito constitucional europeu" com a integração daqueles tratados e os que posteriormente foram celebrados – **Direito Originário ou Primário**, ao qual se juntou um cada vez mais amplo conjunto de normas jurídicas resultantes do labor dos órgãos comunitários, qualificado como legislação ordinária das comunidades – **Direito Derivado ou Secundário**.

3.6.6. Direito da Segurança Social

Depois de estudar as relações do Direito da Segurança Social com o Direito Administrativo e com o Direito do Trabalho, Ilídio das Neves[92] considera adquirida a ideia da existência de autonomia didática, científica e legislativa no Direito da Segurança Social, ainda que com vários ritmos e velocidades.

Meneses Cordeiro, Professor Catedrático da Faculdade de Direito da Universidade de Lisboa, investigador e académico, a reger uma vasta gama de ciências jurídicas, a este respeito, diz: "*Pode-se hoje considerar, sem margem para dúvidas, que o direito da segurança social constitui uma disciplina autónoma, a não incluir no direito do trabalho*"[93].

Atento o seu objeto, o Direito da Segurança Social radica no **direito subjetivo de cada um à proteção social** e nas relações jurídicas diversificadas que daí decorrem, bem como nos regimes de segurança social, que adequam o exercício do direito às particularidades dos diferentes grupos sócio-profissionais ou das várias atividades económicas.

---

[92] Ilídio das Neves: "*Direito da Segurança Social*", Coimbra Editora, Coimbra, 1996, pág. 114.

[93] *Apud* Ilídio das Neves: "*Direto da Segurança Social*", Coimbra Editora, Coimbra, 1996, pág. 114.

No que se refere aos princípios em que se baseia o direito da segurança social, eles apresentam um elevado grau de especificidade em comparação com os dos demais ramos do direito, mesmo dos que se situam na área social.

3.6.7. Direito Internacional Público (Direito das Gentes)

Seguimos aqui de perto Batista Machado que o define como o complexo de normas que regula as relações entre Estados ou entre Estados e outras entidades soberanas.

O Direito Internacional Público é de fonte supraestadual; é de fonte consuetudinária (costume internacional) ou é de fonte convencional (tratados e convenções entre os Estados). é um direito constituído pelas normas reguladoras das relações entre os Estados *considerados como pessoas jurídicas, como membros da grande sociedade humana*".

Tem de se incluir entre os sujeitos das relações que formam o objeto do Direito Internacional Público "*todas as entidades coletivas que com ele convivem na sociedade internacional e os indivíduos, nos casos em que estes são admitidos a participar diretamente nas relações internacionais*"[94].

3.6.8. Direito Internacional Privado

é formado pelas normas jurídicas que têm por objeto resolver os conflitos suscitados entre leis de Estados diferentes, quando uma mesma relação jurídica por algum, ou alguns, dos seus elementos é suscetível de ser regulada pelas ordens jurídicas de dois ou mais Estados[95]. Por outras palavras, regula as situações da vida privada internacional.

Consideram-se **relações da vida privada internacional**, aquelas que apresentam uma conexão relevante (por força da nacionalidade ou domicílio dos sujeitos, da localização do objeto, do lugar da prática do ato) com mais que um ordenamento estadual[96].

---

[94] Silva Cunha, J. M.: "*Direto Internacional Público*", Coimbra Editora, Coimbra, 2.ª edição, 1967.

[95] *Ibidem*, pág. 14.

[96] Batista Machado, *ob. cit.*, pág. 73.

A título de exemplo, suponhamos um cidadão português, casado em França com uma cidadã belga, ambos residentes na Inglaterra. Qual a Lei de que País será considerada a competente para o divórcio? E, caso este seja decretado, qual a sua validade em Portugal?

3.6.9. Direito do Urbanismo

Este ramo é, sem dúvida alguma, e segundo Freitas do Amaral, um dos mais recentes ramos do direito que se reveste de maior importância prática na vida das sociedades modernas. No caso português, é uma manta de retalhos que se compõe de um conjunto incoerente e desarmónico de diplomas contraditórios e, às vezes, formado por uma legislação que não respeita, em aspetos fundamentais, o princípio da justiça[97].

Entendido o urbanismo como a ciência que trata da análise e compreensão do *espaço urbano*, pode designar-se por ***urbanologia***, quando visa o seu estudo fundamentalmente retrospetivo e de análise, ou por ***urbanismo***, quanto intente formular uma teoria sobre os planos e sua condução; **mas mais do que o estudo das Cidades, trata-se do estudo dos planos das cidades.**

As disciplinas de entendimento e aplicação do processo de intervenção designar-se-ão, correntemente, por *planeamento urbano* e *planeamento regional.* As políticas e estratégias do domínio do planeamento urbano e regional formam um corpo do saber a que poderemos chamar *urbanística*, o que permitirá usar a expressão *planeamento urbanístico* para o processo de intervenção a uma escala tanto urbana como regional[98].

3.6.10. Direito da Propriedade industrial

Conforme se refere no preâmbulo do **Decreto-Lei n.º 110/2018, de 10 de dezembro** que, no uso da autorização legislativa conferida pela Lei n.º 65/2018, de 30 de novembro, aprovou o **novo Código da Propriedade Industrial** que veio substituir o aprovado em 2003, «*A propriedade industrial assume hoje um papel de enorme relevância para o crescimento económico, para a criação de emprego e para o desenvolvimento do sistema de inovação, conquistando*

---

[97] *Direito do Urbanismo*, Instituto Nacional de Administração, 1989, págs. 13 e 14.

[98] *Idem*, págs. 20 e 21.

uma importância crescente no valor das empresas, tanto de caráter tecnológico como comercial, ao permitir garantir o retorno dos investimentos que estas realizam em inovação e ao criar vantagens competitivas que lhes permitem responder, com maior eficácia e segurança, aos desafios impostos pela globalização dos mercados.»

Efetivamente, se é verdade que o primeiro Código da Propriedade Industrial surgiu em Portugal já no longínquo ano de 1940 (Decreto n.º 30679, de 24 de agosto de 1940), não é menos verdade que a evolução verificada desde então já obrigou a profundas alterações nesta matéria, que conduziram à aprovação de mais dois códigos (o de 1995 e o 2003), a que acresce este novo, acabado de aprovar. Naturalmente que a integração de Portugal na União Europeia em 1986 veio determinar muitas das alterações entretanto ocorridas, como é agora o caso, em que se pretendeu também com este novo código transpor duas novas diretivas europeias.

A **função da propriedade industrial é de** «*...garantir a lealdade da concorrência, pela atribuição de direitos privativos sobre os diversos processos técnicos de produção e desenvolvimento da riqueza.*» (art. 1.º do Código acabado de aprovar), cabendo no seu âmbito «*...a indústria e o comércio propriamente ditos, as indústrias das pescas, agrícolas, florestais, pecuárias e extrativas, bem como todos os produtos naturais ou fabricados e os serviços*» (art. 2.º do Código). **Ficam nele abrangidos os direitos emergentes de patentes, de modelos de utilidade, de registos de topografias de produtos semicondutores, de desenhos ou modelos e de marcas**.

Por tudo isto, podemos falar de um Direito da Propriedade Industrial, como ramo autónomo de todos os outros até aqui mencionados.

Este regime legal, consubstanciado no citado Dec.-Lei n.º 110/2018 foi, entretanto, alterado por força do **Dec.-Lei n.º 9/2021, de 29 de janeiro**, cujo escopo foi condensar a vastíssima **legislação contra-ordenacional económica**, dispersa em multiplicadíssimos diplomas avulsos, sendo certo que, pela simples leitura deste Decreto-Lei de alteração, se conclui que a matéria agora alterada se encontra, por sua vez, profusamente reflectida neste regime legal alterado, pelo que se aconselha uma leitura atenta de todos os tipos de ilícito contra-ordenacional e respectivas coimas.

3.6.11. Direitos de Autor e Direitos Conexos

«No nosso país e neste século foram os direitos de autor definidos em 1927 no Decreto-Lei n.º 13725, de 27 de Maio de 1927 (Regime de Propriedade Literária, Científica e Artística), e depois no Decreto-Lei n.º 46980, de 27 de Abril de 1966 (Código do Direito de Autor). Estipulava o preâmbulo deste último que o precedente representara importante processo à data da publicação mas se fora desactualizando com o decorrer do tempo, pelo que se tornava necessário substituí-lo.» Este, o conteúdo do primeiro parágrafo do Preâmbulo do Decreto-Lei n.º 63/85 de 14 de março, que veio aprovar um novo Código do Direito de Autor e dos Direitos Conexos, substituindo o aprovado em 1966.

Logo, e pelo que se vê, **não se trata de algo de novo**, sendo certo que **tem registado significativa evolução**, particularmente a partir de 1985, data em que foi aprovado o que podemos dizer ser o terceiro Código vigente em Portugal nesta matéria. As quinze alterações produzidas ao diploma de 1985, a última das quais pelo Dec.-Lei n.º 9/2021, isso o atestam.

Nos termos do Código de Direito de Autor e dos Direitos Conexos «*Consideram-se obras as criações intelectuais do domínio literário, científico e artístico, por qualquer modo exteriorizadas, que, como tais, são protegidas nos termos deste Código, incluindo-se nessa protecção os direitos dos respectivos autores.*» (art. 1.º, n.º 1). O direito de autor pertence, assim, ao criador intelectual da obra, a menos que haja disposição expressa em contrário e é reconhecido independentemente do registo, depósito ou qualquer outra formalidade.

Por isso, podemos dizer que o **Direito de Autor é o ramo do Direito que regula a proteção das obras intelectuais**, traduzindo-se num conjunto de autorizações de utilização das obras, reservadas ao autor ou a terceiro detentor dos direitos (por ex: herdeiros).

Os **Direitos Conexos (Art. 176.º), por sua vez, são os direitos que a lei atribui aos artistas (interpretes e executantes) aos produtores (de um filme ou de uma música) e aos organismos de**

radiodifusão. No que respeita à música, para além dos autores (da respetiva letra e música), há outros criadores que intervêm nas gravações musicais: os artistas, músicos e cantores, que cantam e interpretam as obras.

Para além deste Código, importa atentar na **vasta regulamentação internacional e da União Europeia** sobre a matéria, muita dela a obrigar a constantes alterações ao Código, como as já mencionadas. Veja-se a **Convenção de Roma para Protecção de Artistas Intérpretes ou Executantes, de Produtores de Fonogramas e dos Organismos de Radiodifusão**, de 1961, e a **Convenção de Genebra para Protecção dos Produtores contra Reprodução não Autorizada dos seus Fonogramas**, de 1971, assim como a **Convenção de Berna para a Protecção das Obras Literárias e Artísticas e a Convenção Universal sobre o Direito de Autor** efectuados em Paris a 24 de Julho de 1971. Refira-se, ainda, mais dois tratados internacionais que foram celebrados em dezembro de 1996: **o Tratado da OMPI sobre o Direito de Autor e o Tratado da OMPI sobre Prestações e Fonogramas**.

No âmbito da UE, e só para dar um exemplo, **o Decreto-Lei n.º 100/2017, de 23 de agosto destinou-se a transpôr a Diretiva n.º 2014/26/UE** do Parlamento Europeu e do Conselho, de 26 de fevereiro de 2014, relativa à gestão coletiva dos direitos de autor e direitos conexos e à concessão de licenças multiterritoriais de direitos sobre obras musicais para utilização em linha no mercado interno, e que altera o Código dos Direitos de Autor e dos Direitos Conexos e a tabela de compensação equitativa anexa à Lei n.º 62/98, de 1 de setembro. Nos últimos anos, a **UE assinou dois outros Tratados** da OMPI: o **Tratado de Pequim sobre a Proteção de Apresentações Audiovisuais** e o **Tratado de Marraquexe para Facilitar o Acesso a Obras Publicadas a Pessoas Cegas, Deficientes Visuais ou de outra forma desabilitadas**.

Presentemente, discute-se no âmbito da UE a aprovação de nova Diretiva que muitos consideram poder ter como efeito "o fim da internet". Em causa estão os novos artigos que têm como objetivo proteger a criatividade, possibilitando que os conteúdos partilhados na Internet gerem lucro aos respetivos autores.

PARTE IV

—

OS SUJEITOS DA RELAÇÃO JURÍDICA: AS PESSOAS SINGULARES E COLETIVAS

—

1. Introdução

1.1. A relação jurídica: noção e sujeitos

A ordem jurídica estadual regula relações entre as pessoas já que o homem, enquanto ser que se desenvolve em sociedade, deve circunscrever-se dentro de pautas de comportamento que, em boa medida, são pautas sinalizadas pelas normas jurídicas. Quando as relações sociais são contempladas juridicamente ou, por outras palavras, reguladas juridicamente, fala-se de relações com transcendência jurídica ou de relações jurídicas.

Em sentido amplo, a relação jurídica é toda a relação da vida social disciplinada (porque relevante) pelo Direito e, por isso, produtora de efeitos jurídicos. Em sentido restrito ou técnico é a relação da vida social regulada pelo Direito, mediante a atribuição a uma pessoa de um direito subjetivo e a imposição a outra pessoa de um dever jurídico ou de uma sujeição.

O conceito de relação jurídica em conexão com o de direito subjetivo é útil porque serve para pôr em relevo que as **posições de poder não são concebidas como posições isoladas, mas integradas**, tal como sucede na relação social em que as pessoas se encontram ligadas por um conjunto complexo de relações, por situações de poder e de submissão que, de algum modo, se contrabalançam.

Na verdade, **as relações sociais relevantes para o direito não se compõem única e exclusivamente por situações de dominação e submissão correlativa**; essas posições de dominação (direito) e submissão (dever) entrecruzam-se, formando uma malha que justifica os direitos que ostenta um sujeito em conexão com os direitos que ostenta outro sujeito diferente.

Relação jurídica é, assim, aquela que se produz entre duas ou mais pessoas jurídicas, públicas ou privadas, em virtude da qual uma (ou algumas) pode exigir algo ou uma conduta de outra (ou outras) com a ajuda da coação do poder público. Podemos falar de relação jurídica sempre que ao direito de um sujeito determinado (privado ou público) corresponde um dever de outro sujeito jurídico (privado ou público) determinado.

A relação jurídica existe entre ***sujeitos* jurídicos** e incide sobre um *objeto* do qual promana um *facto jurídico*; a efetivação desta relação pode, contudo, requerer o recurso a providências coercitivas, nomeadamente a intervenção de Tribunal o que, obviamente, dota a relação jurídica de uma *garantia*. Os sujeitos, o objeto, o facto jurídico e a garantia são os quatro elementos exteriores da relação jurídica, já que a vinculação, o nexo, a ligação entre os sujeitos é o cerne ou centro da referida relação.

Exemplificando:

Consideremos a relação que se estabelece entre dois cidadãos que prometem, reciprocamente, comprar e vender uma fração autónoma para habitação, situação muito comum no nosso comércio jurídico, através da celebração de um contrato-promessa de compra e venda, previsto e regulado na lei civil.

Nesta relação:

- Os **sujeitos** são o promitente-comprador e o promitente vendedor;
- O **objeto** é a fração autónoma que ambos prometem comprar e vender;
- O **facto jurídico** é o contrato-promessa de compra e venda;

– A **garantia** é constituída pela possibilidade de recurso aos tribunais por qualquer dos sujeitos em caso de incumprimento pelo outro, sem prejuízo de garantia prestada por um dos contraentes ou por terceiro, a seu favor, como acontece com a fiança, que é uma garantia pessoal, prestada por quem se responsabiliza, com todo o seu património, pelo cumprimento da obrigação assumida por qualquer uma das partes vinculadas no contrato.

2. Pessoas Singulares

2.1. Personalidade jurídica

Como diz Pedro Eiró[99], para poder agir juridicamente, o ser humano tem de se tornar uma pessoa jurídica; isto é, tem de existir para o Direito e sob o ponto de vista do Direito; e, para ser pessoa jurídica, precisa de ter personalidade jurídica. O Direito regula a vertente jurídica da vida do Homem em sociedade.

Dada a alteridade e o caráter social do Direito, o sujeito de direito por antonomásia é o ser humano, habilitado, em princípio, para desenvolver-se por si mesmo (a partir de certas idades e circunstâncias) no tráfico económico e, por conseguinte também, no tráfico jurídico[100].

Em Direito, referimo-nos ao conjunto dos seres humanos como pessoas físicas ou naturais; mas há certas entidades, associações ou grupos de indivíduos, as quais o Direito *personificou* por razões de vária índole. Por isso, e para nos referirmos genericamente a cada um desses grupos, impôs-se a necessidade de falar, respetivamente, de *pessoa física ou singular*, por um lado, e de *pessoa coletiva*, por outro. E o Direito reconhece essas entidades atribuindo-lhes *personalidade*, tanto às pessoas singulares como às pessoas coletivas.

O Direito, ao referir-se juridicamente à personalidade, está a reconhecer alguém como sujeito de direitos e obrigações; seja porque alguém é naturalmente idóneo para tal (a pessoa física), seja porque o Direito posi-

---

[99] Eiró, Pedro: "*Noções Elementares de Direito*", Editorial Verbo, Lisboa, 1997, pág. 68 e ss.

[100] Lasarte, Carlos: "*Curso de Derecho Civil Patrimonial*", 11.ª ed., Tecnos, Madrid, 2005, pág. 109.

tivo o achou conveniente (convertendo, por exemplo um conjunto de cidadãos com idêntica ideologia política numa nova pessoa: Associação como partido político)[101]. A verdade é que o nascimento de uma pessoa física ou a constituição de uma pessoa coletiva implica ser considerada como mais um membro na comunidade em que se insere.

2.1.1. Início e termo da personalidade jurídica

Esta consiste na suscetibilidade de ser sujeito de direitos e obrigações, isto é, de ser sujeito autónomo de relações jurídicas; é um conceito puramente qualitativo já que se refere à qualidade, condição ou aptidão da pessoa em causa para ser titular de relações jurídicas, isto é, de direitos e vinculações.

A personalidade jurídica é inerente a todos os seres humanos – pessoas singulares – e adquire-se com o nascimento completo e com vida (art. 66.º do CC). Embora assim seja, a lei protege, em alguns casos, os interesses dos **nascituros** (aquele que tendo sido concebido ainda não nasceu) e mesmo dos **concepturos** (nascituro não concebido). Com a morte cessa a personalidade singular; uma parte dos direitos pertencentes ao *de cujus* extingue-se (é a regra quanto aos direitos pessoais), outra parte transmite-se aos seus sucessores (é a regra quanto aos direitos patrimoniais).

2.1.2. Direitos de personalidade

Referindo, ainda, Pedro Eiró[102], a circunstância de toda a pessoa humana ser pessoa jurídica, isto é, de ter personalidade jurídica, impõe que lhe seja atribuído um conjunto de direitos, que não só traduzem o conteúdo mínimo da própria noção de personalidade jurídica, como também são exigência da dignidade da pessoa humana. Estamos a falar dos direitos de personalidade.

Este conjunto de direitos de personalidade ou direitos fundamentais deve ser respeitado por todo o ordenamento jurídico por constituir, definitivamente, **manifestações da dignidade da pessoa** e da sua própria esfera individual. Os direitos de personalidade podem enquadrar-se em vários grupos:

---

[101] Lasarte, Carlos: "*Curso de Derecho Civil Patrimonial*", 11.ª ed., Tecnos, Madrid, 2005, pág. 110.

[102] Eiró, Pedro: *"Noções Elementares de Direito"*, Editorial Verbo, Lisboa, 1997, pág. 69.

– **Direito à vida e à integridade física** – "*a vida humana é inviolável*" (art. 24.° da CRP). Por sua vez, o art. 25.° dispõe que:

> "*1. a integridade física e moral das pessoas é inviolável.*
> *2. Ninguém pode ser submetido a tortura, nem a tratos ou penas cruéis, degradantes ou desumanos*".

O reconhecimento constitucional do direito à integridade física **não significa que a pessoa possa dispor livremente do seu próprio corpo, suicidando-se** (ainda que o suicídio não seja penalizado juridicamente, por razões de complacência com quem comete ou tenta cometer este ato de desespero) ou mutilando-se, por motivos de ordem patológica. Coisa bem diferente, por razões humanitárias ou de solidariedade social, é o caso de se permitir a doação ou cessão gratuita de órgãos com vista à cura de outras pessoas, sem que se provoque o falecimento do doador.

– **Direito às liberdades** – previsto no art. 27.° da CRP, em que se inclui a liberdade de expressão e informação (arts. 37.° e 38.°), a liberdade de consciência, religião e culto (art. 41.°), a liberdade de reunião e de manifestação (art. 45.°).
– **Direitos à integridade moral e reserva da vida privada** – o direito à honra (arts. 25.° e 26.° da CRP); o direito à imagem (art. 79.° do CC); o direito à intimidade da vida privada (arts. 26.° da CRP e 80.° do CC), direitos estes que, em face da notoriedade pública de certas pessoas, sofrem limitações atendíveis. Na verdade, a pessoa célebre não pode esperar que a sua presença, especialmente em locais públicos, passe despercebida, daí que não poderá reagir de modo menos cordial ao facto de ser fotografado ou filmado; já outro tanto não se justifica se se encontrar em espaço privado, perfeitamente resguardado, no seu domicílio, onde a sua esfera de privacidade deverá ser respeitada. Este preço da famap está, de resto, na origem dos frequentes conflitos entre gente famosa e os denominados *paparazzi* (fotógrafos que, sem escrúpulos, invadem a reserva da vida privada e vendem as suas fotografias a órgãos de imprensa).

- **Direitos relativos à individualidade ou identidade da pessoa** – o direito ao nome (arts. 72.º a 74.º do CC) e ao pseudónimo, os quais são tutelados de modo a que ninguém deles se aproprie indevidamente, em particular quando se trata de pseudónimo artístico ou pelo qual a pessoa alcançou notoriedade pública e social.

Os direitos de personalidade são, pela sua natureza, direitos **absolutos** (impõem-se contra todos, isto é, *erga omnes*), **não patrimoniais** (não avaliáveis em dinheiro), **indisponíveis** (não objeto de renúncia ou limitação, por regra) e **intransmissíveis** (nem em vida, nem por morte).

2.1.2.1. Mudança de sexo e de nome e procedimentos

Não queremos deixar de consignar, nesta obra, as alterações legislativas de fundo que visam tutelar aspectos indissociáveis da personalidade humana e da identidade individual, como é o caso do sexo biológico, da identidade e expressão do género e da orientação sexual, tendo em apreço a candente relevância destas matérias, as quais suscitam controvérsia e são objecto de debate público. Não se trata aqui, obviamente, de expandir tese sobre tais questões, cuja especificidade reclama a intervenção multidisciplinar das ciências bio-médicas, entre outras. Quedar-nos-emos por referir a ressonância que estas situações factuais assumem no nosso ordenamento jurídico, o qual, como se sustentou, foi, e continua a ser, ativamente interpelado para intervir, conferindo a necessária regulamentação às relações e aos titulares dos interesses que carecem de proteção.

Sabendo-se que o sexo biológico, aquele com que se nasce, corresponde ao sexo cromossomático (que depende dos cromossomas e suas combinações) e ao sexo genital (os órgãos externos de um indivíduo), os quais podem "determinar" as suas futuras capacidades reprodutivas, bem como o "papel social" que a família e a sociedade atribuem a um indivíduo, não se ignora, também, que, apesar do sexo, uma pessoa possa crescer com a perceção de que, apesar da sua anatomia o identificar com o sexo feminino, não se sente na pele de um indivíduo com tal sexo biológico. Nesta situação, a pessoa sente que a sua identidade de género é diferente do seu sexo biológico e poderá ter a vontade e o propósito de mudar de sexo, por ser uma pessoa transgénero e não querer viver de acordo com convenções sociais tradicionalmente associadas ao seu sexo biológico mas que espartilham a sua educação e integração social. Desta feita, poder-se-á falar em expressão de género, que traduz um comportamento com um conjunto de atitudes, indumentária, maneirismos, gostos, hábitos desportivos, provavelmente mais adequados à sua identidade de género. Quanto à orientação sexual, esta refletirá a sua dimensão afectiva e a sua exualidade, podendo sentir-se dominantemente atraído por indivíduos do mesmo sexo, de sexo diferente, ou de ambos os géneros.

Feitas estas ressalvas, e acautelada a complexidade destas questões, daremos destaque à **Lei n.º 7/2011, de 15 de maio**, que disciplina os procedimentos para a mudança de sexo e de nome próprio no Registo Civil. Têm legitimidade para requerer este procedimento as **pessoas de nacionalidade portuguesa, maiores de idade e que não tenham sido interditas ou inabilitadas por anomalia psíquica, e não lhes tenha sido diagnosticada perturbação de identidade de género** (art. 2.º da citada Lei).

O pedido para mudar de sexo e de nome pode ser apresentado em qualquer Conservatória do Registo Civil e deve ser instruído com os seguintes documentos:

- Requerimento de alteração de sexo com indicação do número de identificação civil e do nome próprio pelo qual o requerente pretende vir a ser identificado, podendo solicitar que se realize novo assento de nascimento;
- **Relatório, subscrito, pelo menos, por um médico e um psicólogo, que comprove o diagnóstico de perturbação de identidade de género**, também designada como transexualidade, podendo ser elaborado por equipa clínica multidisciplinar de sexologia clínica em estabelecimento de saúde público ou privado, nacional ou estrangeiro.

No prazo de oito dias a contar da apresentação do pedido, o Conservador deve:

- **Decidir favoravelmente o pedido e realizar o respetivo averbamento**, nos termos do art. 73.º do CRC e, se for o caso, um novo assento de nascimento, nos termos do n.º 1 do art. 123.º do mesmo Código;
- **Solicitar o aperfeiçoamento do pedido** e, neste caso, terá o prazo de oito dias para decidir, contados a partir da data da apresentação dos elementos adicionais;
- **Rejeitar o pedido**, quando verifique, pela análise dos documentos instrutórios, que o pedido não se adequa manifestamente às normas legais aplicáveis.

O Estado Português reconhece a alteração de registo do sexo efetuada por pessoa de nacionalidade portuguesa que, tendo outra nacionalidade, tenha modificado o seu registo do sexo perante as autoridades desse Estado.

3.1.2.2. Direito à auto-determinação da identidade de género, expressão de género e direito à proteção das caracterísitcas sexuais de cada pessoa

Foi a **Lei n.º 38/2018**, de 7 de agosto que consagrou, entre nós, estes direitos, estribando-se nos princípios constitucionais da igualdade e da não discriminação dos cidadãos.

Assim, o seu art. 3.º estabelece que estes direitos são assegurados mediante o livre desenvolvimento da personalidade de acordo com a identidade e expressão de género do interessado. **O reconhecimento da identidade de género** às pessoas «inter sexo» **depende de um procedimento de mudança da menção do sexo no registo civil e consequente alteração do nome próprio** (art. 6.º). Porém, uma vez efetuada esta alteração, não poderá o seu requerente abrir novo procedimento para nova alteração, a não ser mediante decisão judicial.

Só as pessoas maiores ou que se encontrem nas condições legalmente previstas para serem consideradas maiores acompanhados, têm legitimidade para dar início a este procedimento que determinará a alteração da menção do sexo que não corresponde àquele que lhe foi fixado à nascença. **Também os cidadãos e cidadãs portugueses, com idades compreendidas entre os 16 e os 18 anos, poderão requerer o procedimento de alteração, desde que**

o mesmo seja apresentado pelos seus legais representantes e os interessados sejam ouvidos presencialmente pelo Conservador do Registo Civil que deverá garantir que o seu consentimento é esclarecido e expressamente dado, com base em relatórios subscritos por médicos e psicólogos inscritos nas respectivas Ordens Profissionais.

Uma vez registada a alteração requerida, todas as entidades privadas e públicas, designadamente os estabelecimentos de educação e ensino, deverão conferir ao interessado o tratamento compatível com a sua nova identidade de género, sob pena de incorrerem em tratamento discriminatório, passível de ser sancionado com sanções civis, a saber indemnização pelos danos patrimoniais e não patrimoniais causados ao lesado, por ação ou omissão, e com base nos princípios da responsabilidade civil extracontratual, prevista e regulada no Código Civil.

2.2. Capacidade jurídica

À personalidade jurídica é inerente a *capacidade jurídica* ou *capacidade de gozo* de direitos (suscetibilidade genérica e abstrata de ser titular de direitos e sujeito de obrigações) – art. 67.º CC

Fala-se de capacidade jurídica para exprimir a aptidão para ser titular de um círculo, mais ou menos restrito, de relações jurídicas. Em geral e por via de regra, quando se fala em capacidade jurídica, sem qualquer qualificativo, está a designar-se a **capacidade de gozo**; por outro lado, quando se fala em incapacidade é comum aceitar-se que tal incapacidade se refere à **incapacidade de exercício**.

Incapaz, diz-se de uma pessoa afetada por uma incapacidade. Na lei portuguesa, o termo incapaz refere-se, normalmente, à pessoa afetada por uma incapacidade de exercício: **menores, interditos ou inabilitados**. Incapacidade é a qualidade da pessoa privada pela lei do gozo ou exercício de certos direitos. A incapacidade diz-se de exercício quando uma pessoa não pode exercer os seus direitos ou cumprir os seus deveres, por si só e livremente.

A contraposição entre ser titular de direitos e ser capaz do exercício dos direitos de que é titular tem consequências teóricas e práticas. **Capacidade jurídica** significa ter a aptidão e idoneidade necessárias para ser titular de direitos e obrigações; **capacidade de exercício** implica a possibilidade, aptidão ou idoneidade de uma pessoa (física ou jurídica) de exercer ou pôr em prática os direitos e obrigações que lhe são inerentes. Por isso, se diz que a capacidade jurídica não é suscetível de graduações ou matizes: ou se tem, ou não se tem; neste sentido, personalidade jurídica e capacidade jurídica são coincidentes. Ao contrário, a capacidade de exercício permite graduações e subdivisões consoante o tipo de ato que o sujeito pretenda realizar: fazer um testamento, adotar ou intervir numa escritura.

Por outras palavras e seguindo Carlos Lasarte[103], a capacidade jurídica não significa possibilidade de agir, mas simplesmente a possibilidade abstrata e teórica de encontrar-se em situações originadoras de direitos e obrigações que podem acontecer ao longo da vida de um sujeito e tem um valor fundamentalmente ético e sociopolítico: colocar todas as pessoas (e agora falando apenas de pessoas físicas) num ponto de partida presidido pela ideia de igualdade (ser potencialmente sujeito de todos os direitos identificados pelo ordenamento jurídico) afastando as discriminações iniciais entre as pessoas. Em sentido diferente, do ponto de vista prático, a capacidade de exercício adquire mais relevância na medida em que, perante cada caso concreto, permitirá esclarecer se o sujeito de direito pode realizar ou não determinado ato com eficácia jurídica.

2.2.1. Menoridade e emancipação

Dado o seu caráter genérico, a idade é uma das circunstâncias fundamentais para a determinação da capacidade jurídica da pessoa humana. Segundo Cunha Gonçalves[104] "*todo o homem nasce física e mentalmente débil. A inteligência e a vontade fortificam-se à medida do crescimento do respetivo organismo. Há uma idade que se reputa como sendo aquela em que o corpo adquire a plenitude do seu desenvolvimento; e essa idade foi pelos legisladores adotada como sendo a da capacidade legal, estabelecendo para todos a mesma bitola, para que tão importante questão não ficasse dependente das variadas condições individuais*".

---

[103] Lasarte, Carlos: "*Curso de Derecho Civil Patrimonial*", 11.ª ed., Tecnos, Madrid, 2005, pág. 110.
[104] Cunha Gonçalves, "Tratado de Direito Civil", vol. I, pág. 225.

Distingue-se da capacidade jurídica a **capacidade de exercício de direitos ou capacidade de agir** como sendo a capacidade de atuar juridicamente, isto é, como pessoa dotada de capacidade para atuar autonomamente, não carecendo de ser representada, exercendo ou adquirindo direitos e cumprindo ou assumindo deveres, por ato próprio e exclusivo.

O Direito optou por criar mecanismos necessários para que os direitos do incapaz fossem exercidos e os seus deveres cumpridos; assim, e atendendo a que a **incapacidade de gozo é insuprível, só a incapacidade de exercício pode ser suprida por meio da representação**, isto é, por alguém que age em nome e por conta do menor, pelo facto de ele não poder agir pessoalmente; quando o menor não puder agir livremente, a forma de suprimento é a **assistência**, em que existe uma atuação conjugada de duas vontades: a do incapaz e a de terceiro, o assistente.

O art. 1891.° do CC prevê a nomeação de um *curador especial* **ao menor que não tenha legalmente quem o represente**, para efeitos de aceitar herança ou legado (bem ou valor determinado atribuído na sucessão a uma pessoa) ou de aceitar doação feita ao menor; o curador é nomeado pelo tribunal a requerimento dos pais (quando, por exemplo, não se entendam), de qualquer parente do menor, do Ministério Público, do doador ou de algum interessado nos bens deixados.

Segundo o art. 130.° do CC "*aquele que perfizer dezoito anos de idade adquire plena capacidade de exercício de direitos, ficando habilitado a reger a sua pessoa e a dispor dos seus bens*". Atingir a maioridade significa, de forma automática (pelo mero decurso do tempo), adquirir a plena capacidade de agir ou a possibilidade de exercer por si mesmo os direitos e/ou obrigações atinentes à pessoa. A maioridade desprende a sua virtualidade própria de autogoverno e autorresponsabilidade da pessoa em todos os ramos do Direito e não só na vida civil. Se a maioridade comporta a capacidade de agir em geral, **existem casos em que o Código Civil e outras leis requerem uma idade superior, pelo que cabe falar de uma capacidade de agir especial, como no caso da adoção: 25 anos, segundo o art. 1979.° do CC.**

Nos termos do art. 132.º do CC "*o menor é, de pleno direito, emancipado pelo casamento*". A este propósito convirá recordar Cunha Gonçalves, para quem a maioridade pode também resultar dum especial ato jurídico – a **emancipação, ato pelo qual o menor pode ficar liberto do pátrio poder ou da tutela.** Emancipar ou emancipar-se equivale a tornar-se independente, apesar de não ter atingido a maioridade, do poder paternal ou da tutela à qual, em princípio, está sujeito o menor.

Tal emancipação atribui ao menor uma capacidade plena para o exercício de direitos, na medida em que o habilita a reger a sua pessoa e a dispor dos seus bens como se fosse maior, salvo o disposto no art. 1649.º do CC. **Segundo este preceito, conjugado com o art. 1604.º do CC, constitui impedimento ao casamento do nubente menor** a falta de autorização dos pais ou do tutor. E se o nubente casar sem essa autorização ou o respetivo suprimento judicial, continua a ser considerado menor quanto à **administração dos bens** que leve para o casal ou que posteriormente lhe advenham por título gratuito até à maioridade.

Desta forma, aquele núcleo de bens, subtraído à administração do menor, será administrado pelos pais, tutor ou representante legal, não podendo, em caso algum, ser entregue à administração do outro cônjuge durante a menoridade do seu consorte; além disso, não responde, nem antes nem depois da dissolução do casamento, por dívidas contraídas por um ou ambos os cônjuges no mesmo período (art. 1649.º, n.º 2 do CC).

Em geral, **a emancipação situa o menor emancipado numa situação de capacidade intermédia entre a maioridade e a menoridade,** do ponto de vista patrimonial. Excluídos os aspetos patrimoniais, o emancipado tem uma capacidade semelhante à da pessoa de maioridade, isto é, capacidade plena para reger a sua pessoa como se fosse maior.

A **tutela** é o regime obrigatório a que estão submetidos os menores cujos pais tenham falecido, sejam incógnitos ou estejam impedidos ou inibidos do exercício do poder paternal (art. 1921.º CC). O tutor é assistido por um conselho de família e ambos estão sujeitos à **fiscalização do Tribunal**. A tutela dos menores termina, em princípio, pela maioridade ou emancipação, pela adoção, pelo termo da inibição do poder paternal, pela cessação do impedimento dos pais ou pelo estabelecimento da paternidade ou maternidade

2.2.2. Regime jurídico do maior acompanhado

Os **institutos da interdição e da inabilitação foram revogados pela Lei n.º 48/2018, de 14 de Agosto**. Este regime eliminou, como se disse, a interdição bem como a inabilitação, ambas previstas no CC anteriormente a esta alteração legislativa.

Na vigência da lei anterior, poderiam ser declarados interditos do exercício dos seus direitos todos aqueles que, por anomalia psíquica, surdez-mudez ou cegueira fossem incapazes de governar a sua pessoa e os seus bens, a partir da sua maioridade, pois os menores encontram-se defendidos, no que tange esta incapacidade, pelo seu estado natural da menoridade. A interdição deveria ser decretada por sentença judicial, e sempre que o maior se encontrasse afetado por anomalia psíquica grave, habitual, duradoura que o impedisse totalmente de reger, livre e conscientemente, a sua pessoa e os seus bens. Já a inabilitação, que também devia ser decretada por sentença judicial, abrangia situações com menor gravidade e que, em consequência, não privassem os maiores por elas afetados até ao ponto de não se conseguirem governar as suas pessoas e patrimónios.

Não deve esquecer-se que, subjacente à interdição por anomalia psíquica, existia um triplo interesse: o interesse do interditando, o da família e o da sociedade. Daí que o cônjuge do interditando, o tutor ou o curador deste, qualquer parente sucessível ou o Ministério Público pudesse intentar a acção especial de interdição e, no caso de o interditando ser menor, apenas os seus progenitores teriam legitimidade para propor tal acção, em paralelo com o Ministério Público.

Ora, com o novo regime jurídico, estabelece o art. 138.º do CC que "***O maior impossibilitado, por razões de saúde, deficiência, ou pelo seu comportamento, de exercer, plena, pessoal e conscientemente, os seus direitos ou de, nos mêsmos termos, cumprir os seus deveres, beneficia das medidas de acompanhamento previstas neste Código***."

Com esta formulação legal, e interpretando literalmente os pressupostos para ser intentada a **ação de acompanhamento**, resulta claro que o legislador deixou de parte a nomenclatura academicamente aceite de "anomalias psíquicas", que alberga um vastíssimo leque de patologias do foro psiquiátrico e outros, para abraçar **um conceito mais lato – razões de saúde, deficiência e comportamento – que podem fundar a competente ação para que um maior seja acompanhado.**

Em boa verdade, ao abrigo da lei revogada, todos os maiores que fossem afetados por cegueira, surdez-mudez permanentes poderiam ser declarados interditados e/ou inabilitados, em função da gravidade das mesmas, o que, na atualidade, não pode colher, pois nem se concede que estes cidadãos e cidadãs possam assim ser considerados, posto que tais limitações sensoriais podem nem ser um entrave ao seu bom discernimento e capacidade volitiva. Quanto à inabilitação, esta poderia ter na sua génese a habitual prodigalidade (gasto exagerado, desperdício, esbanjamento) ou o abuso de bebidas alcoólicas ou de estupefacientes, que levassem o maior a ser incapaz de reger convenientemente o seu património (art. 152.º do CC). A prodigalidade, segundo Manuel de Andrade, consiste num defeito da vontade ou do caráter e revela-se na tendência para dissipar ou malbaratar o próprio património, gastando-o em despesas desproporcionadas com o seu valor e, ao mesmo tempo, social ou eticamente não aprovadas.

Nos termos do art. 139.º do CC **o acompanhamento continua a ser decidido pelo Tribunal, podendo ser requerido um ano antes de se atingir a maioridade,** e têm legitimidade para o requerer o próprio e, sob autorização deste, o seu cônjuge, a pessoa que com ele viva em união de facto, o parente sucessível ou o próprio M inistério Público (art. 141.º), este independentemente da autorização do maior.

O acompanhamento visará assegurar o seu bem-estar, a sua recuperação, o pleno exercício dos seus direitos e deveres. **O acompanhante poderá ser escolhido pelo próprio acompanhado, pelos seus representantes legais ou ser designado pelo Tribunal de entre as pessoas indicadas no art. 143.º do CC**, devendo ser pessoa maior que exerça as suas funções com **zelo e diligência** (art. 146.º), devendo **visitar o acompanhado com regularidade (pelo menos uma vez por mês) ou com a periodicidade estabelecida pelo Tribunal.**

Em todo o caso, qualquer **internamento hospitalar** dependerá da autorização judicial e, sendo urgente, deverá ser ratificado pelo Juiz (art. 148.° do CC).

2.3. O domicílio

O domicílio está ligado ao "lugar". Podemos distinguir entre:

- O **domicílio voluntário** ou geral que está ligado ao lugar da residência habitual (art. 82.°, n.° 1 do CC), ao lugar da residência ocasional (art. 82.°, n.° 2 do CC), ou ao lugar onde a pessoa se encontrar (art. 82.°, n.° 2, *in fine*, CC);
- O **domicílio profissional** que está ligado ao lugar onde a pessoa exerce uma profissão (art. 83.°, n.° 1 CC);
- O **domicílio eletivo**, ligado ao lugar estipulado para determinados ne gócios;
- O **domicílio legal** dos menores que é o lugar de residência da família, do progenitor que exerce o poder paternal, do tutor ou do administrador, consoante os casos (art. 85.° CC);
- O **domicílio necessário** para os empregados públicos é o lugar de exercício dos empregos (art. 87.° CC).

A importância do domicílio revela-se pela necessidade de uma pessoa ter um lugar, um ponto de referência onde possa ser encontrada, para reclamar validamente as suas obrigações ou apresentar eficazmente contra ela as ações.

3. Pessoas Coletivas

3.1. Noção

Estas pessoas, também denominadas pessoas jurídicas, são entidades ou organizações, constituídas por um grupo de pessoas ou um conjunto de bens, às quais a lei atribui personalidade jurídica, tendo em consideração o seu escopo ou finalidade que é a de prosseguir a realização de interesses comuns ou coletivos dignos de tutela jurídica.

Estão neste caso as **associações** desportivas, recreativas e de lazer, as **fundações**, as organizações religiosas, entre muitas outras criadas pelo homem para a satisfação de interesses ou fins altruísticos – alheios aos interesses dos seus fundadores ou associados – de fins humanitários e de beneficência, bem como de objetivos interessados, em que o seu escopo é de natureza egoístico, no sentido de se centrar na satisfação de necessidades e interesses privativos dos seus próprios associados – como acontece com as cooperativas, as agremiações ou associações recreativas, desportivas, culturais, com as associações mutualistas (cujo fim pode consistir, v.g., na concessão de empréstimos aos seus associados, em condições mais favoráveis das que são praticadas pela Banca ou na realização de prestações em situação de infortúnio, como a morte e a invalidez dos seus membros).

Em todo o caso, a estas pessoas coletivas preside um fim económico não lucrativo, que não pode consubstanciar uma atividade económica e produtiva típica das **sociedades** que, por natureza, perseguem a obtenção do lucro para futura partilha entre sócios e também são pessoas coletivas.

3.2. Início e termo da personalidade jurídica

Também pode ser atribuída personalidade jurídica a certas organizações de meios humanos e materiais, com um substrato social e individualidade própria e que possam ser titulares de relações jurídicas – é o caso das pessoas coletivas.

A **personalidade coletiva começa com a constituição nos termos legais** (para as associações), **com o reconhecimento** (para as fundações) ou **com o registo** (para as sociedades) **e cessa com a extinção da pessoa coletiva**, sua liquidação e transmissão dos seus bens.

A pessoa coletiva é uma organização de pessoas ou bens destinada a prosseguir determinados fins e que pode ser titular de direitos e obrigações, como se verá de modo aprofundado mais adiante.

3.3. Sede

Sede é o centro jurídico da atividade das pessoas coletivas e corresponde ao domicílio das pessoas singulares. As pessoas coletivas têm sede no local que for fixado nos respetivos estatutos. Se for uma associação, têm os respetivos estatutos que fixar a sua sede (art. 167.° CC) e se for uma sociedade, deve constar do contrato constitutivo essa mesma sede social (art. 9.° do Código das Sociedades Comerciais).

3.4. Classificação das pessoas coletivas

Remetemo-nos, nesta obra, apenas à classificação legal das pessoas coletivas, por razões de economia, porquanto se trata de uma tarefa exaustiva, se atendêssemos aos critérios doutrinários com vocação para as classificar. É no art. 157.° do CC que se estatui sobre as pessoas colectivas que o legislador ordinário classifica em três grandes tipos, já referidos: **as associações, as fundações e as sociedades**. A cada um deles nos referiremos, com o cuidado de estabelecer as diferenças de natureza e de regime legal.

3.4.1. Elementos: o substrato e o reconhecimento

É comum a doutrina distinguir, de entre os elementos que compõem a pessoa coletiva, o substracto e o reconhecimento. O **substrato** mais não é do que a pessoa coletiva na sua factualidade própria, tal como se apresenta na sua estrutura real e substantiva, e que, por sua vez, integra um conjunto de **subelementos** que aqui referimos, de modo sintético:

- O **pessoal** – diz respeito ao conjunto de pessoas ou indivíduos que compõem a pessoa coletiva, os membros que se congregam para realizar o objetivo, o escopo ou fim para o qual foi criada a entidade; como se verá, este elemento torna-se absolutamente essencial nas **associações e coletividades** que, para o seu bom desenvolvimento, carecem, acima de tudo, do empenho e esforço dos seus associados. Por exemplo, numa associação recreativa, será mais relevante a iniciativa e a cooperação ativa dos membros do que, eventualmente, um património abundante que, porventura, não seja devidamente aplicado ou rentabilizado pelos associados;

- O **patrimonial** – formado pelo conjunto de bens ou património afetado à prossecução dos objetivos da pessoa coletiva; neste caso estarão as **fundações**, para as quais a denominada dotação (o acervo de bens ou património) é indispensável à sua criação. Ao invés das associações, aqui o património desempenha um papel fundamental, já que quem institui uma fundação deverá atribuir a esta os bens necessários para o normal funcionamento do ente e a consecução do escopo a que este se propõe;
- O **teleológico** – consiste na própria finalidade visada pela pessoa coletiva a qual, nos termos da lei, deverá ser um fim determinado, ou seja, devidamente especificado nos seus estatutos, física e legalmente possível, não contrário à lei nem à ordem pública nem, ainda, ofensiva dos bons costumes. Esclarecendo, não poderá ser criada uma pessoa coletiva que se proponha uma atividade objetivamente impossível para a atividade humana ou que viole a lei, como seria o caso de uma associação desportiva para treinar malfeitores e delinquentes. De resto, estes requisitos, atrás enunciados para o fim ou escopo de uma pessoa coletiva, impõem-se a qualquer objeto de uma relação jurídica, como estabelece o art. 288.º do CC;
- O **organizatório** – diz respeito à estrutura escolhida para a pessoa coletiva, tendo por fim as regras do seu normal funcionamento e desenvolvimento. é nos estatutos que os associados ou o fundador deverão consignar os órgãos – bem como as competências destes e a forma como deverão ser escolhidos os seus titulares – que formarão a vontade da pessoa coletiva e dirigirão a sua atividade quotidiana, tendo em vista a realização do fim previsto para a sua criação, fim que deverá ser **comum ou coletivo**, ou seja, respeitante a uma

coletividade de indivíduos, nos termos dos arts. 157.º e n.º 1 do art. 188.º, ambos do CC.

Não basta, contudo, que uma pessoa coletiva encontre e congregue todos estes elementos, para que se possa considerar criada validamente, face à lei portuguesa. Ao elemento pessoal, deverá acrescer o **reconhecimento**, elemento de natureza normativa através do qual se verifica que a pessoa coletiva reúne todos os pressupostos legais e, em consequência, o ordenamento jurídico Português atribui à pessoa coletiva a **personalidade jurídica**, sem a qual a entidade não pode ser titular e exercer os deveres e direitos que a lei lhe reconhece (art. 158.º do CC).

Resulta, deste modo, que uma pessoa coletiva só será validamente criada se tiver cumprido estas etapas, que se sucedem lógica e cronologicamente e que são distintas, consoante se trate de uma associação, uma fundação ou uma sociedade, como trataremos adiante.

3.4.2. Associações: regime-quadro

A regulamentação destas pessoas coletivas está consagrada no CC, nos arts. 157.º a 184.º. Importa ainda considerar a **Lei n.º 40/2007, de 24 de agosto, que aprovou o regime especial de constituição imediata de associações**, com personalidade jurídica e com ou sem aquisição de marca em simultâneo, por parte das entidades assim constituídas, regime vulgarmente conhecido por **Associação na Hora**, serviço que ficou disponível, a partir de 31 de outubro de 2007, em nove Conservatórias do Registo Civil, e que foi alargado a outros serviços, através de **Portarias,** com profundas alterações ao regime geral de criação das associações vigente.

3.4.2.1. Associações: caracterização e órgãos

As associações são tidas como coletividades de pessoas, ou seja, entidades constituídas e governadas por um conjunto de pessoas (os associados) que subscrevem originariamente os estatutos e outorgam no seu ato constitutivo ou que posteriormente aderem à organização. Os **associados dominam a vida e o destino da corporação,** devendo atuar através dos seus órgãos, desde logo reunidos em assembleia-geral, podendo alterar os seus estatutos originais. Assim sendo, são os associados quem cria a pessoa coletiva, quem a estrutura e quem define o modo do seu funcionamento, fixando nos estatutos os órgãos de que aquela careça. Contudo, terão de existir obrigatoriamente:

- A assembleia-geral;
- O conselho fiscal;
- E o órgão colegial de administração, vulgarmente chamado de direção, estes dois últimos constituídos por um número ímpar de titulares (arts. 162.° e 170.° do CC).

As associações visam um **fim próprio dos associados**, que pode ser altruístico, e são regidas por uma **vontade própria**, criada dentro do ente colectivo, não podendo ter por finalidade a obtenção de lucro. São exemplos de pessoas coletivas deste tipo os partidos políticos, as associações recreativas, os clubes recreativos, os clubes desportivos, as associações de socorro mútuo, as associações de solidariedade social, as associações de empregadores e as associações sindicais, as associações humanitárias de bombeiros, entre outras.

3.4.2.2. Regime da "Associação na Hora"

Como se disse, a **Lei n.° 40/2007** criou um regime especial de constituição imediata de associações com personalidade jurídica, a vulgarmente designada "Associação na Hora", que alterou algumas normas do regime jurídico consagrado no CC, com vista a agilizar o processo de constituição de novas associações.

Com o regime especial, a criação de uma associação efetua-se num "*único momento, em atendimento presencial único*", deste modo se agilizando a sua criação de modo a incentivar o associativismo e "*contribuir para o enriquecimento da sociedade civil*", como expressamente refere o preâmbulo da **Portaria n.° 1441/2007**, de 7 de novembro. Este diploma legal acometeu o regime especial de criação da "associação na hora" ao RNPC e a várias Conservatórias do Registo Comercial (Braga, Coimbra, Évora, Lisboa, Loulé, Porto e Vila Nova de Gaia), em regime experimental. Posteriormente, e por via de Portarias, foi alargada esta competência a uma vastíssima rede de Conservatórias de Registo Civil, as quais se encontram devidamente elencadas nestes diplomas legais, para cuja consulta se remete. Hoje é possível **iniciar e concluir no mesmo dia** o procedimento destinado a constituir uma associação com personalidade jurídica, **sem necessidade de celebrar escritura pública,** após o que os associados recebem, ato contínuo, o cartão definitivo da pessoa coletiva, bem como a certidão do ato constitutivo e dos estatutos da associação.

São exceções a este regime especial a constituição de:

- Partidos políticos;
- Coletividades religiosas;
- Associações sócio-profissionais de militares e de agentes das forças de segurança;
- Associações de empregadores, associações sindicais e comissões de trabalhadores;
- Associações humanitárias de bombeiros.

Este regime especial não se aplica, de igual modo, às associações cujos interessados na sua constituição concorram para o **património social com bens imóveis** (art. 1.º da Lei n.º 40/2007).

Pressupostos para a constituição da associação na hora

Para que seja possível recorrer a este regime especial, é necessário respeitar os pressupostos previstos no art. 2.º do diploma citado, a saber:

> *«a) A opção por uma denominação constituída por expressão de fantasia previamente criada e reservada a favor do Estado, associada ou não à aquisição de uma marca previamente registada a favor do Estado, ou a apresentação de certificado de admissibilidade de denominação emitido pelo Registo Nacional de Pessoas Coletivas (RNPC);*
>
> *b) A opção por estatutos de modelo aprovado por deliberação do conselho diretivo do Instituto dos Registos e do Notariado, I. P., desde que o mesmo se adeque ao fim da associação que se pretende constituir.».*

Este regime propicia aos interessados **a comunicação por via eletrónica dos dados da associação** assim criada aos serviços da Administração Fiscal, à Segurança Social e à Inspeção-Geral do Trabalho (ACT – Autoridade para as Condições de Trabalho), bem como a outras entidades da Administração Pública, evitando as deslocações dos associados, para cumprimento destas obrigações legais, aos diversos serviços públicos.

3.4.2.3. Regime normal de constituição de associações: o regime do CC

Os arts. 167.º e 168.º do CC regulam aquilo que podemos considerar o "regime normal" de criação de uma associação, no que tange o substrato das associações. O primeiro preceito normativo refere-se, no seu n.º 1, ao ato de constituição da associação e às menções que deverão dele constar, e o n.º 2 trata dos estatutos e do clausulado que os associados poderão fazer constar dos mesmos. O art. 168.º alude à forma de constituição de uma associação, à sua publicidade, aos estatutos e às suas alterações.

Assim, estabelece o CC que, sem prejuízo do disposto em lei especial, o ato de constituição da associação, os estatutos e suas alterações devem constar de **escritura pública** (art. 168.º, n.º 2), sob pena de tais atos não produzirem efeitos em relação a terceiros (**ineficazes) enquanto não forem publicados** no DR.

3.4.2.4. Associações sem personalidade jurídica

Ainda a propósito, umas notas sobre as associações sem personalidade jurídica e sobre as chamadas "comissões especiais". A ambas se refere o CC no seu capítulo terceiro (arts. 195.º a 201.º-A).

Como veremos adiante, as **associações sem personalidade jurídica são aquelas que ainda não foram reconhecidas legalmente**. Ora, como o reconhecimento das associações é **normativo** – depende da verificação e cumprimento de uma série de requisitos impostos por lei – tal significa que continua a faltar o cumprimento de alguma formalidade legal para que a mesma possa ver-lhe atribuída a dita personalidade jurídica.

Será o caso, por exemplo, de ainda não ter sido celebrada a respetiva escritura pública, quando o deva ser. Pode acontecer que, apesar de ainda não ter sido celebrada a escritura pública, a associação já esteja a exercer alguma actividade, caso em que o regime jurídico a aplicar-lhe será o estatuído nos arts. 195.° a 201.°-A do CC. Nesta matéria, são particularmente relevantes as normas relativas à **responsabilidade por dívidas**, a qual, nos termos do art. 198.°, é **assumida pelo chamado "fundo comum"** e, na sua falta ou insuficiência, pelo **património daquele ou daqueles membros associados que as tiverem contraído** (se for mais do que um, respondem todos solidariamente).

O mesmo acontece com as chamadas **"comissões especiais"**, as quais, nos termos do art. 199.° do CC, são constituídas «*para realizar qualquer plano de socorro ou beneficência, ou promover a execução de obras públicas, monumentos, festivais, exposições, festejos e atos semelhantes*» ficando sujeitas, nesse caso e na falta de lei em contrário, às disposições dos arts. 200.° a 201.°-A, se não pedirem o reconhecimento da personalidade da associação ou não a obtiverem.

3.4.3. Fundações: caracterização e procedimentos para a sua instituição

Para estas pessoas colectivas há que referir:

- A **Lei n.° 24/2012, de 9 de julho,** que aprovou a chamada **Lei-Quadro das Fundações** e alterou o CC, a qual foi objecto de sucessivas alterações – aqui se consignando que a Lei n.° 150/2015, de 10 de Setembro, introduziu a primeira alteração ao regime-quadro e consagrou a obrigatoriedade das fundações aprovarem códigos de conduta auto-reguladores das suas boas práticas (nomeadamente quanto à participação dos seus destinatários, transparência da sua gestão e contas, conflitos de interesses), de publicitarem o ato de instituição, os seus estatutos e alterações, nos mesmos termos previstos para as sociedades comerciais, sob pena de não produzirem efeitos em relação a terceiros, o prazo e forma de requerer o estatuto de utilidade pública e o processo do seu reconhecimento, quando existam várias entidades que devam pronunciar-se, e, ainda, a extinção das fundações e a transferência do seu património para entidades públicas que prossigam fins análogos. A sua **última alteração é a constante**

da Lei n.º 67/2021, de 25 e agosto, e a sua regulamentação foi a conferida pela **Portaria n.º 75/2013, de 18 de fevereiro**.

- O **Decreto-Lei n.º 157/2019, de 22 de outubro**, que regula a **forma do ato de instituição e o registo obrigatório** das fundações, que contém os elementos de identificação das entidades fundacionais, tendo em vista a publicitação da sua situação jurídica.

Estabelece o artigo 2.º, n.º 1, da Lei-Quadro das Fundações que a mesma se aplica imperativamente " ... *às fundações portuguesas e às fundações estrangeiras que desenvolvam os seus fins em território nacional, sem prejuízo do disposto quanto a estas no direito internacional aplicável, nomeadamente na Convenção Europeia sobre o Reconhecimento da Personalidade Jurídica das Organizações Internacionais não Governamentais, ratificada pelo Decreto do Presidente da República n.º 44/91, de 6 de setembro, e no artigo 5.º da presente lei-quadro, e com exclusão das fundações criadas por ato de direito derivado europeu.*".

Este regime aplica-se às **fundações de solidariedade social** abrangidas pelo Estatuto das Instituições Particulares de Solidariedade Social, aprovado pelo Decreto-Lei n.º 119/83, de 25 de fevereiro, alterado pelos Decretos-Leis n.os 9/85, de 9 de janeiro, 89/85, de 1 de abril, 402/85, de 11 de outubro, 29/86, de 19 de fevereiro, e 172-A/2014, de 14 de novembro (n.º 2 do art. 2.º); porém, as **fundações instituídas por confissões religiosas** serão reguladas pela Lei da Liberdade Religiosa, aprovada pela Lei n.º 16/2001, de 22 de junho, e pelos artigos 10.º e seguintes da Concordata entre a República Portuguesa e a Santa Sé, ratificada pelo Decreto do Presidente da República n.º 80/2004, de 16 de novembro.

O artigo 3.º da Lei-Quadro consagra o conceito de fundação, nos seguintes termos: " *A fundação é uma pessoa coletiva, sem fim lucrativo, dotada de um património suficiente e irrevogavelmente afetado à prossecução de um fim de interesse social.*".

As fundações consubstanciam **"massas de bens" afetas a um dado escopo de interesse social por um ato unilateral do fundador.** No ato de sua instituição o fundador deve indicar o **fim da fundação** e especificar **os bens que lhe são destinados**, estabelecendo **as normas**

que hão-de disciplinar a vida e o destino da entidade. Contrariamente às associações, as fundações visam um interesse estranho às pessoas que entram na organização fundacional, **um interesse do fundador de natureza social** e são comandadas pela **vontade inalterável do fundador**, que deu o impulso inicial à fundação e, desse modo, a animou com a vontade necessária à sua vida. São regidas por uma vontade de outrem, que vem de fora.

São exemplos os casos em que pessoas singulares com avultada fortuna destinam a totalidade ou parte dos seus bens à realização de determinados fins humanitários, *v.g.* a instalação e a manutenção de um hospital, ou de fins científicos, como a criação e manutenção de um centro de investigação científica para a cura de doenças raras. Em Portugal a Fundação Calouste Gulbenkian ou a Fundação Anna de Sommer Champalimaud e Dr. Carlos Montez Champalimaud (Fundação Champalimaud) ilustram bem a natureza e o escopo destas entidades.

O artigo 3.º, n.º 2, da Lei-Quadro elenca, ainda que a título exemplificativo, uma vasta lista de actividades a que se podem dedicar as fundações, as quais serão consideradas, indiscutivelmente, representativas de **fins de interesse social,** na exata medida em que reflectem a preocupação do fundador beneficiar uma ou mais categorias de pessoas distintas do fundador, dos seus parentes e afins, ou até de pessoas ou entidades a ele ligadas por vínculos de amizade ou de negócios. Estão nesta categoria as fundações cujos escopos visam promover a assistência a pessoas com deficiência, a cidadãos refugiados e migrantes, a vítimas de violência, assegurar a educação e formação profissional dos cidadãos, preservar o património histórico, artístico ou cultural de uma região, prevenir e erradicar a pobreza, proteger os direitos humanos, promover a cultura, a investigação científica e o desenvolvimento tecnológico, fomentar as artes, o empreendedorismo, a inovação e o desenvolvimento económico, social e cultural, bem como promover o emprego, a saúde, o ambiente, proteger os cidadãos na velhice e na invalidez, em todas as situações de falta ou diminuição de meios de subsistência ou de capacidade para o trabalho, os consumidores, as crianças e os jovens, e combater qualquer forma de discriminação ilegal.

Estabelece o n.º 1 do art. 185.º do CC, na redação que lhe deu a Lei n.º 24/2012 (Lei-Quadro das Fundações, alterada pela Lei n.º 150/2015, de 10 de Setembro), que:

> *"As fundações visam a prossecução de fins de interesse social, podendo ser instituídas por ato entre vivos ou por testamento".*

A lei é expressa em admitir estes **dois modos de instituir uma fundação:**

- Por **ato entre vivos;**
- Por **testamento –** devendo o instituidor indicar, no ato de instituição ou nos estatutos, o fim da fundação, bem como especificar os bens que lhe são destinados, podendo ainda providenciar sobre a sede, organização e funcionamento, bem como regular os termos da sua transformação ou extinção e fixar o destino dos respetivos bens (art. 186.º do CC).

Contrariamente ao ato de instituição – que não pode pertencer senão ao fundador – **os estatutos podem ser ou não elaborados por este**. Assim, na falta de estatutos lavrados pelo fundador ou na sua insuficiência, caso a fundação tenha sido instituída por testamento, **compete aos executores testamentários elaborá-los ou completá-los**; se o não fizerem dentro do ano posterior à abertura da sucessão, caberá à entidade competente para o reconhecimento essa tarefa. De qualquer forma, a lei manda atender, na medida do possível, à **vontade real ou presumível** do fundador. É a solução legal consagrada no art. 187.º do CC:

> *"1. Na falta de estatutos lavrados pelo instituidor ou na insuficiência deles, constando a instituição de testamento, é aos executores deste que compete elaborá-los ou completá-los.*
> *1. A elaboração total ou parcial dos estatutos incumbe à própria autoridade competente para o reconhecimento da fundação, quando o instituidor os não tenha feito e a instituição não conste de testamento, ou quando os executores testamentários os não lavrem dentro do ano posterior à abertura da sucessão.*
> *2. Na elaboração dos estatutos ter-se-á em conta, na medida do possível, a vontade real ou presumível do fundador.".*

3.4.3.1. O reconhecimento

Como se disse, o reconhecimento é o ato que se destina a atribuir personalidade jurídica ao substrato da pessoa coletiva e pode revestir duas modalidades:

- Normativo
- Por concessão

O reconhecimento é **normativo** quando a atribuição de personalidade jurídica à pessoa coletiva depende, apenas, do **cumprimento de determinadas condições ou pressupostos que a lei define**, independentemente de qualquer ato individual de alguma autoridade pública; o reconhecimento **é por concessão** quando a atribuição da dita personalidade jurídica for feita **caso a caso** e envolver, por parte da autoridade competente, uma **apreciação sobre a conveniência e/ou oportunidade da sua atribuição** ao mencionado substrato.

Ora, no caso das **fundações** – contrariamente ao que acontece com as associações, cujo reconhecimento é normativo – o reconhecimento é **por concessão**, como estabelece o art. 158.º, cuja redação é a seguinte:

> *"1. As associações constituídas por escritura pública ou por outro meio legalmente admitido, que contenham as especificações referidas no n.º 1 do artigo 167.º, gozam de personalidade jurídica.*
> *2. As fundações referidas no artigo anterior adquirem personalidade jurídica pelo reconhecimento, o qual é individual e da competência da autoridade administrativa.".*

Nos termos do n.º 1 do art. 188.º do CC, com as alterações que lhe foram introduzidas pela Lei n.º 24/2012, o reconhecimento deve ser requerido pelo instituidor, os seus herdeiros ou executores testamentários, no prazo máximo de 180 dias a contar da data da instituição da fundação, ou poderá ser oficiosamente promovido pela entidade competente.

Todavia, **o reconhecimento de uma fundação poderá ser negado,** sempre que a autoridade competente considerar que os seus **fins não revestem um interesse social**, ou porque aproveitam ao instituidor e sua família ou, ainda, a um universo restrito de beneficiários com eles relacionados (é o caso de uma fundação cujo escopo vise, exclusivamente, os interesses individuais do fundador, como a conservação do seu espólio artístico, a manutenção da sua atividade literária), o **património afetado à fundação for insuficiente ou inadequado,** ou se encontre onerado com encargos que comprometem a realização dos fins estatutários ou, ainda, não haja capacidade para gerar rendimentos suficientes para garantir a realização dos fins a que se destina a fundação, entre outras causas elencadas na lei.

A Lei-Quadro das Fundações, no art. 4.º distingue 3 tipos de fundações, a saber as **fundações privadas** – criadas por uma ou mais pessoas de direito privado, em conjunto ou não com pessoas coletivas públicas, desde que estas, isolada ou conjuntamente, não detenham sobre a fundação uma influência dominante – as **fundações públicas de direito público** – criadas exclusivamente por pessoas coletivas públicas, bem como os fundos personalizados criados exclusivamente por pessoas coletivas públicas nos termos da Lei-Quadro dos Institutos Públicos – as **fundações públicas de direito privado** – instituídas por uma ou mais pessoas coletivas públicas, em conjunto ou não com pessoas de direito privado, desde que aquelas, isolada ou conjuntamente, detenham uma influência dominante sobre a fundação. Nos termos do art. 4.º, n.º 2, terá de se considerar que as pessoas colectivas de direito público terão **influência dominante** na fundação quando se verifique que estas, isolada ou conjuntamente, detenham "*A afetação exclusiva ou maioritária dos bens que integram o património financeiro inicial da fundação*" ou o "*Direito de designar ou destituir a maioria dos titulares do órgão de administração da fundação*".

As **fundações estrangeiras** que pretendam desenvolver a sua actividade em Portugal, de forma estável, devem ter uma representação permanente em território português, conforme previsto na alínea b) do n.º 1 do artigo 4.º do Registo Nacional de Pessoas Coletivas, sendo que a abertura de representação permanente depende de **prévia autorização da entidade competente para o reconhecimento** e pressupõe a verificação dos requisitos estabelecidos na lei ao abrigo da qual a fundação foi criada ou, na falta destes, dos requisitos constantes do artigo 22.º da

Lei-Quadro das Fundações que versa o pedido de reconhecimento apresentado por interessados.

Naturalmente o objeto desta obra versará apenas as fundações privadas.

3.4.3.2. Processo normal

Quem pretenda obter o reconhecimento de uma fundação privada, deverá observar os procedimentos previstos no citado art. 22.°, endereçando o **pedido à Secretaria-Geral da Presidência do Conselho de Ministros**, exclusivamente por via electrónica, mediante o preenchimento do **formulário** adequado e de acordo com as indicações constantes do Portal do Conselho de Ministros (Portal ePortugal), instruindo o pedido com os seguintes **documentos**:

- **Cópia da escritura pública** ou do **documento particular autenticado** que instituiu a fundação, **ou do testamento**, com identificação do instituidor ou instituidores e seus respectivos contributos para o património da fundação;
- Memorando descritivo do fim ou fins da fundação e suas áreas de atuação/intervenção;
- Comprovativo da **dotação patrimonial** inicial suficiente;
- **Relação detalhada dos bens afetados à fundação** e indicação dos donativos atribuídos à mesma e dos contratos de subvenção duradoura, caso existam;
- **Compromisso de honra de que não existem dúvidas ou litígios sobre os bens** afetos à fundação, sob pena dos declarantes incorrerem em responsabilidade criminal por falsas declarações e o ato de reconhecimento ser revogado, nos termos do n.° 4 do art. 7.° do mesmo diploma normativo;
- **Avaliação do património mobiliário** destinado à fundação, elaborado por perito idóneo;
- **Declaração bancária** comprovativa do montante pecuniário inicial afetado à fundação;
- **Certidão de autorização**, nos termos do artigo 16.° (comprovativo da autorização prévia concedida pelo Governo, Governo

Regional, Ministro das Finanças ou da tutela, Assembleias Municipais, ou órgãos dos instituto públicos, consoante os casos) às entidades públicas que participem na criação de fundações privadas;

- **Texto dos estatutos** e **data da sua publicação**;
- Endereços das delegações, se estiverem previstas;
- Nomes das pessoas que integram ou vão integrar os órgãos da fundação. Com exceção das fundações cujo fim é a criação de estabelecimentos de ensino superior, às quais podem ser exigidas garantias patrimoniais reforçadas, **presume-se que existe dotação patrimonial suficiente** quando o património da fundação seja igual ou superior ao valor fixado por Portaria dos membros do Governo responsáveis pelas áreas das finanças e do reconhecimento de fundações. Se a dotação inicial da fundação incluir **bens imóveis**, os interessados deverão apresentar:
- O comprovativo da **situação matricial de cada imóvel**;
- Comprovativo da **situação predial de cada imóvel**;
- Comprovativo da **renúncia ao exercício do direito de preferência legal** por parte do Estado, regiões autónomas, municípios e outras pessoas coletivas públicas ou empresas públicas, quando aplicável;
- **Avaliação dos imóveis** por perito idóneo.

A autoridade competente para o reconhecimento, pode solicitar outros elementos que entenda necessários para a decisão.

Nos termos do n.º 6 do art. 22.º da Lei-Quadro das Fundações, o reconhecimento poderá obedecer a um **processo simplificado** quando se reúnam as seguintes **condições cumulativas**:

- A fundação é criada exclusivamente por pessoas de direito privado e não tem o propósito de funcionar como instituição particular de solidariedade social ou prosseguir os fins das fundações de cooperação para o desenvolvimento ou das fundações para a criação de estabelecimentos de ensino superior;
- A dotação patrimonial inicial da fundação é constituída por numerário;

A **decisão final** é tomada no prazo máximo de 90 dias ou de 30 dias a contar da entrada do pedido de reconhecimento, consoante se trate, respetivamente, de procedimento normal ou simplificado (art. 22.°, n.° 9).

Nos termos do art. 8.° da Lei-Quadro das Fundações, as fundações portuguesas e as estrangeiras, que desenvolvam os seus fins em território nacional, estão sujeitas a **registo** que consta de uma base de dados única, mantida e disponibilizada para consulta pública pelo Instituto dos Registos e do Notariado, I.P. (IRN, I. P.).

Tal como acontece com as pessoas singulares, também as fundações podem conhecer vicissitudes. Assim sendo, a lei-quadro admite a **modificação dos estatutos**, a todo o tempo, e sob proposta da administração da fundação, a qual deve ser apreciada pela entidade competente para o reconhecimento e deferida, desde que, com tal modificação, não haja alteração essencial do fim da instituição e não se contrarie a vontade do fundador (art. 31.°).

Quanto à **transformação da fundação**, dispõe o art. 32.° que estabelece que "*Ouvida a administração, e também o fundador, se for vivo, a entidade competente para o reconhecimento pode ampliar o fim da fundação, sempre que a rentabilização social dos meios disponíveis o aconselhe.*". No caso de ser necessária a transformação, a entidade competente pode atribuir à fundação um **fim diferente**, após audição da sua administração ou do fundador, quando tiver sido inteiramente preenchido o fim para que a fundação foi instituída ou quando este escopo se tiver tornado impossível ou deixar de revestir interesse social, ou, ainda, quando o património da fundação se tornar insuficiente para a realização do fim previsto. Em qualquer um dos casos, o novo fim deve aproximar-se, no que for possível, do fim fixado pelo fundador. Não haverá, porém, lugar a transformação se, no ato de instituição, tal se encontrar expressamente proibido ou se for prescrita a extinção da fundação.

Os pedidos de autorização de modificação de estatutos e de transformação de fundações privadas deverão ser apresentados exclusivamente através do preenchimento do formulário eletrónico adequado e de acordo com as indicações constantes do portal da Presidência do Conselho de Ministros, na Internet, instruídos com os seguintes elementos (art. 38.°, n.°s 1 e 2):

- Cópia dos estatutos vigentes à data;
- Cópia do regulamento interno, se existir;
- Cópia da ata da reunião em que tenha sido deliberada a proposta de modificação de estatutos ou de transformação da fundação;
- Memorando descritivo dos motivos que conduziram à deliberação de proposta de modificação estatutária ou de transformação da fundação.

Também as fundações podem "morrer" quando ocorram as causas previstas na lei. O art. 35.° da Lei-Quadro prevê, para a sua **extinção**, o decurso do prazo, quando hajam sido constituídas temporariamente, a verificação de qualquer outra causa extintiva prevista no ato de instituição, e o encerramento do processo de insolvência, se não for admissível a continuidade da fundação. A entidade competente para o reconhecimento, ouvido o Conselho Consultivo, poderá extinguir uma fundação sempre que o seu fim se tenha esgotado ou se tenha tornado impossível, quando as atividades desenvolvidas demonstrem que o fim real não coincide com o fim previsto no ato de instituição e, ainda, quando não tiverem desenvolvido qualquer atividade relevante nos três anos precedentes.E, poderão também ser extintas por decisão judicial, em ação intentada pelo Ministério Público ou pela entidade competente para o reconhecimento, quando o seu fim seja sistematicamente prosseguido por meios ilícitos ou imorais ou quando a sua existência se torne contrária à ordem pública, circunstâncias que afectarão a licitude do seu objecto.

Quanto ao procedimento a adotar dispõe o n. 1 e 3 do citado art. 38.° que estabelece que o pedido de declaração de extinção deverá ser formalizado por via electrónica e com a apresentação dos seguintes elementos:

- Cópia dos estatutos vigentes à data;
- Cópia do regulamento interno, se existir;
- Cópia da ata da reunião em que tenha sido deliberada a proposta de declaração de extinção da fundação;

- Documentação comprovativa da atividade desenvolvida pela fundação durante a sua existência;
- Comprovativo do cumprimento pela fundação de todas as obrigações legais, nomeadamente fiscais e contributivas, a que tais entes estão adstritos;
- Relatório descritivo da evolução e situação patrimonial atual da fundação.

Uma vez extinta a fundação, e não existindo disposição expressa do instituidor sobre o destino dos bens em caso de extinção, **o património remanescente após liquidação** é entregue a uma associação ou uma fundação com fins análogos, designada de acordo com um critério de precedência fixado pelos órgãos da fundação ou pela entidade competente para o reconhecimento, por esta ordem (art. 12.º, n.º 1). E, caso a entidade designada não aceite a doação, é designada uma outra de fins análogos, segundo o mesmo critério de procedência. (n.º 2), revertendo os bens a favor do Estado quando se tiverem esgotado os meios de atribuição do património remanescente sem que tenha havido aceitação. Estas contingências devem, assim, ser objecto de ponderada análise, especialmente quando a fundação é criada por ato entre vivos, por quem afete uma significativa parte, ou até a totalidade dos seus bens, posto que, verificando-se, supervenientemente, qualquer um dos casos previstos na lei, bem poderá ocorrer que os bens móveis e/ou imóveis que o instituidor destinou à fundação não mais revertam à sua esfera patrimonial.

3.4.4. Concessão de utilidade pública a associações e fundações

Esta matéria é hoje disciplinada pelo **Decreto-Lei n.º 36/2021, de 14 de junho**, que aprovou a Lei-Quadro do Estatuto da Utilidade Pública. Dispõe o seu art. 6.º que este estatuto pode ser atribuído a pessoas coletivas que revistam uma das seguintes formas jurídicas:

"*a) Associações constituídas segundo o direito privado;*
b) Fundações constituídas segundo o direito privado;".

Mais dispõe, o n.º 2 deste preceito, que o facto de a pessoa coletiva ter sido instituída ou de nela participarem, isolada ou conjuntamente, pessoas coletivas públicas, ou de estas exercerem sobre aquela, isolada ou conjuntamente, influência dominante, não obsta à concessão do estatuto de utilidade pública ao ente.

Tal estatuto pode ser concedido às associações e fundações que preencham um **conjunto cumulativo de requisitos** que este diploma normativo elenca no seu art. 8.º, a saber:

- Prossigam **fins de interesse geral, regional ou local**, nos termos do artigo 4.º e no âmbito de algum dos setores aí referidos, devendo os respetivos estatutos especificar esses fins;
- Demonstrem que **cooperam com a administração central, regional ou local de forma regular e duradoura**, nos termos do n.º 1 do artigo 4.º;
- A apresentação de **parecer fundamentado da câmara municipal da área da sua sede**;
- Tenham um **número mínimo de associados**, nos termos do artigo 7.º (o dobro do número de membros que exerçam cargos nos órgãos sociais);
- Observem os princípios consagrados na Lei-Quadro do Estatuto da Utilidade Pública, tenham sido **regularmente constituídas**, regendo-se por **estatutos** elaborados em conformidade com a lei, e reúnam os requisitos contidos em regime jurídico que lhes seja especificamente aplicável;
- Exerçam **atividade efectiva, há pelo menos três anos**;
- Disponham de **pessoal, infraestruturas, instalações e equipamentos, próprios, contratados ou voluntários**, necessários para assegurar a prossecução dos seus fins e para as atividades que se propõem realizar;
- Detenham um **registo nominal atualizado** dos respetivos associados;
- Tenham uma **página pública na Internet**, acessível de forma irrestrita, onde sejam disponibilizados os **relatórios de atividades e de contas** dos últimos cinco anos, a **lista atualizada dos titulares dos órgãos sociais** e os textos atualizados dos estatutos e dos regulamentos internos;

- Tenham **contabilidade organizada ou de caixa**, nos termos do regime contabilístico do setor não lucrativo, do Sistema de Normalização Contabilística ou do Sistema de Normalização Contabilística para as Administrações Públicas, conforme o regime que lhes seja concretamente aplicável.

Independentemente da verificação destes requisitos cumulativos, o estatuto de utilidade pública só pode ser atribuído se a pessoa coletiva requerente não exercer, a título exclusivo ou principal, atividade de produção e venda de bens ou serviços para um mercado ativo e concorrente com a de qualquer ramo de atividade económica, em termos que a atribuição daquele estatuto impeça, falseie ou restrinja, de forma sensível, a concorrência, no todo ou em parte, no mercado relevante correspondente (art. 8.º, n.º 4).

Com efeito, o reconhecimento da utilidade pública traz **vantagens significativas**, posto que as pessoas colectivas gozam, por força de tal concessão e da lei (art. 11.º), de um acervo de direitos e benefícios, dos quais se destacam aqui os seguintes:

- Direito ao uso do **aditamento** "pessoa coletiva com estatuto de utilidade pública" (abreviadamente, "EUP"), sem que este faça parte integrante da sua denominação social;
- **Isenções tributárias**, reconhecidas e atribuídas nos termos e condições da legislação respetiva, designadamente relativas ao Imposto do Selo, ao IMT – Imposto Municipal sobre as transmissões onerosas de imóveis e IMI – Imposto Municipal sobre Imóveis, no que respeita a bens imóveis destinados direta e imediatamente à realização dos fins estatutários da pessoa colectiva, ao IRC – Imposto sobre o rendimento das pessoas colectivas, a custas processuais, à taxa de exploração da Direção-Geral de Energia e Geologia e contribuição para o audiovisual, no que respeita a bens imóveis destinados à realização dos fins estatutários da pessoa colectiva, a taxas associadas a espetáculos e eventos públicos promovidos pela pessoa colectiva – desde que tal não impeça, falseie ou restrinja, de forma sensível, a concorrência, no todo ou em parte, no mercado

relevante correspondente, à taxa pela publicação das alterações aos respetivos estatutos no sítio na Internet de acesso público onde são feitas as publicações obrigatórias previstas na lei, entre outras tarifas e tarifários especiais, nos termos e condições da legislação respectiva.

Nos termos do art. 18.º da lei-quadro, a concessão do estatuto de utilidade pública será feita pelo **prazo de 12 anos**, podendo ser alargado até 15 e 20 anos, em casos excepcionais e em que o requerente tenha, fundamentadamente, invocado as razões previstas na lei para tal, sem prejuízo da reavaliação dos pressupostos da sua concessão. Este estatuto pode ser **renovado sucessivamente, por iguais períodos** (art. 19.º), sem prejuízo de poder ser **revogado** (caso ocorram as causas previstas no art. 21.º do mesmo diploma normativo e após procedimento instrutório prévio tendente à averiguação da causa prevista na lei para a revogação, cabendo recurso da decisão proferida. O pedido de renovação do estatuto de utilidade pública deve ser apresentado entre um ano e seis meses antes do respetivo termo, e, caso não seja seja apresentado, **o estatuto caducará**, uma vez decorrido o seu prazo de duração, ficando o requerente sujeito ao regime do procedimento de atribuição do estatuto de utilidade pública. Em caso de extinção da pessoa colectiva, também cessará o estatuto que lhe havia sido concedido (art. 20.º).

3.4.5. Sociedades

Estas pessoas coletivas são criadas com base na matriz contratual prevista no art. 980.º do Código Civil (o contrato de sociedade), que podem assumir a natureza jurídica de sociedades civis, sociedades civis sob forma comercial e sociedades comerciais, as quais, nesta obra, trataremos de uma forma muito sintética.

Há que sublinhar, desde já, que o conceito de sociedade é aquele que se encontra vertido naquele preceito normativo que estabelece que o **contrato de sociedade** é aquele que se celebra entre duas ou mais pessoas que "... *se obrigam a contribuir com bens ou serviços para o exercício em comum de certa atividade económica, que não seja de mera fruição, a fim de* *repartirem os lucros resultantes dessa atividade.".* Resulta claro que todo aquele que pretenda desenvolver uma actividade económica geradora de lucro, e que não o queira fazer de forma isolada, poderá lançar mão de uma estrutura societária, na qual terá de cooperar com outrem na realização de tal escopo, bastando, para tanto, adotar o *nomen iuris*, e a disciplina normativa reguladora deste contrato e contida no Código Civil.

3.4.5.1. Sociedades civis sob forma comercial e sociedades comerciais

As sociedades civis sob forma comercial, assumem a matriz de sociedade prevista e regulada no CC mas não visam prosseguir uma atividade económica de natureza comercial ou industrial. Deste modo não são consideradas comerciantes, nos termos do art. 13.° do Com. Porém, e nos casos em que tal possibilidade não lhes eja legalmente vedada, poderão adotar um dos tipos societários previstos para as sociedades comerciais, aplicando-se-lhes a mesma disciplina e o mesmo regime a que obedece o processo de constituição legal de uma sociedade comercial.

3.4.5.2. Sociedades comerciais

São aquelas cuja atividade económica consiste na prática de um ou mais atos de comércio, os quais preenchem o fim para que foram constituídas, e se encontram reguladas pelas normas de direito comercial. A seu respeito dispõe o CSC, no n.° 2 do seu art. 1.°, que estabelece: *"São sociedades comerciais aquelas que tenham por objeto a prática de atos de comércio e adotem o tipo de sociedade em nome coletivo, de sociedade por quotas, de sociedade anónima, de sociedade em comandita simples ou de sociedade em comandita por ações".*

Quedar-nos-emos, aqui, pela indicação dos **tipos societários** previstos no direito português, bem como pela caracterização de cada um deles, ainda que de forma sumária, para que seja tarefa fácil distingui-las nos seus traços legais. Na realidade, há tipos de sociedades comerciais que, praticamente, já não se constituem na atualidade. É o caso das sociedades em nome coletivo e das sociedades em comandita, simples e por ações, as quais eram muito frequentes no início do séc. XX. Hoje podemos asseverar que estes tipos legais se encontram ou extintos ou em vias de desaparecimento, em virtude das novas exigências e das modernas dinâmicas das organizações e do mercado. Assim, e até que outros tipos possam vir a ser regulados pela lei, prevalecem na nossa realidade económica as sociedades por quotas, unipessoais e plurais, e as sociedades anónimas, as quais dão cabal resposta à tutela dos interesses dos seus associados/sócios e propiciam a possibilidade de outros fenómenos de crescimento mediante a concentração de empresas.

Sociedade plural por quotas

Os traços essenciais deste tipo de sociedade são:

- Um **número mínimo de 2 sócios** (art. 7.°, n.° 2 do CSC);
- Um **capital social** inicial, integralmente realizado em **dinheiro ou outros bens**, que é livremente definido pelos sócios, podendo a quota de cada sócio ser no valor nominal de 1 Euro, de acordo com o Decreto-Lei n.° 33/2011, de 7 de março, (al. a) do art. 1.° e art. 201.° do CSC);
- Quando as entradas sejam em **bens** (ou espécie), tais entradas deverão ser descritas e comprovadas por um relatório de um Revisor Oficial de Contas-ROC independente e sem qualquer cargo ou interesse na sociedade, o qual deverá ser apresentado em prazo que não seja superior a 90 dias entre a sua elaboração e a data da criação da sociedade.

A propósito do capital inicial livremente fixado pelos sócios, convém referir que preâmbulo deste Decreto-Lei exprime a motivação do legislador para que o capital destas sociedades possa ser livremente fixado pelos sócios, ao consignar que: "..., *deve salientar-se que a constituição do capital social livre para as sociedades por quotas e das sociedades unipessoais por quotas torna mais transparentes as contas da empresa.* ***Do ponto de vista jurídico, um capital social elevado não conduz necessariamente à conclusão de que uma sociedade goza de boa situação financeira. Na verdade, o capital social não é igual ao património social.*** *O capital é um valor lançado no contrato social, enquanto o património é o conjunto de bens, direitos e obrigações de uma sociedade.*

Atualmente, o capital social não representa uma verdadeira garantia para os credores e, em geral, para quem se relaciona com a sociedade. Na maioria das situa-

ções, o capital é afeto ao pagamento dos custos de arranque da empresa. Por esse motivo, ***cada vez mais, os credores confiam que a liquidez de uma sociedade assenta em outros aspetos, como o volume de negócios e o seu património, fazendo com que o balanço de uma sociedade seja a ferramenta indispensável para incutir confiança nos operadores*** *e garantir a segurança do comércio jurídico. Ao tornar a constituição do capital social livre, também se reforça a transparência das contas das empresas.".* (negritado nosso).

- O capital encontra-se representado por **quotas,** que podem ter um valor diferente, e, no ato da constituição da sociedade, cada sócio não pode subscrever mais do que uma quota (n.º 1 do art. 219.º do CSC);
- A **firma** é formada, com ou sem sigla, pelo nome ou firma de todos, alguns ou um dos sócios ou por um nome de fantasia (denominação particular), ou, ainda, pela reunião de ambos, sempre seguida do aditamento "Limitada" ou abreviadamente "Lda" (n.º 1 do art. 200.º do CSC); sublinha-se, aqui, que, no caso de um dos sócios ter autorizado que o seu nome ou apelido seja usado na composição da firma social, poderá consentir, ou não, que o seu nome e apelido continuem a figurar na firma assim composta, a partir do momento em esse sócio se desvincula da sociedade.
- O património social responde pelas **dívidas da sociedade**, salvo se tiver sido convencionado, no contrato de sociedade, que um ou mais sócios respondem perante os credores sociais até um determinado montante, caso em que serão solidariamente ou subsidiariamente responsáveis em relação à sociedade (n.º 1 do art. 198.º do CSC);
- **A responsabilidade de cada sócio pelas dívidas da sociedade é limitada ao valor da sua entrada**, salvo convenção em contrário (art. 992.º do CC);
- Os sócios respondem **solidariamente por todas as entradas** convencionadas no contrato da sociedade **que ainda não tenham sido realizadas** (n.º 1 do art. 197.º do CSC);
- Os **lucros e perdas** poderão ser distribuídos em proporção diferente das quotas de cada sócio, se tal tiver sido convencionado no pacto da sociedade (art. 991.º e 992.º do CSC);

- A **gerência** pode ser exercida por um ou mais gerentes, que podem ser sócios ou pessoas estranhos à sociedade, mas que serão sempre **pessoas singulares** com capacidade jurídica plena;
- A **gerência não é transmissível** com a quota, quer por ato entre vivos, quer por morte, pelo que, quando um sócio e gerente cede a sua quota deverá renunciar à gerência, sob pena de continuar a ser considerado gerente da sociedade, apesar de ter deixado de ser sócio (art. 252.º, n.º 4 do CSC);
- A **gerência é o órgão que administra e representa a sociedade**, mas o órgão soberano é a assembleia geral da sociedade;

Sociedade unipessoal por quotas

Este tipo societário permite a qualquer interessado, pessoa singular ou coletiva, criar uma sociedade de que é o único sócio e poderá assim permanecer, desenvolvendo isoladamente a atividade social, sem os riscos que comporta ser empresário em nome individual, o qual assume uma responsabilidade ilimitada pelas dívidas contraídas no exercício da empresa.

Os traços caracterizadores desta sociedade são os seguintes:

- É constituída por um **sócio único**, que pode ser uma pessoa singular ou coletiva (art. 270.º-A do CSC), titular de todo o capital social;
- Uma pessoa singular só pode ser sócia de uma **única sociedade unipessoal** por quotas, assim como uma sociedade por quotas não pode ter por sócio único uma sociedade unipessoal por quotas, caso em que qualquer interessado pode requerer a **dissolução da sociedade por via administrativa**, podendo, no entanto, a Conservatória do Registo Comercial conceder um prazo até **90 dias para a regularização** da situação, e a pedido dos interessados (art. 270.º-C, do CSC);
- O sócio único exerce as competências das **assembleias gerais e pode nomear gerentes** (art. 270.º-E, n.º 1);
- As deliberações do sócio único, de natureza igual à das deliberações da assembleia geral, devem ser registadas em **ata** por ele assinada (n.º 2 do art. 270.º-E);

- O sócio único pode **transformar** a sociedade unipessoal para **uma sociedade plural**, através da **divisão e cessão** da sua quota, ou mediante o aumento de capital ou a admissão de novo sócio (n.º 1 do art. 270.º-D do CSC);
- Quando admita novo sócio, terá de eliminar o aditamento próprio deste tipo societário "Unipessoal, Lda";
- A **firma**, além dos requisitos gerais a que deve obedecer, idênticos aos das sociedades plurais por quotas, deve conter a expressão "Sociedade Unipessoal" ou a palavra "Unipessoal" antes do aditamento "Limitada" ou da abreviatura "Lda." (art. 270.º-B).

Sociedade anónima

Este tipo societário é o mais comummente adoptado pelas grandes e médias empresas, pois permite a reunião de um capital elevado, subscrito por um elevado número de accionistas, cuja responsabilidade se limita ao valor titulado pelo número de ações que subscreveu, podendo mesmo ser portadores de uma só ação. Caracteriza-se, assim, por ter:

- Um **número mínimo de cinco sócios**, salvo nos casos em que a lei o dispense (n.º 1 do art. 271.º do CSC), como se verifica no caso das sociedades em que o Estado, diretamente ou por intermédio de empresas públicas ou equiparadas, fique a deter a maioria do capital, as quais podem constituir-se com apenas **dois sócios** (n.º 2 do mesmo art.);
- O **capital** social divide-se em ações e cada acionista tem a sua responsabilidade limitada ao valor das ações de que é titular (art. 271.º do CSC);
- O capital social e as ações devem ser expressos num valor nominal, sendo que o valor nominal mínimo do capital é de **50.000 Euros** (art. 276.º do CSC) e o das das ações é de **1 cêntimo, ações nominativas, posto que não é hoje possível a existência de ações ao portador;**
- As **entradas em espécie** têm de ser integralmente realizadas e devem ser objeto de um relatório efetuado por um ROC independente (arts. 26.º e 28.º do CSC);

- A **firma** pode ser formada, com ou sem sigla, pelo nome ou firma de um, alguns ou de todos os sócios ou por um nome de fantasia (denominação particular), ou pela conjugação de ambos, com o aditamento Sociedade Anónima, ou abreviado, S.A.; a firma não pode incluir expressões indicativas de um objeto que não consta do pacto social (n.º 1 do art. 275.º do CSC e art. 10.º do CSC) e, caso se altere a atividade da sociedade, deverá ser alterada a firma (n.º 3);
- Não são permitidos os **sócios de indústria** (aqueles que ingressam apenas com o seu trabalho), porque só se admite entradas em dinheiro (n.º 1 do art. 277.º do CSC);
- Quanto aos órgãos de **administração e fiscalização**, a sociedade pode optar por:

  – Conselho de administração e conselho fiscal ou fiscal único
  – Conselho de administração, com comissão de auditoria e Revisor Oficial de Contas;
  – Conselho de administração executivo, conselho geral e de supervisão e Revisor Oficial de Contas

- O contrato de sociedade pode, no entanto, dispor que a sociedade seja administrada por um **administrador único** desde que o seu capital não seja superior a 200.000,00 Euros (n.º 2 do art. 390.º);
- A administração pode ser confiada a um acionista ou a um estranho à sociedade (n.º 3 do art. 390.º), mas terá de ser uma pessoa singular com capacidade plena;
- Os **administradores** não podem exercer, por conta própria ou de outrem, atividade concorrente da sociedade que administram, salvo se forem autorizados, por deliberação de assembleia geral (n.º 3 do art. 398.º);
- Se o administrador for uma **pessoa coletiva**, esta deverá nomear uma pessoa singular para exercer o cargo;
- O **conselho fiscal** deve ter o número de membros fixado também pelos estatutos, não podendo ser inferior a três membros efetivos (n.º 4 do art. 413.º); a fiscalização pode ser exercida pelo **fiscal único**, um revisor oficial de contas ou uma sociedade de revisores oficiais de contas (n.º 1 do art. 413.º).

Sociedade em nome coletivo

São estes os seus traços distintivos:

- O sócio responde individualmente pela sua entrada e pode entrar com **bens ou indústria;**
- Se o sócio contribui com o seu trabalho, o **pacto deverá atribuir à indústria um valor**, para efeito de repartição de lucros e perdas;
- A **responsabilidade** dos sócios é **ilimitada,** pelo que respondem com todo o seu património pessoal perante os credores sociais;
- Todos os sócios são **solidariamente** responsáveis pelas dívidas da sociedade (logo, podem ser demandados, indistintamente, pelos credores sociais);
- A **firma**, quando não individualize todos os sócios, deve conter pelo menos o nome ou firma de um deles com o aditamento, por extenso ou abreviado, "& Companhia" ou "& C.ª" ou outro que indique a natureza desta sociedade, como "& Filhos", "& Irmãos", "& Sobrinhos";
- Salvo cláusula em contrário no pacto social, **todos os sócios são gerentes,** quer tenham constituído a sociedade, quer tenham adquirido essa qualidade posteriormente;
- A gerência pode ser confiada a pessoa estranha aos sócios, mediante deliberação unânime dos sócios.

Sociedade em comandita

Com as seguintes características:

- Reúne **dois tipos de sócios –** uns com responsabilidade ilimitada (comanditados) e outros de responsabilidade limitada (comanditários);
- O sócio **comanditário** não pode ingressar na sociedade com indústria;
- Só os sócios comanditados podem exercer **a gerência**, salvo convenção em contrário no pacto social;
- A **firma** deverá ser composta pelo nome de um ou mais sócios comandi tados e o aditamento por extenso "Em comandita" ou abreviadamente "Em Ct.ª", e "Em comandita por ações" ou "& comandita por ações";

- Se um sócio comanditário incluir o seu nome na firma, responderá pelas dívidas da sociedade como se fosse um sócio de responsabilidade ilimitada, salvo se provar que os credores e terceiros sabiam que ele não era um sócio comanditário (com responsabilidade ilimitada);
- As deliberações sociais são tomadas por unanimidade ou em assembleia geral.

O reconhecimento das sociedades comerciais depende e resulta do ato de **registo comercial**, nos termos do art. 157.º do CC Com efeito, as sociedades comerciais adquirem a sua **personalidade jurídica** após o **registo definitivo na Conservatória do Registo Comercial** e a sua **capacidade jurídica** abrange "*todos os direitos e obrigações necessários ou convenientes à prossecução dos seus fins.*" (n.º 1 do art. 160.º do CC).

Assim, as sociedades não poderão exercer direitos e as obrigações que, por lei, não lhes sejam conferidos ou que sejam indissociáveis da personalidade humana.

3.4.6. Sociedades Gestoras de Participações Sociais (SGPS)

Uma forma especial de sociedade são as denominadas SGPS (Sociedades Gestora de Participações Sociais), que se podem definir como as empresas criadas para gerirem outra empresa ou grupo de empresas e cujo objetivo é coordenar e orientar todas as atividades das suas associadas, pois possuem uma parte importante do seu capital social.

Na noção constante do n.º 1 do art. 1.º do Decreto-lei n.º 495/88, de 30 de dezembro, que aprovou e gere o regime jurídico das SGPS, vemos que «*...têm por único objeto contratual a gestão de participações sociais de outras sociedades, como forma indireta de exercício de atividades económicas*». De acordo com o n.º 2 do referido artigo (na redação que lhe deu o Decreto-Lei n.º 318/94, de 24 de dezembro, «*...a participação numa sociedade é considerada forma indireta de exercício da atividade económica desta quando não tenha caráter ocasional e atinja, pelo menos, 10% do capital com direito de voto da sociedade participada, quer por si só quer através de participações de outras sociedades em que a SGPS seja dominante*».

Estas sociedades podem adotar o tipo de sociedade anónima ou de sociedade por quotas (n.º 1 do art. 2.º) e a firma das SGPS deve conter a menção «sociedade gestora de participações sociais» ou a abreviatura

SGPS, considerando-se uma ou outra dessas formas indicação suficiente do objeto social (n.º 4 do art. 2.º).

3.4.7. Cooperativas

Para além das associações, das fundações e dos diversos tipos de sociedades, consideram-se também pessoas coletivas **as cooperativas**.

Para a **CASES** (**Cooperativa António Sérgio para a Economia Social**), a quem, de acordo com o n.º 1 do art 115.º do novo Código Cooperativo, aprovado pela Lei n.º 119/2015, de 31 de agosto, compete, entre outras competências, «*...fiscalizar, nos termos da lei, a utilização da forma cooperativa, com respeito pelos princípios cooperativos e normas relativos à sua constituição e funcionamento*»), «***uma cooperativa é uma associação autónoma de pessoas que se unem, voluntariamente, para satisfazer aspirações e necessidades económicas, sociais e culturais comuns, através de uma empresa de propriedade comum e democraticamente gerida***» ou, na definição legal constante do novo Código Cooperativo, «***as cooperativas são pessoas coletivas autónomas, de livre constituição, de capital e composição variáveis, que, através da cooperação e entreajuda dos seus membros, com obediência aos princípios cooperativos, visam, sem fins lucrativos, a satisfação das necessidades e aspirações económicas, sociais ou culturais daqueles***» (n.º 1 do art. 2.º).

São **sete os princípios cooperativos** consagrados no Código, aos quais todas as cooperativas se devem subordinar (art. 3.º):

1.º Princípio – **Adesão voluntária e livre**;
2.º Princípio – **Gestão democrática pelos membros**;
3.º Princípio – **Participação económica dos membros**;
4.º Princípio – **Autonomia e independência**;
5.º Princípio – **Educação, formação e informação**;
6.º Princípio – **Intercooperação**;
7.º Princípio – **Interesse pela comunidade**.

As cooperativas podem ser **do primeiro grau ou de grau superior**: são cooperativas do **primeiro grau aquelas cujos cooperadores sejam pessoas singulares ou coletivas**; são cooperativas de **grau**

superior as uniões, federações e confederações de cooperativas. As cooperativas também podem integrar membros investidores.

Por outro lado, é permitida a constituição, nos termos da respetiva legislação especial, **de cooperativas de interesse público, ou régies cooperativas**, caracterizadas pela participação do Estado, de outras pessoas coletivas de direito público e de cooperativas, de utentes de bens e serviços produzidos ou de quaisquer entidades da economia social.

A constituição de cooperativas é efetuada por qualquer forma escrita exceto «*...se forma mais solene for exigida para a transmissão dos bens que representem o capital social com que os cooperadores entram para a cooperativa*» (art. 10.º), caso em que deverá assumir essa forma.

O número de membros de uma cooperativa é variável e ilimitado, mas não pode ser inferior a três nas cooperativas de primeiro grau e a dois nas cooperativas de grau superior. A legislação complementar respeitante aos ramos cooperativos pode exigir, como mínimo, um número superior de cooperadores (art. 11.º).

A cooperativa adquire personalidade jurídica com o registo da sua constituição.

A **denominação** adotada deve ser sempre seguida das expressões «**cooperativa**», «**união de cooperativas**», «**federação de cooperativas**», «**confederação de cooperativas**» e ainda de «**responsabilidade limitada**» ou de «**responsabilidade ilimitada**», ou das respetivas abreviaturas, conforme os casos (n.º 1 do art. 15.º).

O capital social das cooperativas é constituído por títulos nominativos cujo valor nominal é de cinco euros ou um seu múltiplo. O capital social, resultante das entradas subscritas em cada momento, é variável, sendo que **esse montante não pode ser inferior a 1 500 euros**, exceto se for outro o mínimo fixado pela legislação complementar aplicável a cada um dos ramos do setor cooperativo. Por outro lado, o capital social estatutário pode ser aumentado por deliberação da assembleia geral, mediante proposta do órgão de administração, com a emissão de novos títulos de capital a subscrever pelos membros, ou por incorporação de reservas não obrigatórias e cuja dotação não resulte de operações com terceiros (art. 81.º).

No que respeita à responsabilidade, **só o património da cooperativa responde para com os credores pelas dívidas desta**, sendo que cada cooperador limita a sua responsabilidade ao montante do capital social subscrito, sem prejuízo de cláusula estatutária em sentido diverso (art. 80.º).

São **órgãos das cooperativas**, sem prejuízo de outros que os estatutos possam consagrar:

a) A assembleia geral;
b) O órgão de administração;
c) Os órgãos de fiscalização.

Sem prejuízo das especificidades previstas no art. 28.º, **a administração e fiscalização da cooperativa** podem ser estruturadas segundo uma das seguintes modalidades:

a) Conselho de administração e conselho fiscal;
b) Conselho de administração com comissão de auditoria e revisor oficial de contas;
c) Conselho de administração executivo, conselho geral e de supervisão e revisor oficial de contas.

3.4.7.1. Regime da "Cooperativa na Hora"

A exemplo do que já havia ocorrido com outras pessoas coletivas, o **Decreto-Lei n.º 54/2017, de 2 de junho**, criou um regime especial de constituição imediata de cooperativas, a chamada **"Cooperativa na Hora"**, visando, essencialmente, agilizar o processo de constituição de novas cooperativas.

Com este novo regime, "*passa a ser possível aos cidadãos e pessoas coletivas criarem uma cooperativa no mesmo dia e sem deslocações aos serviços das finanças e aos serviços da segurança social*", como expressamente refere o preâmbulo do **Decreto-Lei n.º 54/2017**. Este diploma legal acometeu o regime especial de criação da "Cooperativa na Hora" às Conservatórias do Registo Comercial ou quaisquer outros serviços de registo do Instituto dos Registos e do Notariado, I. P. (IRN, I. P.), fixados por despacho do presidente do conselho diretivo, independentemente da localização da sede da cooperativa a constituir.

Neste momento, **são cinco** os locais onde é possível constituir cooperativas na hora: no RNPC, nas Conservatórias do Registo Comercial de Lisboa e do Porto, na Conservatória do Registo Comercial e Automóvel de Coimbra, e na Conservatória do Registo Predial, Comercial e Automóvel de Évora.

Com este regime passa a ser possível efetuar, **no mesmo dia e num balcão único de atendimento presencial**, a criação de uma cooperativa e o respetivo registo, com ou sem a simultânea aquisição, pelas cooperativas, de marca registada. Após a constituição da "Cooperativa na Hora" são entregues os seguintes documentos:

a) Original do título constitutivo da cooperativa;
b) Código de acesso ao Cartão eletrónico da empresa disponibilizado de forma automática mediante a atribuição de um código de acesso e visualizável em www.irn.mj.pt ou www.empresaonline.pt;
c) Código de acesso à certidão permanente disponibilizada em sítio da Internet pelo período de três meses;
d) Recibo comprovativo do pagamento dos encargos devidos;
e) Número de identificação na Segurança Social (NISS).

Exceções a este regime de constituição

Nem todos os tipos de cooperativas podem ser constituídos de acordo com este regime especial, uma vez que a lei excecionou alguns casos em que tal não é possível (n.º 1 do art.º 2.º do Decreto-Lei n.º 54/2017).

Assim acontece com:

- Cooperativas de crédito;
- Cooperativas de ensino superior;
- Cooperativas de seguros;
- Cooperativas de interesse público;

- Cooperativas de grau superior;
- Sociedades Cooperativas Europeias.

Este regime especial não se aplica também às Cooperativas cujo capital seja realizado com recurso a entradas em espécie e às Cooperativas que integrem membros investidores (n.º 2 do art.º 2.º).

Pressupostos para a constituição da cooperativa na hora
De igual forma, para que seja possível recorrer a este regime especial é necessário respeitar determinados pressupostos, previstos no art. 4.º do diploma citado:

> *«1 – É pressuposto de aplicação do regime previsto no presente decreto-lei, a opção por ato constitutivo de modelo aprovado pelo presidente do conselho diretivo do IRN, I. P.*
> *2 – É ainda pressuposto da aplicação do regime previsto no presente decreto-lei a escolha da denominação da cooperativa através de uma das seguintes formas: a) Aprovação no posto de atendimento;*
> *b) Escolha de denominação constituída por expressão de fantasia previamente criada e reservada a favor do Estado, associada ou não à aquisição de uma marca previamente registada a favor do Estado;*
> *c) Apresentação de certificado de admissibilidade de denominação.»*

Este regime especial propicia, ainda, aos interessados **a comunicação por via eletrónica dos dados da cooperativa** aos serviços da administração fiscal, Segurança Social e Autoridade paras as Condições de Trabalho, bem como a outras entidades da Administração Pública e à CASES evitando deslocações para cumprimento de várias obrigações legais junto dos diversos serviços públicos.

PARTE V

—

O OBJETO DA RELAÇÃO JURÍDICA: AS COISAS, AS PRESTAÇÕES E O PATRIMÓNIO

—

1. As Coisas

1.1. Noção e características

Como já tivemos oportunidade de referir atrás, as realidades que mais correntemente desempenham a função do objeto das relações jurídicas são as coisas, as prestações e o património.

Por isso, importa agora analisar a noção de coisa e ver a classificação que sobre ela é possível apresentar.

De facto, **num sentido corrente e amplo**, coisa é o que pode ser pensado, mesmo não tendo existência real e presente.

Num sentido físico, coisa é aquilo que tem existência corpórea ou, pelo menos, pode ser captado pelos nossos sentidos.

Relativamente ao **sentido jurídico**, importa começar por observar a noção que nos é dada de coisa, no art. 202.° do CC, cuja redação, relembre -se, é a seguinte:

> ***"1. Diz-se coisa tudo aquilo que pode ser objeto de relações jurídicas.***
> *2. Consideram-se, porém, fora do comércio todas as coisas que não podem ser objeto de direitos privados, tais como as que se encontram no domínio público e as que são, por sua natureza, insuscetíveis de apropriação individual.". (negritado nosso).*

Ora, esta definição do n.º 1 do art. 202.º não pode ser considerada de rigor. De facto, não se consegue descortinar um qualquer valor operacional ou prático na inclusão de uma definição deste tipo, a qual reveste um significado puramente expositivo, incorreto, porque mais próprio de um manual.

Efetivamente, há entes suscetíveis de serem objeto de relações jurídicas que não são coisas em sentido jurídico. Veja-se o caso, por exemplo, das pessoas e das prestações.

Então, tudo conjugado, poderemos definir as coisas em sentido jurídico como "**os bens de caráter estático** (o que exclui do conceito as prestações) **que, sendo suscetíveis de constituírem objeto de relações jurídicas, não tenham personalidade nem possam ser integradores do conteúdo necessário desta**".

Ou então, dito de uma maneira mais simples, **tudo aquilo que possa ser objeto de relações jurídicas, contanto que não seja pessoa em sentido jurídico e tenha caráter estático.**"

Como se vê, para poder ser *coisa* em sentido jurídico, é necessário que os **bens de caráter estático** possam ser objeto de relações jurídicas, para o que devem ser possuidores das seguintes **características**:

- **Poder ter uma existência autónoma ou separada** (assim, um livro é uma coisa, não o sendo cada uma das folhas que o compõem, enquanto estiverem incluídas no todo);
- **Poder ser objeto de apropriação exclusiva** (daí que não sejam "coisas" o ar que respiramos ou as estrelas; o Código Civil fala, antes, em "*coisas fora do comércio*");
- **Ter aptidão para satisfazer necessidades humanas** (por este motivo, excluem-se do conceito uma gota de água, um feijão, um grão de arroz).

Pelo contrário, **não é característica da *coisa*** a sua **corporalidade**, a sua **permutabilidade** (ou seja, possuir valor de troca) ou **ser propriedade de alguém** (basta a sua apropriabilidade).

1.2. Classificação legal

A este propósito o art. 203.º do CC prevê as seguintes classificações:

- Coisas **imóveis e móveis**;
- Coisas **simples e compostas**;
- Coisas **fungíveis e não fungíveis**;
- Coisas **consumíveis e não consumíveis**;
- Coisas **divisíveis e indivisíveis**;
- Coisas **principais e acessórias**;
- Coisas **presentes e futuras**;
- Coisas **corpóreas e incorpóreas**.

Vejamos mais detidamente cada uma delas.

1.2.1. Coisas imóveis e móveis

A propósito da distinção entre coisas imóveis e móveis, uma das mais importantes, dado o seu largo alcance prático, o CC começa por estabelecer no art. 204.º as coisas que considera imóveis, para, depois no art. 205.º, consagrar que são móveis «...*todas as coisas não compreendidas no artigo anterior*».

Ou seja, dá uma definição negativa de coisa móvel. Com ela, são coisas móveis tanto as coisas inanimadas que não estejam abrangidas pelo n.º 1 do art. 204.º, como os animais que se deslocam por si e se designam por «*semoventes*».

Mas o que é que para o Código é «*coisa imóvel*»? A resposta, tal como já o referimos, está no n.º 1 do art. 204.º:

> «*1. São coisas imóveis:*
>
> *a) Os prédios rústicos e urbanos;*
>
> *b) As águas;*
>
> *c) As árvores, os arbustos e os frutos naturais, enquanto estiverem ligados ao solo;*
>
> *d) Os direitos inerentes aos imóveis mencionados nas alíneas anteriores;*
>
> *e) As partes integrantes dos prédios rústicos e urbanos.*».

A **distinção entre prédio rústico e urbano** é dada a seguir, no n.º 2:

> *«2. Entende-se por prédio rústico uma parte delimitada do solo e as construções nele existentes que não tenham autonomia económica, e por prédio urbano qualquer edifício incorporado no solo, com os terrenos que lhe sirvam de logradouro.».*

Quanto às *«águas»*, numa primeira abordagem pode parecer estranho que sejam consideradas coisa imóvel, mas a verdade é que o legislador não se estava a referir a estas em si mesmas, à sua permanente deslocação que não tem especial interesse, mas sim **à sua integração no solo**. é o que se passa com um rio (ou com um lago), que, com as suas margens e leito, deve ser considerado coisa imóvel.

Da mesma forma, **as árvores, os arbustos e os frutos naturais só são considerados coisa imóvel *«enquanto estiverem ligados ao solo»***. Logo, uma vez cortados ou colhidos ganham autonomia e passam a ser considerados como coisa móvel; igualmente, os frutos de uma coisa que, de acordo com a noção do n.º 1 do art. 212.º é *«tudo o que ela produz periodicamente, sem prejuízo da sua substância»*. (O número dois deste mesmo artigo distingue, depois, os chamados *«frutos naturais»* dos *«frutos civis»*, considerando *«naturais os que provêm diretamente da coisa, e civis as rendas ou interesses que a coisa produz em consequência de uma relação jurídica»*).

Também são considerados coisa imóvel *«**os direitos** inerentes aos imóveis»* mencionados anteriormente. Têm-se aqui em vista os direitos reais menores, como são o caso da **hipoteca**, das **servidões**, do **usufruto**.

Resta-nos falar ***«das partes integrantes dos prédios rústicos e urbanos»***. Ou seja, estamos aqui a falar dos elevadores, da instalação elétrica de uma casa, dos esgotos, etc. Logo, toda a coisa móvel que esteja **ligada materialmente a um prédio com caráter de permanência, aumentando-lhe, assim, a sua utilidade**; estas partes integrantes, se consideradas em si mesmas, seriam consideradas coisas móveis, mas porque estão ligadas materialmente com caráter de permanência, passam a ser consideradas partes integrantes (distinguem-se das componentes, na medida em que estas fazem parte da estrutura e são consideradas elemento caracterizador sem a qual a coisa não cumpriria a função a que se destina, como é o caso dos alicerces ou do telhado de uma casa).

1.2.2. Coisas simples e compostas

Vejamos, agora, a distinção entre coisas simples (ou singulares) e compostas ou universalidades de facto. O CC, no art. 206.º, estabelece que:

> *«1. É havida como coisa composta, ou universalidade de facto, a pluralidade de coisas móveis que, pertencendo à mesma pessoa, têm um destino unitário.*
> *2. As coisas singulares que constituem a universalidade podem ser objeto de relações jurídicas próprias.».*

Quer isto dizer que é considerada **coisa composta aquela que é constituída por várias coisas simples que conservam a sua individualidade económica própria**, não obstante o nexo que as liga, e que dessa reunião ou combinação resulta um conjunto que o direito trata unitariamente. Daí que sejam consideradas coisas compostas, um rebanho, uma coleção de selos, uma biblioteca, etc; também porque cada abelha não tem individualidade económica própria, um enxame de abelhas não será considerado uma coisa composta, tal como não o é um baralho de cartas ou um par de meias.

Face à norma do n.º 2 do art. 206.º, sobre os **vários elementos** de uma coisa composta **podem incidir direitos ou negócios distintos** dos que incidem sobre o todo.

1.2.3. Coisas fungíveis e não fungíveis

A este propósito refere o art. 207.º do CC:

> *«São fungíveis as coisas que se determinam pelo seu género, qualidade e quantidade, quando constituam objeto de relações jurídicas.» Assim sendo,* **será fungível tudo o que é suscetível de ser substituído por algo de equivalente***; não fungível aquilo que no comércio jurídico não é substituível.*

Exemplificando: uma nota de Banco é uma coisa fungível uma vez que pode ser substituída por outra ou outras de igual valor; uma escultura de um escultor famoso é uma coisa não fungível uma vez que não pode ser substituída por outra.

Também, por vezes, a fungibilidade ou não fungibilidade resulta da vontade das partes, casos em que se convencionou que determinada coisa que normalmente é substituível por outra, neste caso deixou de o ser por acordo das partes; tal acontece, designadamente, quando a coisa pode ter um valor de estimação para uma das partes.

1.2.4. Coisas consumíveis e não consumíveis

Esta classificação está consagrada no art. 208.°, quando estatui:

> *«São consumíveis as coisas cujo uso regular importa a sua destruição ou a sua alienação.». Isto significa que* **as coisas não consumíveis são aquelas cuja utilização regular não importa a sua destruição (consumo material) ou a sua alienação (consumo jurídico)**, *sem prejuízo de poderem sofrer uma deterioração mais ou menos lenta. Assim sendo, podemos ter coisas que em termos de consumo material são não consumíveis (caso de um automóvel), mas em termos de consumo jurídico são consumíveis (o mesmo automóvel quando presente num stand e destinado à venda).*

1.2.5. Coisas divisíveis e indivisíveis

No que respeita a esta distinção, atente-se no art. 209.°:

> *«São divisíveis as coisas que podem ser fracionadas sem alteração da sua substância, diminuição de valor ou prejuízo para o uso a que se destinam.».*

Logo, para o Direito **o critério para determinar a divisibilidade ou indivisibilidade de uma coisa está no facto de poderem ou não perder substância** (ou perder a sua função própria) ou valor, uma vez que materialmente todas as coisas são divisíveis (ou seja, podem ser fracionadas).

Recorrendo a exemplos, poderemos dizer que uma biblioteca, um rebanho são coisas divisíveis, enquanto que um automóvel, um quadro, um apartamento são indivisíveis.

Registe-se, ainda, que nalguns casos a divisibilidade ou indivisibilidade pode resultar também da lei ou da vontade das partes e não da característica das coisas.

1.2.6. Coisas principais e acessórias

A lei também reconhece interesse nesta distinção. Se observarmos o art. 210.º do CC, entendemos rapidamente o seu interesse. Veja-se a sua redação:

> *«1. São coisas acessórias, ou pertenças, as coisas móveis que, não constituindo partes integrantes, estão afetadas por forma duradoura ao serviço ou ornamentação de uma outra.*
> *2. Os negócios jurídicos que têm por objeto a coisa principal não abrangem, salvo declaração em contrário, as coisas acessórias.»*

De acordo com este texto legal, as **coisas acessórias não são transacionadas conjuntamente com as coisas principais**, a menos que haja declaração em contrário, o que significa, por exemplo, que se A vende uma quinta ou qualquer outro prédio rústico, **salvo declaração em contrário**, no mesmo ato não vende também os utensílios da lavoura ou os animais.

Por sua vez, a noção de coisa acessória abrange a afetação, por forma duradoura, ao serviço ou ornamentação de uma outra, sem que possa ser considerada parte integrante desta.

1.2.7. Coisas presentes e futuras

Vejamos, agora, esta distinção. Para tal, analisemos o que consagra a este respeito o art. 211.º:

> *«São coisas futuras as que não estão em poder do disponente, ou a que este não tem direito, ao tempo da declaração negocial.».*

Assim, a distinção entra com o conceito de tempo, na medida que é em sua função que aquela se cria. As coisas futuras, ao contrário das presentes, não estão em poder do disponente, nem este a elas tem direito, ao tempo da declaração negocial.

1.2.8. Coisas corpóreas e incorpóreas

As coisas corpóreas são as suscetíveis de apreensão sensorial, ou seja, que podem ser apreendidas pelo Homem através dos sentidos; as incorpóreas são as que o não podem ser, por não terem existência física.

1.3. Benfeitorias

Para finalizar, uma breve palavra a propósito das benfeitorias, que mais não são do que *«todas as despesas feitas para conservar ou melhorar a coisa»*, tal como o prescreve o art. 216.º.

Podem, então, distinguir-se três tipos:

- Necessárias;
- Úteis;
- Voluptuárias.

Necessárias são as que têm por fim **evitar a perda, destruição ou deterioração da coisa**; são exemplos: a reparação de um telhado ou terraço de cobertura, a reparação de uma janela danificada, a substituição do sistema elétrico de uma viatura que esteja danificado.

Úteis são as que, **não sendo indispensáveis para a sua conservação, lhe aumentam, todavia, o valor**; é o caso, por exemplo, da instalação de grades protetoras nas janelas dos pisos inferiores, o fecho de uma varanda, a construção de uma garagem, a colocação de um alarme na viatura.

Finalmente, v**oluptuárias** as que, não sendo indispensáveis para a sua conservação nem lhe aumentando o valor, **servem apenas para recreio**

do benfeitorizante. é o que acontece com as obras de decoração ou de jardinagem ou que possam ser consideradas meramente estéticas.

Esta distinção só assume verdadeiro **interesse prático** quando **as despesas são realizadas por quem não seja o proprietário da coisa**. Então, se for este o caso, haverá que atender ao tipo de benfeitoria para apurar se quem efetuou a despesa (mero arrendatário, usufrutuário, cessionário, etc.) pode exigir do verdadeiro proprietário uma indemnização para ressarcimento dos prejuízos sofridos com o pagamento daquela.

Não sendo aqui o tempo nem o lugar para entrar numa explanação do regime das benfeitorias, sempre se dirá que os tribunais têm vindo a decidir que, por exemplo, só há lugar ao **pagamento de indemnização** por benfeitorias realizadas pelo possuidor da coisa se estiverem em causa **benfeitorias necessárias ou benfeitorias úteis** que não possam ser levantadas **sem detrimento da coisa**. De igual forma, quanto às **benfeitorias voluptuárias**, já decidiram que só poderá haver lugar ao seu levantamento quando **não causem detrimento (destruição) da coisa e tenham sido realizadas de boa fé**.

2. As Prestações

As prestações fazem parte, também, do objeto das relações jurídicas. A realização de uma prestação será aquilo que resulta da obrigação assumida por alguém; o conteúdo da prestação, positivo ou negativo, há de corresponder, assim, a um interesse do credor, interesse este digno de proteção legal (art. 398.º CC). Quando se diz que a obrigação consiste em "dar", "fazer" ou "não fazer" alguma coisa, está-se a referir aos conteúdos possíveis da prestação; por isso se diz que a prestação consiste numa atuação positiva ou negativa do obrigado, isto é, numa "conduta", seja ela de dar uma coisa (entenda-se que "dar" é um "fazer" específico), seja qualquer outro comportamento positivo ou negativo.

2.1. Requisitos da prestação

O devedor cumprirá a sua obrigação efetuando ou realizando a prestação a que se obrigou ou vinculou (art. 762.º CC), donde a necessidade de a prestação ser determinada ou determinável, além de lícita e possível.

Determinável: de algum modo, é necessário que a prestação seja determinável; não sendo assim, o cumprimento da prestação ficaria arbitrário para uma das partes; pelo menos, torna-se necessário que, através do contrato, se possa individualizar, concretizar ou determinar a prestação. Art. 400.º CC: "Se a determinação não puder ser feita ou não tiver sido feita no tempo devido, sê-lo-á pelo tribunal, sem prejuízo do disposto acerca das obrigações genéricas e alternativas".

Lícita: quer-se com isto dizer que terá de haver conformidade entre, por um lado, o ato ou a coisa objeto da prestação e, por outro, as leis, os bons costumes ou a moral. Neste sentido dir-se-á que a prestação tem de ser lícita em si mesma, isto é, atendendo à sua finalidade e enquanto objeto de vin culação. Art. 398.° CC: "As partes podem fixar livremente, dentro dos limites da lei, o conteúdo positivo ou negativo da prestação".

Possível: a obrigação não nascerá quando o seu objeto verse sobre uma prestação originária e absolutamente impossível; neste caso, faltará à obrigação em elemento essencial: a sua possibilidade. A impossibilidade poderá ser de facto ou de direito. Art. 401.° CC: "A impossibilidade originária da prestação produz a nulidade do negócio juridico".

Cumprir uma obrigação equivale a fazer quanto se prometeu; o cumprimento consiste, em termos jurídicos e nas palavras de Carlos Lasarte, na "*exata realização da prestação*" ou conduta devida. Na efetiva realização da prestação, o devedor dá por concluída a sua relação obrigacional; para que o cumprimento da obrigação se extinga, o credor terá de ficar satisfeito com a "*exata realização da prestação*":

Identidade da prestação: significa que deve entregar-se a coisa acordada ou realizar-se a conduta (prestação) prevista e não outra diferente; segundo o art. 762.° CC "O devedor cumpre a obrigação quando realiza a prestação a que está vinculado" e, como tal, o devedor não poderá obrigar o seu credor a receber coisa diferente, ainda que de igual ou maior valor ou, nas obrigações de "fazer", obrigar o seu credor a aceitar a prestação de facto diferente daquela a que se vinculou; é indiscutível que o princípio vale, igualmente, para as obrigações de não fazer.

Integridade da prestação: quer-se, aqui, referir a completa e total execução da prestação, nos termos do art. 763.°, n.° 1 do CC "A prestação deve ser realizada integralmente e não por partes, exceto se outro for o regime convencionado ou imposto por lei ou pelos usos".

Indivisibilidade da prestação: é uma consequência do que ficou anteriormente dito sobre a integridade da prestação; assim, o credor poderá re cusar a prestação se a mesma tiver sido realizada de forma faccionada.

2.2. Regimes da prestação

Vejamos, agora, que as prestações podem consistir em:

Entrega de coisa

O devedor pode realizar a prestação com a entrega de coisa móvel, po dendo ser de coisa genérica. A obrigação de entregar alguma coisa comporta, também, a obrigação de a conservar com a diligência própria de um bom pai de família. A obrigação de entregar uma coisa determinada compreenderá, adjacentemente, a de entregar todos os seus acessórios, ainda que não tenham sido mencionados.

Prestação de atividade

O objeto da obrigação pode recair na prestação de uma atividade, como acontece no caso do contrato de trabalho, em que o trabalhador se obriga a prestar a sua atividade laboral mediante uma remuneração. O cumprimento da obrigação de "fazer" (facere) não pode ser exigido através de coação física.

Pagamento

Neste caso, a prestação consite no pagamento de certa quantia em dinheiro (obrigação pecuniária); Art. 550.º CC: "O cumprimento das obrigações pecuniárias faz-se em moeda que tenha curso legal no País à data em que for efetuado e pelo valor nominal que a moeda nesse momento tiver, salvo estipulação em contrário"; e art. 787.º CC: "Quem cumpre a obrigação tem o direito a exigir quitação daquele a quem a prestação é feita, devendo a quitação constar de documento autêntico ou autenticado ou ser provida de reconhecimento notarial, se aquele que cumpriu tiver nisso interesse legítimo".

2.3. Não realização da prestação (incumprimento da obrigação)

O incumprimento da obrigação supõe a não execução ou a não realização da prestação de forma definitiva, seja porque o devedor está disposto a não cumprir, seja porque o cumprimento é objetivamente impossível. A lei estabelece qual é o regime das obrigações em caso de incumprimento, mas este regime varia segundo o incumprimento seja ou não imputável ao devedor.

O caso fortuito ou de força maior verifica-se quando o incumprimento surge por causas estranhas à vontade do devedor, que não puderam ser previstas nem evitadas pelas partes; é um conceito genérico e indeterminado e, por isso, em cada caso deverá apreciar-se se os factos causantes ou geradores do incumprimento foram ou não devidos a caso fortuito. **O caso fortuito ou de força maior faz com que o incumprimento seja inimputável ao devedor e que este não responda por tal incumprimento**; dispõe o art. 796.º CC as regras sobre a repartição do **risco** no caso de incumprimento.

A culpa é a falta de diligência precisa, a negligência. O art. 798.º CC declara: "*O devedor que falta culposamente ao cumprimento da obrigação torna-se responsável pelo prejuízo que causa ao credor*"; e estabelece ainda, o art. 799.º, n.º 1: "*Incumbe ao devedor provar que a falta de cumprimento ou o cumprimento defeituoso da obrigação não procede de culpa sua*". **O devedor é culpável pelo incumprimento.**

3. O Património

3.1. O património como garantia geral dos credores

O património é o conjunto de bens e direitos de conteúdo económico (ativo patrimonial) que pertencem a uma pessoa; os bens patrimoniais são as coisas enquanto são suscetíveis de apropriação, isto é, de pertencerem a uma pessoa; bens extrapatrimoniais são constituídos, por exemplo, pelos chamados "direitos de personalidade"; ainda que, em certo sentido, são bens porque reportam um valor ao indivíduo, não são patrimoniais porque não são suscetíveis de valoração económica.

A característica fundamental do património é a sua unidade, a consideração como um todo único de um conjunto heterogéneo de bens e direitos. Ao ter em conta as dívidas do titular, o património será o conjunto dos valores pecuniários ou avaliáveis em dinheiro, após dedução das dívidas do titular. Neste sentido, o património de uma pessoa atua como garantia geral pelas suas dívidas; o património constitui a **garantia geral dos credores**, princípio geral consagrado no art. 601.° do CC: "*Pelo cumprimento da obrigação respondem todos os bens do devedor suscetíveis de penhora...*".

O património de uma pessoa assume especial relevo nos casos de insolvência. A responsabilidade por dívidas afeta todos os bens que se encontram ou devam encontrar-se no poder do devedor quando, por incumprimento, seja requerida a insolvência e a responsabilidade abarca a totalidade do património bruto da pessoa.

Os bens patrimoniais, aqueles que podem ser economicamente avaliados, são as coisas enquanto suscetíveis de apropriação ou pertença pessoal; por outro lado, coisa "*é tudo aquilo que pode ser objeto de relações jurídicas*" (art. 202.º CC); podemos referir as coisas materiais e tangíveis, distinguindo-as, como faz o nosso Código Civil, de outros bens, também com existência real, mas intangíveis e imateriais como são os direitos de autor e a propriedade industrial, os quais estão sujeitos a legislação especial e a que, apenas subsidiariamente, são aplicáveis as disposições do CC (art. 1303.º); **o conceito de "bens" terá, assim, uma abrangência mais ampla que o conceito de "coisas".**

No caso do falecimento de uma pessoa, o património de que era titular, constitui a herança, a qual, por sua vez, é considerada um património autónomo que responde por todas as obrigações do falecido e funcionam, de certa maneira, como pessoas.

PARTE VI

—

O FACTO JURÍDICO:
OBRIGACIONAL, REAL, FAMILIAR E SUCESSÓRIO

—

1. As Obrigações

1.1. Conteúdo da obrigação

O facto jurídico é outro elemento da relação jurídica, além dos sujeitos e do objeto, estudados antes. Os sujeitos, ativo e passivo, relacionam-se, juridicamente, tendo em vista ou como causa, dessa relação disciplinada pelo direito, um assunto, um tema, uma coisa ou uma prestação – isso será o objeto da relação jurídica. O facto jurídico será, pois, o *nomen iuris*, a caracterização jurídica daquele objetivo, causa, tema, coisa ou prestação que envolve ou vincula, juridicamente, as partes da aludida relação.

O art. 397.º do CC define "obrigação" como "*o vínculo jurídico pelo qual uma pessoa fica adstrita para com outra à realização de uma prestação*". Dito de outra forma, é a relação existente entre dois sujeitos mediante a qual um deles (credor) pode exigir do outro (devedor) uma determinada prestação.

Vejamos alguns **exemplos** para melhor compreender o conceito de *obrigação (dever)* já que nem sempre tem o mesmo sentido e alcance, isto é, o mesmo entendimento:

a) Renata *deve* dar uma prenda de aniversário à sua amiga Regina;
b) André *deve* contestar a ação judicial interposta por Alcides;
c) Cátia *deve* respeitar a integridade física de Carolina;
d) João *deve* pagar o IRS às Finanças;
e) Frederico *deve* pagar os livros que comprou a Francisco;
f) Manuela *deve* alimentar e educar os seus filhos Luísa e Luciana;
g) Serafim *deve* entregar o automóvel que vendeu a Sidónio;
h) José *deve* comparecer ao trabalho na empresa Jotaagá.

Obviamente que:

- No **caso a)**, o *dever* do Renata é uma *obrigação social* e de cortesia cuja omissão será, porventura, desaprovada pela Regina, interessada, mas não suscitando, por parte do Direito, qualquer reação pela sua não observância ou cumprimento;
- Na **situação b)** o *dever* de contestar significará a *conveniência* de André se defender naquele processo, de forma a evitar qualquer consequência (encargo) lesiva dos seus interesses ou direitos, sem, no entanto, haver qualquer norma legal que lhe imponha o *dever jurídico* de contestar;
- Nos casos de Cátia e João, **alíneas c) e d)**, trata-se de *deveres* que não se situam na esfera do Direito privado, antes correspondendo a normas universais de Direito público por cujo cumprimento vela o Estado, aplicando *penas* a quem transgride;
- A alínea e) trata do caso (obrigação patrimonial) em que o *dever* de pagar de Frederico se situa no âmbito do Direito privado, sendo Frederico o devedor (da prestação de pagar) e Francisco o credor (da mesma prestação), não tendo o Estado nada a ver com a aludida situação, enquanto, na alínea anterior (d), a dívida (obrigação tributária) resultava de uma obrigação de Direito Público (pagamento dos impostos);
- Na situação apresentada na **al. f)** estamos perante uma obrigação (*dever jurídico*) decorrente do conteúdo das responsabilidades parentais (art. 1878.º CC) e não no sentido do art. 397.º do CC, decorrente de um negócio jurídico ou de uma qualquer das fontes das obrigações civis;
- Também no caso das **alíneas g) e h)** estaremos perante obrigações cujo *dever* se situa no âmbito do Direito Privado constituídas com base numa das fontes das obrigações civis, no sentido técnico -jurídico do art. 397.º do CC.

Tanto bastará para obtermos a perceção dos **diferentes tipos de *dever* a que fica adstrito o devedor ao efetuar a *prestação* em cumprimento da *obrigação***, entendida esta nos termos do art. 397.º do CC: a obrigação de pagar (al. e)), de entregar a coisa (al. g)) ou de prestar a atividade laboral (al. h)), ou *omitir* uma conduta (abster-se de construir em determinado espaço), é diretamente traduzível num valor económico ou patrimonial de caráter objetivo; fala-se aqui de obrigação em sentido técnico, para a distinguir dos chamados deveres jurídicos; estes seriam condutas não patrimoniais exigidas a uma pessoa pelo enamento jurídico, com caráter geral, na medida em que essa pessoa se encontre numa determinada situação contemplada pelo Direito.

Nos termos sobreditos, a prestação pode consistir em ***pagar*** ou em **fazer algo** (*facere*); ou em **não fazer** (omitir); diz-se prestação de facto positivo, quando consiste em ***entregar* uma coisa** ou ***prestar uma atividade***; diz-se prestação de facto negativo quando a prestação a que o devedor se obriga consista **numa omissão** (*non facere*) ou conduta negativa. Neste sentido, deverá atentar-se no disposto no n.º 1 do art. 398.º do CC "*as partes podem fixar livremente, dentro dos limites da lei, o conteúdo positivo ou negativo da prestação*".

Credor e devedor serão, pois, o credor e o devedor de uma prestação, de ca rácter patrimonial, seja de pagamento ou prestação de facto positivo ou negativo. Ao estudar as modalidades das obrigações, veremos que tais expressões, credor e devedor, apenas corresponderão, respetivamente, àquele que tem o direito a receber uma quantia em dinheiro e àquele que *deve* (tem a obrigação de) pagar uma quantia em dinheiro, tão só nas **obrigações pecuniárias** – art. 550.º do CC: "*o cumprimento das obrigações pecuniárias faz-se em moeda que tenha curso legal no país...*". As obrigações pecuniárias são uma das modalidades das obrigações e, nessas, existe a obrigação de pagar uma quantia em dinheiro, para o devedor, e a receber pelo credor. No entanto, genericamente e no âmbito que nos ocupa, **credor e devedor são, respetivamente, o titular ativo e passivo da obrigação** (art. 397.º CC), isto é, respetivamente, quem tem direito à prestação e quem tem o dever de prestar.

A prestação é, pois, o objeto da obrigação assumida pelo sujeito passivo, devedor; aquilo que o sujeito ativo, credor, pode exigir (**direito de crédito**) do devedor, devendo a prestação ser lícita, possível e determinada. "*Pelo cumprimento da obrigação respondem todos os bens do devedor* *suscetíveis de penhora...*" – art. 601.º do CC. Assim, terá ficado esclarecido o conceito de obrigação cujo regime jurídico constitui o setor do Direito privado, conhecido como «**Direito das Obrigações**» que goza de uma certa autonomia e cujas regras são utilizadas no Direito Civil e, subsidiariamente, noutros ramos do Direito.

1.2. Fontes das obrigações

Trata-se, agora, de saber quais os atos ou factos jurídicos que são geradores (fontes) da obrigação ou obrigações, por um lado, e do(s) correspondente(s) direito(s) de crédito(s), por outro; por diferentes palavras, quais as causas originárias da relação jurídica obrigacional; ou ainda, ninguém é *devedor*, em sentido jurídico, enquanto não realiza atos ou pratica factos ou se coloca em situações que, segundo a lei, o *obrigam*.

Quais serão os atos, **acontecimentos ou situações dos quais a lei faz nascer obrigações (dívidas) para o devedor e direitos (créditos) para o credor**. Podemos dizer que as obrigações nascem da lei, dos contratos e dos atos e omissões ilícitas ou em que intervenha qualquer género de culpa ou negligência.

De salientar, nos termos do art. 405.º do CC, a liberdade contratual, segundo o qual "*dentro dos limites da lei, as partes têm a **faculdade de fixar livremente o conteúdo** dos contratos, **celebrar contratos diferentes** dos previstos neste código ou incluir nestes as cláusulas que lhe aprouver*". Trata-se, nem mais nem menos, do **princípio da autonomia privada** na dupla vertente de liberdade de contratar e na liberdade de fixar o conteúdo contratual.

As obrigações nascem fundamentalmente dos negócios jurídicos bilaterais, isto é, dos **contratos**, bem como da **responsabilidade extracontratual**. Contrato será, dentro dos negócios jurídicos e nas palavras de Eduardo M.ª Valpuesta, o negócio jurídico pelo qual duas partes consentem reciprocamente na criação, modificação ou extinção de uma relação jurídica patrimonial, no sentido de um **duplo acordo quanto às vontades e à patrimonialidade**; o caráter da patrimonialidade diferencia o contrato, aqui fonte das obrigações patrimoniais, de outros negócios que têm como objeto as relações jurídicas familiares ou pessoais e, bem assim, as relações jurídicas reais (relativas às coisas); consideramos aqui como património o dinheiro ou tudo o que é avaliável em dinheiro.

Assim, **todo o contrato, legalmente válido, compromete os contraentes**, seja um contrato previsto e regulado por lei geral ou especial, seja um contrato inventado à margem da lei, mas não contra a lei ou em violação da lei, sem regulamentação legal; neste sentido da vinculação dos contraentes, diziam os latinos "*pacta sunt servanda*", princípio segundo o qual, dizemos nós, **os contratos devem ser pontualmente cumpridos** (isto é, cumpridos ponto por ponto) – art. 406.º do CC. Acrescem às obrigações decorrentes da celebração de um contrato ou, simplesmente, decorrentes do combinado (pactado), ou da palavra dada (quem honra a palavra dada), as obrigações que derivam da lei.

Dentro da categoria genérica do negócio jurídico, surgem **o contrato como o negócio jurídico bilateral**; a vida do contrato absorve a fase do nascimento em que se diz que o contrato fica perfeito (***perfeição* do contrato**) quando as partes consentem na realização do acordado ou contratado; a fase seguinte corresponde àquela em que se dá cumprimento ao contratado e corresponde à ***execução***; finalmente e quando todas as prestações contratadas se encontram realizadas e o contrato atinge o seu ponto alto, para que foi celebrado, diz-se que está concluído, realizado ou consumado (***consumação* do contrato**).

Segundo vem estabelecido no art. 227.º CC, "*quem negoceia com outrem para conclusão de um contrato deve, tanto nos preliminares como na formação dele, proceder segundo as regras da boa fé, sob pena de responder pelos danos que culposamente causar à outra parte*". Entre o momento em que as partes contratuais se põem em contacto até que, finalmente, celebram o contrato decorre, como regra, um determinado tempo de conversações e ajustamentos das suas vontades. é, precisamente, a este interregno de conversações informais e de discussão das condições do acordo em que nenhuma das partes toma posturas firmes nem se obrigam, que se costuma chamar de **fase preliminar ou de entendimentos preliminares**.

Nestes momentos de pré-negociação é natural que as partes vão sedimentando expectativas na base do que vai ficando tratado em termos de conversações, ao ponto de serem feitas ofertas por uma das partes e correspondente aceitação pela outra, devendo ficar cada uma delas, definitivamente, ligada ao que significaram condições oferecidas e aceites.

Ora é precisamente da rutura destes entendimentos preliminares ou da revogação intempestiva destas condições prévias ao contrato que pode resultar, em certos casos, uma responsabilidade da parte que provoca esta rutura; trata-se de uma **responsabilidade pré-contratual que pode significar uma responsabilização pelos danos causados, culposamente, à outra parte**. Além desta e uma vez perfeito o contrato, existe a chamada responsabilidade civil contratual decorrente da não execução ou, simplesmente, da má execução do contrato, por forma a impedir a sua consumação.

Além dos contratos (art. 405.º do CC), vêm contempladas no Código Civil as seguintes **fontes das obrigações**: os negócios unilaterais (art. 457.º do CC), a gestão de negócios (art. 464.º do CC), o enriquecimento sem causa (art. 473.º do CC) e a responsabilidade civil (art. 483.º do CC).

1.2.1. O contrato-promessa e seu regime

Porque entendem os autores ser relevante aqui nos debruçarmos, e darmos o seu relevo, sobre o regime específico dos contratos-promessa, deixam-se consignadas algumas notas sobre o mesmo.

Ora, o contrato-promessa implica duas noções: por um lado, a noção de contrato e, por outro, a noção de promessa; quando invocamos a noção de contrato é suposto sermos remetidos para as fontes das obrigações onde os contratos assumem particular relevância.

Como se referiu, nos termos do art. 397.º do C. C. diz-se obrigação "*o vínculo jurídico pelo qual uma pessoa fica adstrita para com outra à realização de uma prestação*"; sempre que existe um contrato, existem declarações de vontade divergentes que se harmonizam e das quais resultam direitos e obrigações para ambas as partes, ou seja, as partes vinculam-se através da emissão de declarações de vontade ou declarações negociais em que se obrigam à realização de uma prestação.

Também no contrato-promessa a vinculação não é distinta na medida em que se traduz na assunção de obrigação tendente à realização de uma prestação. Se se trata de obrigação de pelo menos duas pessoas, diz-se que o contrato-promessa é um acordo ou uma convenção pela qual as partes se obrigam ou vinculam à celebração de um outro contrato; esse contrato que se obrigam a celebrar fica a constar, pois, desta vinculação ou promessa e, por isso, se diz contrato-promessa.

Verdadeiramente, é uma promessa de celebração de um contrato futuro e como essa promessa é constituída por duas ou mais declarações de vontade, temos a promessa na forma bilateral e daí a denominação de contrato. Caso a emissão da declaração de vontade ou declaração negocial da celebração de contrato futuro fosse apenas por uma pessoa teríamos, pois, uma promessa unilateral.

Chamar contrato-promessa não sinalagmático a uma única declaração negocial ou, de outra forma, a uma promessa unilateral parece contrariar a própria natureza significativa da palavra "contrato". Apesar disso, a consideração de uma modalidade de promessa, em que um dos contraentes assume a obrigação perante o outro de, no futuro, celebrar certo contrato em dados termos, ficando a contraparte livre de decidir até certo momento se deseja ou não a conclusão do contrato, situa-nos no identificado contrato-promessa unilateral. Assim, num certo momento, aquele momento que for convencionalmente estabelecido ou judicialmente fixado, compete ao promissário a plena liberdade de decisão quanto à celebração do contrato objeto de promessa pelo promitente. É frequente ter-se presente a distinção que a doutrina tem feito entre promessa bilateral e promessa unilateral como referidas a contrato-promessa sinalagmático e não sinalagmático. Se não discutível, é pelo menos duvidoso se se trata de duas espécies de um único contrato ou se podem classificar-se como contratos autónomos.

O contrato-promessa carece, por definição, da identificação do contrato a celebrar, o qual se traduz no contrato prometido; a vontade manifestada pelas partes, na promessa, pode não respeitar apenas à celebração futura de determinado negócio, mas, com mais precisão, à posterior celebração de um negócio, com um concreto conteúdo, o que retrata a ideia de que no contrato-promessa a vontade das partes se afirma, também, no sentido de um acordo quanto ao conteúdo do contrato prometido.

O contrato-promessa de compra e venda é, de longe, o mais divulgado. Antes do CC de 1966, ao lado de uma compra e venda, o contrato de promessa aparecia configurado como um contrato preparatório e facilitador tanto de uma reponderação como de uma desistência remunerada; daí que fosse visto como um negócio precário que traduzia, por um lado, a vontade de contratar e, por outro, o seu caráter provisório.

No CC de 1966, atenta a versão primitiva e a versão dada pelo legislador em 1980, há autores que sustentam, tendo por base o regime formal do contrato-promessa, a existência, ao lado de um regime geral, de um regime com aspetos particulares para o contrato-promessa de "compra e venda de prédio urbano, ou de sua fração autónoma, já construído, em construção ou a construir" (art. 410.°, n.° 3 do CC).

1.2.1.1. O princípio da equiparação Significado e Excepções

O contrato-promessa funciona sempre como referido a outro negócio que é o negócio prometido; assim, o contrato-promessa prepara e assegura a celebração futura de outro negócio sendo, por isso e estruturalmente, um reflexo do contrato prometido e um momento preliminar, mas avançado, de um processo de formação e de manifestação de uma vontade dirigida à satisfação de um interesse final.

O princípio da equiparação exprime a consagração daquela incontornável conexão entre o contrato-promessa e o prometido; enunciado no n.° 1 do art. 410.° do CC, o princípio da equiparação pretende que " as disposições legais relativas ao contrato prometido sejam aplicáveis à promessa de contratar, com exceção das disposições relativas à forma e as que, por sua razão de ser, não se devam considerar extensivas ao contrato-promessa". é por via de tal princípio que se aplicam à promessa as regras de validade e que definem o regime do contrato prometido. Tal significa que o princípio da equiparação exige em primeiro lugar a capacidade de exercício dos contraentes, isto é, a mesma que têm de ter para a celebração do contrato definitivo.Também resulta do princípio da equiparação a aplicabilidade ao contrato-promessa das normas que digam respeito aos requisitos de admissibilidade ou de proibição, bem como à interpretação ou integração atinentes ao contrato prometido.

Neste sentido, é também do princípio da equiparação que deriva a exigência de que o contrato-promessa contenha a determinação do objeto do contrato prometido ou, pelo menos, as regras que permitem tal determinação. Consta do art. 410, n.º 1 que constitui exceção ao princípio da equiparação "*as disposições relativas à forma e as que, por sua razão de ser, não se devam considerar extensivas ao contrato-promessa*".

Além das regras relativas à forma é entendimento pacífico na doutrina que as regras que definem os efeitos do contrato prometido não são aplicáveis ao contrato-promessa, que deve ver-lhe aplicadas as regras relativas aos contratos em geral. Da mesma forma que não serão aplicáveis à promessa aquelas regras que, não definindo os efeitos do contrato prometido, tenham a sua razão de ser nesses efeitos, bem como será o caso das regras que respeitem às consequências do não cumprimento do contrato prometido as quais serão excluídas do regime do contrato-promessa.(cfr. Ana Prata, *O contrato-promessa e o seu regime civil*, Almedina, 1995). Por isso, o alcance desta exceção só é identificável em relação a cada norma do regime do contrato prometido, isto é, casuisticamente.

1.2.1.2. Contrato-promessa com eficácia real

Nos termos do art. 408.º, n.º 1 do CC "a constituição ou transferência de direitos reais sobre coisa determinada dá-se por mero efeito do contrato, salvas as exceções previstas na lei". No caso do contrato-promessa sobre a constituição ou transferência de direitos reais ainda estamos perante um instrumento antecipatório do contrato prometido; apenas com o contrato prometido, verificar-se-ia a constituição ou transferência de direitos reais o que constituiria um dos seus efeitos.

Ora, uma das exceções ao princípio da equiparação (art. 410.º, n.º 1) consistia em não aplicar ao contrato-promessa as regras que definem os efeitos do contrato prometido, o que impediria, nos termos do sobredito art. 408.º, n.º 1, a constituição ou transferência de direitos reais sobre a coisa, no momento da celebração do contrato instrumental, isto é, do contrato-promessa.

Na realidade, o art. 413.º vem superar ou suprir essa exceção e permitir que ao contrato-promessa de constituição ou transmissão de direitos reais sobre bens imóveis ou móveis sujeitos a registo, pode ser atribuída eficácia real pelas partes, mediante declaração expressa e inscrição no registo. Tal significa que este contrato-promessa assumirá os efeitos do contrato prometido no que à constituição ou transferência de direitos reais se refere, podendo o direito ser invocado contra todos, "oponível, *erga omnes*"; sendo que o contrato-promessa passa a gozar, nos termos do art. 413.º, de eficácia real, traduzindo-se, então, o contrato-promessa na constituição de um direito real de aquisição a favor do promitente-adquirente (ou do promissário da alienação ou constituição do direito real).

Caraterizando-se, em princípio, o contrato-promessa por uma eficácia meramente obrigacional, verifica-se, neste caso do art. 413.º, a atribuição de uma eficácia real cujos efeitos são semelhantes aos do contrato prometido; há, assim, uma identidade formal dos dois contratos: a promessa e o prometido.

1.2.1.3. Incumprimento do contrato-promessa

A obrigação de contratar constitui o cerne da eficácia do contrato-promessa; a obrigação é tão-somente a de concluir certo contrato válido, eficaz e idóneo a satisfazer os interesses finais do credor; o cumprimento da promessa traduz-se, pois, na conclusão do contrato definitivo projetado; quando incumprida a promessa, a prestação não realizada é a de celebrar tal contrato prometido/projetado. Se não é cumprida a obrigação no momento do seu vencimento, poder-se-á estar perante um definitivo não cumprimento; importará saber se o credor perdeu ou não, objetivamente, o interesse na conclusão do contrato prometido, e daí saber se estará ou não desencadeado o não cumprimento definitivo.

Há casos em que o incumprimento do contrato-promessa pode ter por objeto obrigações secundárias, facto não imputável ao devedor ou facto imputável a ambas as partes, situação que, genericamente, não abordamos aqui. Quando a obrigação não é cumprida na totalidade por culpa do devedor, poderemos estar perante uma de três situações: a primeira, ter o devedor impossibilitado culposamente o cumprimento, designadamente por ter celebrado com terceiro contrato incompatível com o cumprimento; a segunda, ter o devedor recusado culposamente o cumprimento com consequente perda de interesse neste por parte do credor; a terceira, ter o devedor faltado culposamente ao cumprimento, podendo este ainda realizar-se e tendo ainda nele interesse o respetivo credor.

1.2.1.4. A execução específica

Resumidamente, consideraremos as situações de incumprimento culposo da obrigação; nestes casos, se a declaração ou vontade inabalável do devedor em não querer cumprir a prestação for realizada em momento anterior ou contemporâneo da obrigação, pode não significar incumprimento definitivo, desde que o credor, mantendo o interesse na prestação, tenha ao seu alcance a possibilidade de recorrer aos tribunais para obter a execução específica, se esta não estiver afastada por lei ou por convenção.

Importa, por isso, atentar no não cumprimento culposo temporário em que ao credor assiste o direito de exigir judicialmente o cumprimento em acção de condenação ou execução específica, caso em que tem ainda direito a ser indemnizado pelos prejuízos que a mora lhe provocar.

Sem prescindir, se na pendência da mora, o promitente faltoso vier a oferecer o cumprimento da sua obrigação bem como a indemnização dos danos moratórios, tem o promissário o ónus de aceitar, exceto se este provar que, entretanto, perdeu o interesse na celebração do contrato; a isto se chama purgação da mora (*purgatio morae*).

A execução específica consiste, perante o incumprimento do devedor, no poder do credor, na falta de convenção em contrário, obter sentença que produza os efeitos da declaração negocial do faltoso, sempre que a isso se não opuser a natureza da obrigação assumida (art. 830.°, n.° 1 do CC). O n.° 2 do art. 830.° dispõe que a existência de sinal ou a fixação de uma pena para o caso de não cumprimento da promessa deve ser entendida como havendo convenção em contrário àquele poder de execução específica, previsto no n.° 1. Apesar disso, nada impede que existindo sinal ou cláusula penal, as partes convencionem o direito potestativo de exercerem o recurso ao tribunal com vista à execução específica. Acrescenta porém o n.º 3 que não pode haver afastamento da possibilidade da execução específica nos casos de promessa respeitante à celebração de contrato oneroso de transmissão ou constituição de direito real sobre edifício ou fração autónoma dele, já construído, em construção ou a construir; isto valerá mesmo no caso em que tenha existido sinal (cfr. art. 440.º do CC e para o caso de contrato-promessa de compra e venda, o art. 441.º do mesmo Código).

1.2.1.5. A sanção do art. 442.º, n.ºs 2 e 3 do CC

Atento o disposto no art. 808.º do CC, a não realização da prestação pelo devedor no prazo razoavelmente fixado para o efeito pelo credor, perdendo este, objetivamente, o interesse que tinha na prestação, acarreta o incumprimento definitivo e culposo da obrigação.

Nos termos do n.º 2 do art. 442.º, se o incumprimento culposo e definitivo se verificar por parte de quem constituiu o sinal, tem o outro contraente a faculdade de fazer sua a coisa entregue; pelo contrário, se for este último a não cumprir, tem aquele que constituiu o sinal a faculdade de exigir:

a) o dobro do que prestou;
b) ou o valor da coisa, no caso de ter havido tradição;
c) o u o valor do direito a transmitir ou a constituir sobre a coisa, determinado objetivamente e à data do não cumprimento da promessa, com dedução do preço convencionado, devendo ainda ser-lhe restituído o sinal e a parte do preço que tenha pago.

Finalmente, dispõe o n.º 4 do art. 442.º do CC que "*na ausência de estipulação em contrário, não há lugar, pelo não cumprimento do contrato, a qualquer outra indemnização, nos casos de perda do sinal ou de pagamento do dobro deste, ou do aumento do valor da coisa ou do direito à data do cumprimento*".

1.3. Modalidades das obrigações

O normal é que a titularidade ativa e passiva da obrigação corresponda a um só credor e a um só devedor, respetivamente; no entanto, não são raras as vezes em que a posição do credor e/ou do devedor é assumida por várias pessoas, havendo numa mesma obrigação vários credores e vários devedores.

A pluralidade de sujeitos na obrigação coloca imediatamente a questão de saber como está organizada, do ponto de vista legal ou convencional, essa obrigação: é preciso saber, no caso da pluralidade de credores, se qualquer deles está legitimado para exigir integralmente o cumprimento da obrigação ou se, pelo contrário, cada um deles está incumbido de apenas reclamar a parte que lhe corresponde no crédito. O mesmo se passa e pode dizer-se do lado contrário e na perspetiva da pluralidade de devedores: se cada um deles está obrigado a cumprir só a sua parte ou se, ao invés, tem de cumprir a integralidade da obrigação.

Estamos, nos casos apontados, perante o tema da **distinção entre obrigações conjuntas e obrigações solidárias** em que o fundamental é determinar se os sujeitos devem atuar todos unidos ou devem fazê-lo separadamente e, em cada um desses casos, qual pode ser o alcance da sua atuação. Por exemplo, pode haver vários sujeitos quer do lado ativo (André deve mil euros a Pedro e João), em que são dois os credores, quer do lado passivo (Pedro e João devem mil euros a André), em que são dois os devedores.

1.3.1. Obrigações conjuntas

No caso da dívida de Pedro e João, entender-se-á que cada um deles, independentemente, é devedor de quinhentos euros a André; não pagando Pedro, nem por isso fica o João obrigado a pagar por ele. No primeiro caso, da dívida de mil euros de André a Pedro e a João, os credores só podem, cada um, reclamar de André quinhentos euros; tendo André pago a João os seus quinhentos euros, ficando a dever a Pedro, não pode este exigir de João uma parte do que recebeu. Trata-se de obrigações conjuntas e são, como se vê, independentes entre si. O que acaba de dizer-se, no caso das obrigações com pluralidade de sujeitos, não tem aplicação quando o objeto das obrigações é indivisível, seja com pluralidade de devedores (art. 535.° do CC) ou seja com pluralidade de credores (art. 538.° do CC).

1.3.2. Obrigações solidárias

Pode acontecer que uma obrigação em que intervêm vários devedores ou vários credores seja contraída em condições tais que a um dos devedores, indistintamente, se lhe possa reclamar a totalidade da dívida, ou, então, apenas um credor possa reclamar, por inteiro, o crédito. Nestes casos estamos perante obrigações ou créditos em que "todos e cada um estão por tudo" (art. 512.° do CC); só acontece isto se a lei ou a vontade das partes o declarar (art. 513.° do CC), pelo que a solidariedade não se presume.

Nas relações entre si, presume-se que os devedores ou os credores solidários comparticipam em partes iguais na dívida ou no crédito (art. 516.° do CC); no entanto, pode acontecer que internamente, entre devedores ou entre credores, a dívida ou o crédito estejam repartidos em proporções diferentes mas tal particularidade não afasta a solidariedade entre as partes podendo cada credor exigir, e devendo cada devedor prestar, a integralidade da obrigação.

1.3.2.1. Solidariedade de devedores e de credores

Quando os devedores são solidários, o credor pode exigir ou reclamar, integralmente, o seu crédito a um só deles (a dois ou a três); o crédito terá de ser satisfeito por aquele que o credor escolher (art. 519.° do CC), o que não quer dizer que este devedor escolhido deva mais que os outros, ou deva igual, na relação entre eles; pode, inclusivamente, na relação interna, não dever nada, tendo-se obrigado apenas para garantir a dívida, em favor de quem, realmente, deve.

Voltando a outro exemplo: Flávio, por exemplo, porque não é solvente, necessita de pedir emprestado um milhão de euros; para tal, recorre à empresa financeira "*Tantum*" fazendo-se acompanhar de Sérgio e Rodrigo, onde contrai o aludido empréstimo; a empresa *Tantum* é indiferente a quem fica, efetivamente, com o dinheiro, tendo os três assumido a solidariedade da dívida; não importa que Sérgio e Rodrigo não tenham recebido um cêntimo, o certo é que *Tantum,* à hora de cobrar, pode escolher um (ou dois, ou três) e vai poder exigir dele a integralidade do milhão de euros, ainda que, entre eles, só o Flávio seja o devedor.

No entanto, embora cada um deles seja responsável e possa ser responsabilizado por um milhão de euros, a soma das responsabilidades dos três não é de três milhões já que cada responsabilidade só existe em função das outras. Dir-se-ia que a dívida de um milhão de euros aparece refletida em três espelhos (dos três responsáveis solidários); se Rodrigo pagar o milhão de euros, esse pagamento vai-se refletir nos espelhos e a dívida desaparece nos três espelhos e não só no de Rodrigo. Se, noutra hipótese, Sérgio pagar um terço do milhão de euros a *Tantum*, e esta aceitar esse pagamento parcial, a restante parte da dívida, dois terços, aparece refletida nos três espelhos pelo que são, efetivamente, os três responsáveis pelos dois terços, não ficando isento dessa responsabilidade o Sérgio.

No caso da **solidariedade entre credores**, é permitido ao devedor, no cumprimento da obrigação, escolher o credor solidário se a obrigação já estiver vencida, isto é, se tiver sido atingido o prazo para o seu cumprimento; no entanto, haverá que ter em conta que se outro credor o tiver demandado judicialmente, então está o devedor obrigado ao pagamento àquele (art. 528.º do CC).

1.3.3. Obrigações pecuniárias

As obrigações pecuniárias consistem na entrega de uma quantidade em dinheiro; em moeda que tenha curso legal no país à data em que for efetuado o cumprimento e pelo valor nominal que a moeda tiver nesse momento (art. 550.º do CC).

O **princípio nominalista**, consagrado no referido artigo, quer significar que para cumprir a obrigação basta a entrega da quantidade de moeda acordada ou contratada, independentemente do valor real da mesma no momento do pagamento. Com isto, prejudica-se o credor, na medida em que suporta o risco da **desvalorização da moeda** ao receber uma quantidade fixada em momento anterior sem que tivesse sido levada em linha de conta a essa desvalorização. Por isso, o art. 551.º tenta obviar a essa desvalorização estabelecendo regras para a atualização das obrigações pecuniárias.

1.4. (In)Cumprimento das obrigações

Diz o art. 762.º do CC que o devedor cumpre a obrigação quando realiza a prestação a que está vinculado: quando paga a quantia, quando efetua a obra, quando entrega a coisa, a que se havia comprometido, ou quando se abstém de fazer algo. Se obrigação (art. 397.º do CC) é o vínculo jurídico pelo qual uma pessoa fica adstrita para com outra à realização de uma prestação, a realização dessa prestação (devida) a que um sujeito se havia vinculado constituirá o cumprimento à obrigação

Quando o devedor realiza a prestação deve, em princípio, realizá-la **integralmente** e não por partes (art. 763.° do CC); também deve haver **identidade** entre a prestação a que o devedor se vinculou (obrigou a cumprir) e a prestação efetuada (prestação devida – art. 762.° do CC); ao mesmo tempo, a prestação deve ser efetuada de uma só vez, **num só ato**, exceto se a obrigação puder ser liquidada em duas ou mais prestações (art. 781.° do CC).

O cumprimento deve ser efetuado pelo devedor ou por terceiro que não represente o devedor nem aja por conta dele, a não ser que a obrigação seja pessoal (*intuito personae*); neste caso, não pode o devedor fazer-se substituir (veja-se o exemplo da modelo que, impedida de desfilar, pede à sogra que a substitua). Quando a **prestação é fungível** o interesse do credor pode ficar satisfeito pela realização da prestação por pessoa distinta do devedor: não só por um representante ou mandatário do devedor mas, inclusivamente, por uma pessoa estranha. A prestação deve ser feita ao credor ou ao seu representante (art. 769.° do CC); no entanto, o devedor não é obrigado a satisfazer a prestação a pessoa distinta se não houver convenção nesse sentido (art. 771.° do CC).

A prestação deve ser efetuada, em princípio, no **lugar do domicílio do devedor** (art. 772.° do CC); se a obrigação for pecuniária (tiver por objeto certa quantia em dinheiro) o lugar do cumprimento será o do **domicílio do credor**, à data do cumprimento (art. 774.° do CC). O devedor que cumpre a obrigação tem direito **à quitação** (art. 787.° do CC).

O atraso no cumprimento de uma obrigação chama-se em Direito ***mora***, incorrendo em *mora* o devedor que não paga no tempo e circunstâncias previstas ou acordadas. A mora não significa, pois, incumprimento, mas cumprimento tardio no caso em que este, pelo menos parcialmente, satisfaz o credor; às vezes, esta demora no cumprimento constitui a antecâmara do incumprimento; por isso, quando a obrigação não se cumpre nem sequer fora do prazo, o que temos não é a mora mas o incumprimento.

Nos casos em que a obrigação carece de prazo e, portanto, ainda não é exigível, **importa recorrer ao tribunal para esse efeito** (art. 777.º do CC). Para que haja mora, o atraso deve ser imputável ao devedor, isto é, deve ser resultado de dolo ou negligência sua; **o devedor deve ser interpelado, judicial ou extrajudicialmente** (por carta, oralmente ou outro meio suscetível de prova), para cumprir e, só após a interpelação (art. 805.º do CC), ficará em mora. Importa, desde já, referir que também pode haver **mora do credor**, quando este, injustificadamente, se recusa ou atrasa no recebimento da prestação. O risco pela perda ou deterioração da coisa ou pela impossibilidade da prestação corre por conta do devedor ou do credor consoante recai sobre o primeiro ou o segundo a responsabilidade pela mora (arts. 807.º e 815.º do CC).

O **incumprimento da obrigação** supõe a não execução ou realização da prestação de forma definitiva, seja porque o devedor está disposto a não cumprir, seja porque o cumprimento é, objetiva ou subjetivamente, impossível. A lei estabelece qual o regime das obrigações em caso de incumprimento, sendo certo que este regime varia segundo o incumprimento seja ou não imputável ao devedor. Sendo o incumprimento por causa imputável ao devedor, é este responsável como se faltasse culposamente ao cumprimento da obrigação (art. 801.º do CC).

Não sendo a obrigação voluntariamente cumprida, tem o credor o direito de exigir judicialmente o seu cumprimento e de executar o património do devedor (art. 817.º do CC) sendo a prestação realizada coativamente. Se a prestação consistir na entrega de coisa determinada, o credor tem a faculdade de requerer, em execução, que a entrega lhe seja feita – é o que dispõe o art. 827.º do CC.

1.5. Extinção das obrigações

Vejamos, agora e sumariamente, quais as causas de extinção das obrigações, para além do cumprimento.

A **dação em cumprimento** consiste na entrega de coisa diversa daquela que seria devida e só pode acontecer se o credor der o seu consentimento (art. 837.º do CC); trata-se de uma prestação realizada em vez da originariamente estipulada e com idêntico valor satisfatório.

De forma semelhante, a **consignação em depósito** pode liberar o devedor da obrigação desde que aceite pelo credor ou declarada válida por decisão judicial (art. 846.° do CC).

Ainda, a **compensação** (art. 847.°), a **novação** (arts. 857.° e 858.°), a **remissão** (art. 863.°) e a **confusão** (art. 868.°) são outras tantas formas de extinção das obrigações.

Finalmente, a obrigação extingue-se por **impossibilidade objetiva** (art. 790.° do CC) quando a prestação se torna impossível por causa não imputável ao devedor; o mesmo se diga quando a impossibilidade é relativa à pessoa do devedor (**impossibilidade subjetiva** – art. 791.° do CC) desde que não consiga fazer-se substituir por terceiro.

2. Os Direitos Reais

2.1. Noção

O que é característico do direito real (*res*, em latim, significa coisa) é que este recai sobre a "coisa", sem necessidade de intermediação de ninguém; o domínio do homem sobre as coisas implica uma possibilidade de influência direta e imediata que supõe a de excluir a ação de qualquer outro sobre a coisa.

A possibilidade de influência (ou direito real) segue a coisa onde quer que se encontre e quem quer que seja o seu possuidor; como diziam os romanos "*em qualquer lugar onde quer que se encontre a coisa objeto do meu direito, aí mesmo posso fazê-lo valer e reinvindicá-lo frente a quem se oponha a ele*".

Estas características contribuem para a distinção entre o direito real e o di reito de crédito (direito das obrigações): no direito real, a influência direta e imediata sobre a coisa dispensa a intervenção de outra pessoa; no direito de crédito, o crédito existe em relação a uma pessoa concreta e só em relação a ela (devedor) pode ser exigida a sua satisfação; no direito real, todos estão obrigados a respeitar o direito de propriedade (obrigação de respeito que não é propriamente uma dívida), abstendo-se de interferir na ação do seu titular; no direito de crédito todos os demais, que não o devedor, nada têm a ver com aquele direito exigível apenas ao devedor (único sujeito passivo).

2.2. A propriedade

A propriedade é o direito de gozar e dispor das coisas, que não esteja limitado por outro direito real. O art. 1302.º do CC dispõe que "*só as coisas corpóreas, móveis ou imóveis, podem ser objeto do direito de propriedade...*". Quanto ao conteúdo do direito de propriedade sobre os bens (art. 1305.° do CC), há, em princípio, três aproveitamentos ou possíveis faculdades que uma pessoa pode ter sobre um bem: o direito de uso, de fruição e de disposição. O uso consiste na obtenção da utilidade do bem, sem alterar a sua integridade, sendo possível no caso de bens não consumíveis economicamente. A fruição supõe obter a utilidade mediante os frutos que o bem produz, sem alterar este. A disposição implica obter a utilidade do bem alterando a sua integridade física (por exemplo, bebendo uma bebida) ou jurídica (mudando a titularidade sobre o bem, por qualquer dos meios de transmissão dos direitos reais).

Quando nos referimos ao **direito de uso** queremos significar "*a faculdade de se servir de certa coisa alheia e haver os respetivos frutos na medida das necessidades, quer do titular, quer da sua família*"; "*quando este direito se refere a casas de morada, chama-se direito de habitação*" (art. 1484.° do CC). O direito de uso é, pois, adstrito à pessoa do titular e tem a ver com uma utilização da coisa diretamente, da mesma forma que, também, a perceção dos frutos é facultada diretamente ao usuário.

O direito de **usufruto** consiste em "*gozar temporária e plenamente uma coisa ou direito alheio, sem alterar a sua forma ou substância*" (art. 1439.° do CC). De acordo com Giovanni Pugliese (in "Usufruto, Uso e Abitazione, UTET, 2.ª edição, 1973), é um direito real de gozo que representa o "*espelho fiel da propriedade; desde que o seu titular respeite o destino económico da coisa, pode comportar-se exatamente como um proprietário*". Como direito pleno, o usufruto confere ao seu titular a possibilidade legal de o alienar por ato entre vivos (art. 1444.° do CC).

No que diz respeito ao uso e ao usufruto é preciso fazer referência, por um lado, aos gastos ou investimentos a fazer na coisa e necessários à obtenção da utilidade do bem e, por outro, aos frutos que o bem pode produzir. Esses gastos ou investimentos, chamadas benfeitorias, classificam-se em três categorias: necessárias, úteis ou voluptuárias, como se viu no ponto 1.3. da Parte V.

2.3. A posse

A posse traduz-se na simples detenção de uma coisa (ou de um direito real), independentemente do título que a justifique, o qual pode, inclusivamente, não existir. Segundo o art. 1251.º do CC "*é o poder que se manifesta quando alguém atua por forma correspondente ao exercício do direito de propriedade ou de outro direito real*". Eu possuo efetivamente a moto que agora estou a conduzir e, aparentemente, sou o seu proprietário; mas também possuo, por exemplo, uma servidão de passagem se atravesso a quinta do meu vizinho de forma continuada.

A posse é, portanto, uma mera situação de facto que, normalmente, está justificada por um direito mas que é independente desse direito existir ou não; nesse sentido, regula o art. 1253.º que "*são havidos como detentores ou possuidores precários a) os que exercem o poder de facto sem intenção de agir como beneficiários do direito; b) os que simplesmente se aproveitam da tolerância do titular do direito; c) os representantes ou mandatários do possuidor, de um modo geral, todos os que possuem em nome de outrem.*".

Assim, o ladrão possui o bem que roubou, ainda que não seja o proprietário do mesmo. A **posse é apenas um facto que supõe a aparência de um direito ou a presunção de que se tem o direito sobre o bem**. É costume, também, distinguir-se entre a **posse de boa ou de má fé**.

É possuidor de boa fé aquele que está convencido que a sua posse está justificada por um direito real adquirido legitimamente (seja isso verdade ou não) ou quando o possuidor ignora, ao adquiri-la, que lesa o direito de outrem. É possuidor de má fé aquele que sabe que não é titular do direito real que possui ou que adquiriu a posse por violência, mesmo que seja titulada (art. 1260.º).

A posse pode ser, assim, pública (art. 1262.º), pacífica (art.1261.º) e de boa fé (art. 1260.º), titulada ou não (art. 1259.º).

2.4. Outros direitos reais

Enquanto a propriedade é um direito real máximo, posto que o seu titular exerce, ou pode exercer, sobre a coisa praticamente todos os seus direitos, há situações factuais que plasmam outros direitos reais limitados por natureza e, também, limitadores do direito de propriedade. Assim acontece com os direitos reais de:

- **Usufruto** (arts. 1439.° e ss do CC):
- **Uso e habitação** (arts. 1484.° e ss do CC);
- **Superfície** (arts. 1524.° e ss do CC);
- **Servidões prediais** – de passagem (art. 1550.° e ss do CC), de águas (art. 1557.° e ss do CC), de escoamento (art. 1563.° do CC), de vistas (art. 1362.° do CC), estilicídio – (arts. 1365.° e ss do CC) – art.s 1543.° e ss do CC..

Com efeito, estes direitos reais menores ou limitados comprimem o direito real máximo (a propriedade) posto que o seu titular, para os exercer, deve possuir a coisa, servir-se dela e retirar da mesma todos os benefícios, desde que não altere a forma e a substância da coisa (v.g. o **usuário morador** não poderá abater árvores que, eventualmente, existam no quintal da habitação, nem vender os frutos de tais árvores sem que, para tal, tenha o consentimento expresso do proprietário).

Na mesma esteira, podemos referir o **usufrutuário** que é aquele que detém o direito de gozar plena e temporariamente direito ou coisa alheia, sem alterar-lhe a forma ou substância. Assim sendo, nesta situação, há alguém que é proprietário da raiz (radiciário) e outrem que goza a coisa a título temporário. O prazo para o usufruto resulta do contrato celebrado entre as partes, não podendo, contudo, exceder a vida do usufrutuário, e caduca com a sua morte. Por outro lado, o **usufruto pode ser constituído vitaliciamente**, a favor de duas pessoas (marido e mulher) e será, neste caso, **sucessivo**, caducando com a morte do último cônjuge usufrutuário. Como se disse, enquanto dura o exercício do ou dos usufrutuários, o radiciário ou o proprietário da raiz (nua propriedade, como se diz no direito Italiano) não pode gozar a coisa, podendo, se assim quiser, vender apenas a raiz.

Com a morte do usufrutuário, o direito deste caduca ou desaparece, descomprimindo o direito limitado do radiciário que volta a ter a plena propriedade, isto é, a raiz e a possibilidade (e o direito) de gozar plenamente a coisa. Aliás, o recurso a estas figuras contratuais de direitos reais é muito frequente, especialmente quando entre pais e filhos se pretende reservar para os progenitores o usufruto, transmitindo aos filhos a raiz, por via de uma doação com reserva de usufruto.

Com as **servidões, previstas na lei**, pretende-se garantir o acesso de prédios encravados às vias públicas ou outras redes viárias. As **servidões prediais** podem ser constituidas por várias formas, a saber, o contrato, o testamento, a usucapião, entre outras; já as servidões legais, na falta de constituição voluntária (o contrato) podem ser constituídas, conforme os casos, por sentença judicial ou decisão administrativa, isto porque não seria razoával coartar o direito de acesso a prédio encravado, por falta de acessibilidade ou falta de vontade do proprietário do prédio serviente (aquele que fica sujeito à servidão predial).

No que respeita **o direito de superfície**, sempre se dirá que este consiste na faculdade de construir ou manter, perpétua ou temporariamente, uma obra em terreno alheio, ou de nele fazer ou manter plantações, podendo abranger uma parte do solo.

A título de exemplo, refira-se os casos do agricultor que necessita de mais terreno para plantar oliveiras e que, por este motivo, contrata com o proprietário de outro prédio rústico, fazer tais plantações ou o filho que edifica, em terreno do pai, uma casa para nela habitar. Este direito pode ser constituído por contrato, testamento ou usucapião.

3. As Relações Familiares

3.1. Fontes das relações familiares. Breves notas sobre a sua evolução histórica, social e legislativa

O Direito da Família (Livro IV do CC) disciplina as relações jurídico-familiares entre as pessoas, criadas em virtude do **casamento, do parentesco, da afinidade e da adoção** (art. 1576.º do CC).

Tendo em apreço os objetivos desta obra, destacaremos os aspetos, que, a nosso ver, poderão contribuir para uma aquisição dos necessários conhecimentos à eventual progressão no estudo do Direito, bem como para o exercício mais esclarecido e pleno dos direitos de cidadania.

No dia-a-dia cada vez mais complexo, em que a produção legislativa é intensa e a informação prolixa, é absolutamente indispensável que cada um de nós seja detentor de capacidades para entender ou compreender os mais singelos conceitos, relativos a negócios, contratos, e relações que se estabelecem, o que será da máxima utilidade para a tomada de decisões. Com efeito, nem sempre os cidadãos, interessados na autotutela dos seus interesses, têm a capacidade, até financeira, para a consulta e obtenção de um parecer de juristas, o que seria desejável. Por outro lado, diz a experiência, a consciência elementar dos tipos de contratos e de negócios, bem como dos riscos envolvidos, será da maior prudência para que, no futuro, não se vejam envolvidos numa teia de obrigações e deveres que decorrem das obrigações, bem como da responsabilidade emergente de atos e contratos celebrados. Este raciocínio cautelar é, também, aplicável ao domínio das relações familiares, das quais nascem vínculos pessoais, direitos e deveres que deverão ser observados e marcam o trajeto pessoal de quem se encontra ligado entre si por tais laços.

Dada a mutação a que a instituição da família está sujeita, a qual é intrínseca à própria natureza dinâmica das relações inter-humanas e sociológicas, que são permeáveis a todas as circunstâncias de espaço e tempo, consignamos, nesta obra, as alterações que, num passado mais recente, foram sendo introduzidas no direito civil português e, consequentemente, no nosso Código de Registo Civil, no que às relações jurídico-familiares e ao regime jurídico do divórcio diz respeito. Assim, bastará empreender uma análise sumária das sucessivas alterações de fundo introduzidas no regime jurídico destas relações jurídicas, desde a queda do Estado Corporativo até aos nossos dias, para se aferir da interdependência entre o Direito e a sociedade, e compreender como a transformação das relações sociais fácticas induziu os cidadãos a reclamar a tutela jurídica para as novas realidades e interesses, e para as profundas mudanças de mentalidades que postergaram um conservadorismo quase ancestralmente cristalizado na lei.

Há que dizer, contudo, que **Portugal foi pioneiro na legislação das relações jurídico-familiares.** Com efeito, em 1910, foi o segundo país Europeu a consagrar o divórcio por mútuo consentimento, e a estabelecer o princípio da separação entre a Igreja e o Estado, estabelecendo a obrigatoriedade do casamento civil. Entre 1940 e 1975, por força da assinatura da Concordata com a Santa Sé, vigorou entre nós o princípio da indissolubilidade do casamento católico, o que constituiu um obstáculo intransponível para a dissolução, pelo divórcio, dos casamentos católicos. Durante estes 35 anos, e ainda que a sua relação matrimonial tivesse fracassado, os cônjuges foram forçados a manter-se casados ou a viverem factualmente separados, sem poderem extinguir o vínculo que os unia, por lhes ser legalmente vedada a faculdade de requerer o seu divórcio, ao contrário daqueles que se encontravam casados, apenas, pela lei civil do Estado. Fácil será imaginar o desgaste que tal situação provocaria a todos quantos tiveram de viver nesta situação factual, sem poderem lançar mão do divórcio, continuando a viver com outros/as companheiros/as sem qualquer tutela para as novas relações, eventualmente com filhos nascidos fora dos seus casamentos, e, frequentemente, com o anátema e a discriminação associadas às suas vidas.

Só a partir da transformação social e cultural induzida pela Revolução de 25 de Abril de 1974, a qual teria de ser acompanhada com lei nova, concretamente com o Decreto-Lei n.º 261/75, de 27 de maio, consequente ao Protocolo Adicional à Concordata, e com o Decreto-Lei n.º 496/77, de 25 de novembro, é que se promoveram as grandes reformas no CC e **os cônjuges casados sob a lei canónica puderam requerer o seu divórcio**.

Mais recentemente, em 2008, o legislador alterou o regime do divórcio, dos alimentos devidos a ex-cônjuges, da afinidade e das responsabilidades parentais (expressão que substituiu o antes designado poder paternal), quer na constância do casamento, quer depois da sua dissolução, bem como o dos alimentos devidos aos filhos, e o da filiação.

Na exposição dos motivos que levaram à apresentação do Projeto de Lei, que conduziu ao atual regime jurídico do divórcio, ganha absoluta relevância o princípio de que **os cônjuges são livres e iguais, em direitos e deveres, e que ambos deverão basear a sua relação conjugal na prevalência do vínculo afetivo, na plena comunhão de vida, na cooperação e no apoio mútuo na educação dos filhos, se os houver, donde, e como corolário do mesmo, deverão aceitar o divórcio como uma consequência possível de um casamento**. Como um postulado do princípio da liberdade individual que o nosso Direito consagra e protege, "*ninguém deve permanecer casado contra sua vontade ou se considerar que houve quebra do laço afetivo. O cônjuge tratado de forma desigual, injusta ou que atente contra a sua dignidade deve poder terminar a relação conjugal mesmo sem a vontade do outro. A invocação da rutura definitiva da vida em comum deve ser fundamento suficiente para que o divórcio possa ser decretado*", conforme melhor resulta deste Projeto de Lei.

Estas traves-mestras enformaram a reforma encetada no pós 25 de abril, com uma clara opção pelo reconhecimento da igualdade entre os cidadãos, quer numa relação conjugal, quer numa relação fáctica similar àquela que une os cônjuges, como acontece na união de facto. O mesmo valor norteou o legislador a conferir igual tutela aos filhos nascidos dentro do casamento e fora dele, postergando-se uma realidade social em que seriam ilegítimos aqueles filhos que nascessem de uma relação extraconjugal. Não obstante, há que reconhecer que está, ainda, por fazer um longo caminho, para que a letra e o espírito da lei possam ter uma clara correspondência e uma aplicação prática efectiva na defesa dos interesses e direitos das famílias. Ainda somos confrontados com relações disfuncionais e uma indesejável conflitualidade, latente e declarada, entre os membros da família, com fenómenos de violência, sob todas as suas formas, que subsistem no seio familiar, frequentemente de difícil erradicação, o que coloca em crise o núcleo familiar e as relações jurídicas que constituem a sua rede.

3.2. O casamento

3.2.1. Noção e modalidades

De acordo com o nosso Direito, o casamento consiste no "*...contrato celebrado entre duas pessoas que pretendem constituir família mediante uma plena comunhão de vida, ...*" (art. 1577.º).

A noção de casamento, vertida no indicado preceito normativo, é a que resulta da Lei n.º 9/2010, de 31 de maio, que veio permitir o **casamento civil entre duas pessoas do mesmo sexo**, o que, até então, não se admitia e reconhecia.

Nos termos do n.º 1 do art. 1587.º do Código Civil, admite-se, entre nós, que "*O casamento é católico ou civil.*" Com esta formulação, o casamento será contraído pela **lei civil, podendo ser celebrado de acordo com o direito canónico (casamento católico**). Contudo, duas pessoas só poderão considerar-se validamente casadas desde que celebrem o seu casamento de acordo com as leis do Estado, ou seja, civilmente, podendo, prévia ou simultaneamente com o casamento civil, contrair o casamento católico. Ora, não foi sempre assim. No séc. XIX, era usual as pessoas casarem, apenas, catolicamente; por razões de certeza e segurança jurídica, designadamente por motivos relacionados com a prova da sua celebração, a lei da República passou a exigir que o casamento fosse contraído, obrigatoriamente, pela lei civil, já que os registos arquivados nas secretarias eclesiásticas das igrejas eram frequentemente destruídos ou extraviados. Hoje, podem coexistir as duas modalidades, sendo que **o casamento**

civil assume a forma de um contrato, enquanto o casamento católico tem a natureza intrínseca de um sacramento. Como se disse, quem pretenda casar pela Igreja, deverá celebrar o seu casamento civil, previamente ou em simultâneo com o canónico. Já as pessoas ligadas pelo vínculo do casamento poderão celebrar o seu casamento católico em data posterior ao do seu casamento civil bastando averbar aquele ao assento de casamento (art. 1589.°, n.° 1 do CC).

Como veremos, a formulação do conceito de casamento, tal como a encontramos no art. 1587.°, consagra as duas modalidades referidas, encontrando-se desajustada da realidade atual, marcada por uma diversidade religiosa, espiritual e cultural patente em todas as sociedades, especialmente naquelas em que as pessoas têm liberdade para seguirem qualquer filiação religiosa. São cada vez mais frequentes os cerimoniais de casamento que postergam a matriz contratual estabelecida pelo Estado ou que, obedecendo a tal figurino (o do casamento civil) são formalizados em simultâneo com outros rituais e liturgias, escolhidos ou concordantes com as profissões de fé dos nubentes (o hindu, o judaico, o protestante, o budista, o cigano, e outros), ou de acordo com a sua crença religiosa e o contexto sócio-cultural do grupo ou etnia a que pertencem. **Poder-se-á considerar, portanto, que o texto da lei é restritivo e não acompanha, quer a multifacetada realidade sociológica e cultural, quer a Lei da Liberdade Religiosa consagrada pela CRP**

3.2.2. O registo civil de casamentos celebrados por qualquer forma religiosa

A desconformidade da lei à realidade social e religiosa motivou o legislador a introduzir alterações de regime, tal como se encontram consagradas no **Dec.-Lei n.° 324/2007, de 28 de setembro**, que, entre outras medidas de simplificação e desformalização da vida dos cidadãos, **admite o registo civil de casamentos celebrados por qualquer forma religiosa e perante o ministro de culto de uma igreja ou de uma comunidade religiosa radicada em Portugal,** desde que celebrado o casamento pela forma prevista e regulada no CC.

Este diploma legal, que introduziu alterações ao Código do Registo Civil, aprovado pelo Dec.-Lei n.º 131/95, de 6 de junho, prevê, no art. 187.º-A, **o assento de casamento civil sob forma religiosa**, o qual será lavrado em duplicado no livro de registo ou em arquivo eletrónico da igreja ou da comunidade religiosa, logo após a celebração do casamento, com as **menções obrigatoriamente impostas pelo art. 181.º** – hora, data e lugar da celebração; nome completo, idade, naturalidade e residência dos nubentes; nome completo dos pais e tutor dos nubentes, do intérprete e procurador de um deles, se for o caso; referência ao consentimento dos pais ou representantes legais, se os nubentes forem menores; referência à existência de convenção antenupcial, se tiver sido celebrada, ou do regime imperativo da separação se este tiver de ser adotado; consentimento livre dos nubentes; indicação dos apelidos que, eventualmente, os nubentes queiram adotar -, a **menção da forma do casamento**, o nome completo do ministro que o celebrou e sua credenciação para o ato, entre outras.

O casamento católico, entendido como um sacramento, é indissolúvel, sendo apenas passível de anulação, nos termos e com os fundamentos da lei canónica (*v.g.* por não ter sido consumado). Não obstante, por força das alterações introduzidas à Concordata com a Santa Sé, pode ser dissolvido por divórcio, como acontece com os casamentos celebrados, exclusivamente, pela lei civil do Estado; assim dispõe o art. 1588.º do CC quando estabelece que o casamento católico se rege, quanto aos efeitos civis, pelas normas comuns da lei civil. Contudo, **aquele que tiver contraído casamento católico dissolvido por divórcio não poderá casar, em segundas núpcias, religiosamente** e, de acordo com o n.º 2 do art. 1589.º do CC "*Não é permitido o casamento civil de duas pessoas unidas por matrimónio católico anterior.*", o que significa que, celebrado o casamento católico, este é transcrito no registo civil.

3.2.3. Promessa de casamento

Esta questão é, não raramente, suscitada nos dias de hoje por pessoas que, tendo-se vinculado a promessa de casamento, não têm uma ideia rigorosa dos efeitos de tal promessa. Ao invés do que foi já costumeiro em tempos idos, as pessoas que prometeram, reciprocamente ou não, contrair casamento, não têm direito a exigir que o mesmo seja celebrado nem a reclamar qualquer indemnização pela "*retractação*" de um dos promitentes, a não ser aquela que resulta expressamente da lei (art. 1594.° CC). Assim sendo, **a promessa de casamento é ineficaz** (art. 1591.° CC)

E ao contrário do que acontece com a generalidade dos contratos, para os quais a lei admite a celebração de uma promessa, tida como um contrato prévio ao contrato definitivo ou prometido, esta hipótese está afastada no caso do casamento, o que bem se compreende atenta a natureza da promessa; a não ser assim, aquele que se vinculasse a uma promessa de casamento correria o risco de o celebrar, coagido pela promessa e pelo receio de pagar as indemnizações e cláusulas penais eventualmente decorrentes desse contrato.

Nesta conformidade, estabelece a lei que, n**o caso de rutura de promessa de casamento, o contraente que romper sem justo motivo ou que, por culpa sua, leve o outro a retratar, terá de indemnizar as despesas feitas pelo esposado inocente, tendo em vista a cerimónia do casamento** (art. 1594.° CC). Haverá, ainda, que **restituír, reciprocamente, os donativos que tiverem recebido um do outro, ou de terceiros, feitos com base na expectativa de que o casamento se celebraria** (caso de jóias oferecidas pela mãe do noivo à noiva, ou uma doação feita pelos pais de um deles aos nubentes).

Acresce que **o consentimento para o casamento** deve ser livre e espontâneo e deve ser dado à data da celebração deste (art. 1617.° CC), o que justifica, além do mais, que ninguém pode ser coagido a celebrar este contrato, do qual decorrem efeitos de natureza pessoal com uma perdurabilidade indeterminada no tempo.

3.2.4. Impedimentos matrimoniais

A lei estabelece os chamados impedimentos matrimoniais, os quais obstam à celebração de um casamento e podem relacionar-se com a idade do nubente (inferior a 16 anos); a demência notória (ainda que existam intervalos de lucidez) ou a existência de casamento anterior, católico ou civil, não dissolvido (art. 1601.° CC). Com estas proibições, a lei visa preservar interesses de natureza eugénica, social e moral, prevenir a transmissão de taras, evitar a constituição de famílias disfuncionais e tutelar valores éticos comummente aceites na nossa sociedade e cultura, que proíbem o incesto.

Estes impedimentos (**dirimentes absolutos**) são, como o seu nome bem indica, absolutamente insupríveis, pelo que os interessados não poderão contrair casamento se se encontrarem numa das situações descritas.

Para além destes, existem os designados **impedimentos dirimentes relativos**, como o parentesco na linha reta (o que existe entre avô e neta), a afinidade na linha reta (entre sogra e genro) e a condenação anterior de um dos nubentes, como autor ou cúmplice, por crime doloso, ainda que não consumado, contra o cônjuge do outro (é o caso de um indivíduo que cumpriu pena por homicídio de A e que pretende casar com a sua viúva), impedimentos que são obstáculo à celebração do casamento civil (art. 1602.º).

Já **os impedimentos impedientes,** previstos na lei, não assumem a gravidade dos impedimentos dirimentes e poderão ser supridos, designadamente através de decisão judicial, não obstam ao casamento. Estes impedimentos encontram-se elencados no art. 1604.º do CC, a saber:

- **A falta de autorização dos pais ou do tutor de nubente menor** (que pode ser sanada por decisão do Conservador do Registo Civil);
- O parentesco no terceiro grau da linha colateral;
- **O vínculo de tutela, acompanhamento de maior ou administração legal de bens**;
- A **pronúncia do nubente pelo crime de homicídio doloso**, ainda que não consumado, contra o cônjuge do outro, enquanto não houver despronúncia ou absolvição por decisão passada em julgado.

Quanto ao **prazo internupcial,** que a lei, nos termos do art. 1605.º do CC, estabelecia obrigatoriamente entre 180 ou 300 dias sobre a data de um casamento dissolvido ou declarado nulo ou anulado, conforme se tratasse de homem ou mulher – o qual podia ser afastado com a declaração judicial de que a mulher não estava grávida – há que consignar que **tal prazo, e tal instituto, foi revogado por força da Lei n.º 85/2019, de 3 de Setembro.** Pese embora o diploma legal revogatório não se ter quedado nas suas motivações, nos tempos de hoje não se justifica que o estabelecimento de prazos iniba os cidadãos interessados em contrair novo casamento, tendo precisamente em consideração a facilidade em verificar, com base em exames médicos, a eventual gravidez ou qualquer outra condição de saúde pré-existente à celebração do casamento.

3.2.5. Efeitos pessoais do casamento

Como se referiu, o nosso Direito acolhe e tutela o princípio da igualdade plena dos cônjuges (art. 1671.º) também consagrado na CRP, reconhecendo que o casamento não assenta numa relação de dependência ou de subordinação de um cônjuge ao outro, pelo que se **posterga o modelo do chefe de família e do representante externo da sociedade conjugal, como aconteceu no passado**, até à alteração introduzida no CC, por força da nova ordem estabelecida pelo 25 de Abril de 1974. A **direção da família** pertence a ambos os cônjuges que devem cooperar na orientação da vida em comum, tendo em vista o superior interesse do bem da família bem como os interesses de cada um deles (n.º 2 do art. 1671.º).

Saliente-se que, ao contrário de culturas e organizações sociais distintas das nossas, ao homem e à mulher está acometido o mesmo *status* de perfeita igualdade, em todos os aspetos da vida pessoal, familiar, profissional e social. Apesar desta consagração em texto de lei, e o avanço das mentalidades na assunção de papeis igualitários, não podemos descartar que, na tradição cultural portuguesa e latina, ainda encontramos fortemente enraizadas as sequelas de uma mundovisão que, entre nós, ficou conhecida por Marialvismo. Utilizado pela primeira vez em 1876, em «Os Marialvas» de Braz Fogaça, cronista citadino de Lisboa, este conceito tinha já um conteúdo sociológico. Hoje, é sinónimo de machismo ou exibição viril, já que o marialva "*jamais pode aceitar a igualdade em soberania dos amantes*", como escreve José Cardoso Pires em "A Cartilha do Marialva".

Prosseguindo o autor na sua narrativa: "*Desigualdade na parceria sentimental, desvario e facilidade, Três artigos de fé do regulamento marialva no capítulo, obsessivo para ele, da sua condição e privilégio de macho.*", diz J. Cardoso Pires, na sua exegese dos resquícios marialvas e sebásticos na cultura portuguesa.

"*Sofra o marido à mulher tudo senão ofensas; e a mulher ofensas e tudo*", assim rezava a "Carta de Guia de Casados" de D. Francisco Manuel de Melo, em pleno século XVII. Este autor, que deu à estampa uma obra que bem ilustra as relações conjugais e familiares do seu tempo, dá testemunho de uma mundovisão assente numa cultura de tal sorte que atravessou séculos e marcou a nossa literatura, bem como as nossas concepções políticas e sociais, o que explica que ainda proliferem ditados populares e aforismos que bem ilustram esta ancestral crença que estatuía, entre outras máximas de virtude, que "*do homem a praça, da mulher a casa*", "*à esposa arca, ao marido barca*", ou, ainda, "*o melhor livro é a almofada e o bastidor*"[105].

3.2.5.1. Deveres e direitos dos cônjuges

Sem prejuízo de tudo o que ficou dito, que explica a subsistência de mentalidades e de um imobilismo provinciano, bem como a ainda sobrevivência da relação entre géneros dominada por uma conceção de propriedade, posse e inferioridade, a verdade é que a lei portuguesa estabelece, no art. 1672.º do CC, que, **pelo casamento, os cônjuges ficam reciprocamente vinculados ou obrigados aos deveres de, respeito, fidelidade, coabitação, cooperação e assistência**.

Quanto ao **dever de respeito**, poder-se-ia afirmar que a sua previsão em texto de lei é quase uma desnecessidade, posto que ele é exigível a todos e a cada um dos membros de uma sociedade. Mas entendeu o legislador consagrá-lo expressamente em matéria de casamento, dada a sua relevância na relação matrimonial. Assim, violará este dever o cônjuge que, *v.g.*, lesar a integridade física e moral do outro, infligindo-lhe maus tratos ou ofensas corporais, endereçando-lhe palavras obscenas ou insultuosas e ofensivas do seu bom nome, honra e reputação. Respeitar, e exigir do outro, o respeito pela esfera jurídica de cada um de nós é um valor essencial que não admite limitação, seja a que título for.

O **dever de fidelidade** consubstancia-se na dedicação amorosa exclusiva de um ao outro. Deste modo, há violação deste dever quando um dos cônjuges mantém uma relação amorosa extraconjugal, entre nós considerada como uma relação adulterina material. Com o evoluir do conceito de fidelidade, admite-se hoje que, mesmo que uma relação extramatrimonial não seja consumada, pode existir infidelidade sempre que um dos cônjuges alimente *flirts*, ligações sentimentais ou paixões platónicas com outrem, o

[105] "Cartilha do Marialva" – Pires, José Cardoso – 5.ª edição, 1973, Moraes Editores.

que configura a denominada **infidelidade moral**. O dever de fidelidade não cessa no caso de separação judicial de pessoas e bens (art. 1795.º-A) e, neste caso, o cônjuge lesado tem o direito de requerer o divórcio com o fundamento na infidelidade do outro.

Em relação ao **dever de coabitação**, este é entendido como a obrigação dos cônjuges viverem na mesma casa de morada, pese embora as limitações que possam decorrer das circunstâncias relacionadas com a profissão de um ou de ambos, que podem provocar uma mobilidade forçada e, consequentemente, a necessidade de viverem em casas diferentes, por períodos longos, reduzindo o seu convívio familiar aos fins de semana, feriados e férias. **Os cônjuges devem escolher de comum acordo o local da residência da família (art. 1673.º) e, quando não haja acordo, qualquer um pode requerer ao tribunal competente a sua fixação ou alteração**. Este dever inclui ainda o denominado **débito conjugal** que se traduz na manutenção de um relacionamento sexual entre ambos.

Quanto aos **deveres de cooperação e assistência**, previstos pelos arts. 1674.º e 1675.º, estes compreendem a obrigação de interajuda e socorro mútuo, e de auxílio, bem como a assunção, em conjunto, das responsabilidades familiares (cuidados com a saúde, a ajuda quotidiana, o amparo na doença e na adversidade, cooperar na educação dos filhos e nas despesas do agregado familiar, entre os múltiplos aspetos da vida em comum e familiar).

3.2.5.2. Dever de alimentos quanto aos cônjuges e ex-cônjuges

Como se deixou dito, o legislador consagrou, no art. 1675.º do CC, que **o dever de assistência integra a obrigação de prestar alimentos e a de contribuir para os encargos da vida familiar.** E o art. 1676.º define os termos em que este dever é cumprido pelos cônjuges, ao estabelecer:

> "*O dever de contribuir para os encargos da vida familiar incumbe a ambos os cônjuges, de harmonia com as possibilidades de cada um, e pode ser cumprido, por qualquer deles, pela afectação dos seus recursos àqueles encargos e pelo trabalho despendido no lar ou na manutenção e educação dos filhos.*" (n.º 1 do preceito normativo).

Em todo o caso, dispõe o n.º 2 o seguinte. "*Se a contribuição de um dos cônjuges para os encargos da vida familiar for consideravelmente superior ao previsto no número anterior, porque renunciou de forma excessiva à satisfação dos seus interesses em favor da vida em comum, designadamente à sua vida profissional, com prejuízos patrimoniais importantes, esse cônjuge tem direito de exigir do outro a correspondente compensação.*", adquirindo um direito de crédito que só será exigível no momento da partilha dos bens do casal, a não ser que vigore o regime da separação (n.º 3 da mesma norma).

A obrigação de prestar alimentos subsiste no caso de ocorrer o divórcio ou a separação de facto, se esta não for imputável a qualquer dos cônjuges e **a obrigação alimentar cessa** se o alimentado contrair novo casamento ou se tornar indigno de receber este benefício, pela sua conduta moral (art. 2019.º CC).

O Código Civil, a partir do seu art. 2003.º, disciplina este direito aos "alimentos", estabelecendo o que se deve entender como tal, pela seguinte forma:

> *"1. Por alimentos entende-se tudo o que é indispensável ao sustento, habitação e vestuário.*
> *2. Os alimentos compreendem também a instrução e educação do alimentando no caso de este ser menor".*

A obrigação de um ex-cônjuge prestar alimentos ao outro dependerá da sua situação financeira para tal, ou seja, da capacidade económica para realizar esta prestação – com a verificação das suas posses ou meios financeiros – bem como da objectiva e fundada necessidade de quem peticiona tal prestação de alimentos, conforme estabelece o art. 2004.º do CC Não se pretende que a pensão alimentícia possa configurar um expediente ou um meio processual, a que um ex-cônjuge pode lançar mão para manter, à custa do outro, o nível de vida que detinha antes do divórcio ou, ainda, para favorecer a continuidade de um estado de eventual "ociosidade". Após o divórcio, os cônjuges devem prosseguir as suas vidas com autonomia financeira, a qual decorre do estatuto de plena igualdade entre amboa, reconhecido pela lei, provendo ao seu sustento, mantendo ou (re) ingressando no mercado de trabalho para assegurar a sua independência económica e financeira. Assim sendo, **os alimentos fixados em sede de acção judicial terão uma natureza excepcional e temporária**, fazendo jus ao valor da solidariedade entre duas pessoas que foram casadas e tiveram um projeto de vida comum.

Assim, qualquer ex-cônjuge cônjuge tem o direito a reclamar alimentos do outro, independentemente do tipo de divórcio ou caso tenha sido decretada a sua separação judicial de pessoas e bens (*ex vi* n.º 4 do art. 2016.º e n.º 4 do art. 2016.º-A, do CC), sem prejuízo de se entender, cristalinamente, que:

- **Cada cônjuge deve prover a sua própria subsistência,** após o divórcio;
- A obrigação de alimentos tem, por objectivo último, **garantir a assistência do cônjuge necessitado**;
- Em casos especiais, e por razões de equidade a serem devidamente apreciadas pelos Juízes, poderá ser negado o direito a alimentos, por se considerar "chocante onerar o outro com a obrigação correspondente";
- **O credor de alimentos não terá o direito de manter o padrão de vida de que gozou enquanto esteve casado**;
- A obrigação de alimentos relativamente a um filho do cônjuge tem prevalência, decretada pelo tribunal, relativamente à obrigação alimentar, emergente do divórcio, em favor do ex-cônjuge.

É este o entendimento da nossa **Jurisprudência**, como se alcança do douto Acórdão prolatado pelo Tribunal da Relação de Lisboa, de 12.10.2017, que bem ilustra o que fica dito, e de cujo Sumário se extrata o segmento que segue:

> *"I –Aquele que pede alimentos de outrem, tem o ónus de provar a sua necessidade deles e a possibilidade de o demandado os prestar (arts. 2004 e 342/1 do CC). Se se opõe, sem qualquer justificação, a que o tribunal investigue a sua conta bancária, tal pode ser levando em conta pelo tribunal para se convencer de que o demandante tem património susceptível de lhe proporcionar o suficiente para as suas necessidades ou, pelo menos, para impedir a prova de que ele viva apenas de uma pensão de velhice (art. 417, n.ºs 1 e 2, do CPC).*

II.–O direito a alimentos entre ex-cônjuges (art. 2016 do CC) não é o genérico direito a alimentos, mas um direito especial, com natureza reabilitadora, excepcional, subsidiária e tendencialmente temporário.".

Igual orientação é seguida no douto Aresto do Tribunal da Relação de Lisboa, de 11.12.2019, disponibilizado em http://www.dgsi.pt/jtrl.nsf/33182fc732316039802565fa00497eec/06a13f0f5b4f9032802584d60053ba8e?OpenDocument, em cujo Sumário se pode ler:

"I. Na vigência da sociedade conjugal, impende sobre os cônjuges um recíproco dever de assistência, compreendendo-se neste a obrigação de prestar alimentos e a de contribuir para os encargos da vida familiar.
II. Depois do divórcio, independentemente do tipo de divórcio e da contribuição de cada cônjuge para a ruptura do casamento, cada cônjuge deve prover à sua subsistência, sem prejuízo do direito a alimentos e do dever de os prestar nos termos gerais, com as especificidades relativas ao montante previstas no artigo 2016-A do Código Civil, aditado por lei de 2008.
III. A obrigação de prestar alimentos cinge-se ao indispensável para o sustento, habitação e vestuário, com dignidade, mas sem equiparação ao nível mantido na vigência da comunhão conjugal
IV. O ex-cônjuge continua a integrar, juntamente com o cônjuge, a primeira classe de obrigados, pelo que só na falta deles ou na impossibilidade de os mesmos prestarem alimentos serão chamadas as pessoas da classe subsequente.
V. Não é por se ser divorciado, tendo de se recorrer, para alimentos, em primeira linha, ao ex-cônjuge, que se tem um direito de alimentos mais restrito do que o das demais pessoas que nunca foram casadas; o artigo 2016-A do Código Civil não restringe o direito de alimentos para divorciados, limitando-se a fornecer critérios para o montante da pensão de alimentos, a fixar a jusante da verificação dos pressupostos do direito a alimentos.".

Na pendência da causa em que é peticionada uma pensão de alimentos, e a requerimento do alimentando cônjuge ou ex-cônjuge, o Tribunal pode conceder **alimentos provisórios**, segundo o seu prudente arbítrio, sem obrigação da sua restituição, enquanto não tiverem sido fixados definitivamente os alimentos (art. 2007.° CC).

Os alimentos fixados podem ser alterados – por redução ou aumento do seu valor – desde que as circunstâncias determinantes da sua fixação se modifiquem ou, ainda, podem outras pessoas ser obrigadas a prestá-los (art. 2012.º do CC).

3.2.6. Efeitos patrimoniais do casamento – os regimes de bens

Pelo casamento os cônjuges podem ficar adstritos a um dos seguintes regimes de bens:

- **Regime da comunhão de adquiridos** (art. 1721.º e ss do CC);
- **Regime da comunhão geral** (art. 1732.º e ss);
- **Regime da separação** (art. 1735.º e ss);
- **Regime de bens não tipificado na lei ou atípico**.

3.2.6.1.Regime da comunhão de adquiridos

Este é o **regime aplicável quando os nubentes nada estabeleçam se celebrarem o casamento sem convenção antenupcial,** pela qual poderiam escolher um regime diferente. Este regime supletivo aplicar-se-á no silêncio das partes ou no caso da **convenção antenupcial ter caducado, ser inválida ou ineficaz** (art. 1717.º).

Neste regime existem bens próprios e bens comuns.

São próprios os bens indicados no art. 1722.º do CC – bens que estavam já na titularidade de cada um dos cônjuges antes do casamento, bens que receberem a título gratuito na constância do casamento, como acontece com uma doação ou uma herança, e bens que adquiriram em virtude de direito próprio anterior ou sub-rogação.

Exemplo:

A é proprietária de um prédio rústico que adquiriu em solteira ou que lhe foi doado por seus pais. Depois de casada, decide vender esse bem e adquirir um imóvel, com o produto da venda. Este bem é próprio, por força da al. c) do art. 1722.º e do art. 1723.º).

No caso de um dos cônjuges adquirir, na constância do casamento, um bem (imóvel) com dinheiro que resulta da venda de outro (que já possuia antes de contrair casamento) há que adotar a cautela prevista pela al. c) do art. 1723.° que consiste em mencionar, no ato de compra e venda do imóvel, a proveniência do dinheiro para a sua aquisição. Relativamente a esta questão pronunciou-se o Supremo Tribunal de Justiça, em sessão Plenária, no seu Acórdão n.° 12/2015 (publicado no Diário da República – 1.ª Série – N.° 200 – 13 de outubro de 2015) **uniformizando a Jurisprudência com o aresto seguinte**:

> "*Estando em causa apenas os interessses dos cônjuges, que não os de terceiros, a omissão no título aquisitivo das menções constantes do art. 1723.°, alínea c) do Código Civil, não impede que o cônjuge dono exclusivo dos meios utilizados na aquisição de outro bem, na constância de casamento no regime supletivo da comunhão de adquiridos, prove por qualquer meio que o bem adquirido o foi apenas com dinheiro ou bens próprios; feita tal aprova, o bem adquirido é próprio, não integrando a comunhão conjugal.*
> *Porém, se o negócio de aquisição em causa for formal, apenas, poderá arrogar-se ao direito exclusivo do bem adquirido o referido cônjuge que tiver intervindo como adquirente – por qualquer meio legalmente admissível – no documento formal bastante para essa aquisição.*".

São comuns os bens adquiridos por ambos com o produto do seu trabalho e outros, desde que não excetuados por lei (art. 1724.°).

3.2.6.2. Regime da comunhão geral

Este regime caracteriza-se pela existência de bens comuns. Desta comunhão, cada cônjuge tem direito a metade (meação) – são cônjuges meeiros.

Contudo, os bens constantes do art. 1733.° não se incluem na comunhão (bens doados ou deixados com a cláusula de incomunicabilidade ao outro, indemnizações, objetos de uso pessoal e exclusivo, diplomas, correspondência, recordações de família).

3.2.6.3. Regime da separação

Pode ser convencionado pelos nubentes ou pode ser imposto por lei – é o caso dos indivíduos que contraem casamento com mais de 60 anos ou o do casamento sem precedência do processo preliminar[106] (art. 1720.º) – **este regime integra somente bens próprios** (art. 1735.º).

Não serão meeiros numa comunhão, mas este facto não obsta a que os cônjuges possam adquirir, em conjunto, bens móveis e imóveis; se o fizerem, tornar-se-ão comproprietários, com quotas que podem ser diferentes, ao contrário do que se passa na comunhão, em que cada um terá direito a 50%.

3.2.6.4. Regime de bens atípico

Este regime será escolhido pelos nubentes nos termos e ao abrigo da liberdade contratual, trave-mestra do nosso ordenamento jurídico; permite-se aos esposados que reúnam, num regime de bens, aspetos relativos aos demais regimes aqui referidos; v.g. convencionando que em relação ao imóvel X, doado pelos pais de um deles, este seja um bem próprio do donatário e que outros, igualmente doados pelos pais de um ou de ambos, passem a ser bens comuns dos cônjuges.

3.2.6.5. Convenção antenupcial

Sempre que os nubentes queiram afastar a aplicação do regime legal supletivo – a comunhão de adquiridos – ou consignar qualquer estipulação digna de tutela, deverão fazer uma convenção prévia á celebração do seu casamento, designada por convenção antenupcial, a qual:

- **Pode ser celebrada por escritura pública ou por auto lavrado perante funcionário do Registo Civil**, com competência delegada pelo Conservador (art. 1710.º do CC);
- **Só produz os seus efeitos, perante terceiros, depois de registada** – de acordo com o princípio da publicidade – mediante menção no texto do assento de casamento, se for apresentada até à data

---

[106] Conjunto de procedimentos a praticar junto de qualquer Conservatória de Registo Civil, com a declaração de que se pretende contrair casamento e os documentos exigidos pela lei registral (arts. 134.º e ss do Código Registo Civil – CRC).

do casamento, ou pelo seu averbamento a este assento, se for apresentada após a celebração dele (art. 190.º do CRC);

- **Pode ser revogada ou modificada até à celebração do casamento**, mediante acordo, e, neste caso, deverá, igualmente, ser objeto de registo;
- **Caduca se o casamento não for celebrado no prazo de um ano a contar da celebração da convenção** (art. 1716.º).

Até à entrada em vigor do Dec.-Lei n.º 324/2007, só era possível celebrar a convenção antenupcial nas Conservatórias do Registo Civil se o casal pretendesse adotar um dos regimes previstos na lei. Atualmente, além de se permitir que os oficiais dos Registos pratiquem este ato – evitando a concentração de competências no Conservador – também é possível aos nubentes escolher, nas Conservatórias, um regime de bens não tipificado na lei.

3.3. Dissolução do casamento: morte e divórcio

A lei dispõe que o casamento se dissolve com a morte, de um ou ambos os cônjuges, e com o divórcio, o qual, antes da alteração introduzida pelo denominado Regime Jurídico do Divórcio, podia assumir uma de duas modalidades:

- **Divórcio litigioso** – intentado pelo cônjuge que tivesse sido ofendido pelo outro, por violação culposa dos seus deveres conjugais (art. 1779.º do CC, com a anterior redação) ou com fundamento na separação factual dos cônjuges por mais de 3 anos consecutivos, entre outros motivos (art. 1781.º do CC, com a anterior redação); este divórcio era decretado por sentença proferida por Tribunal de Família da área da residência do autor ou pelo Tribunal Cível de 1.ª Instância.
- **Divórcio por mútuo consentimento ou acordo** – neste caso, o divórcio teria de ser requerido por ambos os cônjuges, mediante requerimento assinado por eles ou seus procuradores, em qualquer Conservatória do Registo Civil.

Por força da evolução histórica e social das relações interpessoais e a assunção de novos valores decorrentes de tal mutação, o legislador interveio no quadro referencial normativo que disciplina as relações jurídico-familiares, nomeadamente em matéria de divórcio, cujo regime jurídico foi alterado com a publicação da Lei n.º 61/2008, de 31 de outubro, a qual induziu uma visão transformadora de conceitos até então assentes na nossa sociedade e no Direito. Na base deste regime, encontra-se o Projeto de Lei n.º 509/X (3.ª), que introduziu uma reforma muito significativa, da qual, sinteticamente, salientaremos os principais aspetos:

- **A culpa, como fundamento do divórcio, foi eliminada mesmo que o processo seja proposto por um dos cônjuges sem o consentimento do outro.** À semelhança do que acontecia já noutros países europeus, a intenção do legislador foi abandonar o conceito da culpa quando ocorre uma rutura do vínculo conjugal, por se entender que é, geralmente, complexo e difícil imputar a culpa apenas a um dos cônjuges;
- Assim,o casamento que se tornou insustentável e que compromete, diariamente, o equilíbrio afetivo e emocional dos cônjuges e da família em geral, pode ser dissolvido através de um processo menos penoso e com uma tramitação que não se torne fonte de interminável litígio entre as partes envolvidas;
- **Desapareceu o conceito de divórcio litigioso, nivelando-se a lei portuguesa com a maioria das legislações europeias**;
- Previu-se **a reparação dos danos suportados por um dos cônjuges, bem como a existência de créditos de compensação, quando houver manifesta desigualdade de contributos dos cônjuges para os encargos da vida familiar**;
- Introduziu-se **o princípio de que a violação dos direitos humanos, designadamente a violência doméstica, constitui fundamento para requerer o divórcio**; neste caso não será necessário aguardar que se cumpra o período de um ano de rutura de facto, para requerer o divórcio, por se considerar que esta conduta violadora é indicador bastante da rutura da vida em comum;

- Incentivou-se o recurso a formas de composição de conflitos entre cônjuges através da **mediação familiar**, tida como uma solução para prevenir lides judiciais desgastantes; assim, as Conservatórias do Registo Civil e os Tribunais têm o dever de informar os cônjuges sobre esta solução e de divulgar, junto das partes, a possibilidade de acesso a este serviço.

Estas alterações suscitaram uma forte controvérsia social e motivaram o veto do Presidente da República, que não promulgou a primeira versão do diploma legal e o devolveu ao Parlamento, para que este refletisse sobre as consequências que este novo regime jurídico poderia produzir e para que aprovasse nova Lei, tendo em linha de conta as suas recomendações. Sustentaram os críticos desta reforma que ela poderia provocar uma forte discriminação entre os cônjuges que se divorciam, isto porque, se um deles voluntariamente abdicou da sua vida e realização profissional em prol do bem-estar da família, na hora de se divorciar poderá não ter os necessários rendimentos para prover ao seu sustento e, ainda, ser confrontado com os referidos créditos de compensação, por não ter contribuído, de modo equitativo, para a satisfação das despesas do agregado familiar. De acordo com esta posição crítica, a sociedade conjugal ficou marcada por uma visão "contabilística" da relação conjugal.

Com este regime jurídico introduziram-se **vastas alterações em matéria de divórcio, em particular ao Código Civil, ao Código de Processo Civil e ao Código Penal – ao tipificar, como crimes, o incumprimento reiterado e injustificado do regime estabelecido para a convivência com o menor no respetivo processo de regulação das responsabilidades parentais e o incumprimento do dever de alimentos**). Nesta conformidade, o art. 1773.º, n.º 1, do C.C estabelece duas modalidades:

- **Divórcio por mútuo consentimento**;
- **Divórcio proposto por um dos cônjuges sem o consentimento do outro**.

3.3.1. O divórcio por mútuo consentimento ou por acordo.

Esta modalidade rege-se pelos princípios e procedimentos seguintes:

- **Não há lugar à tentativa de conciliação**;
- Pode ser proposto, a todo o tempo, nas Conservatórias do Registo Civil, se os cônjuges estiverem de acordo em relação a todos os aspetos do seu divórcio; quando tal não aconteça, terá de ser instaurado por um dos cônjuges contra o outro, no Tribunal competente (n.º 2 do art. 1773.º) e com os legais fundamentos previstos no art. 1781.º do mesmo Código;
- Antes de se dar início ao processo, quer a Conservatória, quer o Tribunal, deverão informar os cônjuges sobre os serviços de mediação e seus fins (art. 1774.º do CC);
- Quando o divórcio corre termos na Conservatória, **os cônjuges devem apresentar um requerimento conjunto**, assinado por ambos ou por eles e seus mandatários judiciais, devidamente instruído com os documentos indicados no n.º 1 do art. 1775.º, a saber:

  - **Relação especificada dos bens comuns**, com indicação dos respetivos valores ou, caso os cônjuges optem por proceder à partilha daqueles bens nos termos dos arts. 272.º-A a 272.º-C do Decreto-Lei n.º 324/2007, de 28 de setembro, acordo sobre a partilha ou pedido de elaboração do acordo;
  - **Certidão da sentença judicial que tiver regulado o exercício das responsabilidades parentais**[107], ou o acordo sobre o exercício dessas responsabilidades, quando existam filhos menores e não tenha previamente havido regulação judicial;
  - **Acordo sobre a prestação de alimentos ao cônjuge** que deles careça;
  - **Acordo sobre o destino da casa de morada de família**;

[107] Esta expressão substitui o chamado «poder paternal». Tradicionalmente entendido como um poder-dever ou poder funcional, na titularidade do adulto progenitor ou não, este novo conceito centra-se nas criança, considerada como verdadeiro sujeito de direitos. Desta forma, deixa de ser entendido como um "poder sobre" para ser assumido como um autêntico dever ou obrigação.

- **Certidão da escritura da convenção antenupcial, caso tenha sido celebrada**;
- **Acordo sobre o destino dos animais de companhia, caso existam.**

- O Conservador convoca os cônjuges para uma **conferência**, na qual apreciará os acordos apresentados (e descritos nas als. a), c) e d) do n.º 1 do art. 1775.º); se estes não reunirem os requisitos legais, ou deles resultar que os interesses de um dos cônjuges ou dos filhos não se encontram devidamente acautelados, convidá-los-á a alterar os ditos acordos, podendo ordenar que se produza prova necessária (n.º 1 do art. 1776.º);
- Em relação ao **acordo sobre o exercício das responsabilidades parentais, este será sempre enviado pelo Conservador ao Ministério Público ou Procurador da República**, junto do Tribunal de 1.ª Instância competente (da área da circunscrição da Conservatória), para que este se pronuncie no prazo de 30 dias (n.º 1 do art. 1776.º-A);
- **O Procurador da República pode ordenar que este acordo seja alterado**, por considerar que o mesmo não acautela devidamente os interesses do ou dos filhos menores, caso em que deverão ir com nova vista ao Procurador;
- **Se o casal não se conformar com a decisão do Ministério Público ou as alterações por ele propostas**, o processo de divórcio é remetido para o Tribunal competente, prosseguindo aí a sua tramitação (n.º 4 do art. 1776.º-A e art. 1778.º do CC);
- Estando o processo conforme, **o divórcio é decretado** e promove-se o registo da decisão do Conservador que tem o mesmo valor da sentença judicial;
- O processo pode, também, ser remetido integralmente para o Tribunal de comarca a que pertence a Conservatória, quando o Conservador verifique que os acordos apresentados não acautelam suficientemente os interesses de um dos cônjuges, recusando-se, por este motivo, a homologar o divórcio (art. 1778.º).

Em síntese: as alterações introduzidas nesta modalidade de divórcio são de pequena monta, já que, anteriormente a este regime jurídico, se procedia de igual forma, quando se acometeu às Conservatórias do Registo Civil a competência para o divórcio. **Desapareceu a tentativa de conciliação a que estava legalmente obrigado o Conservador,** o que se compreende, tendo em apreço que os cônjuges propõem o seu divórcio de comum acordo, e se deve presumir que se aconselharam prudentemente e ponderaram sobre a sua decisão e o alcance dos acordos que subscreveram. Esta tentativa de conciliação mais não significava que um esforço último, eticamente justificado pela imperiosa necessidade de evitar uma rutura definitiva do vínculo conjugal.

3.3.2. Divórcio sem o consentimento de um dos cônjuges

Esta modalidade de divórcio tem especificidades que consubstanciam **diferenças de regime** em relação ao divórcio por acordo, as quais são de vulto, como abaixo se discrimina:

- **Procura-se determinar as causas objetivas que levaram à rutura da vida em comum e à vontade de não a continuar**;
- **Eliminou-se a modalidade de divórcio por violação culposa dos deveres conjugais**, considerada, doutrinariamente, como o "divórcio-sanção";
- O cônjuge, que não queira mais viver em comunhão com o outro mas que não obtenha o consentimento deste para se divorciar, terá de optar por outras vias, indicadoras da rutura, e consideradas como «causas objetivas» do divórcio, como é o caso da separação de facto;
- **O trabalho do Juiz não se centra na procura e na determinação do grau da culpa**, como acontecia no regime anterior, com o divórcio litigioso;
- **Não há lugar à aplicação de sanções patrimoniais ao cônjuge considerado exclusivo ou principal culpado do divórcio, como anteriormente**;
- **Encurtou-se para um ano consecutivo** (um ano não interrompido por qualquer facto que traduza a vontade de reatar a vida em comum, como seria a hipótese de o casal, depois de seis meses de

separação, partilhar o leito durante um fim de semana) o prazo de separação factual, considerado como fundamento para o divórcio sem o consentimento de um dos cônjuges;

- **Valoriza-se a violência doméstica como um indicador relevante da inexistência da comunhão de vida, própria de um casamento**, facto que, por si só, permite instaurar o processo de divórcio, independentemente de qualquer prazo;
- **Promove-se a partilha dos bens comuns como se os cônjuges fossem casados sob o regime da comunhão de adquiridos**, ainda que o regime convencionado entre ambos seja o da comunhão geral, ou outro regime misto mais próximo da comunhão geral do que da comunhão de adquiridos; deste modo se pretende garantir que, com o divórcio, nenhum dos cônjuges se aproprie de bens para cuja aquisição não tenha contribuído com o seu esforço;
- Pretende-se **ressarcir o cônjuge que contribuiu manifestamente mais do que o outro para os encargos da vida familiar**, conferindo-lhe um crédito de compensação, que deve ser satisfeito no momento da partilha, ou seja, reconhecendo-se que ele se tornou credor do outro pela quantia com que contribuiu para além daquela que lhe era exigível. Todavia, este crédito só pode ser exigido à data da partilha dos bens do casal, salvo se, entre eles, vigorou o regime da separação de bens. Como se sustentou, pretende-se evitar o enriquecimento ou o empobrecimento que, pelas mais diversas razões, alguns cônjuges têm de suportar durante o casamento (porque auferem maiores vencimentos, ou são melhores administradores do seu património, ou contribuem com maiores quantias para as despesas do agregado familiar e para a vida em comum);
- **Quando o cônjuge queira ser ressarcido do valor a mais com que contribuiu para a economia doméstica, deverá intentar uma ação (de reparação de danos) nos Tribunais Cíveis e nos termos aplicáveis para a responsabilidade civil.**

Nos termos do art. 1781.º do CC, constituem **fundamentos para o divórcio sem o consentimento do outro cônjuge**, os seguintes factos:

"*a) A separação de facto por um ano consecutivo;*

a) *A Alteração das faculdades mentais do outro cônjuge, quando dure há mais de um ano e, pela sua gravidade, comprometa a possibilidade de vida em comum;*

b) *A ausência, sem que do ausente haja notícias, por tempo não inferior a um ano;*

c) *Quaisquer outros factos que, independentemente da culpa dos cônjuges, mostrem a rutura definitiva do casamento.*".

Como é óbvio, só poderá requerer o divórcio, com o fundamento das als. b) e c) o cônjuge que invoca esses factos; nos restantes casos, qualquer um deles poderá pedir o divórcio do outro (art. 1785.º CC).

Quando o divórcio seja **fundado na separação factual**, ficando esta provada no processo, poderá qualquer cônjuge requerer que os efeitos do divórcio retroajam à data da separação, devendo o Juiz fixar na sentença a data em que se verificou a separação de facto (n.º 2 do art. 1789.º).

Em abono da verdade, a rutura de um casamento pode ser ocasionada por uma única e simples razão: a ausência de amor de um cônjuge pelo outro. Não seria razoável que um deles exigisse do outro a continuidade da sua fidelização ao vínculo conjugal, agora despido daquilo que mais essencial se torna para a manutenção do casamento ou de uma relação amorosa, que é o próprio amor. Mau grado a aparente "frieza" que reveste a al. d) do art. 1781.º do CC – "*Quaisquer outros factos que, independentemente da culpa dos cônjuges, mostrem a rutura do casamento.*" –, será preferível fazer cessar uma relação, onde desapareceu o amor de um pelo outro, do que fazer depender a sua manutenção de artifícios e prosseguir uma vida em comum a contragosto.

Já no que se relaciona com a **nova conceção de "Reparação de danos"** (art. 1792.º do CC), poder-se-á sustentar que o legislador consagrou matéria de relativa e duvidosa valia. Na verdade, ao consagrar-se que o cônjuge, que pede o seu divórcio com fundamento na alteração das faculdades mentais do outro, deve reparar os danos não patrimoniais causados ao outro com a dissolução do casamento – pedido este que é feito no próprio processo – ou ao permitir-se que o cônjuge lesado requeira, nos

Tribunais comuns, a reparação de todos os danos que sofreu, de acordo com as regras estabelecidas para a responsabilidade civil, parece conduzir o casamento para um regime em tudo idêntico a uma mera relação obrigacional ou creditícia, onde há credor e devedor, e uma conta-corrente, postergando-se a verdadeira *ratio* que levou cada um deles a contrair casamento.

Quanto à **tramitação desta modalidade de divórcio**, registe-se que:

- **O Juiz deverá tentar conciliar os cônjuges**;
- **Frustrando-se esta tentativa,** ou seja, persistindo as partes no seu propósito de se divorciarem, o Juiz procura obter o acordo dos cônjuges para converter este divórcio num divórcio consensual ou por mútuo acordo;
- Este acordo, e a conversão do divórcio na modalidade de mútuo acordo, poderá ocorrer em qualquer fase do processo judicial;
- Haverá que obter o acordo de ambos sobre todas as matérias relativas aos filhos menores (responsabilidades parentais, destino da casa de morada de família, relação especificada dos bens comuns e seus valores, para efeitos de futura partilha, alimentos para o cônjuge que deles necessite);
- Finalmente, **havendo acordo sobre estes assuntos, será decretado o divórcio**;
- **Não havendo acordo**, seguir-se-ão os termos do Código de Processo Civil, com julgamento e produção de prova.

3.4. Separação judicial de pessoas e bens e simples separação judicial de bens

Em face da legislação vigente, os cônjuges podem optar por não se divorciar, bastando-se por requerer **a separação judicial de pessoas e bens, a qual pode ser litigiosa ou por mútuo acordo**.

A separação judicial de bens é sempre litigiosa, nos termos do art. 1768.º do CC e justifica-se quando um dos cônjuges receie perder o que lhe pertence por causa da má administração do outro; uma vez **decre-**

tada a separação, o regime de bens entre os cônjuges passa a ser o da separação e procede-se à partilha do património comum, como se o casamento tivesse sido dissolvido por divórcio.

A partilha poderá ser feita por acordo ou em processo de inventário nos termos previstos na lei especial (art. 1770.º do CC). Como se disse, a **Portaria n.º 1594/2007, de 17 de dezembro**, simplificou procedimentos, pelo que foram criados dois serviços, a saber o **Balcão das Heranças e o Balcão Divórcio com Partilha**. Com este serviço pretendeu-se agregar, num ato de atendimento único, os procedimentos que, no âmbito do divórcio e da separação de pessoas e bens por mútuo consentimento foram tramitados nas Conservatórias do Registo Civil, como é a partilha dos bens comuns do casal dissolvido, a liquidação dos impostos que se mostrem devidos, o registo dos bens imóveis e móveis sujeitos a registo, bem como das participações sociais que sejam objeto da partilha.

Em síntese:

- No caso da separação judicial, **não se dissolve o casamento** e persiste, entre ambos os cônjuges, os deveres de fidelidade e respeito, cessando apenas os deveres recíprocos de coabitação e assistência (art. 1795.º-A).
- Por outro lado, **a separação judicial cessa com a reconciliação dos cônjuges**, que podem restabelecer, a todo o tempo, a sua convivência e vida em comum, bastando-lhes lavrar termo no respetivo processo de separação, que será homologado pela autoridade competente (Juiz ou Conservador) e será obrigatoriamente sujeito a registo.
- **A separação pode, também, converter-se em divórcio** se, volvidos dois anos sobre a decisão, os cônjuges não retomarem a vida em comum e decidirem, ambos ou um deles, que seja decretado o divórcio.

3.5. Nulidade do casamento católico

A Concordata entre a República Portuguesa e a Santa Sé, de 18 de maio de 2004, no seu artigo 16.º, havia introduzido alterações em matéria de produção de efeitos civis das decisões eclesiásticas relativas à nulidade do casamento canónico e à dispensa pontifícia do casamento rato e não consumado, as quais passaram a produzir efeitos apenas após a confirmação e revisão de sentença estrangeira nos tribunais portugueses e de acordo com as regras processuais nacionais.

O art. 1626.º do CC, na sua anterior redação, estabelecia que as decisões dos Tribunais e repartições eclesiásticas, quando definitivas, deviam subir ao Supremo Tribunal da Assinatura Apostólica para verificação, e, só posteriormente, com os decretos desse Tribunal, seriam transmitidas por via diplomática ao Tribunal da Relação territorialmente competente, que as tornaria executórias, independentemente de revisão e confirmação, com subsequente averbamento no registo civil.

Dada a desconformidade deste procedimento, os Tribunais recusavam dar seguimento ao processo de revisão de sentenças estrangeiras, pelo que se tornou imperioso alterar o art. 1626.º do CC e o n.º 3 do art. 7.º do CRC Em virtude desta alteração, a decisão relativa à nulidade e à dispensa pontifícia do casamento rato (casamento validamente celebrado entre duas pessoas baptizadas) e não consumado, tomada pela autoridade eclesiástica competente e verificada pelo órgão eclesiástico de controlo superior, é notificada às partes, e produz efeitos civis, a requerimento de qualquer uma delas, após revisão e confirmação, nos termos da lei processual, pelo competente Tribunal do Estado, que determina o seu averbamento no registo civil.

O requerimento pode ser apresentado à autoridade eclesiástica onde o processo canónico iniciou os seus termos, a qual, no prazo de 20 dias após o seu recebimento, o remete, por carta registada com aviso de receção, ao Tribunal indicado pela parte requerente, notificando em seguida esta, no prazo máximo de 10 dias, da devolução do aviso de receção. Os tribunais eclesiásticos e as repartições eclesiásticas competentes podem requisitar aos tribunais judiciais a citação ou notificação das partes, peritos ou testemunhas, bem como diligências de caráter probatório ou de outra natureza, só podendo o pedido ser recusado caso se verifique algum dos fundamentos que, nos termos da lei processual, legitimam a recusa de cumprimento das cartas rogatórias.

3.6. Partilha dos bens do casal dissolvido

Quando se dissolve um casamento por divórcio ou quando o casal se separa judicialmente de pessoas e bens ou só de bens, poderá haver lugar à partilha dos bens e do património comum, a qual será feita extrajudicialmente ou não.

Ora, a partilha é, por natureza, um processo que acarreta um grande desgaste emocional, especialmente quando as partes não estão de acordo quanto à divisão dos bens que integram o acervo dos seus bens comuns, pois são frequentes as profundas divergências quanto à própria natureza dos bens (se são próprios ou comuns), quanto à inclusão ou exclusão de determinados bens da relação que o cabeça de casal deve apresentar – o que ocasiona reclamações – fatores que, conjugados, transformam o processo numa inesgotável fonte de conflitualidade. Se as partes logram fazer a partilha de forma consensual, menos carga emocional acarretará para os interessados e o processo poderá ser mais célere e eficaz. Porém, diz a experiência que, por regra, a partilha de bens é um processo complexo, no qual intervêm e influem múltiplas circunstâncias, mormente as emoções, os sentimentos e mágoas de um ou de ambos os cônjuges que dissolveram o vínculo que os unia.

3.6.1. Inventário

A partilha de bens subsequente ao divórcio é lavada a efeito através de um **processo de inventário**. Ora, esta matéria encontrava-se regulada pela **Lei n.º 23/2013, de 5 de março, que aprovou o Regime Jurídico do Processo de Inventário** (Lei que foi regulamentada pela Portaria n.º 278/2013, de 26 de agosto, com a primeira alteração que lhe foi dada pela Portaria n.º 46/2015, de 23 de fevereiro). Porém, a **Lei n.º 117/2019, de 13 de setembro**, veio, entre outras matérias, rever o processo de inventário, tendo procedido à **revogação do referido regime jurídico do processo de inventário e** à **aprovação do regime do inventário notarial**, que faz parte integrante do seu anexo. Contudo, tendo entrado em vigor no dia 1 de janeiro de 2020, estabelece, no seu art. 11.º, n.º 1, que o regime aí contido se aplica apenas aos processos iniciados a partir da data da sua entrada em vigor, bem como aos processos que, nessa data, estejam pendentes nos cartórios notariais mas sejam remetidos ao tribunal nos termos do disposto nos artigos 11.º a 13.º, continuando a aplicar-se o regime jurídico do processo de inventário, aprovado em anexo à Lei n.º 23/2013, de 5 de março, aos processos de inventário que, na data da entrada em vigor da presente lei, estejam pendentes nos cartórios notariais e aí prossigam a respetiva tramitação. Assim sendo, em face dos regimes aplicáveis, por força daquela norma que regula a aplicação da lei no tempo, dar-se-á aqui nota dos aspectos que importa relevar na tramitação do processo de inventário, nos termos e ao abrigo do Código de Processo Civil.

Nos termos do art. 2.º do Regime do Inventário Notarial, aprovado pela dita lei n.º 117/2019, **aplica-se ao processo de inventário tramitado em cartório notarial o regime estabelecido no título XVI do livro V do Código de Processo Civil**, com as necessárias adaptações, e **ao inventário destinado à partilha dos bens comuns do casal** dissolvido aplica-se o disposto quanto ao inventário para fazer a cessar a comunhão hereditária, em tudo o que não estiver especificamente regulado quanto àquela. Competirá ao Notário realizar todas as diligências do processo, sem prejuízo de os interessados requererem a remessa dos autos para os meios judiciais (n.º 3 do art. 2.º), e caberá ao Tribunal de comarca da circunscrição judicial da área do cartório notarial praticar os atos que, nos termos da lei, sejam da competência do Juiz, bem como apreciar os recursos interpostos de decisões do Notário.

São **funções do processo de inventário (art. 1082.º do CPC)**, entre outras:

- fazer cessar a comunhão hereditária e proceder à partilha de bens entre os interessados;
- partilhar os bens comuns de um casal dissolvido por divórcio.

Estabelece o art. 1133.º do CPC que, uma vez decretada a separação judicial de pessoas e bens ou o divórcio, ou declarado nulo ou anulado o casamento, **qualquer dos cônjuges pode requerer inventário para partilha dos bens comuns**.

O cônjuge mais velho exercerá as funções de cabeça de casal (art. 113.º, n.º 2), cabendo-lhe fornecer todos os elementos indispensáveis à marcha do processo, prestar o seu **compromisso de honra** quanto ao exercício das funções com idoneidade, relacionar os bens existentes, indicar os respetivos valores, bem como o passivo, após o que a contraparte será chamada para se pronunciar, podendo deduzir reclamações relativamente à relação apresentada.

Resolvidas as questões que possam influir na partilha, e determinados os bens a partilhar, o Juiz pode designar data para a realização de uma **audiência prévia,** quando a considerar conveniente, nomeadamente por se lhe afigurar possível a obtenção de acordo sobre a partilha, que pode por termo ao processo de inventário, ou para se pronunciarem sobre alguma ou algumas das questões controvertidas, ou quando entenda útil ouvir pessoalmente os interessados sobre alguma questão (art. 1109.º, n.º 1), convocando os interessados e indicando o objetivo da diligência e as matérias a tratar. Quando não seja obtido acordo dos interessados sobre as questões controvertidas, o Juiz procede à realização das diligências instrutórias necessárias à decisão das matérias que tenham sido objeto de oposição ou de impugnação.

Após a realização de todas as diligências instrutórias tidas como necessárias, o Juiz proferirá, nos termos do n.º 1 do art. 1110.º do CPC o competente **despacho de saneamento** do processo, no qual:

- *"Resolve todas as questões suscetíveis de influir na partilha e na determinação dos bens a partilhar;*
- *Ordena a notificação dos interessados e do Ministério Público que tenha intervenção principal para, no prazo de 20 dias, proporem a forma da partilha.*

E, uma vez findo o prazo dos 20 dias, proferirá **despacho sobre o modo como deve ser organizada a partilha, definindo as quotas ideais de cada um dos interessados** (n.º 2 do citado preceito), designando data para a realização da **conferência de interessados**, os quais devem comparecer pessoalmente ou fazerem-se representar por mandatário com poderes especiais, sob cominação de multa, podendo esta diligência ser adiada, por determinação do juiz, e uma só vez, quando falte uma das partes e desde que haja razões para considerar que o acordo sobre a composição dos quinhões terá probabilidade de ser alcançado com a presença de todos os interessados.

Nesta conferência, o Juiz tem o dever de auxiliar os interessados a procurar uma **solução amigável para a partilha, ainda que parcial, dos bens comuns**, alertando as partes para as vantagens desta composição dos seus interesses. No demais, a diligência servirá o propósito de designar as verbas que compõem, no todo ou em parte, o quinhão de cada um, com os respectivos valores por que são adjudicados, identificar as verbas ou lotes e respetivos valores, para que, no todo ou em parte, sejam objeto de sorteio entre os interessados, deliberar sobre o passivo e a forma do seu pagamento. Assim sendo, os interessados conferentes poderão proceder à **adjudicação dos bens, ou licitar as verbas que integram o acervo dos bens a partilhar, quando não tenham chegado a acordo, e, em caso de terem excedido o que lhes cabe, terão de pagar tornas**, sendo notificados para depositar o seu valor.

Finalmente, estabelece o art. 1122.° do CPC que, depois de decididas todas as questões, o Juiz proferirá **sentença homologatória da partilha** constante do mapa de partilha previsto e regulado no art. 1120.° do CPC Quando o mapa da partilha tenha sido elaborado em inventário com processo a tramitar em Cartório Notarial, impõe-se a sua **homologação pelo Tribunal** territorialmente competente em função do referido cartório (art.° 5.° da lei n.° 117/2019).

Ademais, o Notário poderá, nos termos do art. 3.° do mesmo diploma legal, suspender a tramitação do processo e determinar a **remessa dos autos para os meios judiciais**, mediante despacho fundamentado e ainda que oficiosamente, sempre que verificar que:

- Está pendente causa em que se aprecia questão com relevância para a admissibilidade do processo ou para a definição de direitos de interessados diretos na partilha;
- Na pendência do inventário, foram suscitadas **questões prejudiciais** de que dependa a admissibilidade do processo ou a definição

de direitos dos interessados diretos na partilha, e se mostram relacionados os bens.

De igual modo, quando o Notário verifique que, na pendência do inventário, foi suscitada questão que, não respeitando à admissibilidade do processo ou à definição de quotas hereditárias dos interessados, envolve a **resolução de um litígio entre os interessados** relativo, nomeadamente, à definição dos bens ou dívidas que integram o património a partilhar, deverá, após audição das partes e em despacho fundamentado **abster-se de decidir e remetendo os interessados para os meios judiciais**, quando a natureza da matéria litigiosa ou a sua complexidade, quer de facto, quer de direito, tornar inconveniente a sua apreciação por órgão não jurisdicional. Nos demais casos, poderá decidir a matéria em litígio, sendo a decisão imediatamente impugnável perante o tribunal competente. Neste caso, o processo prosseguirá após ser proferida decisão judicial quanto a estas matérias. A **remessa para os meios judiciais comuns pode ser provocada ou requerida por qualquer interessado na partilha**, como se infere do preceito contido no art. 3.º.

3.6.2. Partilha realizada na Conservatória do Registo Civil

O Dec.-Lei n.º 324/2007, de 28 de setembro, acometeu às Conservatórias do Registo Civil a competência para proceder à **partilha dos bens imóveis, e bens móveis e participações sociais sujeitos a registo** integrados na comunhão conjugal, bem como para **liquidar** (apurar o montante) **os impostos devidos** e efetuar o **registo dos bens partilhados**, agora a favor daquele a quem foram adjudicados, por força da partilha. Este diploma normativo foi **alterado pelo pelo Dec.-Lei n.º 247/2008**, consolidando, no quadro de medidas de simplificação e desformalização relacionadas com a vida dos cidadãos (e na senda das medidas determinadas pelo Ministério da Justiça para o Programa SIMPLEX 2007) a redução dos obstáculos burocráticos e das formalidades usuais nas áreas do registo civil e dos atos notariais conexos. Da leitura do seu preâmbulo, resulta expressamente que:

- **Entre outros, foi seu objectivo possibilitar que os atos e formalidades relacionados com a sucessão hereditária se**

pudessem efetuar num único balcão de atendimento, nas Conservatórias do Registo Civil. Deste modo, as Conservatórias passaram a poder realizar todas as operações e atos relacionados com a sucessão hereditária, como a habilitação de herdeiros, a partilha dos bens imóveis, móveis ou participações sociais sujeitos a registo do falecido, a liquidação dos impostos em dívida e a entrega das declarações às Finanças que sejam necessárias, bem como os registos e pedidos de registo dos bens partilhados.

- Outro objetivo foi **simplificar as formalidades associadas ao processo de separação de pessoas e bens e de divórcio por mútuo consentimento, tramitados nas Conservatórias do Registo Civil.** No âmbito desse processo, passou a ser possível partilhar os bens imóveis, móveis ou participações sociais sujeitos a registo, liquidar os impostos que se mostrem devidos e efetuar os registos e pedidos de registo dos bens partilhados. Todas essas formalidades ficam concentradas num único momento, sem necessidade de múltiplas deslocações.

O Decreto-Lei n.º 272/2001, de 13 de outubro, já havia determinado que **a separação de pessoas e bens e o divórcio por mútuo consentimento fossem requeridos nas Conservatórias do Registo Civil. Contudo, a partilha extrajudicial dos bens imóveis do casal separado ou divorciado continuou a ter de realizar-se por escritura pública, no Notário.** Poderia ainda haver lugar à liquidação de impostos e era necessário registar os bens imóveis partilhados na Conservatória do Registo Predial competente para o efeito. Embora os bens móveis e as participações sociais sujeitas a registo não dependam de escritura pública de partilha, continuava a ser necessário registá-los na Conservatória competente.

Assim sendo, **este regime permite que todos estes atos, formalidades e diligências se possam fazer nas Conservatórias do Registo Civil.** Consequentemente, o processo de separação de pessoas e bens e o de divórcio por mútuo consentimento são tramitados mais rapidamente e com menos custos, sem prejuízo das garantias de segurança jurídica, já que tais atos são praticados por oficiais públicos.

Este processo vem regulado nos arts. 272.°-A a C do Código do Registo Civil, que se aplica, igualmente, à separação judicial de pessoas e bens por mútuo acordo, também da competência destas Conservatórias, nos termos do art. 271.° do mesmo diploma legal. Nos termos do art. 272.°-A, **os cônjuges podem promover a partilha dos bens móveis e imóveis ou de participações sujeitas a registo** no âmbito do processo de separação judicial de pessoas e bens ou de divórcio por mútuo acordo, ou posteriormente, com o acordo de partilha ou pedido de elaboração deste acordo, desde que se verifiquem os seguintes **pessupostos**:

> *"a) A inexistência de dúvidas quanto à identidade e à titularidade dos bens a partilhar;"*
> *b)* ***Comprovação da titularidade dos bens."*** *(os bens deverão estar registados definitivamente a favor dos cônjuges partilhantes).*

O acordo é homologado por decisão do Conservador que decretou o divórcio. De resto, a lei dispõe, ainda, no n.° 6 do art. 272.°-A, que, mesmo que um dos cônjuges se recuse a titular a partilha, tal conduta não obsta a que se proceda ao divórcio ou à separação de pessoas e bens por mútuo consentimento.

Na esteira do Dec.-Lei n.° 324/2007, a **Portaria n.° 1594/2007, de 17 de dezembro, instituiu o denominado procedimento simplificado de partilha do património conjugal**. Estabelece o n.° 2 do art. 5.° desta Portaria que a **partilha será marcada para a data da conferência dos cônjuges, em processo de divórcio por mútuo acordo**; só poderá ser designada para data diferente (posterior a 5 dias úteis em relação à data do pedido) se for essa a vontade declarada pelos interessados. Os **documentos** deverão ser apresentados pelos cônjuges partilhantes dois dias antes da realização deste procedimento e a partilha do património comum do casal será feita imediatamente após a realização da conferência, uma vez decretado o divórcio, num ato único com atendimento presencial. Os documentos resultantes deste procedimento simplificado serão assinados pelos intervenientes e, sempre que possível, digitalizados, ficando em arquivo na Conservatória aqueles que serviram de base à partilha.

3.7. As responsabilidades parentais e dever de alimentos

O casamento é, por via de regra, a fonte geradora de parentalidade entre pais e filhos, em que os sujeitos da relação jurídica se encontram ligados, entre si, por laços de sangue que determinam o parentesco na linha reta descendente. Ora, até época bem recente esta relação jurídica complexa recebia a designação de poder paternal, muito na senda de uma tradição ancestral em que o poder pátrio se exercia sobre os filhos, com as indesejáveis e nefastas percepções de que, tal poder, não teria limites e até poderia ser exercido com laivos de arbitrariedade por parte de quem fosse o ou a progenitora. Não raramente, e para tragédia dos menores submetidos a tal exercício, os menores poderiam ser objecto de maus tratos, de negligência, de omissão no que tange a sua alimentação, educação e formação, em situações que, também não raramente, configuravam abuso e prática criminosa reiterada. Foi com estas situações verdadeiramente disfuncionais, e determinantes de graves lesões da integridade e personalidade dos menores, que as nossas sociedades tiveram de se debater, assim como os próprios Tribunais competentes para decidir sobre estas questões. Na realidade, uma sociedade que não protege os mais vulneráveis – como é o caso de crianças e jovens que nascem e são criadas em famílias incapazes para educar e formar – não há recursos nem instituições bastantes para prevenir ou corrigir tais condutas, tendo em apreço que tudo se passa numa esfera de privacidade, como é a casa das famílias. E não serão bastantes as leis, pois não há também mudança de mentalidades e de valores por decreto. Por esta razão, continuamos a assistir, com uma assinalável impotência á má sorte de muitas crianças e jovens que, por azar do destino, nasceram em famílias absolutamente impreparadas para exercer as responsabilidades que a maternidade e a paternidade impõem.

Não obstante, e porque assim o legislador entendeu – e bem, a nosso ver – a alteração do paradigma prendeu-se com a necessidade de acentuar a tónica da responsabilidade dos pais em relação aos filhos. Há que entender, de forma cristalina, que os pais não têm poderes sobre os filhos. Pelo contrário, uma vez estabelecida a filiação, nasce nas suas esferas jurídicas, um conjunto de **poderes-deveres**, ou poderes funcionais, os quais são consagrados legalmente não para deleite dos pais mas **no interesse dos filhos**. Na verdade, estes poderes-deveres são o reflexo de poderes que derivam da função social dos pais. O grau de exigência, no exercício destes poderes-deveres, determina que os pais devam exercê-los **até à maioridade ou emancipação** dos filhos e que tais poderes sejam irrenunciáveis. Aos pais competirá, no interesse dos filhos, até à sua maioridade ou emancipação, velar e assegurar a segurança e a saúde destes, prover ao seu sustento, dirigir a sua educação, representá-los, ainda que nascituros, e administrar os seus bens. É certo que os filhos devem obediência aos pais, contudo, os pais deverão respeitar a autonomia dos filhos, tendo em apreço o seu grau de maturidade, bem como a sua opinião nos assuntos familiares importantes, educando-os na conquista da sua plena capacidade para organizarem autonomamente a sua própria vida.

Estabelece o art. 2003.° do CC o dever dos pais quanto a alimentos dos filhos, entendendo-se, por alimentos, tudo o que é indispensável ao seu sustento, habitação e vestuário. **No caso do alimentando ser menor, os alimentos compreendem também a instrução e educação** (art. 2003.°, n.° 2 do CC). Isto porque, como se disse, compete aos pais, no interesse dos filhos, velar pela segurança e saúde destes, prover ao seu sustento, dirigir a sua educação, representá-los e administrar os seus bens. No que à educação diz respeito, cabe a ambos os progenitores promover e proporcionar o desenvolvimento físico, intelectual e moral, bem como adequada instrução geral e profissional dos filhos (arts. 1878.° e 1885.° do CC).

No âmbito das suas **responsabilidades parentais relativamente aos bens dos filhos**, os pais podem utilizar os rendimentos gerados pelos bens de um filho para satisfazerem as despesas com o sustento, a segurança, a saúde e educação deste. No caso de só um dos pais exercer as responsabilidades parentais, a ele pertence a administração dos rendimentos do filho (art. 1896.° do CC). Dispõe o art. 1917.° do CC que, mesmo **em caso de inibição do exercício das responsabilidades parentais**, os pais não ficam isentos da sua obrigação alimentar relativamente aos filhos, aí se compreendendo a sua instrução geral e profissional e o seu desenvolvimento físico, intelectual e moral. A pensão de alimentos era fixada em benefício do filho menor, num processo de regulação das responsabilidades parentais.

Uma vez **atingida a maioridade ou a emancipação**, a obrigação dos progenitores mantém-se, segundo o disposto no art. 1880.º do CC:

> *"Se no momento em que atingir a maioridade ou for emancipado o filho não houver completado a sua formação profissional, manter-se-á a obrigação a que se refere o artigo anterior na medida em que seja razoável exigir aos pais o seu cumprimento e pelo tempo normalmente requerido para que aquela formação se complete".*

Para este efeito, no caso de divórcio, separação judicial de pessoas e bens, declaração de nulidade ou anulação do casamento, os alimentos devidos ao filho e a forma de os prestar são regulados por acordo dos pais; não existindo acordo extrajudicial, **o filho maior ou emancipado pode exigir de um ou ambos os pais esta prestação, através de um procedimento junto de qualquer Conservatória do Registo Civil**, previsto na al. a) do n.º 1 do art. 5.º e regulado pelos arts. 6.º e 7.º do Decreto-Lei n.º 272/2001, de 13 de outubro.

Os filhos atingem a maioridade quando perfazem 18 anos, nos termos do art. 130.º do CC; age como se fosse maior, o menor, de 16 anos, que, pelo casamento, se considera emancipado (art. 133.º do CC), adquirindo plena capacidade de exercício de direitos. Assim sendo, o filho maior ou emancipado haverá de fazer prova de ainda não ter completado a sua educação/formação profissional para ter, eventualmente, direito à pensão de alimentos a que se refere o art. 1879.º do CC desde que cumpridos outros requisitos adicionais (a saber, ser razoável exigir alimentos aos pais e somente pelo tempo considerado normal para completar a formação em causa).

Com a publicação da Lei n.º 122/2015, de 1 de Setembro – que alterou o Dec.-Lei n.º 272/2001 e deu nova redacção ao art. 1905.º do CC – o legislador previu, ainda que, **em caso de divórcio, separação judicial de pessoas e bens, declaração de nulidade ou anulação de casamento**, os alimentos fixados aos filhos durante a menoridade se mantenham em seu benefício "...para depois da maioridade, e até que o filho complete 25 anos de idade", "***... salvo se o respetivo processo de***

educação ou formação profissional estiver concluído antes daquela data, se tiver livremente interrompido ou ainda se, em qualquer caso, o obrigado à prestação de alimentos fizer prova da irrazoabilidade da sua exigência". (negrito nosso).

Assim os progenitores, precedentemente, estavam obrigados a prestar alimentos durante a menoridade do filho, e, também, após atingir a maioridade/emancipação desde que o mesmo o requeresse e produzisse prova no sentido de não ter completado a sua educação/formação profissional. Diferentemente e com a alteração introduzida, esses progenitores vêem estendida a sua obrigação alimentar para além da menoridade/ emancipação do filho, salvo as situações legalmente previstas de interrupção ou irrazoabilidade.

Tal entendimento, no que diz respeito à prestação alimentícia e fins que esta visa assegurar, encontra-se acautelado na nossa Jurisprudência, como bem se alcança do Douto **Acórdão** proferido pelo Tribunal da Relação de Guimarães, de 13 de julho de 2021, de cujo Sumário se extrata o segmento que segue:

> *"II – A obrigação legal de prestar alimentos tem por finalidade proporcionar a quem deles necessita a possibilidade de viver com autonomia e dignidade, sendo de considerar no caso de alimentos devidos a menor que os mesmos não visam apenas satisfazer as suas necessidades básicas, indispensáveis à sua sobrevivência, não estando em causa apenas o estritamente necessário à satisfação das necessidades básicas, mas o indispensável ao seu desenvolvimento integral.*
> *III – Na fixação dos alimentos devidos à criança pelo progenitor, deve encontrar-se o equilíbrio da prestação, não devendo o cumprimento da obrigação de alimentos privar o obrigado dos meios necessários à sua própria subsistência, mas devendo os pais proporcionar aos filhos um nível de vida semelhante ao seu.".*

Em matéria de **regulação das responsabilidades parentais**, aqui se refere os diplomas normativos seguintes, tendo em consideração o relevante interesse de que se revestem, a saber:

- **Lei n.º 5/2017, de 2 de março**, que estabelece o regime de **regulação das responsabilidades parentais por mútuo acordo junto das Conservatórias do Registo Civil em caso de separação de facto e de dissolução de união de facto, bem como entre pais não casados, nem unidos de facto**, com consequente alteração da disciplina anteriormente consagrada no Código Civil e no Código do Registo Civil. Nos termos do art. 274.º-A do CC, aditado por força deste diploma normativo, os progenitores poderão regular por mútuo acordo o exercício das responsabilidades parentais dos filhos menores de ambos, ou alterar acordo já homologado quanto ao exercício das suas responsabilidades.

Tal faculdade pode ser exercida a todo o tempo junto de qualquer Conservatória do Registo Civil devendo apresentar o competente **requerimento, por ambos assinado ou pelos seus procuradores**, com **o acordo sobre o exercício das responsabilidades parentais e sobre alimentos**.

O requerimento será objecto de apreciação liminar pelo Conservador que pode convidar as partes a aperfeiçoá-lo, ou a alterá-lo, quando considerar que os interesses dos filhos não se encontram devidamente acautelados, e, ainda, pode determinar a prática de atos e a produção da prova que considere necessária, após o que remeterá o processo Ministério Público junto do tribunal judicial de 1.ª instância competente em razão da matéria no âmbito da circunscrição da residência do menor, para que este se pronuncie sobre o mesmo no prazo de 30 dias.

Não havendo oposição do Ministério Público ao acordo remetido – ou tendo sido alterado o acordo proposto, segundo as indicações do Ministério Público – o processo é remetido ao conservador do registo civil para sua **homologação, decisão que produz os mesmos efeitos das sentenças judiciais**. Caso o Ministério Público considere que o acordo não acautela devidamente os interesses dos menores, podem os requerentes alterar o acordo em conformidade ou apresentar novo acordo, sendo neste último caso dada nova vista ao Ministério Público, salvo se este optar por convocar os progenitores a fim de suprir as falhas identificadas nos acordos (art. 274.º-C do CC).

Nas situações em que os progenitores requerentes não se conformem com as alterações indicadas pelo Ministério Público e mantenham o propósito constante dos acordos, o processo será remetido para Tribunal, e haverá lugar a audição do menor, promovida pelo Ministério Público a fim de obtenção de elementos que assegurem a salvaguarda do superior interesse da criança, aplicando-se, com as necessárias adaptações, o disposto nos artigos 4.° e 5.° do Regime Geral do Processo Tutelar Cível, aprovado pela Lei n.° 141/2015, de 8 de Setembro. Nos termos do art. 274.°-C do CC;

- **Lei n.° 24/2017, de 24 de maio,** que estabelece a **regulação urgente das responsabilidades parentais em situações de violência doméstica,** numa óptica de prevenção e de protecção e assistência das suas vítimas. Este diploma alterou a disciplina contida no Código Civil, no Código de Processo Penal.

Ao abrigo do art. 2.° da citada Lei n.° 24/2017, foi aditado ao Código Civil o art. 1906.°-A, que, sob a epígrafe "Regulação das responsabilidades parentais no âmbito de crimes de violência doméstica e de outras formas de violência em contexto familiar" estatui que **o exercício em comum das responsabilidades parentais pode ser julgado contrário aos interesses do filho** quando for decretada medida de coação ou aplicada pena acessória de proibição de contacto entre progenitores, ou os direito dos educandos e a sua segurança estiverem em grave risco, por serem vítimas de violência doméstica e de outras formas de violência em contexto familiar, designadamente de maus tratos ou abuso sexual de crianças.

O seu art. 3.° também alterou o art. 31.° da Lei n.° 112/2009, de 16 de Setembro – que estabelece o regime aplicável à prevenção da violência doméstica e à proteção e à assistência das suas vítimas – tendo sido aditado o n.° 4 que estabelece que:

> "***A medida ou medidas de coação que impliquem a restrição de contacto entre progenitores são imediatamente comunicadas ao representante do Ministério Público que exerce funções no tribunal competente, para efeitos de instauração, com caráter de urgência, do respetivo processo de regulação ou alteração da regulação do exercício das responsabilidades parentais.***» (negrito nosso)

De igual sorte, o art. 200.º do CPP passou a ter nova redação, dispondo o seu n.º 4 que: "***4 – A aplicação de obrigação ou obrigações que impliquem a restrição de contacto entre progenitores são imediatamente comunicadas ao representante do Ministério Público que exerce funções no tribunal competente, para efeitos de instauração, com caráter de urgência, do respetivo processo de regulação ou alteração da regulação do exercício das responsabilidades parentais.***» (negrito nosso)

E a mesma lei aditou ao Regime Geral do Processo Tutelar Cível os art.s 24.º-A e 44.º-A, pelo que **não é admissível o recurso à audição técnica especializada e à mediação entre as partes** quando tiver sido decretada medida de coação ou aplicada pena acessória de proibição de contacto entre progenitores, ou quando estiverem em grave risco os direitos e a segurança de vítimas de violência doméstica e de outras formas de violência em contexto familiar, como maus tratos ou abuso sexual de criança (art. 24.º-A), mais estabelecendo que, nestas descritas circunstâncias legalmente previstas no art. 24.º-A, **o Ministério Público requererá, no prazo máximo de 48 horas após ter conhecimento da situação, a regulação ou alteração da regulação do exercício das responsabilidades parentais** (art. 44.º-A, n.º 1). Nos termos do n.º 2 deste preceito. Uma vez autuado o requerimento, os progenitores são citados para conferência, a realizar nos 5 dias imediatos e, se estes não chegarem a acordo ou qualquer um deles faltar à diligência, será fixado um regime provisório.

- **Lei n.º 65/2020, de 4 de novembro,** que definiu as **condições em que o tribunal pode decretar a residência alternada do filho em caso de divórcio, separação judicial de pessoas e bens, declaração de nulidade ou anulação do casamento dos progenitores**, alterando o art. 1906.º do CC; assim sendo, o Tribunal poderá, nestes casos, e independentemente do acordo dos pais, assim decidir desde que o interesse superior da criança o justifique e a ponderação de todas as circunstâncias o aconselhar, tudo sem prejuízo da fixação da prestação de alimentos.

Da interpretação conjugada destes preceitos, fácil é concluir a sua *ratio* e a clara opção do legislador por uma intervenção, que se pretende serena, ponderada e qualificada, do Tribunal tendo em vista a protecção dos filhos menores que se encontrem em situação de grave risco, no seio familiar, pelo facto de os seus progenitores não chegarem a acordo quanto ao exercício das suas responsabilidades parentais ou porque convivem paredes meias com a violência perpetrada contra qualquer um dos membros dos seus agregados familiares, e contra si mesmos. Tal opção é, definitivamente, a mais acertada pois estão em causa valores e interesses dos menores que sempre deverão ser superiores aos dos seus progenitores. Restaria que tais decisões judiciais pudessem ter uma eficácia prática e uma exequibilidade rigorosa o que, por razões de experiência social, sabemos não acontecer.

3.8. Parentesco, afinidade e adoção

Além do casamento, o parentesco é uma relevante fonte das relações jurídico-familiares, porque assenta num vínculo de consanguinidade entre as pessoas. A lei civil, no art. 1578.º, define-o como *"... o vínculo que une duas pessoas, em consequência de uma delas descender da outra ou de ambas procederem de um progenitor comum."*.

Muito genericamente, referimos que há duas linhas de parentesco (art. 1580.º):

- Linha reta (ascendente e descendente) – um indivíduo descende do outro (caso de uma avó, uma filha e uma neta, em que a neta é descendente das outras duas e a avó e mãe são ascendentes em relação à terceira);
- Linha colateral – dois indivíduos têm um ascendente comum (caso dos primos que, entre si, têm avós em comum dos quais descendem).

O parentesco e o seu grau são relevantes para efeitos sucessórios, posto que só os parentes até ao 4.º grau da linha colateral podem ser chamados a suceder a alguém, na sucessão legítima, enquanto, para outros efeitos, o parentesco é considerado até ao 6.º grau (art. 1582.º). Além dos efeitos do parentesco em matéria de sucessões, os laços biológicos que decorrem do estabelecimento legal da filiação merecem a tutela prevista no Código Civil que dispõe que os **pais devem prestar alimentos aos filhos.**

Deixamos aqui sublinhado que os alimentos podem ser devidos por outrém que não o ex-cônjuge. No domínio das relações familiares, e precisamente porque o legislador bem entende que tais relações devem ser geradoras de uma solidariedade natural e espontânea entre os membros de uma família, não são apenas os cônjuges ou ex-cônjuges que se encontram legalmente obrigados a esta prestação. Nos termos do art. 2009.º do CC, **também se encontram obrigados**:

- Os descendentes (filhos, netos), em relação a seus pais e outros ascendentes;
- Os ascendentes (pais, avós), em relação a seus descendentes;
- Os irmãos;
- Os tios, o padrasto e a madrasta, em relação a enteados que se encontrassem, à data da morte do cônjuge, a cargo deste.

A afinidade é o vínculo que liga cada um dos cônjuges aos parentes do outro (art. 1584.º). A relação jurídica entre os afins não se baseia no sangue, mas na interseção do casamento com o parentesco (a relação entre sogra e genro, cunhados). Por força da entrada em vigor da Lei n.º 61/2008, **a afinidade extingue-se com o divórcio mas não cessa com a morte de um dos cônjuges** (art. 1585.º do CC). Na realidade, e no que tange o divórcio, demonstrava a experiência que, uma vez dissolvido o casamento, podia haver alguma resistência de um ou ambos os ex-cônjuges à manutenção do vínculo legal entre um dos cônjuges e os parentes do outro, constrangimento que se encontra eliminado.

A adoção traduz um vínculo de natureza legal que se estabelece entre duas pessoas (o adotante e o adotado) e se constitui por sentença judicial decretada em processo especial (art. 1586.º). A relação de adoção não depende dos vínculos de sangue entre os sujeitos, mas assemelha-se a uma autêntica filiação natural ou biológica, pelo que há quem a denomine por "parentesco legal".

Este instituto encontra as suas raízes na Antiguidade Clássica Romana, sendo certo que, para os Romanos, os fins da adoção eram distintos dos que presidem hoje, os quais se justificam com um propósito altruísta e benevolente, com o fim último de proteger crianças que, por razões várias, se viram privadas da convivência com os seus progenitores e com o seu meio familiar normal, porque são órfãs ou abandonadas ou vivem em circunstâncias gravosas para a sua integridade física. No outro lado, há quem os receba nas suas famílias naturais, os acolha e lhes proporcione uma educação, um desenvolvimento e crescimento biopsicológico sem perturbações e lhes dedique os afetos de que carecem.

O CC consagra que a adoção é uma fonte de relações jurídicas familiares, na esteira da tradição que o Código de Seabra interrompera. Apesar de todas as alterações introduzidas a este instituto legal, em particular a reforma introduzida depois do 25 de Abril de 1974 – dadas as transformações sociais operadas e a importância crescente da adoção como um instrumento para proteger crianças desfavorecidas e abandonadas- promoveu-se a revisão do seu regime legal, com alterações a nível substantivo e processual, pelo que aqui se refere o Dec.-Lei n.º 185/93, de 22 de maio, que alterou o CC e a Lei da Organização Tutelar de Menores-OTM (relativa ao processo de adoção, a intervenção dos organismos de Segurança Social, a adoção, por residentes em Portugal, de menores residentes no estrangeiro). A **Lei n.º 143/2015, de 3 de setembro,** publicada a 8 de setembro de 2015, em vigor volvidos noventa dias da sua publicação, introduziu novas alterações ao regime da adoção e instituindo, em anexo a esta Lei, o denominado **Regime Jurídico do Processo de Adoção (RJPA), cuja aplicação é imediata**, sem prejuízo da validade dos atos praticados ao abrigo da lei anterior (art. 10.º).

Nos termos do art. 1973.º do CC o vínculo da adoção constitui-se por via de uma sentença judicial, e dispõe o art. 1974.º que "*A adoção visa realizar o superior interesse da criança e será decretada quando apresente reais vantagens para o adotando, se funde em motivos legítimos, não envolva sacrifício injusto para os outros filhos do adotante e seja razoável supor que entre o adotante e o adotando se estabelecerá um vínculo semelhante ao da filiação.*".

Estabelece o art. 1979.º do CC que podem adotar as seguintes pessoas:

- **Duas pessoas casadas há mais de quatro anos e não separadas judicialmente de pessoas e bens ou de facto, se ambas tiverem mais de 25 anos;**
- **Quem tiver mais de 30 anos** ou, se o adotando for filho do cônjuge do adotante, mais de 25 anos;
- **Quem não tiver mais de 60 anos à data em que a criança lhe tenha sido confiada**, mediante confiança administrativa ou medida de promoção e proteção de confiança com vista a futura adoção;
- **Quem, tendo mais de 50 anos,** não tenha uma diferença de idade do adotando superior a 50 anos; não obstante, ainda que tal diferença de idades seja superior a 50 anos, poderá ser decretada uma adoção a título excecional, quando motivos ponderosos e o superior interesse do adotando o justifiquem, nomeadamente por se tratar de uma fratria (ou o conjunto ds irmãos) em que, relativamente apenas a algum ou alguns deles, se verifique uma diferença de idades superior àquela.

E, como dispõe o art. 1980.º do CC, **podem ser adotadas as crianças**:

- Que tenham sido confiadas ao adotante mediante confiança administrativa ou medida de promoção e proteção de confiança com vista a futura adoção;
- Filhos do cônjuge do adoptante.

Porém, nos termos do n.º 2 deste preceito, o adotando deve ter menos de 15 anos à data do requerimento de adoção; e, de acordo com o seu n.º 4, pode ser adotado quem, à data do requerimento, tenha menos de 18 anos e não se encontre emancipado quando, desde idade não superior a 15 anos, tenha sido confiado aos adotantes ou a um deles ou quando for filho do cônjuge do adotante.

3.9. Apadrinhamento civil

Este instituto foi criado pela Lei n.º 103/2009, de 11 de setembro, alterada pela Lei n.º 141/2015, de 8 de setembro, e regulamentada pelo Dec.-Lei n.º 121/2010, de 27 de outubro. O apadrinhamento civil define-se como uma **relação jurídica, tendencialmente de caráter permanente, que se estabelece entre uma criança ou um jovem e uma pessoa singular ou uma família que exerça os poderes e deveres próprios dos pais e que com ele estabeleçam vínculos afetivos que permitam o seu bem-estar e desenvolvimento**, e que é constituída por homologação ou decisão judicial sujeita a registo civil (art. 2.º da citada Lei). São suas **características**:

- **Só tem legitimidade para apadrinhar quem for maior de 25 anos e se encontre habilitado para este efeito** (art. 4.º);
- **Qualquer criança ou jovem menor de 18 anos pode ser apadrinhado** desde que, com este vínculo, obtenha uma vantagem para a sua vida pessoal, em virtude de se encontrar institucionalizado (num centro de acolhimento), ou de ser destinatário de medida de promoção e proteção, ou numa situação de perigo comprovado, por ser parte em processo a correr termos numa Comissão de Proteção de Crianças e Jovens ou em Tribunal ou, ainda, por beneficiar de confiança administrativa, judicial ou medida de promoção e proteção de confiança a instituição com vista a futura adoção (art. 5.º);
- **Os pais do afilhado**, excetuados os casos previstos no n.º 3 do art. 14.º da citada Lei, **podem exercer os direitos expressamente consignados no compromisso de apadrinhamento civil,** designadamente o de conhecer a identidade dos padrinhos, o de dispor de uma forma de os contactar, o de conhecer a residência do filho e ter forma de contactar com ele, o de serem informados sobre o desenvolvimento integral do filho, a sua progressão escolar ou profissional, bem como a ocorrência de factos ou de problemas graves, nomeadamente os de saúde, o de receberem com regularidade fotografias ou outro registo de imagem do filho, e o de o visitarem, nas condições fixadas no compromisso ou na decisão judicial, designadamente em datas especiais (art. 8.º);

- **Os pais e padrinhos têm o dever mútuo de respeito e de preservação da intimidade da sua vida privada e familiar, do seu bom nome e reputação, e o de cooperar na criação das condições adequadas ao bem-estar e desenvolvimento do afilhado** (art. 9.º);
- **A iniciativa do apadrinhamento** pode caber ao Ministério Público, às comissões de proteção de crianças e jovens, no âmbito dos processos que aí corram termos, aos serviços de Segurança Social ou a instituição por esta habilitada, aos pais, ao representante legal da criança ou do jovem ou à pessoa que tenha a sua guarda factual (art. 10.º);
- **Quando a iniciativa seja tomada pela criança ou jovem maior de 12 anos, o Tribunal ou o Ministério Público, conforme o caso, nomeia, a seu pedido, patrono que o represente**;
- O vínculo legal do apadrinhamento civil pode ser constituído oficiosamente pelo Tribunal;
- As pessoas que pretendam apadrinhar devem ser habilitadas pelo organismo competente da Segurança Social; este ato consiste na certificação de que possuem idoneidade e autonomia para assumir as responsabilidades necessárias e adequadas para este vínculo;
- O apadrinhamento civil constitui-se por decisão do Tribunal, quando esteja a correr termos um processo judicial de promoção e proteção ou um processo tutelar cível, nos casos em que, não sendo obtido o consentimento de uma das pessoas referidas no n.º 1 do artigo 14.º, possa o mesmo ser dispensado nos termos do n.º 4 do mesmo artigo, e nos casos em que tenha havido parecer desfavorável do conselho de família; pode ser, ainda, constituído por compromisso de apadrinhamento civil homologado pelo tribunal (art. 13.º);
- Para a constituição do apadrinhamento civil é competente o Tribunal da comarca da área da localização da instituição em que a criança ou o jovem se encontra acolhido ou o da área da sua residência;
- **O vínculo de apadrinhamento civil equipara-se ao parentesco (ascendentes em 1.º grau do afilhado) para efeitos da obrigação de prestar alimentos ao afilhado**, mas esta obrigação caberá, em primeira mão, aos pais que tenham condições para satisfazer esse encargo;

- O afilhado considera-se descendente em 1.º grau dos padrinhos para efeito da obrigação de alimentos aos padrinhos, mas competirá aos filhos, em primeira linha, cumprir este encargo;
- O apadrinhamento civil constitui um vínculo permanente, mas pode ser **revogado por qualquer subscritor do vínculo nos termos e nas situações previstas no art. 25.º**;
- **Quando a iniciativa de revogação seja do Tribunal,** a revogação pode ocorrer por acordo de todos os intervenientes no compromisso de apadrinhamento, ou quando se verifique que os padrinhos violaram culposa e reiteradamente os seus deveres, em prejuízo do superior interesse do afilhado, ou, ainda, quando os padrinhos venham a sofrer de enfermidade, se encontrem ausentes ou não se encontrem em condições de cumprir os seus deveres, e o apadrinhamento civil se tornou contrário aos interesses do afilhado;
- **Também será da iniciativa do Tribunal a revogação** que se funde na verificação de que o afilhado passou a assumir comportamentos, atividades ou consumos que o afetem gravemente na sua saúde, segurança, formação, educação ou desenvolvimento, **sem que os padrinhos se lhe oponham de modo adequado,** de forma a impedir essa situação, e quando o afilhado adote, de modo habitual, comportamentos que **afetem gravemente** a pessoa ou a vida familiar dos seus padrinhos, de tal modo **que a continuidade da relação de apadrinhamento civil se mostra insustentável,** ou há acordo dos padrinhos e do afilhado maior;
- Pedida a revogação e havendo oposição de alguma das pessoas que deram o consentimento, a decisão compete ao Tribunal, por iniciativa do Ministério Público;
- O processo judicial de revogação é tramitado por via eletrónica nos termos gerais das normas de processo civil;
- Em qualquer estado da causa e sempre que o entenda conveniente, oficiosamente, com o consentimento dos interessados, ou a requerimento destes, pode o juiz determinar a intervenção de serviços públicos ou privados de mediação;
- Em caso de revogação contra a vontade dos padrinhos, e sem culpa deles, estes mantêm, enquanto o exercício das suas funções não for contrário aos interesses do afilhado, os direitos de saber onde este

reside e de contactar com ele, serem informados sobre o seu desenvolvimento integral, a sua progressão escolar ou profissional, e os factos ou problemas graves, receber com regularidade fotografias suas e registos de imagem, e visitar o afilhado, em particular nas datas especiais;

- **A constituição do apadrinhamento civil e a sua revogação são sujeitas a registo civil obrigatório**; para este efeito, o Tribunal que decida sobre a constituição ou revogação deste vínculo, comunicará imediata e oficiosamente à Conservatória do Registo Civil, e, sempre que possível, por via eletrónica, nos termos do art. 78.º do CRC

3.10. União de facto e economia comum

Além das relações jurídico-familiares, reguladas no Livro IV do CC, há que referir a legislação avulsa que disciplina e protege outras formas de organização da família, que visa proteger e dar tutela particular aos laços afectivos, e até biológicos, eventualmente nascidos no seio destas unidades familiares. Falamos, naturalmente, das uniões de facto e da denominada economia comum, respectivamente enquadradas pelas Leis n.ºs 7/2001 e 6/2001, de 11 de maio, das quais salientaremos os traços essenciais, por se reconhecer que, por circunstâncias da mais diversa natureza, as pessoas optam, hoje, pela criação deste novo modelo de "família", cuja disseminação no nosso tecido social é indiscutível.

3.10.1. União de facto e sua tutela legal

As pessoas que vivam em união de facto com outrem, em caso de morte do companheiro, têm igual tutela legal e podem exigir alimentos da herança do falecido, desde que tenham vivido com este há mais de dois anos, em condições análogas às dos cônjuges (art. 2020.º CC). Terão, contudo, de os exigir no prazo de dois anos, a contar da morte do ou da companheira com quem viviam.

A Lei n.º 7/2001, de 11 de maio adotou as medidas de protecção de pessoas que, independentemente do sexo, vivem em condições análogas às dos cônjuges há mais de dois anos, tutelando, por esta via, direitos subjetivos consolidados na sua esfera jurídica (art. 1.º da Lei n.º 7/2001). Este diploma foi alterado posteriormente, sendo a última das alterações introduzida pela Lei n.º 71/2018, de 31 de dezembro.

Cabe aqui, desde logo, referir que não aproveitarão dos benefícios e direitos, em vida ou por morte, fundados na união de facto, aqueles que se encontrem numa das seguintes situações:

- Sejam menores de 16 anos;
- Sofram de demência notória, mesmo que tenham intervalos de lucidez;
- Tenham sido interditados ou inabilitados por anomalia psíquica, salvo se a demência ou a anomalia psíquica se manifestar após o início da vida em união de facto;
- Sejam casados com outrem, a não ser que tenha sido já decretada a separação judicial de pessoas e bens;
- Sejam parentes na linha reta (pais e filhos, avós e netos) ou no 2.º grau da linha colateral (tios e sobrinhos) ou afins na linha reta (sogros e genros ou noras; cunhados);
- Tenham sido condenados pela autoria ou cumplicidade em homicídio doloso, mesmo que não consumado, contra o cônjuge da pessoa com quem vivem em união de facto.

Nos termos do art. 2.º-A da citada Lei, **a prova da união de facto pode ser feita por qualquer meio legalmente admissível, designadamente por declaração emitida pela Junta de Freguesia competente.** Neste caso, o documento deve ser acompanhado de declaração de ambos os membros da união de facto, sob compromisso de honra, de que vivem em união de facto há mais de dois anos, bem como de certidões de cópia integral do registo de nascimento de cada um deles.

Quanto à **casa de morada de família, em caso de morte de um dos membros** da união de facto, dispõe a lei que:

- Se a casa de morada de família e o seu recheio é **propriedade do membro falecido, o sobrevivo poderá viver na casa pelo prazo de 5 anos, como titular de um direito real de habitação e de uso de recheio** (n.º 1 do art. 5.º);

- **Porém, este direito real de habitação não lhe será conferido** se este tiver casa própria na área do concelho da casa de morada comum da família, sendo que, no caso das áreas dos concelhos de Lisboa ou do Porto, incluem-se os concelhos limítrofes (n.º 6 do art. 5.º);
- Quando a **união de facto existir há mais de cinco anos antes da morte** de um dos membros, os direitos atrás enunciados são conferidos por tempo igual ao da duração da união (n.º 2 do art. 5.º);
- **Esgotado o prazo em que o membro sobrevivo beneficiou do direito de habitação, este tem o direito de permanecer no imóvel na qualidade de arrendatário**, nas condições gerais do mercado, e tem direito a permanecer no local até à celebração do respetivo contrato, salvo se os proprietários satisfizerem os requisitos legalmente estabelecidos para a denúncia do contrato de arrendamento para habitação, pelos senhorios, com as devidas adaptações (n.º 7 do art. 5.º);
- Neste caso, **na falta de acordo sobre as condições do contrato**, o Tribunal pode fixá-las, depois de ouvir os interessados (n.º 8 do art. 5.º);
- O membro sobrevivo tem **direito de preferência em caso de alienação do imóvel**, durante o tempo em que o habitar a qualquer título (n.º 9 do art. 5.º);
- **No caso de os membros da união de facto serem comproprietários da casa de morada da família e do recheio, o sobrevivo terá estes direitos em exclusivo** (n.º 3 do mesmo preceito normativo);
- Excecionalmente, e por motivos de equidade, **o Tribunal pode prorrogar os prazos indicados,** considerando, designadamente, que o membro sobrevivo prestou cuidados à pessoa do falecido ou a familiares deste, e a especial carência do sobrevivo, por qualquer causa (n.º 4 do mesmo art.);
- Estes **direitos caducam se o interessado não habitar a casa por mais de um ano**, salvo se a falta de habitação for devida a motivo de força maior (n.º 5 do art. 5.º);
- Quando **o membro falecido seja o arrendatário da casa de morada da família**, o sobrevivo beneficia da proteção prevista no

artigo 1106.º do CC que dispõe que o arrendamento não caduca por morte do arrendatário quando lhe sobreviva pessoa que com ele tenha vivido em união de facto há mais de um ano (al. a) do n.º 1 do referido artigo), tendo o direito à transmissão do arrendamento (n.º 10 do art. 5.º);

- Contudo, **no caso de morte do arrendatário**, a sua posição transmite-se, em igualdade de circunstâncias, sucessivamente para o cônjuge sobrevivo ou pessoa que, com o falecido, vivesse em união de facto, para o parente ou afim mais próximo ou de entre estes para o mais velho ou para o mais velho de entre as restantes pessoas que com ele residissem em economia comum há mais de um ano (n.º 2 do art. 1106.º).

Em caso de rutura da união de facto, e quanto à casa de morada de família, dispõe o art. 4.º (que remete para os arts. 1105.º e 1793.º do CC, fazendo aplicar a sua disciplina às uniões de facto):

- O destino da casa de morada de família será decidido por **acordo dos membros**, podendo estes optar pela transmissão ou pela concentração a favor de um deles;
- **Na falta de acordo**, cabe ao Tribunal decidir, tendo em conta a necessidade de cada um, os interesses dos filhos e outros fatores relevantes;
- A transferência ou a concentração acordadas e homologadas pelo juiz ou pelo conservador do registo civil ou a decisão judicial a elas relativa são notificadas oficiosamente ao senhorio;
- O Tribunal pode dar de arrendamento a qualquer dos cônjuges, a seu pedido, a casa de morada da família, quer esta seja comum, quer própria do outro, considerando, nomeadamente, as necessidades de cada um dos cônjuges e o interesse dos filhos do casal (n.º 1 do art. 1793.º do CC). Mais consagra este preceito normativo que o arrendamento para habitação fica sujeito a esta disciplina legal, mas o tribunal pode definir as condições do contrato, depois de ouvir os cônjuges, e fazer caducar o arrendamento, a requerimento do senhorio, quando circunstâncias supervenientes o justifiquem (n.º 2 do mesmo artigo); e, quer por homologação do acordo dos cônjuges, quer por decisão do

tribunal, o regime pode ser alterado nos termos gerais da jurisdição voluntária (n.º 3).

No demais, as pessoas que vivem em união de facto podem:

- **Peticionar alimentos** aos herdeiros do membro decesso, em ação que corre termos nos tribunais cíveis;
- **Beneficiar do regime de férias, feriados, faltas, licenças e preferência na colocação**, se se tratar de funcionário da Administração Pública ou for um trabalhador subordinado, como se de um cônjuge se tratasse (als. b) e c) do art. 3.º);
- **Liquidar o IRS** de acordo com as mesmas regras estabelecidas para os sujeitos passivos casados e não separados de pessoas e bens (al. d) do art. 3.º);
- **Ter a proteção social na eventualidade de morte** do membro da união de facto, com acesso às respectivas prestações, de acordo com a legislação da Segurança Social (al. e) do art. 3.º *ex vi* do n.º 1 do art. 6.º); contudo, a entidade responsável pelo pagamento das prestações, quando tenha fundadas dúvidas sobre a exist~encia da união de facto, pode solicitar meios de prova complementares, designadamente declaração emitida pela Autoridade Tributária e Aduaneira ou pelo Instituto dos Registos e do Notariado, I. P., que ateste que à data da morte os membros da união de facto tinham domicílio fiscal comum há mais de dois anos (n.º 2 do art. 6.º) e, em caso de dúvidas, deve promover ação judicial com vista à sua comprovação de tal união de facto (n.º 3 do mesmo artigo);
- Aceder às **prestações por morte resultante de acidente de trabalho ou doença profissional**, por aplicação dos regimes jurídicos respetivos e da presente al. f) do art. 3.º (art. 6.º), à **pensão de preço de sangue** e por serviços excecionais e relevantes prestados ao País, por aplicação dos regimes jurídicos respetivos e da presente lei (al. g) do art. 3.º);
- **Adotar**, em condições análogas às previstas no artigo 1979.º do CC, sem prejuízo das disposições legais respeitantes à adoção por pessoas não casadas.

Nos termos do art. 8.º, **a união de facto dissolve-se quando ocorram as seguintes situações**:

> "*a) Com o falecimento de um dos membros; b) Por vontade de um dos membros; c) Com o casamento de um dos membros.*".

No caso previsto pela al. b), há que lançar mão da **declaração judicial desta dissolução**, quando um ou ambos os membros da união de facto pretendam fazer valer direitos que dependam desta declaração (art. 8.º). Tal declaração judicial de dissolução da união de facto deve ser proferida na ação mediante a qual o interessado pretende exercer direitos dependentes da dissolução da união de facto, ou em ação que siga o regime processual das ações de estado.

3.10.2. Economia comum e sua proteção jurídica

A Lei n.º 6/2001, de 11 de maio, consagrou um regime de proteção para as pessoas que vivem em economia comum há mais de dois anos, sem prejuízo da aplicação do regime aplicável à união de facto, atrás referido.

Entende-se por economia comum, de acordo com o seu art. 2.º "... *a situação de pessoas que vivam em comunhão de mesa e habitação há mais e dois anos e tenham estabelecido uma vivência em comum de entreajuda ou partilha de recursos.*".

Para tanto, é **imperativo** que:

- **Um dos membros do agregado seja maior**;
- **As pessoas que vivem na mesma residência não se encontrem vinculadas por contratos de sublocação e hospedagem**;
- A convivência não seja determinada por condicionalismos relacionados com a prestação de uma atividade laboral (exemplo de uma empregada doméstica que vive na casa de seus patrões);
- Não se trate de uma convivência para a prossecução de finalidades transitórias;
- **Nenhuma das pessoas seja coagida, física ou psicologicamente, a viver com outra ou se encontre submetida a um estado que viola o seu direito individual de autodeterminação**.

Deste modo, a lei demarca a situação de economia comum da situação de união de facto – na qual, as pessoas estabelecem uma comunhão de leito e uma convivência sexual – bem como de situações aparentemente similares, mas que nada têm a ver com um interesse comum numa convivência baseada na comunhão de mesa e habitação e para a qual cooperam com os respetivos recursos pessoais e financeiros.

A proteção conferida pela lei a estas situações traduz-se num **conjunto de direitos** que passamos a referir:

- **Quanto à casa de morada de família, no caso de morte da pessoa proprietária da casa de morada comum**, as demais pessoas que com ela tenham vivido em economia comum há mais de dois anos poderão viver na casa pelo prazo de cinco anos e terão o direito de preferência na sua venda (n.º 1 do art. 5.º);
- **Este direito não se aplica** se à pessoa falecida sobreviverem descendentes (filhos e/ou netos) ou ascendentes (pais e avós), que vivessem também com ela, pelo menos há um ano, e desejem continuar a habitar na casa ou, ainda, se o falecido tiver deixado disposição testamentária em contrário;
- **Se a casa de morada for arrendada e o titular do contrato tiver falecido,** aquele ou aqueles que tiverem vivido em economia comum há mais de dois anos terão direito à transmissão do arrendamento (al. f) do n.º 1 do art. 85.º do Regime do Arrendamento Urbano *ex vi* do art. 6.º);
- Às **férias, feriados e faltas,** por força de contrato de trabalho, aplicar-se-á o regime equiparado ao dos cônjuges (al. b) do n.º 1 do art. 4.º);

4. O Fenómeno Sucessório

4.1. Noção

O Livro V do nosso CC contém as disposições normativas que regulam o chamamento dos herdeiros de uma pessoa falecida ou do *de cujus*, como é usual designar o autor da sucessão, em terminologia técnico-jurídica.

Muito em síntese, trataremos, neste manual, das noções e conceitos mais elementares respeitantes ao fenómeno sucessório – que é aquele que se abre com a morte de alguém – e, face à lei sucessória entre nós vigente, ver quais são os títulos de vocação sucessória, que é o mesmo que dizer os factos que determinam quais os herdeiros que serão chamados a suceder na titularidade das relações patrimoniais da pessoa falecida.

O fenómeno sucessório pressupõe, muito genericamente, a **substituição de uma ou mais pessoas por uma outra que, entretanto, faleceu,** tornando-se necessário que se promova a transmissão do seu património, direitos e obrigações aos sucessores.

4.2. Modalidades da sucessão

Estabelece o art. 2026.º do CC que a sucessão pode ser:

- Deferida por **lei (sucessão legal);**
- Determinada pela existência de um **testamento ou contrato (sucessão voluntária)**.

4.2.1. Sucessão legal

Esta sucessão é determinada pela lei, e pode ainda assumir duas modalidades:

- A sucessão **legítima** – cujas regras são aplicadas quando alguém morre sem dispor de sua última vontade, sem deixar testamento válido e eficaz (alguém que morreu *ab intestato*);

- A sucessão **legitimária**, cujo regime legal é imperativo, isto é, não pode ser afastado pela vontade do autor da sucessão.

4.2.1.1. Sucessão legítima

Relativamente à primeira modalidade, dispõem os arts. 2131.º e ss do CC, que são de natureza supletiva, em relação à hierarquia pela qual são chamados os herdeiros, estabelecendo as chamadas classes de sucessíveis, as pessoas que, no silêncio da pessoa falecida, são chamadas a suceder-lhe:

- O **cônjuge e descendentes** – dividindo-se a herança por cabeça, ou seja, em partes iguais, a não ser que os descendentes sejam em número superior a 4, caso em que o **quinhão do (a) viúvo (a) não poderá ser inferior a uma quarta parte** da herança;
- O **cônjuge e ascendentes** – nesta classe, duas terças partes cabem ao viúvo (a) e uma terça parte caberá aos ascendentes. Não existindo cônjuge sobrevivo, os ascendentes são chamados à totalidade da herança, e, na falta de ascendentes, o cônjuge será o herdeiro universal.

Por mera cautela, entendemos por bem ressalvar o que dispõe o n.º 3 do art. 1785.º do CC quando estabelece que:

> *"O direito ao divórcio não se transmite por morte, mas a ação pode ser continuada pelos herdeiros do autor para efeitos patrimoniais, se o autor falecer na pendência da causa; para os mesmos efeitos, pode a ação prosseguir contra os herdeiros do réu.".*

Com este preceito, pretende-se **evitar que, estando pendente uma ação de divórcio e um dos cônjuges faleça, seja o outro chamado à herança**; neste caso, os herdeiros do autor da herança podem continuar a ação, por incidente processual, tendo por objetivo afastar o cônjuge, em processo de divórcio, da sucessão entretanto aberta pela morte do outro (n.º 3 do art. 1785.º *ex vi* do n.º 3 do art. 2133.º).

- O s **irmãos e seus descendentes** – quando um ou todos os irmãos tenham falecido previamente ao autor da sucessão, serão chamados

os respetivos descendentes (os filhos destes e sobrinhos do autor da sucessão), em representação daqueles; quando se trate de **irmãos germanos** (filhos do mesmo pai e mãe), **consanguíneos** (filhos do mesmo pai) ou **uterinos** (filhos da mesma mãe), o **quinhão de um irmão germano**, ou daqueles que os representem, é igual ao dobro de cada um dos outros;
- **Outros colaterais até ao quarto grau** – não existindo herdeiros que preencham as classes anteriores, são chamados os restantes parentes colaterais até ao quarto grau, sendo que preferem aqueles de grau mais próximo;
- **Estado** – é chamado a suceder quando o autor da herança não tenha parentes vivos até ao quarto grau e tenha falecido sem deixar testamento, pelo qual disponha dos seus bens a favor de quem bem lhe aprouver.

Não são apenas as relações patrimoniais que carecem de ser tituladas por quem sucede a alguém que falece. Não obstante a personalidade jurídica cessar com a morte do indivíduo, podemos afirmar que a lei confere uma tutela especial a direitos de natureza não patrimonial que se transmitem por morte, como é o caso dos **direitos de personalidade de pessoas já falecidas.**

Assim, e em nome da defesa destes direitos que continuam como que projetados para além da morte do seu titular, o nosso Direito reconhece legitimidade ao cônjuge sobrevivo, a qualquer descendente, ascendente, irmão, sobrinho ou herdeiro do falecido para requerer as providências tidas como necessárias para salvaguardar e proteger o **bom nome e a reputação** do *de cujus*, bem como os **direitos de autor** relativos a obras literárias, científicas e outros direitos conexionados com a propriedade intelectual, salvo se tiverem caído no domínio público.

4.2.1.2. Sucessão legitimária

Esta modalidade pressupõe um conjunto de regras imperativas, que não podem ser afastadas pela vontade do autor da herança, a não ser que haja fundada razão para deserdar herdeiros, de acordo com os casos taxativamente previstos no art. 2166.º do CC e que são:

"a) Ter sido o sucessível condenado por algum crime doloso cometido contra a pessoa, bens ou honra do autor da sucessão, ou do seu cônjuge, ou algum descendente, ascendente, adotante ou adotado, desde que ao crime corresponda pena superior a seis meses de prisão;

b) Ter sido o sucessível condenado por denúncia caluniosa ou falso testemunho contra as mesmas pessoas;

c) Ter o sucessível, sem justa causa, recusado ao autor da sucessão ou ao seu cônjuge os devidos alimentos."

Na sucessão legitimária o *de cujus* não pode afastar determinadas categorias de sucessíveis, que a lei protege tendo em apreço a proximidade, a vida em comum, os laços de sangue.

São herdeiros legitimários **o cônjuge, os descendentes e os ascendentes.** Em relação a estes, e quando o autor da herança pretenda desfavorecê-los, por motivos de ordem vária, mormente de natureza pessoal, só poderá alcançar este objetivo desde que disponha a favor de quem entenda, da denominada **quota disponível.**

Aos restantes bens que integram o acervo da herança, e que compõe a chamada **legítima** daqueles herdeiros, dispõem os arts. 2156.° e ss do CC que:

- A legítima do **cônjuge**, quando este não concorre com descendentes nem ascendentes, é de metade da herança;
- A legítima do **cônjuge e dos filhos**, quando concorrem na herança, é de dois terços desta;
- Não existindo cônjuge sobrevivo, a legítima dos **filhos** é de metade ou de dois terços da herança, consoante haja um ou dois ou mais filhos;
- Os **descendentes do segundo grau** (netos) e seguintes têm direito à legítima que caberia ao seu ascendente, e, a cada um deles, caberá a parte calculada nos mesmos termos da sucessão legítima;
- A legítima do **cônjuge e dos ascendentes**, em caso de concurso, é de dois terços da herança;
- S e o autor da sucessão não deixar descendentes nem cônjuge sobrevivo, a legítima dos **ascendentes** é de metade ou de um terço da

herança, conforme forem chamados os pais ou os ascendentes do segundo grau e seguintes.

4.2.1.2.1. Renúncia à condição de herdeiro legitimário

A Lei n.º 48/2018, de 14 de agosto disciplina esta matéria. Com efeito admite-se agora que os **cônjuges casados no regime comvencional ou imperativo da separação de bens** possam renunciar reciprocamente à condição de herdeiros legitimários um do outro (nos termos do art. 1700.º do CC).

Tal renúncia pode ser condicionada à existência, ou não, de herdeiros sobrevivos que integrem qualquer classe de sucessíveis, bem como de outras pessoas, e a lei não exige que tal condição seja recíproca, podendo valer para um deles (art. 1707.º, n.º 1, alínea a) CC). Refira-se que **esta renúncia não afeta o direito a alimentos do cônjuge sobrevivo, nem as prestações sociais por morte, e, bem assim, o direito a permanecer na casa de morada de família** em que vivia, propriedade do cônjuge falecido, podendo nela permanecer ao abrigo de um direito real de habitação e de um direito de uso do seu recheio, **pelo prazo de 5 anos** (n.º 3 do mesmo preceito normativo), **prazo que pode ser prorrogado judicialmente** no caso de o cônjuge sobrevivo revelar uma especial carência, por qualquer causa.

Tais direitos não serão, todavia, reconhecidos se o cônjuge sobrevivo tiver casa própria no concelho da casa de morada de família e, tratando-se do Porto ou Lisboa, nos concelhos limítrofes. Em caso contrário, ser-lhe-á reconhecido o direito a continuar a residir na casa de morada de família do casal dissolvido pela morte, podendo continuar na **qualidade de arrendatário, uma vez esgotado o prazo legalmente estabelecido para o exercício daquele direito** (n.º 7 do mesmo artigo).

4.2.2. Sucessão voluntária

A sucessão voluntária é determinada pelo autor da herança, por contrato ou por testamento. Como já se referiu, quem faz o seu testamento, que é um ato de disposição de última vontade, não pode ferir as legítimas consagradas pela lei, uma vez que repugna ao nosso sistema vigente afastar ou desproteger todos os que estiveram unidos ao *de cujus* por laços de parentesco ou pelo vínculo do casamento.

4.2.2.1. Sucessão contratual

A sucessão voluntária baseada em contrato só excecionalmente é admitida.

De facto, estes contratos sucessórios são permitidos nos termos do art. 2028.° do CC que remete apenas para os casos contemplados pela lei (n.° 2 do art. 2028.°), sendo nulos todos os demais. Integra-se neste caso uma **doação para casamento** que haja de produzir os seus efeitos por morte do doador, e que é havida como pacto sucessório (n.° 2 do art. 1755.° do CC), estando assim sujeita ao disposto nos artigos 1701.° a 1703.° do CC.

De acordo com o n.° 1 do art. 2028.° há «*sucessão contratual quando, por contrato, alguém renuncia à sucessão de pessoa viva, ou dispõe da sua própria sucessão ou da sucessão de terceiro ainda não aberta*».

4.2.2.2. Sucessão testamentária (testamento público e testamento cerrado)

A **sucessão testamentária** é regulada nos artigos 2179.° a 2334.° do CC.

De acordo com o n.° 1 do art. 2179.°, **testamento** é «*o ato unilateral e revogável pelo qual uma pessoa dispõe, para depois da morte, de todos os seus bens ou de parte deles*».

Trata-se de um **ato pessoal, insuscetível de ser feito por meio de representante ou de ficar dependente do arbítrio de outrem** (n.° 1 do art. 2182.°)

As duas formas **comuns** do testamento são o **testamento público** e o **testamento cerrado** (art. 2204.°). Para além destas, o CC prevê ainda **formas especiais** (art. 2210 a 2223.°), como é o caso do **testamento feito por militares e pessoas equiparadas** em determinadas situações (art. 2210.°), do **testamento feito a bordo de navio** (art. 2214.°) ou de **testamento feito a bordo de aeronave** (art. 2219.°) ou ainda do que for feito em caso de **calamidade pública** (art. 2220.°).

O **testamento público** é escrito por notário no seu livro de notas (art. 2205.°), na presença do testador que deve identificar.

O **testamento cerrado** é **escrito e assinado** pelo testador ou por outra pessoa a seu rogo (neste último caso só quando o testador não saiba ou não possa assinar), ou **escrito por outra pessoa a rogo do testador e por este assinado** (art. 2206.º). Porém, ainda que não saiba ou não possa assinar, **o testador deve saber e poder ler** sob pena de ser inábil para dispor em testamento cerrado (art. 2208.º). Uma vez escrito e assinado o **testamento cerrado deve ser aprovado por notário**, nos termos da lei do notariado (n.º 4 do art. 2206.º), sob pena da sua nulidade.

A Portaria n.º 182/2017, de 31 de maio, veio regular o **pedido online de certidão sobre a existência de testamentos públicos**, instrumentos de aprovação, de depósito e abertura de testamentos cerrados e internacionais, escrituras de revogação de testamentos e de renúncia ou repúdio de herança ou legado, registados na Conservatória dos Registos Centrais, tornando mais ágil saber se alguém falecido fez ou não testamento.

Quer o testamento público, quer o testamento cerrado produzem os seus efeitos apenas após a morte do testador, **podendo ser livremente revogados por este**, tendo-se como **não escrita** qualquer cláusula do testamento que contrarie a faculdade de revogação (art. 2311.º).

Com estas formas de testamento, que integram a sucessão testamentária, **não se confunde o designado testamento vital**, criado no âmbito da Lei n.º 25/2012, de 16 de julho, alterada pela Lei n.º 49/2018, de 14 de agosto, que veio regular as diretivas antecipadas de vontade em matéria de cuidados de saúde, designadamente sob a forma de testamento vital, e a nomeação de procurador de cuidados de saúde e que criou o Registo Nacional do Testamento Vital, regulamentado pela Portaria n.º 96/2014, de 5 de maio, alterada pela Portaria n.º 141/2018, de 18 de maio.

4.3. Procedimentos simplificados de sucessão hereditária

O **Dec.-Lei n.º 324/2007**, de 28 de setembro, procedeu à simplificação e desburocratização de formalidades nas áreas do registo civil e de atos notariais. Na sua esteira, a **Portaria n.º 1594/2007**, de 17 de dezembro, regulamentou os procedimentos simplificados de sucessão hereditária, em conjugação com os arts. 210.º-A a 210.º-R do CRC (preceitos que foram aditados pelo art. 2.º do citado Dec.-Lei, com as alterações que lhe foram dadas pelo Dec.-Lei n.º 247-B/2008, de 30 de dezembro). Por força destes procedimentos, pode promover-se, **em qualquer Conservatória do Registo Civil,** junto do Conservador ou de funcionário competente, os atos de titulação, registo e garantia do cumprimento de obrigações fiscais respeitantes à sucessão hereditária (art. 210.º-A).

Estes atos ou procedimentos simplificados podem compreender:

- **Habilitação de herdeiros, partilha e registos**;
- **Habilitação de herdeiros com ou sem registos**;
- **Partilha e registos**.

Só o cabeça de casal, ou o seu representante legal ou mandatário, tem legitimidade para promover os procedimentos simplificados de sucessão hereditária, nos termos do art. 210.º-B, e, para este efeito, dispõe de um **prazo até ao final do 3.º mês seguinte ao da morte do autor da sucessão, sob pena de pagamento de coimas à administração fiscal, em virtude de comunicação oficiosa obrigatória do Conservador** (art. 210.º-C).

O Conservador ou funcionário competente atenderá previamente o requerente e, pela ordem sequencial indicada no art. 1.º da referida Portaria, **deverá analisar o pedido, os documentos apresentados pelo requerente e promover as diligências de instrução** que devam ser feitas oficiosamente, nos termos do art. 210.º-E do CRC, ou seja, mediante consulta da base de dados, terá de verificar:

- O **óbito** do autor da sucessão;
- A **qualidade de herdeiro**;
- A **identidade, a capacidade e os poderes de representação de todos os interessados** para os atos;
- A **titularidade dos bens**, bem como a situação matricial dos imóveis.

Os documentos que servem para instruir os procedimentos são arquivados, preferencialmente em suporte eletrónico. São designados dia e hora para a realização do procedimento, o qual deverá ser feito **no mesmo dia**, em **atendimento presencial único;** para efeito do registo dos bens, o procedimento tem **natureza urgente**, e todos os atos praticados no seu âmbito sê-lo-ão através de **meios eletrónicos**. Por vontade dos interessados esta marcação pode ser feita para uma data posterior a sete dias úteis em relação à data do pedido e pode ser alterada, se os documentos tiverem sido apresentados com menos de cinco dias úteis antes da diligência.

O cabeça de casal poderá remeter os **documentos por via eletrónica ou telecópia**; contudo, deverá exibir os **originais** no momento da realização do próprio procedimento simplificado de sucessão hereditária.

4.3.1. Procedimento de habilitação de herdeiros, partilha e registos

4.3.1.1. Habilitação de herdeiros e de legatários

A habilitação de herdeiros tem por objeto a declaração, prestada pelo cabeça de casal ou por três pessoas, que o Conservador ou o oficial de registos considerem dignas de crédito, de que os habilitandos são herdeiros do falecido e de que não existe quem lhes prefira ou com eles concorra na sucessão (art. 210.º-O do CRC).

Exceção feita ao cabeça de casal (que pode ser o cônjuge sobrevivo, o filho mais velho, entre outras pessoas que a lei substantiva indica e que são herdeiros do autor da sucessão), **não serão aceites, como declarantes**, as pessoas que possam ter algum interesse material no ato, como acontece com alguém que é herdeiro designado em testamento, ou parente sucessível do habilitando; também **não poderão ser declarantes** o marido e sua mulher, no mesmo ato da habilitação. Esta habilitação produz os mesmos efeitos legais que as outras formas de habilitação de herdeiros, celebradas, designadamente, por escritura notarial.

O mesmo se diga em relação à **habilitação de legatários** (legatário é todo aquele que, por deixa testamentária, será encabeçado em bens ou valores determinados do *de cujus*, v.g. uma joia, uma fração autónoma – art. 2030.º do CC), quando estes forem indeterminados ou instituídos genericamente ou quando a herança for toda distribuída em legados, e às diligências subsequentes de instrução do processo de liquidação do imposto do selo e de registo dos bens legados.

Se algum herdeiro preterido impugnar judicialmente a habilitação de herdeiros, deve comunicar, de imediato, a qualquer Conservatória do Registo Civil, que pende este processo, de modo a efetuar-se o respetivo averbamento.

Dispõe o n.º 1 do art. 210.º-F do CRC, que o procedimento e sua **tramitação** obedecerá aos seguintes passos:

> *"a)* ***Elaboração dos documentos****, de acordo com a vontade dos interessados, que titulam a habilitação de herdeiros e a partilha, seguida da* ***leitura e explicação do respetivo conteúdo****;*
>
> *b)* ***Menção da habilitação de herdeiros no assento de óbito do falecido****;*
>
> *c) Apresentação da participação a que se refere o artigo 26.º do Código do Imposto do Selo, bem como da respetiva* ***relação de bens****, nos termos declarados pelo contribuinte;*
>
> *d) Promoção da liquidação e do pagamento dos* ***impostos relativos à partilha****, nos termos declarados pelo contribuinte;*
>
> *e)* ***Cobrança dos emolumentos*** *e de outros encargos que se mostrem devidos;*
>
> *f)* ***Registo obrigatório e imediato da transmissão dos bens imóveis, ou móveis ou participações sociais sujeitos a registo partilhados****;*
>
> *g)* ***Entrega de certidão gratuita*** *dos documentos previstos na alínea a) e dos registos efetuados, bem como dos comprovativos de pagamento das obrigações tributárias, dos emolumentos e dos demais encargos;*

De acordo com o n.º 2 do referido preceito, "*A leitura dos documentos previstos na alínea a) do número anterior pode ser dispensada a pedido dos interessados.*" (negritado nosso)

4.3.2. Procedimento de habilitação de herdeiros com ou sem registos

Em relação a este procedimento simplificado, dispõe o art. 210.º-G do Código suprarreferido que:

> *"1 – O procedimento de habilitação de herdeiros e registos só é realizado* ***quando os interessados não pretendem proceder imediatamente à partilha****, nos termos do artigo anterior.*

2 – No âmbito do procedimento de habilitação de herdeiros e registos, o serviço de registo procede aos atos referidos no n.º 1 do artigo anterior, com as necessárias adaptações". (negritado nosso)

4.3.3. Procedimento de partilha e registos

Quando já tenha sido lavrada a habilitação de herdeiros, e os interessados pretendam apenas promover a partilha e o competente registo, adotar-se-á a tramitação prevista no n.º 1 do art. 210.º-F, com as necessárias adaptações, com exceção dos previstos nas alíneas *b*) e *c*).

Nestes procedimentos, prevê a lei, no art. 210.º-F, que a pedido dos interessados e de acordo com as suas declarações o funcionário possa, ainda, praticar os atos que seguem:

- **Solicitar a alteração da morada fiscal dos herdeiros**;
- **Requerer a isenção do IMI** – imposto municipal sobre imóveis, relativo a habitação própria e permanente;
- **Requerer a inscrição ou a atualização de prédios urbanos na matriz**.

Neste último caso, os interessados não terão de anexar as **plantas de arquitetura das construções** correspondentes às telas finais aprovadas pela Câmara Municipal; será o próprio IRN, I. P., que contactará a competente Câmara Municipal para que esta lhe disponibilize as respetivas plantas, preferencialmente por via eletrónica; se as plantas não se encontrarem aí depositadas ou não forem disponibilizadas à administração fiscal no prazo de 60 dias, esta deve contactar o interessado para que este as apresente, nos termos gerais.

Nos termos do art. 210.º-R do citado Código, a partilha realizada no âmbito dos procedimentos simplificados de sucessão hereditária produz os **mesmos efeitos legais das outras formas de partilha.**

4.3.4. Indeferimento do procedimento simplificado de sucessão hereditária

Haverá lugar a indeferimento quando não se verifique algum dos pressupostos ou formalidades exigidas pela lei; quando haja violação de disposições legais imperativas; quando ocorra qualquer facto que possa afetar a formação e a exteriorização da vontade dos intervenientes nos atos; quando se registe omissões, vícios ou deficiências nos documentos apresentados e tal facto obste à celebração dos atos; quando exista motivo de recusa dos registos; quando não tenha havido liquidação dos impostos e de encargos tributários e cobrança de outros encargos devidos. **Apesar da anulabilidade ou ineficácia dos atos, os procedimentos podem prosseguir**, desde que os interessados manifestem, expressamente, que assim o desejam, podendo efetuar-se o **registo provisório destes atos.**

Havendo indeferimento é lavrado **despacho** e entregue cópia do mesmo aos interessados, os quais se consideram notificados para efeitos de **impugnação hierárquica ou contenciosa.**

4.3.5. Considerações finais

Como se disse, estes procedimentos visam simplificar o processo de partilha da herança de pessoa falecida, pelos seus herdeiros legítimos, legitimários ou voluntários (aqueles que foram designados em testamento), fazendo-os tramitar numa Conservatória do Registo Civil e possibilitando que os atos sejam realizados por um funcionário. Tais medidas legislativas, pese embora a "boa intenção" que lhes subjaz, podem encontrar, na prática social, múltiplos constrangimentos, a não ser que **exista acordo** entre as pessoas que sucedem ao *de cujus*, nas suas relações patrimoniais, **caso em que a partilha poderá ser feita através de escritura pública** ou por via dos procedimentos simplificados.

Diz-nos a experiência que um processo que visa colocar fim à comunhão hereditária, na maioria das situações, é pautado por desacordos profundos e clivagens entre os sucessores. **Quando não existe consenso entre os herdeiros**, o processo tende a ser complexo e a arrastar-se. Antes da entrada em vigor do designado Regime Jurídico do Inventário, inexistindo acordo, surgia o **processo judicial de inventário**, com etapas conducentes à divisão dos bens do património do inventariado por todos os interessados na partilha. Frequentemente, o processo de inventário convertia-se num pólo de conflitualidade, em que os vários interessados se opunham e suscitava **questões prejudiciais** que deviam ser apreciadas fora do natural caminho do processo de inventário, determinando a sua remessa para os denominados **meios comuns**. Deste modo, acabava por ser inquinado por incidentes que determinavam a **suspensão da instância** do próprio inventário, com os inelutáveis atrasos e o notório prejuízo dos direitos dos interessados, dado que o cabeça de casal poderia sonegar bens à herança, aliená-los na pendência da ação, entre outras situações que consubstanciam a má-fé de quem, sobrevivendo ao autor da herança, nada mais pretende do que cercear os direitos de herdeiros ou, até, locupletar-se à custa de um ou alguns deles.

PARTE VII

—

A GARANTIA DA RELAÇÃO JURÍDICA

—

1. A Administração do Direito

1.1. Considerações prévias

A administração do Direito é uma tarefa que tem vários objetivos. Como se disse, um dos fins essenciais das normas jurídicas, e do ordenamento normativo de um Estado, é garantir a coexistência pacífica dos cidadãos, entre si, e entre estes e os entes públicos, prevenindo, compondo e dirimindo os conflitos de interesses declarados, de modo a preservar-se o clima de paz social que deve presidir a uma sociedade. Daí que na norma se contenha a permissão ou proibição de uma determinada conduta, o que permitirá que cada um possa conformar a ação humana a essa mesma previsão e cominação prevista na lei.

Os sistemas jurídicos modernos postergaram qualquer modalidade de justiça privada, por se entender que a administração e a aplicação da lei caberá a entidades independentes, isentas e imparciais, consequentemente aptas a perseguir, julgar e, eventualmente, punir o ato delituoso ou lesivo de interesses de outrem, sem a "paixão", a ira e a raiva próprias de quem, tendo sido ofendido, "faz justiça por mãos próprias".

A marcha lenta da História dos povos, com a influência que foi sendo exercida pelos movimentos religiosos, em muito contribuiu para que as sociedades evoluíssem da justiça privada para o sistema de justiça pública, ou seja, aquela que é desenvolvida por Tribunais, e outras entidades às quais a lei de um Estado reconhece competências para a composição extrajudicial de conflitos, desde que estes não versem direitos indisponíveis[108], como, entre nós, os Julgados de Paz. Trata-se, portanto, de uma **tutela pública** dos direitos.

---

[108] O direito à vida é um direito indisponível, como muitos que integram a esfera dos direitos de personalidade, protegidos pela Lei. Assim, não é possível celebrar negócio para se dispor

Registe-se, ainda, que aos indivíduos, empresas e organizações é permitido, atenta a natureza da questão, isto é, quando não se trate de direitos indisponíveis ou por lei acometidos a tribunal judicial, recorrer a instituições autorizadas a realizar arbitragens voluntárias[109] (tribunais arbitrais), que podem promover a composição de litígios entre as partes, sem que, para tal, se torne necessário recorrer ao Tribunal, podendo as partes interessadas renunciar, ou não, ao direito de interpor recurso das decisões arbitrais, para um Tribunal Judicial.

Para além destas modalidades de administração do Direito, admite-se, ainda, excecionalmente, que os cidadãos possam socorrer-se dos seus próprios meios para defender a vida, o património ou os seus interesses legítimos, bem como os de terceiros, quando não disponham de tempo útil para recorrer aos meios coercitivos normais, como as Polícias e outras autoridades, e os Tribunais. é nisto que consiste a **tutela privada** dos direitos, que será analisada mais adiante.

1.2. Tutela preventiva e tutela repressiva

Os direitos (subjetivos) que são reconhecidos pelo Direito (objetivo) aos indivíduos e outros entes, porque são suscetíveis de ser violados, reclamam a tutela do Estado, que se traduz na intervenção de órgãos competentes, com vista à produção de resultados que, para efeitos desta distinção entre tutela preventiva e repressiva, visam:

- **Dissuadir, impedir ou dificultar** a prática de atividades delituosas e infratoras da lei ou as condutas que provoquem danos de terceiros – neste plano, fala-se de tutela preventiva, já que as medidas de tutela são acionadas "*ex ante*", anteriormente às eventuais infrações;
- **Punir** os agentes que tenham praticado atos violadores da lei ou lesivos de terceiros – neste domínio, estamos perante a tutela repressiva,

acerca da vida. O mesmo se pode dizer sobre o poder paternal.

[109] Na arbitragem, as partes conflituantes acordam em recorrer a um técnico (árbitro especializado na questão que as divide) para, sem acederem ao Tribunal, resolver o problema de forma célere e adequada às suas vontades.

porquanto esta se caracteriza por medidas que funcionam "*a posteriori*" da prática delituosa, através de sanções.

1.2.1. Tutela preventiva

No plano da prevenção, podemos falar, ainda, de dois planos de intervenção, a saber:

- Prevenção geral
- Prevenção especial

Esta diferenciação é muito nítida no Direito Penal e no Direito Processual Penal, sendo que o primeiro é um ramo do Direito Estadual que tipifica as condutas humanas consideradas como crime e tipifica as sanções que lhe são aplicáveis e o segundo disciplina a tramitação do processo, desde a investigação criminal até à sentença condenatória e a aplicação da pena, dentro dos limites contidos na "moldura penal", tendo em conta as circunstâncias atenuantes e agravantes da conduta, o facto de o agente ser, primário ou reincidente, e a sua cooperação no processo, nomeadamente por ter evidenciado arrependimento ou ter confessado.

Qualquer norma de Direito Penal, ao enunciar a sanção prevista para aquele tipo de crime (a cominação), pretende atingir os seus efeitos ao nível da **prevenção geral**, ou seja, visa **dissuadir todos os membros de uma comunidade** da prática delituosa ou criminosa, pelo receio da cominação. Quando se aplica uma pena ao **infrator**, designadamente uma pena de prisão efetiva, visa-se já a **prevenção especial**; isto porque, na fase de execução da pena, espera-se que o recluso reflita sobre o crime que cometeu e se desvie da prática futura do mesmo tipo de crime (reincidência) ou de crimes de diferente natureza.

1.2.2. Tutela repressiva

Neste tipo de tutela há já lugar à aplicação de sanções ao agente violador ou infrator. Vimos, a propósito da coercibilidade da norma, que há uma gama vasta de sanções que revestem uma diferente natureza. De resto, classificámos as sanções previstas pelo nosso ordenamento jurídico em diversas categorias, com destaque para as sanções penais, contraordenacionais, civis, restitutivas, compulsórias e disciplinares.

Vimos, ainda, que cada uma delas pode representar efeitos distintos para o infrator, quer no plano do foro íntimo, quer no plano exterior, o da sua integração na comunidade a que pertence; mas, do vasto elenco, algumas delas, pelas repercussões que acarretam para a liberdade das pessoas e o seu património, apresentam grande relevância.

Daí que, quando se fala em tutela pública de direitos, relevam as seguintes sanções:

- Penais ou criminais
- Restitutivas (ou satisfativas)

Estas sanções foram já detalhadamente caracterizadas, pelo que aqui nos quedaremos por reiterar que funcionam como "castigos" ou sacrifícios impostos ao agente infrator, que, quando punido com pena privativa da liberdade, sofre as consequências psíquicas e físicas da violação da norma.

As sanções penais visam ainda, para além da prevenção geral e especial a que se aludiu, afastar o agente violador e **proteger a sociedade do perigo** que ele representa para os interesses legítimos do grupo.

Com efeito, se refletirmos sobre o que é o mundo prisional, verificamos que mais não é do que um sistema organizado *"intramuros"* que visa afastar o delinquente da sociedade que ele ofendeu e isolá-lo, sem prejuízo dos fins da **ressocialização** do infrator – fins que foram claramente perfilhados pela filosofia penal e penitenciária Portuguesas e que presidem, quer à legislação penal, quer à organização penitenciária e à execução da pena.

Não obstante as reformas que têm sido introduzidas nos estabelecimentos prisionais, os estudos desenvolvidos concluem que estes se organizam, também eles, como uma *contrassociedade* ou um sub-mundo, onde se movem interesses e se instalam conflitos e que pode ser uma "escola" onde os delinquentes prim ários ou que praticaram delitos menos graves convivem com outro tipo de delinquência o que lhes permite aprender procedimentos e técnicas que poderão levá-los a reincidir no futuro ou a passar de uma criminalidade menos grave para outra mais gravosa (*v.g.* do furto de esticão para a prática do homicídio).

1.3. Tutela pública

As sanções são aplicadas por órgãos estaduais competentes para apreciar e regular os conflitos, bem como para julgar e punir os cidadãos infratores. Nisto consiste a tutela pública, no facto de se acometer ao Estado a função de fazer cumprir as leis através da força, que decorre da coactividade da norma jurídica, no exercício de um monopólio que pertence ao aparelho judicial do Estado (os Tribunais, coadjuvados pelas várias Polícias, mormente as que promovem a investigação, nos termos do n.º 3 do art. 202.º da CRP).

Reiterando o que se disse, nos Estados de Direito baniu-se a justiça privada, exercida pelos particulares ofendidos ou suas famílias e há muito se postergou a Lei de Talião, pela qual a justiça implicava a regra do "olho por olho e dente por dente".

Com a separação dos poderes do estado, princípio que integrou o ideário da Revolução Francesa de 1789, não se admite agora que a justiça seja administrada por um soberano (caso do monarca absoluto, que concentra em si todos os poderes) nem formas de justiça popular, exercida por grupo de indivíduos, sem que ao réu seja facultada a defesa em processo próprio, com a averiguação da sua culpa concreta.

Assim, a administração da Justiça compete hoje aos **Tribunais** que representam a função judicial de um Estado e são órgãos de soberania, independentes do poder legislativo e executivo, de acordo com a divisão tripartida de poderes que triunfou com a Revolução Francesa e informou a estrutura dos Estados modernos. é a CRP que, no seu art. 9.º, estabelece, como *Tarefas fundamentais do Estado*", entre outras:

> *"Garantir os direitos e liberdades fundamentais e o respeito pelos princípios do estado de direito democrático;" (al. b);*

E, no n.º 1 do art. 110.º refere que "*São órgãos de soberania o Presidente da República, a Assembleia da República, o Governo e os Tribunais*", com expressa referência que "*Os órgãos de soberania devem observar a separação e a interdependência estabelecidas na Constituição*" (n.º 1 do art. 111.º).

Ainda a propósito dos Tribunais, o art. 203.º da CRP consagra que ***"Os tribunais são independentes e apenas estão sujeitos à lei"***.

Estabelece, também, o Código de Processo Civil CPC, no seu art. 1.º:

> ***"A ninguém é lícito o recurso à força com o fim de realizar ou assegurar o próprio direito, salvo nos casos e dentro dos limites declarados na lei."***

Nesta formulação encontramos a **exceção ao princípio da tutela pública**; quando se verifique alguma das situações que caibam na previsão do art. 1.º do Código de Processo Civil, será permitida a tutela privada de direitos. É comum distinguir a tutela pública dos direitos em duas modalidades convencionais, a saber:

- **Tutela Judicial** – desenvolvida pelos Tribunais;
- **Tutela Administrativa** – assegurada pela Administração Pública.

1.3.1. A tutela judicial

É no Título V da CRP que se consagram as normas relativas à composição e atribuições dos Tribunais, especialmente no n.º 1 do art. 202.º que estabelece que *"Os Tribunais são os órgãos de soberania com competência para administrar a justiça em nome do povo."*

O próprio Estado, quando seja parte interessada numa causa, tem de recorrer aos Tribunais para defender os seus interesses (como acontece com o chamado **contencioso administrativo**, em processos em que o Estado e os entes públicos menores são demandados pelos cidadãos e pessoas coletivas que requerem **a apreciação e anulação dos atos praticados pelos agentes da Administração Pública,** no exercício das suas funções e na esfera das suas competências). Quando, no n.º 2 do citado art. 202.º da CRP se prevê que os tribunais devem assegurar a defesa dos direitos dos cidadãos (...) e dirimir os conflitos de interesses públicos e privados, contempla-se, expressamente, que, como órgão de soberania, também é ao Tribunal que o Estado deverá recorrer, para demandar ou fazer-se representar, para ser demandado.

E, para perseguir e obter a condenação de um arguido, **é ao tribunal que compete investigar e reunir elementos de prova,** relativos à prática de um crime e que permitam pronunciar um arguido e levá-lo a julgamento, sempre com respeito pelas normas do processo penal, desde logo na fase do inquérito e da investigação.

Estabelecem os arts. 209.º e ss da CRP categorias de Tribunais, a saber:

- **Tribunal Constitucional**;
- **Supremo Tribunal de Justiça** (STJ) e os **Tribunais Judiciais de primeira e segunda instância** – sendo que o STJ é o órgão superior da hierarquia dos tribunais judiciais, que são os "*tribunais comuns em matéria cível e criminal e exercem jurisdição em todas as áreas não atribuídas a outras ordens jurídicas*" (n.º 1 do art. 211.º da CRP);
- **Supremo Tribunal Administrativo** – que é o órgão superior da hierarquia dos tribunais administrativos e fiscais;
- **Tribunal de Contas** – "*órgão supremo de fiscalização da legalidade das despesas públicas e de julgamento das contas que a lei mandar submeter-lhe, ...*" (n.º 1 do art. 214.º da CRP);
- **Tribunais Militares** – que são constituídos durante uma situação de guerra e devem julgar os crimes de natureza estritamente militar (art. 213.º da CRP).

1.3.2. A tutela administrativa

Para além da defesa dos direitos subjetivos que é garantida pelos Tribunais, há que referir que, diariamente, os serviços públicos, através dos seus agentes, controlam a legalidade formal e material dos atos praticados pelos cidadãos, empresas, organizações e pelo próprio Estado; as Conservatórias do Registo Civil, Predial, Comercial e Automóvel, os Serviços de Finanças, as múltiplas Direções-Gerais, com todos os seus poderes inspetivos e fiscalizadores, e que representam a Administração Pública, promovem este controlo quando os interessados requerem o registo de atos, a ele sujeitos obrigatoriamente, e garantem a sua publicidade, porquanto as normas de direito registral permitem, a quem quer que seja, conhecer a situação jurídica das entidades que requerem esses mesmos registos.

1.4. Tutela privada

Como se disse, a tutela privada constitui uma exceção à regra geral e encontra-se prevista, expressamente, pelo art. 1.º do CPC. Constituem situações excecionais de autodefesa dos direitos as seguintes:

- **Ação direta** (art. 336.º do CC);
- **Legítima defesa** (art. 337.º do CC);
- **Estado de necessidade** (art. 339.º do CC);
- **Direito de retenção** (art. 754.º do CC).

1.4.1. Ação direta

O Direito Português permite ao cidadão o recurso à força para salvaguardar ou realizar o seu direito, estabelecendo, todavia, algumas "balizas" ou condições para que este recurso à força seja lícito, ou seja, conforme à lei.

Para tal é necessário que:

- O recurso à força se torne indispensável, por **não haver tempo útil para recorrer aos meios coercivos normais** (Polícias, Tribunais);
- A ação tenha como objetivo **evitar a inutilização prática do direito** desse cidadão;
- O agente **não use de força superior** àquela que é necessária para evitar o seu prejuízo.

Como se torna óbvio, caberá ao cidadão, colocado nestas circunstâncias, avaliar a adequação da força que terá de usar para evitar que o seu direito esteja em perigo, já que, como regra, o CC, no art. 334.º condena e considera ilegítimo o exercício de um direito C... *quando o titular exceda manifestamente os limites impostos pela boa-fé, pelos bons costumes ou pelo fim económico e social desse direito.*

Exemplificando:

A, proprietário de um prédio rústico, vê B a tentar saltar o muro para invadir a propriedade;

Para evitar o acto, usa o seu cão de guarda que afugenta o assaltante.

A, senhorio de B, impede este de entrar no locado, invocando o atraso no pagamento da renda. Tenta, inclusivamente, retirar todos os bens e equipamentos de B do imóvel; B, na iminência de se ver "despejado" sumariamente, usa da força e expulsa A do locado.

1.4.2. Legítima defesa

Dispõe o n.º 1 do art. 337.º do CC que se considera

> "...*justificado o ato destinado a afastar qualquer agressão atual e contrária à lei contra a pessoa ou património do agente ou de terceiro, desde que não seja possível fazê-lo pelos meios normais e o prejuízo causado pelo ato não seja manifestamente superior ao que pode resultar da agressão.*"

Deste modo, o legislador não pretende mais do que considerar **justificado** o ato pelo qual alguém, que não pode objetivamente socorrer-se de outros meios de defesa que não sejam aqueles de que dispõe no momento da agressão ou da ameaça, defende a sua vida ou a de terceiro, bem como os respetivos bens patrimoniais.

Daí que seja absolutamente indispensável que se verifique, na legítima defesa, um conjunto de características da atuação do agente e que decorrem do próprio enunciado do preceito, a saber:

- O agente visa afastar ou neutralizar uma agressão ou uma ameaça de **agressão atual**, ou seja, que está a decorrer no preciso momento em que se torna necessária a defesa;
- O agente pode intervir para defender os seus **direitos próprios ou de um terceiro**;
- Na defesa, o agente não deve utilizar uma **força manifestamente superior** à que seja necessária para afastar a ameaça ou neutralizar a agressão, sob pena de cometer excesso de legítima defesa.

Estabelece a lei o dever da **proporcionalidade** entre a força usada pelo agressor e a utilizada pelo agente em legítima defesa, isto é, entre a ação (agressão) e a reação (para evitar um murro, não se deve atingir o agressor com um tiro de caçadeira), sob pena de se incorrer em **excesso de legítima defesa,** punido por lei.

Não obstante, quando alguém use de **força excessiva e desnecessária em relação ao agressor**, o ato poderá ser igualmente justificado, se se provar que o excesso de força ficou a dever-se à perturbação ou ao medo não culposo, logo desculpável, do agente (n.º 2 do art. 337.º); é o caso da legítima defesa de quem reage a uma agressão que ocorre de noite ou em lugar ermo, suscetível de infundir uma natural perturbação ou medo, ou quando o agente se encontre notoriamente assustado, em circunstâncias que provocariam a mesma reação a qualquer cidadão, colocado em idêntica situação.

Exemplos:

A, ao entrar na sua casa, vê um meliante a assaltar a garagem. Para defender o seu património, e porque não tem tempo útil para chamar as forças policiais, usa um objecto contundente, como uma vara de pau, e dissuade o assaltante, podendo defender-se com o uso da força, desfechando umas pauladas, caso este não fuja.

A, ao circular numa artéria, verifica que B se encontra prestes a ser assaltado por um grupo de jovens, munidos de facas. Como pratica artes marciais, vai em socorro de B, desferindo golpes nos agressores, após o que consegue manietar as suas mãos, e chama as forças policiais.

1.4.3. Estado de necessidade

Nos termos do n.º 1 do art. 339.º do CC "*É lícita a ação daquele que destruir ou danificar coisa alheia com o fim de remover o perigo atual de um dano manifestamente superior, quer do agente, quer de terceiro.*"

Exemplos:

A utiliza o automóvel de B, sem autorização deste, para transportar C, um ferido grave ao hospital; no trajecto, tem uma pequena colisão que ocasiona danos no farolim.

Esta acção é lícita porque visa proteger o direito à vida de C, sem prejuízo da indemnização por dano a que haja lugar.

A circula a mais de 120 Km/hora porque se sentiu mal e pretende chegar rapidamente a um hospital. é interceptado pela PSP que verifica a transgressão e levanta um auto. Este auto poderá ser arquivado em face dos factos que justificam a violação do limite de velocidade.

1.4.4. Direito de retenção

Este direito vem consagrado no art. 754.º do CC, sob o título "Quando existe".

Trata-se de um direito que se traduz numa verdadeira **garantia de um credor** para que o seu devedor cumpra a obrigação a que está adstrito. Todavia, devido à complexidade literal deste preceito, passa-se a um exemplo académico que ilustra, com clareza, a natureza e função deste direito:

Exemplos:

A é o dono de um automóvel que manda reparar. B é o proprietário ou o gerente da oficina de reparações auto. O serviço da reparação é acordado e é feito o orçamento.

Na data em que o veículo se encontra pronto para ser entregue a A, este não quer pagar o preço da reparação. Assiste a B o direito de reter o automóvel de A até que este efectue o pagamento.

Conclui-se, do citado art. 754.º, que o direito de retenção é:

– U m direito conferido pela lei a um credor que, numa relação creditícia com outrem, é simultaneamente devedor do seu credor (B tem o dever de devolver o veículo a A mas tem o direito de receber o quantia da reparação que efetuou; A tem o direito de exigir a restituição do seu automóvel, mas tem o dever de pagar; assim, são ambos devedores e credores um do outro);

- Um direito admitido numa relação em que haja um **credor do seu credor** insatisfeito na sua contraprestação, pelo que retém em seu poder coisa do devedor até que este cumpra, coagindo-o a cumprir (a pagar).

Este direito pode advir de **despesas** efetuadas com a coisa, como é o caso de um serviço, bem como dos prejuízos causados por ela.

Há ainda **casos especiais** contemplados na lei (art. 755.º do CC) relativos ao direito de retenção de determinados operadores (**transportador, albergueiro, mandatário, gestor de negócios, depositário ou comodatário**).

Para além do disposto neste artigo, há outras situações previstas em diplomas normativos específicos, como acontece com o contrato de **agência ou representação comercial**, onde se consagra o direito de retenção do agente em relação a mercadorias e *stocks* em seu poder, pertenças do representado, quando este não tenha pago ao agente as quantias em dívida pelos contratos que, em seu nome e interesse, concluiu ou celebrou com os clientes que angariou.

2. Dos Tribunais

> *"Há quatro características que um juiz deve possuir: escutar com cortesia, responder sabiamente, ponderar com prudência e decidir imparcialmente"*
>
> Sócrates

> *"A injustiça num lugar qualquer é uma ameaça à justiça em todo o lugar."*
>
> Martin Luther King

2.1. Tribunal Constitucional

2.1.1. Criação

O Tribunal Constitucional foi criado em Portugal com a revisão da Constituição, operada em 1982, pela Lei Constitucional n.º 1/82, de 30 de setembro, tendo substituído a chamada Comissão Constitucional, órgão auxiliar do Conselho da Revolução, no controlo da constitucionalidade das leis.

De acordo com a lei que estabelece a Organização, Funcionamento e Processo do Tribunal Constitucional (Lei n.º 28/82, de 15 de novembro, com as alterações que lhe foram dadas por diplomas normativos posteriores, sendo a mais recente a **Lei Orgânica n.º 1/2022**, de 4 de janeiro) são **funções** deste tribunal, entre outras, *"...apreciar a inconstitucionalidade e a ilegalidade nos termos dos artigos 277.º e seguintes da Constituição e nos da presente lei»* (art. 6.º).

O Tribunal Constitucional assume, ainda, uma série de **competências** relativas ao Presidente da República, ao contencioso da perda do mandato de Deputados e Deputados Europeus, a processos eleitorais, a partidos políticos, coligações e frentes, a organizações que perfilhem a ideologia fascista, a referendos nacionais, regionais e locais, e a declarações de titulares de cargos políticos – arts. 7.º a 11.º-A.

2.1.2. Composição

O Tribunal Constitucional é composto por **treze juízes**, sendo dez designados pela Assembleia da República e três cooptados por estes (art. 12.º), para exercerem um **mandato não renovável de nove anos, contados desde a data da sua tomada de posse** (art. 21.º). Podem ser eleitos os cidadãos portugueses no pleno gozo dos seus direitos civis e políticos que sejam doutores, mestres ou licenciados em Direito ou juízes dos restantes tribunais (estes em número mínimo de seis) – arts. 12.º e 13.º.

Os juízes do Tribunal Constitucional são independentes e inamovíveis, não podendo cessar funções antes do termo do mandato para que foram designados, salvo nos casos previstos no art. 23.º (morte ou impossibilidade física permanente; renúncia; aceitação de lugar ou prática de ato legalmente incompatível com o exercício das suas funções; demissão ou aposentação compulsiva, em consequência de processo disciplinar ou criminal).

2.1.3. Competência

O Tribunal Constitucional aprecia:

- Pedidos de fiscalização preventiva da constitucionalidade;
- Pedidos de fiscalização abstrata da constitucionalidade ou legalidade;
- Recursos, reclamações e outros processos como os relativos à morte, impossibilidade física permanente, impedimento temporário, perda de cargo e destituição do Presidente da República;
- Processos eleitorais, processos relativos a partidos políticos, coligações e frentes, etc., tudo de acordo com a competência já atrás mencionada.

De facto, estabelece a CRP, no seu art. 277.º, n.º 1, que «*São inconstitucionais as normas que infrinjam o disposto na Constituição ou os princípios nela consignados*». Assim, como se pode constatar, uma das mais importantes competências do Tribunal Constitucional é a **apreciação preventiva de qualquer norma constante de tratado internacional** que tenha sido submetido para ratificação ao Presidente da República, de **decreto** que lhe tenha sido enviado para promulgação como lei ou como **decreto-lei** e de acordo internacional cujo decreto de aprovação lhe tenha sido remetido para assinatura (art. 278.º).

Também assume particular importância a **apreciação abstrata da constitucionalidade ou legalidade** das normas, previstas no art. 281.º, em que o Tribunal Constitucional pode declarar, com força obrigatória geral:

a) A inconstitucionalidade de quaisquer normas;
b) A ilegalidade de quaisquer normas constantes de ato legislativo com fundamento em violação de lei com valor reforçado;
c) A ilegalidade de quaisquer normas constantes de diploma regional, com fundamento em violação do estatuto da região autónoma;
d) A ilegalidade de quaisquer normas constantes de diploma emanado dos órgãos de soberania com fundamento em violação dos direitos de uma região consagrados no seu estatuto.

No âmbito dos **recursos interpostos das decisões dos tribunais**, o Tribunal Constitucional efetua a chamada fiscalização concreta da constitucionalidade e da legalidade. Efetivamente, é possível recorrer para este tribunal das decisões dos tribunais que recusem a aplicação de qualquer norma, com fundamento na sua inconstitucionalidade ou que apliquem norma cuja inconstitucionalidade haja sido suscitada durante o respetivo processo (art. 280.º).

De igual forma, e tal como previsto no n.º 2 do mencionado art. 280.º da CRP, "*Cabe igualmente recurso para o Tribunal Constitucional das decisões dos tribunais:*

a) Que recusem a aplicação de norma constante de ato legislativo com fundamento na sua ilegalidade por violação da lei com valor reforçado;

b) Que recusem a aplicação de norma constante de diploma regional com fundamento na sua ilegalidade por violação do estatuto da região autónoma;

401

c) Que recusem a aplicação de norma constante de diploma emanado de um órgão de soberania com fundamento na sua ilegalidade por violação do estatuto de uma região autónoma;

d) Que apliquem norma cuja ilegalidade haja sido suscitada durante o processo com qualquer dos fundamentos referidos nas alíneas a), b) e c)."

2.2. Tribunal Europeu dos Direitos do Homem

2.2.1. Criação

O Tribunal Europeu dos Direitos do Homem está previsto na Convenção para a Proteção dos Direitos do Homem e das Liberdades Fundamentais, elaborada no seio do Conselho da Europa. Esta Convenção foi adotada em Roma, em 4 de novembro de 1950, tendo entrado em vigor na ordem internacional em 3 de setembro de 1953. Tal como consta dos seus Considerandos, era intenção dos seus autores tomar as medidas que assegurassem a garantia coletiva de alguns dos direitos previstos na Declaração Universal dos Direitos do Homem de 1948.

Portugal assinou-a em 22 de setembro de 1976, depois da instauração do regime democrático, em 25 de abril de 1974, tendo entrado em vigor na ordem jurídica portuguesa em 9 de novembro de 1978, com algumas reservas então formuladas. Na sua versão original, a Convenção consagrava uma série de direitos e liberdades civis e políticos e estabelecia um sistema que visava garantir o respeito das obrigações assumidas pelos Estados Contratantes. Havia, então, três instituições a partilhar a responsabilidade deste controlo:

- A Comissão Europeia dos Direitos do Homem;
- O Tribunal Europeu dos Direitos do Homem;
- O Comité de Ministros do Conselho da Europa, composto pelos ministros dos Negócios Estrangeiros dos Estados Membros ou pelos seus representantes.

Nos termos da Convenção de 1950, os particulares não podiam pedir a intervenção do Tribunal. Só os Estados contratantes o podiam fazer. Mesmo no caso dos Estados que reconheciam o direito de recurso i ndividual, os requerentes individuais (pessoas singulares, grupos de particulares ou organizações não governamentais) só na Comissão podiam apresentar queixas dirigidas contra os Estados contratantes, por violação dos direitos garantidos pela Convenção. Acontece que, a partir de 1980, o aumento crescente do número de casos levados aos órgãos da Convenção tornou cada vez mais difícil a tarefa de manter a duração dos processos dentro de prazos razoáveis, tendo-se agravado o problema com a adesão de novos Estados a partir de 1990.

Em 11 de maio de 1994 foi adotado o **Protocolo n.º 11 à Convenção Europeia dos Direitos do Homem** que reformou o mecanismo de controlo, o qual entrou em vigor a 1 de novembro de 1998. Com ele foi criado um Tribunal único a funcionar permanentemente. O objetivo prosseguido foi o de simplificar, para diminuir, a duração dos processos, tornando o caráter judicial do sistema mais forte, completamente obrigatório e abolindo os poderes de decisão do Comité de Ministros.

2.2.2. Composição

O Tribunal Europeu dos Direitos do Homem instituído pela Convenção, com as alterações do Protocolo n.º 11, e de acordo com o estabelecido no art. 20.º, é composto por um número de juízes no máximo igual ao de Estados contratantes (em 16 de maio de 2007 eram quarenta e sete juízes). Os juízes são eleitos, por seis anos, pela Assembleia Parlamentar do Conselho da Europa, e são reelegíveis – art. 23.º, n.º 1.

Os juízes exercem as suas funções a título individual, não representam os Estados, e não podem desenvolver uma atividade incompatível com os seus deveres de independência e imparcialidade ou com a disponibilidade exigida pelo desempenho de funções a tempo inteiro – art. 21.º.

Qualquer Estado contratante (queixa estadual) ou qualquer parti cular que se considere vítima de uma violação da Convenção (queixa individual) pode dirigir diretamente ao Tribunal uma queixa, alegando a violação, por um Estado contratante, de um dos direitos garantidos pela Convenção. Com efeito, a competência do Tribunal está prevista no art. 32.º da Convenção, que estatui: "*A competência do Tribunal abrange todas as questões relativas à interpretação e à aplicação da Convenção e dos respetivos protocolos que lhe sejam submetidas nas condições previstas pelos artigos 33.º, 34.º e 47.º*", estando, portanto, abrangida **qualquer violação das disposições da Convenção** e dos seus protocolos que possa ser imputada a uma Alta Parte Contratante (art. 33.º).

De igual forma, o "*Tribunal pode receber petições de qualquer pessoa singular, organização não governamental ou grupo de particulares que se considere vítima de violação por qualquer Alta Parte Contratante dos direitos reconhecidos na Convenção ou nos seus protocolos. (...)*" (art. 34.º). Finalmente, e de acordo com o previsto no art. 47.º, o Tribunal pode, a pedido do Comité de Ministros, emitir pareceres sobre questões jurídicas relativas à interpretação da Convenção e dos seus Protocolos.

2.3. Tribunal de Justiça da União Europeia

2.3.1. Criação e competências

O Tribunal de Justiça da União Europeia não deve ser confundido com o Tribunal Europeu dos Direitos do Homem, nem com o Tribunal Internacional de Justiça ou com o Tribunal Penal Internacional.

Efetivamente, está consagrado nos Tratados que instituíram as então chamadas Comunidade Europeia do Carvão e do Aço (CECA), já extinta, a Comunidade Económica Europeia (cujo Tratado deu origem ao agora denominado Tratado sobre o Funcionamento da União Europeia) e a Comunidade Europeia da Energia Atómica (CEEA ou EURATOM). O Tratado da União Europeia, entretanto adotado, também lhe atribuiu algumas competências e na última alteração, aprovada pelo Tratado de Lisboa, ficou consagrado, expressamente, como uma das instituições europeias.

De facto, o Tratado de Lisboa introduziu algumas alterações às instituições europeias, tendo, porém, continuado a consagrar o Tribunal de Justiça, a par com o Tribunal Geral (antigo Tribunal de Primeira Instância) e tribunais especializados (ainda podemos mencionar também o Tribunal de Contas Europeu, que tem consagração independente como instituição europeia) como **instituições jurisdicionais europeias**. A missão essencial desta instituição consiste em **apreciar a legalidade dos atos das instituições europeias** e assegurar a **interpretação e aplicação uniformes do direito europeu.**

Para além disso, o Tribunal de Justiça, através da sua **jurisprudência**, foi criando ao longo dos anos a obrigação de os Estados (seja por intermédio das suas administrações ou por via das decisões judiciais) aplicarem plenamente o direito comunitário (melhor dizendo agora, direito europeu) no interior das respetivas esferas de competência e de protegerem os direitos conferidos por este aos cidadãos (aplicação direta do direito comunitário), deixando de aplicar qualquer disposição nacional que seja contrária ao direito comunitário, seja ela anterior ou posterior à disposição comunitária, o que se traduz no **primado** do direito comunitário sobre o direito nacional.

O Tribunal de Justiça veio ainda reconhecer o **princípio da responsabilidade dos Estados-Membros** pela violação do direito europeu, o que constitui, por um lado, um elemento que reforça decisivamente a proteção dos direitos conferidos aos particulares pelas disposições europeias e, por outro, um fator suscetível de contribuir para uma execução mais diligente das disposições europeias pelos Estados-Membros.

De acordo com o estabelecido na atual versão do Tratado da União Europeia (aprovada em Lisboa) o Tribunal é composto de **um juiz por cada Estado-Membro** (n.º 2 do art. 19.º), sendo assistidos por **oito advogados-gerais**, a quem "*cabe apresentar publicamente, com toda a imparcialidade e independência, conclusões fundamentadas sobre as causas que, nos termos do Estatuto do Tribunal de Justiça da União Europeia, requeiram a sua intervenção*" (art. 252.º do Tratado sobre o Funcionamento da União Europeia). Também, de acordo com este Tratado, os juízes e os advogados-gerais, nomeados, de comum acordo, pelos governos dos Estados-Membros por seis anos, após consulta ao comité previsto no art. 255.º, devem ser escolhidos de entre personalidades que ofereçam todas as garantias de **independência** e que reúnam as condições exigidas, nos respetivos países, para o exercício das mais altas funções jurisdicionais ou que sejam jurisconsultos de reconhecida competência (art. 253.º).

Como já dissemos, a missão essencial da instituição consiste em apreciar a legalidade dos atos das instituições europeias e assegurar a interpretação e aplicação uniformes do direito europeu. Porém, para o correto exercício da sua missão, foram atribuídas ao Tribunal de Justiça **competências jurisdicionais claramente definidas**, que este exerce no quadro dos Tratados e nos processos neles previstos, e que, resumidamente, podemos apresentar da seguinte forma (salientamos apenas os mais importantes, englobando aqui o que, por força do Tratado ou do Estatuto do Tribunal, possa ser competência do Tribunal Geral ou de tribunais especializados):

- *Ação por incumprimento (arts. 258.° a 261.°)*

Permite ao Tribunal de Justiça **fiscalizar o cumprimento pelos Estados-Membros das obrigações que lhes incumbem por força do direito comunitário**. Esta ação é precedida de um procedimento prévio que corre junto da Comissão Europeia, tal como previsto no art. 258.° ou 259.°, conforme a iniciativa tenha sido da própria Comissão ou de um outro Estado-Membro. Emitido o parecer da Comissão, se o Estado-Membro "faltoso" não se conformar com aquele parecer (ou se a Comissão não tiver formulado parecer no prazo de três meses a contar da data do pedido por um Estado-Membro), o assunto pode ser colocado à apreciação do Tribunal de Justiça, o qual se pronunciará sobre se houve, ou não, violação do direito consagrado nos Tratados por parte daquele Estado. Em caso afirmativo esse Estado deve tomar as medidas necessárias à execução do acórdão do Tribunal, sob pena de poder vir a ser sancionado pecuniariamente por este, a solicitação da Comissão (art. 260.°).

- *Recurso de anulação (art. 263.°)*

Através deste tipo de recurso, o recorrente pede a **anulação de um ato de uma instituição europeia ou do Banco Central Europeu** (regulamento, diretiva ou decisão). São da competência do Tribunal de Justiça os recursos interpostos por um Estado-Membro contra a Comissão, o BCE, o Parlamento Europeu e/ou o Conselho ou por uma instituição europeia contra um ato de outra instituição europeia.

O Tribunal é competente, nas mesmas condições, para conhecer dos recursos interpostos pelo Tribunal de Contas, pelo Banco Central Europeu e pelo Comité das Regiões com o objetivo de salvaguardar as respetivas prerrogativas.

Porém, também os particulares, pessoas singulares ou coletivas, podem interpor, nas mesmas condições, recurso das decisões de que sejam destinatários ou que lhe digam direta e individualmente respeito, bem como contra os atos regulamentares que lhe digam diretamente respeito e não necessitem de medidas de execução.

- ***Ação ou recurso por omissão (art. 265.º)***

Este tipo de ação ou recurso permite **fiscalizar a legalidade da abstenção de pronúncia por parte do Parlamento Europeu, do Conselho Europeu, do Conselho, da Comissão ou do Banco Central Europeu**. Todavia, este tipo de ação só pode ser intentado depois de a instituição em causa ter sido convidada a agir. Quando a ilegalidade da abstenção for declarada, compete à instituição visada pôr termo ao incumprimento através de medidas adequadas. Também aqui, **os particulares** podem recorrer ao Tribunal de Justiça para acusar uma das instituições comunitárias de não lhe ter dirigido um ato que não seja uma recomendação ou parecer.

- ***Ação ou Reenvio prejudicial (art. 267.º)***

O Tribunal de Justiça trabalha em colaboração com todos os órgãos jurisdicionais dos Estados-Membros, que são juízes de direito comum em matéria de direito da União Europeia. Assim, de maneira a garantir uma aplicação efetiva e homogénea de toda a legislação da União Europeia e evitar qualquer interpretação divergente, os **juízes nacionais** podem, e por vezes devem, **dirigir-se ao Tribunal de Justiça a fim de lhe pedir que esclareça um ponto de interpretação do direito europeu,** de modo a, designadamente, verificar a conformidade da respetiva legislação nacional com este direito. Através deste reenvio poder-se-á, também, pretender que se fiscalize a legalidade de um ato adotado por uma instituição europeia, com interesse para a causa em apreciação.

Com efeito, estatui o art. 267.º que:

> *"O Tribunal de Justiça da União Europeia é competente para decidir, a título prejudicial:*
>
> *a) Sobre a interpretação dos Tratados;*
>
> *b) Sobre a validade e a interpretação dos atos adotados pelas instituições, os órgãos ou os organismos da União;*
>
> *Sempre que uma questão desta natureza seja suscitada perante qualquer órgão jurisdicional de um dos Estados-Membros, esse órgão pode, se considerar que uma decisão sobre essa questão é necessária ao julgamento da causa, pedir ao Tribunal que sobre ela se pronuncie.*
>
> *Sempre que uma questão desta natureza seja suscitada em processo pendente perante um órgão jurisdicional nacional cujas decisões não sejam suscetíveis de recurso judicial previsto no direito interno, esse órgão é obrigado a submeter a questão ao Tribunal.*
>
> *Se uma questão desta natureza for suscitada em processo pendente perante um órgão jurisdicional nacional relativamente a uma pessoa que se encontre detida, o Tribunal pronunciar-se-á com a maior brevidade possível.".*

De salientar que o Tribunal responde mediante **acórdão ou despacho fundamentado e não através de um simples parecer,** pelo que o Tribunal nacional destinatário fica **vinculado** pela interpretação dada ou pela apreciação de validade efetuada. O acórdão do Tribunal de Justiça vincula também os outros órgãos jurisdicionais nacionais a que seja submetido um problema idêntico, tendo em conta, designadamente, o valor jurisprudencial das decisões proferidas por este Tribunal.

2.4. Tribunal Internacional de Justiça

2.4.1. Criação, composição e competência

Sobre o Tribunal Internacional de Justiça apenas uma breve apresentação para permitir a sua clara distinção do Tribunal Europeu dos Direitos do Homem e, particularmente, do Tribunal de Justiça da União Europeia.

De facto, o Tribunal Internacional de Justiça, que tem a sua sede no Palácio da Paz, na cidade da Haia, na Holanda, é o **principal órgão judi-**

ciário da ONU – Organização das Nações Unidas. Dos seis principais órgãos da ONU, é o único que não tem a sua sede em Nova Iorque. Foi criado em junho de 1945 pela Carta da ONU e começou a funcionar em abril de 1946. É composto por **quinze juízes** que são eleitos, por períodos de nove anos, pela Assembleia-Geral da ONU e pelo seu Conselho de Segurança. Para ser eleito, o candidato tem de receber uma maioria absoluta de votos em ambos os órgãos que votam simultânea mas separadamente. é permitida a reeleição destes juízes.

O Tribunal atua como um **Tribunal mundial**, e com uma **dupla jurisdição**. Está encarregado de resolver, conforme o Direito Internacional, as controvérsias de ordem jurídica entre Estados (jurisdição em casos contenciosos) e de emitir pareceres consultivos a respeito de questões jurídicas que possam ser-lhe submetidas por órgãos ou instituições especializadas da ONU (jurisdição consultiva). Com efeito, em situações contenciosas, o Tribunal tem de decidir, de acordo com a lei internacional, as controvérsias de natureza legal que lhe são submetidas pelos Estados. Uma **controvérsia legal internacional** pode ser definida como um desentendimento numa questão legal ou factual, um conflito, um desacordo de pontos de vista ou de interesses. **Só os Estados podem apelar e comparecer perante o Tribunal**; organizações internacionais, outras coletividades ou pessoas singulares ou coletivas não têm legitimidade para instaurar qualquer tipo de procedimento perante este Tribunal.

O art. 35.º do Estatuto do Tribunal define as condições de acesso dos Estados a este Tribunal; porém, ele só pode intervir numa disputa quando os Estados envolvidos tenham reconhecido a sua jurisdição, ou seja, nenhum Estado pode ser parte num procedimento que corra perante o Tribunal, a menos que tenha dado, de uma forma ou de outra, o seu consentimento. Sobre isto estabelecem, designadamente, de facto, os números 2 e 3 do art. 36.º do Estatuto o seguinte:

> *"2 – Os Estados partes do presente Estatuto poderão, em qualquer momento, declarar que reconhecem como obrigatória ipso facto e sem acordo especial, em relação a qualquer outro Estado que aceite a mesma obrigação, a jurisdição do Tribunal em todas as controvérsias jurídicas que tenham por objeto:*
> *a) A interpretação de um tratado;*

b) Qualquer questão de direito internacional;

c) A existência de qualquer facto que, se verificado, constituiria violação de um compromisso internacional;

d) A natureza ou a extensão da reparação devida pela rutura de um compro-misso internacional.

3 – As declarações acima mencionadas poderão ser feitas pura e simplesmente ou sob condição de reciprocidade da parte de vários ou de certos Estados, ou por prazo determinado.".

2.5. Tribunal Penal Internacional

2.5.1. Criação, composição e competência

Vejamos, agora, os aspetos mais salientes acerca do chamado Tribunal Penal Internacional, que não deve ser confundido com nenhum dos até aqui referidos, particularmente o Tribunal Internacional de Justiça.

Ora, uma das principais diferenças, senão mesmo a principal, entre o Tribunal Penal Internacional e o Tribunal Internacional de Justiça é que, este, consoante vimos, julga Estados, que são quem possui a chamada legitimidade processual para demandar ou ser demandado, ao passo que o **Tribunal Penal Internacional exerce a sua competência sobre indivíduos e não sobre Estados**.

Este Tribunal resulta de uma conferência diplomática que reuniu em Roma no ano de 1998, tendo adotado o respetivo Estatuto em 17 de julho desse mesmo ano, o qual entrou em vigor na ordem internacional a 1 de julho de 2002, após ter sido ratificado por, pelo menos, sessenta Estados. Entretanto, e até ao presente momento, cerca de cento e quatro Estados já o ratificaram e outros assinaram-no, aguardando-se a sua ratificação. Porém, algumas das mais importantes nações do mundo ainda não o assinaram ou ratificaram, nem manifestaram a vontade de o fazer, algumas delas até porque, desde o primeiro momento, manifestaram-se contra o referido Estatuto; estamos a falar, nomeadamente, dos Estados

Unidos da América e da China, que embora o tenham assinado ainda o não ratificaram.

Trata-se de um **Tribunal permanente** e não temporário, como foram os tribunais criados em 1993, em Haia, na Holanda, e em 1996, em Arusha, na Tanzânia, para julgar os crimes cometidos durante a guerra civil na ex-Jugoslávia (1991-1995) e o genocídio de mais de um milhão de pessoas, ocorrido no Ruanda em 1994, respetivamente.

De acordo com o art. 5.º do respetivo Estatuto, o Tribunal é competente para **julgar o crime de genocídio**, os **crimes contra a Humanidade**, os **crimes de guerra e o crime de agressão**, os quais, com exceção do último, se encontram definidos no referido Estatuto, nos artigos 6.º a 8.º.

Porém, vigora aqui o **princípio da complementaridade**, segundo o qual **o Tribunal só atuará se os meios judiciários normais do Estado envolvido não funcionarem devidamente**, pelo que o Tribunal Penal Internacional é um **tribunal de último recurso**; ele não atuará se um caso estiver a ser investigado ou houver acusação por parte de um sistema judicial nacional, a menos que os procedimentos nacionais não sejam genuínos, por exemplo, se apenas se destinarem a proteger ou isentar alguém da responsabilidade criminal que lhe podia caber.

O Tribunal é composto por **dezoito juízes**, os quais serão eleitos pela Assembleia dos Estados Partes, de entre pessoas de elevada idoneidade moral, imparcialidade e integridade, que reúnam os requisitos para o exercício das mais altas funções judiciais nos seus respetivos países. O tempo de mandato é de nove anos, sem possibilidade de reeleição.

3. Os Tribunais Portugueses

3.1. Considerações iniciais

A propósito da tutela pública judicial, tal como se encontra consagrada na ordem jurídica interna e na Constituição da República Portuguesa, e versada que está a matéria relativa ao Tribunal Constitucional, à sua orgânica e atribuições, cumpre agora tratar dos Tribunais Judiciais, de forma a consignar, aqui, algumas notas claras sobre a sua missão, competência (territorial, material e em razão do valor) e hierarquia.

Reiterando a CRP, a **LOSJ** (Lei n.º 62/2013, de 26 de agosto, com as alterações que lhe foram dadas, sendo a mais recente a da lei n.º 77/2021, de 23 de novembro), estatui que os **tribunais são "*... órgãos de soberania com competência para administrar a justiça em nome do povo.*"** (n.º 1 do art. 2.º) e que a eles compete "*assegurar a defesa dos direitos e interesses legalmente protegidos, reprimir a violação da legalidade democrática e dirimir os conflitos de interesses públicos e privados*" (n.º 3 do citado artigo). Igualmente consagra a **independência dos Juízes**, que devem julgar "*apenas segundo a Constituição e a lei*" e não estão sujeitos a quaisquer ordens ou instruções, salvo o dever de acatar as decisões proferidas, por via de recurso, pelos Tribunais superiores (art. 4.º).

Veremos, adiante, que há duas espécies de magistrados nos Tribunais, independentes entre si, e como se assegura a independência dos magistrados judiciais e a autonomia dos magistrados do Ministério Público, para além dos demais agentes que, quotidianamente, intervêm na administração da Justiça, a saber, Advogados, Solicitadores, gentes de Execução.

Em pouco mais de duas décadas, a organização e o funcionamento dos Tribunais foram objeto de alterações legislativas que traduzem um esforço, provavelmente menos bem ou insuficientemente sucedido, para agilizar a aplicação da Justiça, modernizar os tribunais, aproximar os cidadãos e as organizações à nobre atividade de Julgar e, essencialmente, assegurar a necessária celeridade na prolação das decisões judiciais, pois Justiça tardia nunca será reparadora.

Para que se possa ter uma noção, ainda que aproximada, do movimento "reformador" empreendido, aqui nos detemos sobre os mais relevantes diplomas normativos que enformaram e enquadram, atualmente, a atividade dos Tribunais Portugueses.

A **LOFTJ – Lei de Organização e Funcionamento dos Tribunais Judiciais, aprovada pela Lei n.º 3/99, de 13 de janeiro** (com as inúmeras alterações que lhe foram introduzidas posteriormente por outros diplomas legais, até ao ano de 2011, *v.g.* a Lei n.º 46/2011, de 24 de junho, que lhe conferiu a sua 17.ª versão) **foi revogada pela Lei n.º 52/2008, de 28 de agosto, abreviadamente denominada NLOFTJ – Nova Lei da Organização e Funcionamento dos Tribunais Judiciais,** a qual entrou em vigor no primeiro dia útil do ano de 2009 (já que o ano judicial corresponde ao ano civil).

Por sua vez, a NLOFTJ **acabaria por ser revogada pela LOSJ – regulamentada pelo Dec.-Lei n.º 49/2014, de 24 de março. A LOSJ entrou em vigor na data em que a sua regulamentação começou a produzir efeitos, a saber no dia 1 de setembro de 2014** (nos termos do art. 118.º do citado decreto-lei, e ressalvadas as exceções previstas expressamente neste preceito).

Para trás ficou a controvérsia gerada pelo chamado **"mapa judiciário"**, cuja memória perdurará especialmente nos Magistrados, Advogados e demais agentes que cooperam na administração da Justiça e no mundo dos tribunais. Pela sua importância histórica, e com o valor documental que não se pode postergar, nesta obra chamamos à colação algumas das reflexões trazidas a lume aquando da segunda edição desta obra, as quais, uma vez consolidade a LOSJ, se afigura que possam ter interesse para qualquer cidadão. Isto porque, **por força da lei, os tribunais Portugueses têm uma esfera territorial demarcada para a sua intervenção** (competência territorial). E foi, precisamente, com as alterações produzidas ao longo destas duas últimas décadas, que o legislador alterou o "rosto" dos Tribunais Portugueses, bem como a sua ligação ao território onde se encontravam implantados como símbolos da soberania portuguesa e de um dos seus poderes fundamentais que é o de Julgar.

3.2. A redefinição dos territórios da Justiça e a da estrutura judiciária – breves notas históricas

Como é óbvio, o desenvolvimento económico e social reclama que os Tribunais se adaptem a novas e mais complexas realidades, mormente quando se constata que o sistema de gestão e administração da Justiça não consegue acompanhar o volume das pendências e a crescente complexidade das causas submetidas à apreciação dos Tribunais. Como todos aceitamos, se se pretende administrar bem e adequadamente a Justiça, é imperativo que os Tribunais sejam organizados eficientemente e apresentem uma gestão racional de meios e recursos para responder à demanda e fazer tramitar processos.

Foi o XVII Governo Constitucional que avocou a tarefa de promover "*a gestão racional do sistema judicial*" mediante "*o ajustamento do mapa judicial ao movimento processual*", considerando-a uma preocupação fundamental e uma prioridade. O Ministério da Justiça de então encomendou ao Observatório Permanente da Justiça um estudo aprofundado sobre a realidade espacial e processual do país, dos recursos, das experiências comparadas com outros sistemas judiciários, tendo em vista promover uma **revisão profunda do mapa judiciário**.

De entre os vários estudos, repristinamos aqui o elaborado por Helena Maria Mesquita Ribeiro, Diretora-Geral da Administração da Justiça, a partir do qual se pode aferir da **evolução da organização judiciária Portuguesa desde 1841 até 2006**. Este estudo permite saber que, **em 1978, existiam 39 círculos judiciais e 216 comarcas.** À época, os critérios prevalentes eram estabelecer a **proximidade geográfica**, **integrar os tribunais de Trabalho, criar Tribunais de Instrução Criminal e extinguir Tribunais Especiais**.

Em **1988, os 39 círculos judiciais aumentaram para 47 e as 216 comarcas para 220.** Neste ano, o Dec.-Lei n.º 214/88, de 17 de junho, **eliminou os Julgados de Paz** e, de 1987 a 1999, promoveu-se e reforçou-se o movimento de **criação dos Tribunais de Círculo e dos Tribunais de Pequenas Causas. Neste mesmo período, consolidou-se o Círculo Judicial como a "*célula vital da nova organização judiciária*".** Daí que, **em 1993, havia já 55 Círculos e 224 Comarcas, com 63 Tribunais de Círculo e 145 Tribunais de Comarca**, com a possibilidade de agregação de comarcas (Lei n.º 24/92 e Dec.-Lei n.º 312/93) e foram criados **Tribunais de Pequena Instância** e **Varas Criminais**. Por outro lado, prosseguiu a **tendência para criar Tribunais de competência especializada**, com os Tribunais de Pequena Instância Cível que, em 1994, eram 8.

Em 1998, começou-se a defender a extinção dos Tribunais de Círculo que, em 1999 e por força da Lei n.º 3/99, são extintos, ao mesmo tempo que se **institucionalizaram as Varas e Juízos de Competência Especializada**. Os Tribunais de Instrução Criminal aumentaram de sete para dez, os Tribunais de Família e Menores, de nove passaram a vinte e nove, fundaram-se cinco Tribunais de Comércio, os quatro Tribunais Marítimos passaram a cinco, e os Tribunais de Trabalho, de sessenta e dois passaram a sessenta e seis.

Com a entrada em vigor da LOFTJ, em 1999, criaram-se e instalaram-se Juízos e Comarcas, e converteram-se os Juízos em Varas. O Dec.-Lei n.º 250/2007, de 29 de junho- que alterou a LOFTJ e entrou em vigor a 30 de junho de 2007 – introduziu **medidas urgentes de reorganização dos Tribunais**, com a criação e extinção de Varas e Juízos de vários Tribunais de Competência Especializada nas áreas do Direito da Família e Menores, do Trabalho, do Comércio e Penal, e ainda se criaram vários Juízos de Execução, o que provocou **alterações no Mapa dos Tribunais Judiciais de 1.ª Instância.**

De acordo com o estudo a que nos referimos, os **Tribunais de Círculo saldaram-se numa experiência mal sucedida** e, como forma de fazer face às novas formas de criminalidade e aos "mega processos", entendeu-se que seria necessário alterar a matriz territorial da organização judiciária, reformar a administração e a gestão dos Tribunais – introduzindo a ideia de Liderança – flexibilizar os recursos humanos – adotando novos modelos de gestão por objetivos – mudar as regras processuais, promover a inovação tecnológica, criar instalações adequadas, especializar e clarificar competências, com a adoção de novos modelos organizacionais.

Em síntese e em conclusão: a **Lei n.º 3/99 estabelecia que o território judicial** se dividia em **distritos judiciais, círculos judiciais e comarcas** (n.º 1 do art. 15.º) e que os Tribunais seriam de 1.ª e 2.ª Instâncias, sem prejuízo do Supremo Tribunal de Justiça (n.º 1 do art. 16.º). A **NLOFTJ**, aprovada pela **Lei n.º 52/2008, de 28 de agosto, dividiu o território judiciário em 39 circunscrições, repartidas por 5 distritos judiciais e 231 comarcas (agrupadas nos 5 distritos).** O **território nacional passou a estar dividido em distritos e comarcas** (art. 8.º) com a hierarquia e competências seguintes:

➢ **Tribunais Judiciais de 1.ª instância** – Tribunais de comarca que, por regra, são tribunais de **primeiro acesso,** onde a ação deve ser intentada, e podem **ser de acesso final.**
- Com competência para apreciar as causas que, de acordo com a lei processual, devem ser aí instauradas;
- Quando o volume ou a natureza do serviço o justificasse, **poderia haver na mesma comarca vários Tribunais** e os **Juízos** poderiam ser de **competência genérica, especializada ou específica**;
- Estes Tribunais designavam-se pelo nome da circunscrição onde se encontravam instalados (as **trinta e nove circunscrições).**

➢ **Os Tribunais de 2.ª instância, Tribunais da Relação – com sede no município que lhes dava o nome, podendo existir mais do que um em cada distrito judicial.**
- Com competência no respetivo distrito judicial;
- **Para efeitos de organização dos Tribunais da Relação, as comarcas agrupavam-se em cinco distritos judiciais**: Norte (com sede no Porto), Centro (com sede em Coimbra), Lisboa e

Vale do Tejo (com sede em Lisboa), Alentejo (com sede em évora) e Algarve (com sede em Faro), assim existindo os **Tribunais da Relação do Porto, de Coimbra, de Lisboa, de Évora e de Faro** (Cfr. Mapa I da NLOFTJ);

- **Conhecem, em recurso**, das causas de valor superior à alçada dos tribunais de 1.ª Instância (€ 5.000,00, em matéria cível, posto que em matéria penal não há alçada, havendo que aplicar as respetivas normas de direito processual penal relativas a recursos);
- De acordo com a NLOFTJ, têm **secções em matéria cível, em matéria penal, em matéria social**, em matéria de **família e menores** e em **matéria de comércio e de propriedade intelectual**, sendo que a criação destas duas últimas secções dependia do volume ou da complexidade do serviço;
- Contudo, quando não existissem secções em matéria social, de família e menores ou de comércio e propriedade intelectual, por não se verificar a situação referida no número anterior, caberia ao Tribunal da Relação da sede do distrito judicial ou, consoante os casos, do distrito mais próximo onde existissem tais secções, julgar os recursos das decisões nas respetivas matérias;
- **Em cada distrito judicial poderia existir um ou mais Tribunais da Relação**;
- Os quadros de Juízes dos **Tribunais da Relação do Porto e Lisboa** admitiam **um Juiz militar por cada ramo das Forças Armadas e um da G.N.R.** (art. 61.º da NLOFTJ).

➢ **O STJ – Supremo Tribunal de Justiça** – Tribunal superior, colocado no topo da hierarquia judiciária – sem prejuízo do Tribunal Constitucional – e com sede em Lisboa.

- O STJ **conhece, apenas, a matéria de direito**, ressalvados os casos em que a lei determine que assim não seja;
- É um **tribunal de recurso, nas causas cujo valor exceda a alçada das Relações** (€ 30.000,00 em matéria cível).
- Tem competência para todo o território nacional;
- **Tem secções em matéria cível, penal e social**, e uma **secção para julgamento de recursos das deliberações do Conselho Superior da Magistratura**;

- **Com um Juiz militar por cada ramo das Forças Armadas e um da G.N.R.** (art. 29.º-A, aditado pela Lei n.º 105/2003, de 10 de dezembro e arts. 37.º e 61.º da Lei n.º 52/2008).

3.3. A Lei da Organização do Sistema Judiciário – LOSJ

Como se disse, **a Lei n.º 62/2013, de 26 de agosto, que aprovou a LOSJ, introduziu uma drástica reforma do sistema judiciário.** Este diploma normativo tem vindo a ser sucessivamente alterado, a primeira das vezes pela Lei n.º 40-A/2016, de 22 de dezembro e a mais recente pela Lei n.º 77/2021, de 23 de novembro, sendo que, de igual forma, foram visadas disposições normativas contidas no Código de Processo Civil e no Código de Processo Penal. Por esta razão, aqui se registam as principais alterações introduzidas na LOSJ. Do preâmbulo da lei, assim alterada, resulta expressamente que a reorganização da "malha" e do território judiciários se basearam em **três pilares fundamentais**:

- Alargamento da base territorial das circunscrições judiciais, que, em regra, coincidem com as centralidades sociais;
- Instalação das jurisdições especializadas a nível nacional;
- Implementação de um novo modelo de gestão das comarcas.

A intenção do legislador foi, além da reorganização judiciária, "*centrada no cidadão e nas empresas, melhorar o funcionamento do sistema judicial e alcançar uma prestação de justiça de qualidade, apostando-se, para isso, fortemente na especialização, dotando todo o território nacional de jurisdições especializadas, pretendendo-se, assim, proporcionar uma resposta judicial ainda mais flexível e mais próxima das populações.*"

Prosseguindo, disse o legislador: "*As vantagens decorrentes do alargamento da jurisdição especializada, provenientes da maior concentração e especialização da oferta judiciária têm, a par da racionalização e o aproveitamento de recursos humanos, impacto no combate à morosidade processual e na extinção de processos pendentes, convivendo, estas e aquelas, com a programada descentralização dos serviços judiciários visando assegurar as legítimas expectativas dos cidadãos e das empresas.*".

A LOSJ adotou a nova matriz territorial das circunscrições judiciais, com a **agregação das anteriores comarcas em áreas territoriais de**

âmbito mais alargado, "*fazendo coincidir, em regra, as centralidades sociais com as novas comarcas, por se considerar que as suas capitais constituem centralidades objeto de uma identificação clara e imediata por parte das populações e também por estas serem providas de acessibilidades rodoviárias/ferroviárias fáceis, garantidas, bem como, uma oferta adequada de transportes.*".

Segundo este modelo de organização do território judiciário, e de acordo com o art. 33.° da LOSJ, **em cada uma das circunscrições territoriais (as 23 comarcas) existe um tribunal judicial de primeira instância que inclui um tribunal com competência territorial alargada e o tribunal de comarca**. Exceção feita a Lisboa e Porto e Regiões Autónomas. Em relação aos concelhos de Lisboa e da margem sul do rio Tejo (Almada, Seixal, Barreiro, Moita, Montijo e Alcochete) impôs-se ao legislador o alargamento da área de competência territorial da comarca de Lisboa, com o alargamento da especialização dos seus tribunais, de forma a aproximar a Justiça às pessoas e empresas, tendo em consideração, entre outros fatores, a mobilidade da sua população ativa e a escala demográfica à escala metropolitana. Quanto à circunscrição territorial dos Tribunais da Relação, abandonou-se a referência aos distritos judiciais e a sua competência territorial teve por referência os agrupamentos de comarcas.

Para efeitos de organização judiciária, o território nacional divide-se em vinte e três comarcas onde se instalaram 23 Tribunais Judiciais, com sede nas capitais dos distritos (Açores, Aveiro, Beja, Braga, Bragança, Castelo Branco, Coimbra, évora, Faro, Guarda, Leiria, Lisboa, Lisboa Norte, Lisboa Oeste, Madeira, Portalegre, Porto, Porto Este, Santarém, Setúbal, Viana do Castelo, Vila Real e Viseu) cujas sedes, área de competência territorial e composição foram definidas na LOSJ, a qual, alterada pela Lei n.° 40-A/2016, determina que **os Tribunais de Comarca desdobram-se em Juízos e estes podem ser de competência especializada ou de competência genérica e de proximidade.**

Entretanto, **o Decreto-Lei n.° 86/2016, de 27 de setembro alterou a regulamentação da LOSJ** e estabeleceu o regime aplicável aos tribunais judiciais de primeira instância, conforme haviam sido configurados pela alteração introduzida pela Lei n.° 40-A/20116, Assim, **redenominou-se as Secções em Juízos (art. 2.°), foram extintas Secções de Proximidade e foram criadas outras, bem como novos Juízos** (v.g. os Juízos de Família e Menores, como vêm elencados no n.º 1 do seu art. 5.º), **além de se ter alterado a área de competência territorial dos Juízos de Família e Menores** (identificados no n.º 2 do mesmo preceito normativo).

Assim (re)definido o território judiciário, **os tribunais judiciais de comarca organizam-se, agora, em Juízos de competência especializada – Juízos Centrais (cíveis e criminais) e Juízos Locais (cíveis, criminais, de pequena criminalidade, de instrução criminal, de família e menores, de trabalho, de comércio e execução** – art. 81.º da LOSJ.

Nos termos do art. 83.º, **os Tribunais de competência territorial alargada** são tribunais judiciais de primeira instância competentes para mais do que uma comarca ou para decidir sobre áreas especialmente referidas na lei e **têm competência especializada**, conhecendo de matérias determinadas, independentemente da forma de processo aplicável. Exemplificativamente, temos o **Tribunal da Propriedade Intelectual, o Tribunal da Concorrência, Regulação e Supervisão, o Tribunal Marítimo, o Tribunal de Execução das Penas, o Tribunal Central de Instrução Criminal**. Estes Tribunais têm competência para apreciar e decidir as acções e recursos que vêm definidas nos arts. 111.º a 116.º, respectivamente, da LOSJ e as suas sedes e áreas de competência territorial encontram-se definidas no Anexo III deste diploma estruturador do território judiciário.

Quanto aos **Juízos Centrais Cíveis,** dispõe o art. 117.º do mesmo diploma legal, consagrando que a estes cabe:

- **Preparar e julgar as ações declarativas cíveis com processo comum com um valor superior a € 50.000,00**;
- Exercer, no âmbito das ações executivas de natureza cível de valor superior a € 50 000,00, as competências previstas no CPC, em circunscrições não abrangidas pela competência de Juízo ou Tribunal;
- Preparar e julgar os **procedimentos cautelares a que correspondam ações da sua competência**;
- Fazer tramitar e decidir as ações que caibam aos Juízos de Comércio, caso nestas comarcas ele não exista;

- Julgar as acções que, **em virtude de se ter verificado alteração de valor da causa**, hajam de ser remetidas a estes Juízos (*v.g.*, por força de uma avaliação ao prédio que seja objecto da causa).

Os **Juízos Centrais Criminais** preparam e julgam os **processos-crime da competência do tribunal coletivo ou de júri** (artigo 118.°, n.° 1) e os de Porto e Lisboa são competentes para julgar os **crimes estritamente militares** (n.° 2 do mesmo preceito legal), os quais, de acordo com o Código de Justiça Militar, aprovado pela Lei n.° 100/2003, de 15 de novembro, integram "...*o facto lesivo dos interesses militares da defesa nacional e dos demais que a Constituição comete às Forças Armadas e como tal qualificado pela lei.*" (art. 1.°, n.° 2 deste Código).

Os **Juízos Locais Cíveis**, os **Juízos Locais Criminais** e os **Juízos de Competência Genérica** possuem competência na respetiva área territorial, **quando as causas não sejam atribuídas a outros juízos ou tribunal de competência territorial alargada**.

Dispõe o art. 130.° da LOSJ que os **Juízos Locais Criminais** são competentes para, entre outras matérias:

- Proceder à **instrução criminal, decidir quanto à pronúncia e exercer as funções jurisdicionais relativas ao inquérito**, onde não houver juízo de instrução criminal ou juiz de instrução criminal;
- Julgar os **recursos das decisões das autoridades administrativas em processos de contraordenação**, com exceção dos recursos expressamente atribuídos a juízos de competência especializada ou a tribunal de competência territorial alargada;
- Cumprir os **mandados, cartas, ofícios e comunicações que lhes sejam dirigidos pelos tribunais ou autoridades competentes**.

Os **Juízos de Pequena Criminalidade** são competentes para apreciar e decidir as causas a que corresponda a forma de processo sumário, abreviado e sumaríssimo, os recursos das decisões das autoridades administrativas em processo de contraordenação, quando o valor da coima aplicável seja igual ou inferior a € 15 000,00, independentemente da sanção acessória.

Impõe-se aqui discorrer sobre as **secções de proximidade**. De acordo com o art. 44.º do Dec.-Lei n.º 49/2014 (que regulamentou a Lei n.º 62/2013, de 23 de agosto, a LOSJ) estas denominadas secções de proximidade – terminologia que, a todos os títulos, é estranha à nomenclatura judiciária – são instalações fixas que funcionam na dependência da secretaria da comarca e que devem prestar serviços aos cidadãos e organizações, dos quais se destacam prestar informações de caráter geral, informações de natureza processual, salvaguardado o segredo de justiça, receber documentos e requerimentos destinados a qualquer das Secções da comarca, assegurar a realização de diligências processuais que sejam ordenadas para serem efetuadas nas ditas instalações, colher depoimentos através de teleconferência e outros atos que venham a ser determinados pelos órgãos de gestão, incluindo o apoio à realização de audiências de julgamento. As secções de proximidade podem, ainda, assegurar a realização de audiências de julgamento, se se verificar uma reduzida oferta da rede de transportes públicos que servem determinados municípios, acrescida pelas dificuldades que existam nas redes viárias, as quais distam, nalguns casos, mais de 50 quilómetros da instância local mais próxima.

Com efeito, a **Lei n.º 40-A/2016**, que introduziu a primeira alteração à LOSJ, consagrou, no seu art. 130.º, n.º 5, a competência destes juízos de proximidade, estabelecendo que a eles cabe:

- Realizar, sem prejuízo do disposto nos n.os 3 e 4 do art. 82.º, as **audiências de julgamento dos processos de natureza criminal da competência do tribunal singular** e outras **audiências de julgamento e diligências processuais ordenadas pelo Juiz competente**, nomeadamente quando haja **vantagens para a aquisição da prova ou as condições de acessibilidade dificultem gravemente a deslocação dos intervenientes processuais**;

- **Prestar informações de caráter processual**, no âmbito dos tribunais sediados na respetiva comarca, em razão do especial interesse nos atos ou processos, desde que observadas as limitações previstas na lei para a publicidade do processo e segredo de justiça;

- Receber papéis, documentos e articulados destinados a processos que corram ou tenham corrido termos em qualquer tribunal sediado na comarca;
- Operacionalizar e acompanhar as diligências de audição com recurso a equipamento tecnológico que permita a comunicação, por meio visual e sonoro, em tempo real;
- Praticar os atos que venham a ser determinados pelos órgãos de gestão.

Não obstante, há que consignar que, em nome de uma pretensa celeridade e agilização da Justiça, é um facto insofismável que, com a reforma do mapa e com o novo ordenamento do território judiciário, foram encerrados Tribunais absolutamente imprescindíveis para as regiões interiores de Portugal, tendo passado a funcionar, nas (frequentemente) vetustas instalações judiciais, anciãs mas respeitáveis, secções de proximidade. Não será, portanto, excessivo afirmar que os Tribunais que existiam nestas terras mais distantes da centralidade mas que são parcelas do território Português, aí funcionavam como verdadeiros símbolos da soberania do povo, mormente no que respeita a administração da Justiça. Com o seu esvaziamento, enquanto Tribunais, deixaram de ter a dignidade que lhes era inerente ou atribuída pelas comunidades locais e regionais, a que acresce o facto de, apesar desta reforma ter já uns anos, não ter sido ainda elaborado qualquer estudo que permita aferir dos "ganhos" desta profunda reforma, no que respeita a celeridade e a aproximação da Justiça ao cidadão.

Haverá, consequentemente, que se aguardar, ainda, que um observatório desta matéria possa elaborar um estudo rigoroso sobre as vantagens e/ou desvantagens introduzidas pela redefinição do território judiciário, sendo certo que a administração da Justiça nunca deverá ser perspetivada pelo Estado e pelo Governo como um custo, numa ótica meramente empresarial, por se tratar de matéria consagrada na Constituição da República Portuguesa e dizer respeito a um dos alicerces fundamentais do Estado de Direito Democrático e da Cidadania.

Finalmente, aqui se dá nota da diciplina contida no **Dec.-Lei n.º 101/2018, de 29 de novembro**, pelo qual se procedeu à **transferência de competências, no domínio da Justiça, para os órgãos municipais e entidades intermunicipais. Assim, nos termos do seu art. 5.º**, os órgãos municipais e as entidades intermunicipais têm competência para, no âmbito dos respetivos territórios, definir ações ou projetos de prevenção e combate à **violência contra as mulheres** e à **violência doméstica** (VMVD), de **proteção e assistência das suas vítimas**, realizando ações ou projetos de sensibilização e informação sobre a VMVD, em articulação com os parceiros locais, designadamente no âmbito do artigo 78.º da Lei n.º 112/2009, de 16 de setembro, na sua redação atual, sem prejuízo do disposto no artigo 80.º da mesma lei, participar na **promoção, constituição, organização e funcionamento de estruturas de atendimento** que assegurem, de forma integrada e continua, o atendimento, apoio e reencaminhamento personalizado das vítimas e seus filhos menores ou maiores com deficiência que se encontrem na sua dependência, tendo em vista a sua proteção e assistência, nos termos do disposto no artigo 61.º da Lei n.º 112/2009, de 16 de Setembro.

3.3.1. Categorias de Tribunais e sua hierarquia

De acordo com o art. 29.º da LOSJ, na sua redação actual, existem, **além do Tribunal Constitucional:**

- O **Supremo Tribunal de Justiça**;
- Os **Tribunais Judiciais de primeira instância** – em regra, os tribunais de comarca;
- Os **Tribunais Judiciais de segunda instância**- os **Tribunais da Relação** que se designam pelo nome do município em que se encontram instalados;
- O **Supremo Tribunal Administrativo** e demais tribunais administrativos e fiscais;
- O **Tribunal de Contas**.

Quanto aos **Tribunais Administrativos e Fiscais** dispõem os art.s 144.º e ss da LOSJ. A eles compete julgar os litígios emergentes de relações jurídicas administrativas e fiscais e a sua estrutura, competência, organização e funcionamento são definidos em diploma próprio.

Em relação ao **Tribunal de Contas**, estabelece o n.º 1 do art. 149.º do mesmo diploma que "*é o órgão supremo de fiscalização da legalidade e regularidade das receitas e das despesas públicas e do julgamento das contas que a lei mandar submeter-lhe, aprecia a boa gestão financeira e efetiva responsabilidades por infrações financeiras, competindo-lhe, nomeadamente:*

a) Dar parecer sobre a Conta Geral do Estado, incluindo a da segurança social, bem como sobre a conta da Assembleia da República;
b) Dar parecer sobre as contas das Regiões Autónomas dos Açores e da Madeira;
c) Exercer as demais competências que lhe forem atribuídas por lei.".

Dispõe o n.º 2 deste preceito que o Tribunal de Contas tem jurisdição e poderes de controlo financeiro no âmbito da ordem jurídica portuguesa, tanto no território nacional sendo que o âmbito da competência, composição, organização e funcionamento do Tribunal de Contas são determinados nos termos da Constituição e da lei (n.º 4 deste artigo).

Quanto aos **tribunais arbitrais e julgados de paz**, previstos no n.º 4 do art. 29.º da LOSJ, estabelece o art. 150.º da LOSJ que a arbitragem voluntária institucionalizada é uma modalidade admitida por lei para dirimir conflitos e, nos termos do art. 151.º da LOSJ, "***Os julgados de paz constituem uma forma alternativa de resolução de litígios, de natureza exclusivamente cível, em causas de valor reduzido e em causas que não envolvam matéria de direito da família, direito das sucessões e direito do trabalho***" e a sua competência, organização e funcionamento, bem como a tramitação dos processos da sua competência são definidos em diploma próprio, matéria que será tratada mais adiante nesta obra.

3.3.1.1. Os tribunais judiciais de primeira instância

Salvaguardado o que ficou dito a propósito da alteração à LOSJ, resta dizer que estes Tribunais, previstos no art. 33.º deste diploma normativo, integram os tribunais de competência territorial alargada e os tribunais de comarca. Os primeiros tribunais de competência territorial alargada são tribunais judiciais de primeira instância com competência para mais do que uma comarca ou sobre áreas especialmente referidas na lei, nos termos do art. 83.º da LOSJ.

Como se referiu, são **tribunais de competência territorial alargada**, concretamente, os Tribunais de Execução das Penas, o Tribunal Marítimo, o Tribunal da Propriedade Intelectual, o Tribunal da Concorrência, Regulação e Supervisão e o Tribunal Central de Instrução Criminal. São tribunais de competência especializada e conhecem de matérias determinadas, independentemente da forma de processo aplicável.

Sabendo-se que o território nacional se divide em vinte e três comarcas, nos termos do Anexo II da LOSJ, em cada uma das circunscrições existe um tribunal judicial de primeira instância, designado pelo nome da comarca onde se encontra instalado (*v.g.* Tribunal Judicial da Comarca do Porto, com sede no Porto e com uma circunscrição que abrange os municípios de Gondomar, Maia, Matosinhos, Porto, Póvoa de Varzim, Santo Tirso, Vila do Conde e Vila Nova de Gaia).

3.3.1.2. Tribunais da Relação

Dispõe o art. 67.º da LOSJ que os Tribunais da Relação são:

- Tribunais de 2.ª instância que se designam pelo nome do município em que se encontram instalados;
- Os quadros de juízes dos Tribunais da Relação de Lisboa e do Porto prevêem um juiz militar por cada ramo das Forças Armadas e um pela GNR (art. 69.º);
- Sem prejuízo das competências do Pleno, compete às secções, de acordo com a sua especialização, julgar:

  Recursos interpostos das decisões proferidas em tribunais inferiores;

  Ações propostas contra Juízes de Direito e Juízes Militares de primeira instância, **Procuradores da República e Procuradores-Adjuntos, por causa das suas funções**;

Processos por crimes cometidos pelos magistrados e juízes militares, bem como os recursos em matéria contraordenacional a estes respeitantes;
Processos judiciais de cooperação judiciária internacional em matéria penal;
Processos de revisão e confirmação de sentença estrangeira, sem prejuízo da competência legalmente atribuída a outros tribunais.

São cinco os tribunais da Relação, a saber:

Tribunal da Relação de Guimarães – cuja área de competência é das comarcas de Braga, Bragança, Viana do Castelo e Vila Real; **Tribunal da Relação do Porto,** com a competência territorial das comarcas de Aveiro, Porto e Porto Este e o Tribunal de competência territorial alargada do Tribunal de Execução das Penas do Porto; **Tribunal da Relação de Coimbra,** cuja área de competência é a das comarcas de Castelo Branco, Coimbra, Guarda, Leiria e Viseu e o tribunal de competência territorial alargada do Tribunal de Execução das Penas de Coimbra; **Tribunal da Relação de Lisboa,** com competência territorial das comarcas dos Açores, Lisboa, Lisboa Norte, Lisboa Oeste e Madeira e os Tribunais de competência territorial alargada do Tribunal da Propriedade Intelectual, Tribunal da Concorrência, Regulação e Supervisão, Tribunal Marítimo, Tribunal de Execução das Penas de Lisboa e Tribunal Central de Instrução Criminal; **Tribunal da Relação de Évora,** que abrange as comarcas de Beja, évora, Faro, Portalegre, Santarém e Setúbal e o Tribunal de competência territorial alargada do Tribunal de Execução das Penas de Évora.

3.3.1.3. Supremo Tribunal de Justiça (STJ)

- Tem sede em Lisboa (art.45.º);
- Fora dos casos previstos na Lei, os seus poderes de cognição circunscrevem-se à matéria de direito (art. 46.º);
- Compreende secções em matéria cível, em matéria penal e em matéria social (n.º 1 do art. 47.º) e uma secção para julgamento dos recursos das deliberações do Conselho Superior da Magistratura (n.º 2 do citado preceito);

- Integra um juiz militar por cada ramo das Forças Armadas e um pela Guarda Nacional Republicana (art. 50.º);

As **competências do Plenário do STJ** são as constantes do art. 52.º da LOSJ e, nos termos do art. 55.º da LOSJ, **compete às Secções** do Supremo Tribunal de Justiça, de acordo com a especialização:

- Julgar os recursos que não sejam da competência do Pleno das Secções especializadas;
- **Julgar processos por crimes cometidos por Juízes do Supremo Tribunal de Justiça e dos Tribunais da Relação e Magistrados do Ministério Público** que exerçam funções junto destes tribunais, ou equiparados, e recursos em matéria contraordenacional a eles respeitantes;
- Julgar as acções propostas contra os magistrados acima referidos;
- **Conhecer dos pedidos de *habeas corpus***, em virtude de prisão ilegal;
- Conhecer dos pedidos de revisão de sentenças penais, decretar a anulação de penas inconciliáveis e suspender a execução das penas quando decretada a revisão;
- Decidir sobre o pedido de atribuição de competência a outro tribunal da mesma espécie e hierarquia, nos casos de obstrução ao exercício da jurisdição pelo tribunal competente.

Dispõe o art. 53.º da LOSJ que compete ao **Pleno das Secções** do Supremo Tribunal de Justiça, segundo a sua especialização, **julgar o Presidente da República**, o **Presidente da Assembleia da República** e o **Primeiro-Ministro** pelos crimes praticados no exercício das suas funções, bem como julgar os recursos de decisões proferidas em primeira instância pelas Secções. Finalmente, cabe ao Pleno **uniformizar a jurisprudência**, nos termos da lei de processo.

3.4. Da Competência dos Tribunais Portugueses

O Código de Processo Civil, aprovado pela Lei n.º 41/2013, de 26 de junho, (que revogou o anterior CPC, aprovado pelo Dec.-Lei n.º 44129, de 28 de dezembro de 1961) no n.º 2 do seu art. 60.º que "*Na ordem interna, a jurisdição reparte-se pelos diferentes tribunais segundo a matéria, o valor da causa, a hierarquia judiciária e o território.*"

3.4.1. Competência material

Esta competência relaciona-se com a natureza intrínseca da matéria que é submetida à apreciação de um Tribunal. E, a este respeito, estabelece o art. 64.º da LOSJ que **os Tribunais judiciais têm competência para as causas que não sejam atribuídas a outra ordem jurisdicional** e o art. 65.º expressamente determina que **as leis da organização judiciária definem quais as causas que, em razão da matéria, devem ser apreciadas pelos tribunais e pelas secções de competência especializada, bem como aquelas que, em razão do seu valor, devam ser acometidas às instâncias centrais e locais** (art. 66.º).

3.4.2. Competência territorial

Os arts. 70.º e seguintes do CPC fixam as regras relativas à competência territorial dos tribunais, ou seja, os critérios legais que nos permitem saber em que Tribunal deverá ser proposta uma determinada ação judicial; a **regra geral prevista pelo n.º 1 do art. 80.º é a de que, na falta de uma regra especial que fixe outro critério, o Tribunal competente para apreciar uma causa será:**

- **O do domicílio do Réu;**
- **Ou, tratando-se de pessoas coletivas ou sociedades,** estas serão demandadas no Tribunal onde se situa a sede ou a administração principal ou, ainda, a sede da sucursal, agência, filial, delegação ou representação, conforme a ação seja dirigida contra a sociedade ou estas dependências (n.º 2 do art. 81.º do CPC);
- Se o réu for o Estado, o Tribunal competente para julgar será o do domicílio do autor.

Para determinadas ações o legislador estabeleceu **outros critérios** para a determinação desta competência, designadamente dispondo que:

- Devem ser propostas no "*tribunal da situação dos bens as ações referentes a direitos reais ou pessoais de gozo sobre imóveis, as ações de divisão de coisa comum, de despejo, de preferência e de execução específica sobre imóveis...*" (art. 70.º);
- As ações destinadas a obter o cumprimento das obrigações, a indemnização pelo não cumprimento ou pelo cumprimento defeituoso e a resolução do contrato por falta de cumprimento devem ser propostas no tribunal do domicílio do réu, sendo que o autor poderá optar pelo tribunal do lugar onde a obrigação deveria ser cumprida quando o réu seja uma pessoa coletiva ou quando, situando-se o domicílio do credor na área metropolitana do Porto ou de Lisboa, o réu tenha o seu domicílio na mesma área metropolitana (n.º 1 do art. 71.º);
- As ações de divórcio e separação de pessoas e bens devem ser intentadas no tribunal do domicílio ou da residência do autor (art. 72.º).

Deste modo, antes de propor uma ação judicial, ter-se-á de indagar **qual o tribunal competente para a apreciar**, em face destas normas de processo civil e outras previstas em códigos processuais específicos que determinam a competência territorial de um determinado tribunal. De resto, a LOSJ proíbe o denominado **desaforamento**, entendido como a deslocação de uma causa de um tribunal ou secção competente face à lei, para outro que o não seja, dado que a competência territorial de um órgão jurisdicional se fixa no momento em que a ação é instaurada.

3.4.3. Competência em razão do valor

Alçada dos Tribunais

Dispõe o art. 296.º do CPC que "*A toda a causa deve ser atribuído um valor certo, expresso em moeda legal, o qual representa a utilidade económica imediata do pedido.*" Efetivamente, numa petição, num requerimento, numa contestação, deverá ser indicado o valor da causa, para cujo cálculo também o CPC estabelece regras.

De resto, o valor indicado para a causa, de acordo com as regras do CPC, será atendível para determinar a competência do tribunal, a forma do processo de execução comum e a relação da causa com a alçada do tribunal (n.º 2 do referido preceito legal), bem como para efeito de custas judiciais, nos termos do CPC e do Regulamento das Custas Processuais (n.º 3).

A título de mero exemplo, estabelece o n.º 3 do art. 298.º do CPC o critério especial para a fixação do **valor de uma acção de alimentos definitivos ou para a contribuição nas despesas domésticas** – aquela onde um progenitor, v.g., pede ao outro que contribua nas despesas feitas com o alimentando, com a sua alimentação, vestuário, educação, formação, desporto, entre outras inerentes ao seu desenvolvimento individual e social ou que participe nos encargos normais da vida da família – consagrando que o valor desta acção será o correspondente ao **quíntuplo da anuidade correspondente ao pedido**.
Para melhor ilustrar, suponha-se que a mãe, divorciada, vive com o filho menor do casal, e peticiona ao outro progenitor a quantia de € 250,00 mensais. Este é o valor do pedido da autora. Aplicando-se a regra contida no n.º 2 do art. 307.º, o valor da causa será de € 15.000,00 (250,00 × 12 meses × 5 anos).

Decorre do art. 41.º da LOSJ que o critério do valor das ações é fundamental para aferir da competência entre as instâncias dos tribunais de comarca, estabelecendo as causas que competem às secções cíveis das instâncias centrais e às secções de competência genérica das instâncias locais, nas ações declarativas cíveis de processo comum.

Este valor será articulado com as normas referentes à **alçada** dos Tribunais, para se averiguar, quer do tribunal de acesso, quer da possibilidade de recurso. Entende-se por alçada **o valor limite até ao qual os Tribunais decidem a causa sem que possa ser recorrida a decisão**. A este respeito, estabelece o **art. 44.º da LOSJ**:

"1 – Em matéria cível, a alçada dos tribunais da Relação é de (euro) 30 000 e a dos tribunais de primeira instância é de (euro) 5000.
2 – Em matéria criminal não há alçada, sem prejuízo das disposições processuais relativas à admissibilidade de recurso.

3 – A admissibilidade dos recursos por efeito das alçadas é regulada pela lei em vigor ao tempo em que foi instaurada a ação."

3.4.4. Competência em razão da hierarquia

Como já atrás referimos, esta competência encontra-se prevista no art. 42.º do CPC que dispõe:

"1 – Os tribunais judiciais encontram-se hierarquizados para efeito de recurso das suas decisões.

2 – Em regra, o Supremo Tribunal de Justiça conhece, em recurso, das causas cujo valor exceda a alçada dos tribunais da Relação e estes das causas cujo valor exceda a alçada dos tribunais judiciais de primeira instância.

3 – Em matéria criminal, a competência é definida na respetiva lei de processo."

Existe, deste modo, uma relação de verticalidade entre os Tribunais Judiciais que determina que, na base da sua hierarquia, encontramos os **Tribunais de 1.ª instância** ou de comarca, que são os **tribunais de acesso para as causas em geral**.

Os **Tribunais da Relação** conhecem dos recursos interpostos das decisões proferidas pelos Tribunais de 1.ª instância, bem como das causas que, por lei, lhe são acometidas. Está neste caso a **confirmação e revisão de sentença proferida em tribunal estrangeiro**, cuja validade em Portugal depende da sua apreciação pelo Tribunal da Relação do distrito judicial em que esteja domiciliada a pessoa contra quem se pretende fazer valer a sentença.

O **Supremo Tribunal de Justiça** conhecerá dos recursos interpostos das decisões proferidas pelas Relações e, nos casos especialmente previstos na lei, pelos tribunais de 1.ª instância (art. 69.º do CPC).

3.5. Competência convencional

Estabelece o art. 95.º do CPC:

"1 – As regras de competência em razão da matéria, da hierarquia e do valor da causa não podem ser afastadas por vontade das partes; mas é permitido a

estas afastar, por convenção expressa, a aplicação das regras de competência em razão do território, salvo nos casos a que se refere o artigo 104.º.
2 – O acordo deve satisfazer os requisitos de forma do contrato, fonte da obrigação, contanto que seja reduzido a escrito, nos termos do n.º 4 do artigo anterior, e deve designar as questões a que se refere e o critério de determinação do tribunal que fica sendo competente.
3 – A competência fundada na estipulação é tão obrigatória como a que deriva da lei.
4 – A designação das questões abrangidas pelo acordo pode fazer-se pela especificação do facto jurídico suscetível de as originar." (negritado nosso)

Sem prejuízo de tudo o que atrás se expôs quanto a regras legais relativas à competência dos tribunais, a lei processual admite que as partes outorgantes, em contratos que são fonte de obrigações, expressamente clausulem que os litígios emergentes da sua relação sejam resolvidos por um determinado Tribunal. A esta possibilidade se dá o nome de foro convencional que, usualmente, é uma **faculdade usada pelos contraentes**, tendo em vista não onerar uma das partes com deslocações a tribunais longínquos da sede ou do domicílio de uma delas ou de ambas.

Quando um litígio emergente de uma dada relação jurídica tenha conexão com mais de uma ordem jurídica (além da Portuguesa) admite a lei processual que os contraentes atribuam a uma determinada ordem jurídica estadual (ou a entidade legalmente autorizada a promover a composição de conflitos, como os centros de arbitragem voluntária institucionalizada) a competência para resolver esse eventual litígio, como estabelece o art. 94.º do CPC, consagrando a figura dos **pactos privativos e atribuitivos de jurisdição**.

Contudo, este **só será válido quando se verifiquem cumulativamente os requisitos previstos no n.º 3 do referido preceito**, que são:

- O litígio não pode relacionar-se com direitos indisponíveis (casa-mento, filiação, crime, etc.);
- A designação do foro convencional é aceite pela lei do tribunal designado;

- A escolha justifica-se por um interesse sério de uma das partes ou de ambas mas não pode saldar-se num inconveniente para uma das partes;
- A questão não pode dizer respeito a matéria da exclusiva competência de Tribunais Portugueses.

Nos termos do n.º 4 do mesmo artigo, **a designação do foro convencional deve ser expressa em acordo escrito e assinado pelas partes, considerando-se, como tal, a troca de cartas, telex, telegramas ou outros meios de comunicação** de que resulte prova escrita, quer de tais documentos resulte expressamente o acordo, quer dos mesmos resulta cláusula que remeta para algum documento de que conste o dito acordo.

3.6. Conflitos de jurisdição e competência

Há um conflito de jurisdição "*quando duas ou mais autoridades pertencentes a diversas atividades do Estado, ou dois ou mais tribunais, integrados em ordens jurisdicionais diferentes, se arrogam ou declinam o poder de conhecer da mesma questão: o conflito diz-se* ***positivo*** *no primeiro caso e* ***negativo*** *no segundo.*" (art. 109.º do CPC).

Nesta situação, ou há tribunais que não querem apreciar a causa porque se consideram incompetentes, em razão da matéria ou do território (conflito negativo de competência) ou entendem que são ambos competentes para a sua apreciação (conflito positivo de jurisdição). Nos termos do art. 110.º do CPC, **o problema é resolvido pelo Supremo Tribunal de Justiça ou pelo Tribunal de Conflitos**, conforme os casos.

Estabelece o n.º 2 do art. 110.º que estes conflitos serão solucionados pelo presidente do Tribunal de menor categoria que exerce jurisdição sobre as autoridades em conflito e que, quando seja um Tribunal comum a aperceber-se da existência deste conflito, deverá suscitar oficiosamente a sua resolução junto do presidente deste Tribunal (n.º 1 do art. 111.º). Também pode qualquer uma das partes ou o Ministério Público arguir esta questão, que deverá ser julgada com caráter de urgência pelo presidente do Tribunal.

Este poderá considerar que inexiste o conflito e indefere o pedido ou se entender que existe conflito decidirá sumariamente o problema, notificando os Tribunais em conflito, o Ministério Público ou as partes que o tenham suscitado (art. 113.º).

3.7. Tribunal singular, coletivo e do júri

O tribunal singular compõe-se de um juiz, e as suas decisões denominam-se **sentenças**; o tribunal coletivo é integrado por três juízes, sendo um deles o presidente e os outros dois designados por asas, e as suas decisões tomam o nome de **acórdãos**, cada um deles com as competências que decorrem da própria LOFTJ (art. 105.º).

Quanto ao tribunal do **Júri**, refere-se aqui que este se compõe de um presidente, que é o presidente do tribunal coletivo (que pode ser o juiz de círculo ou o juiz do processo) e de jurados, cujo recrutamento e seleção são disciplinados por legislação própria (art. 110.º).

Em abono da verdade, ao invés da tradição americana, veiculada nas séries televisivas e nos filmes, **em Portugal não existe, praticamente, o recurso ao tribunal de júri**. Entre nós, encontra-se consolidada a prática de confiar no poder de livre convicção do juiz e de livre apreciação da prova que tenha sido produzida em audiência de julgamento. Esporadicamente, assistimos ao pedido de intervenção de jurados, especialmente nos processos que ganharam relevo mediático e que dizem respeito a causas crime; no entanto, a intervenção do júri está sujeita às normas de Processo Penal que a disciplinam.

3.8. Agentes da administração da Justiça

São vários os intervenientes na administração quotidiana da Justiça e no funcionamento dos Tribunais. Desde logo, as profissões judiciárias que se encontram previstas na LOSJ, a saber os magistrados que se distinguem em:

- **Magistrados judiciais** – juízes de Direito, nos tribunais de 1.ª instância e os juízes da jurisdição administrativa e fiscal;

- **Magistrados do Ministério Público**, a quem compete representar, junto dos Tribunais, o Estado, os menores e os incapazes, zelando pelo cumprimento da estrita legalidade.

Os juízes do Tribunal da Relação são **Desembargadores** e os do Supremo são **Conselheiros**, cujas decisões são Acórdãos.

O **Ministério Público** que, de acordo com o art. 10.º da LOSJ se encontra representado:

– No Supremo Tribunal de Justiça, no Tribunal Constitucional, no Supremo Tribunal Administrativo e no Tribunal de Contas, pelo Procurador-Geral da República e por procuradores-gerais-adjuntos;
– Nos tribunais da Relação e nos tribunais centrais administrativos por procuradores-gerais-adjuntos;
– Nos tribunais de competência territorial alargada, nas secções da instância central e da instância local e nos tribunais administrativos de círculo e tribunais tributários, por procuradores-gerais-adjuntos, por procuradores da República e por procuradores-adjuntos.
– Nos tribunais ou secções referidos no n.º 2 do art. 81.º e no n.º 3 do art. 83.º, a representação é assegurada, em regra, por procurador da República junto do Supremo Tribunal de Justiça, o Procurador-Geral da República; nos Tribunais da Relação são os Procuradores-Gerais-Distritais e os Procuradores-Gerais-Adjuntos e, finalmente, nos Tribunais de Comarca ou de 1.ª instância tomam o nome de Procuradores da República e Procuradores-Adjuntos.

Os magistrados judiciais, enquanto titulares de um ógão de soberania – o Tribunal -, são adstritos, no exercício das suas funções, ao cumprimento das normas constantes do **Estatuto dos Magistrados Judiciais**, aprovado pela Lei n.º 21/85, de 30 de julho e alterado por diplomas posteriores, sendo o mais recente a lei n.º 2/2020, de 31 de março. Do acervo das suas disposições, relevamos aqui alguns princípios que são trave-mestra do exercício da função, desde logo, o da sua independência. Estabelece o art. 4.º deste Estatuto que os magistrados judiciais **julgam apenas segundo a Constituição e a lei e não estão sujeitos a ordens ou instruções**, salvo o dever de acatamento pelos tribunais inferiores das decisões proferidas, em via de recurso, pelos tribunais superiores. Esta independência manifesta-se na **função de julgar, na direção da marcha do processo e na gestão dos processos que lhes forem aleatoriamente atribuídos,** e é assegurada pela sua **irresponsabilidade e inamovibilidade**, para além de outras garantias consagradas neste diploma e pela existência do Conselho Superior da Magistratura.

Deste modo, os magistrados judiciais **não podem ser responsabilizados pelas suas decisões**, salvo nos casos especialmente previstos na lei, em que poderão ser sujeitos, em razão do exercício das suas funções, a responsabilidade civil, criminal ou disciplinar (art. 5.º). Exceptuados estes casos, em que a sua falta constitua crime, a responsabilidade civil apenas pode ser efetivada mediante **ação de regresso do Estado contra o respetivo magistrado, com fundamento em dolo ou culpa grave** (n.º 3). A decisão de exercer o **direito de regresso sobre os magistrados judiciais** cabe ao Conselho Superior da Magistratura, a título oficioso ou por iniciativa do membro do Governo responsável pela área da Justiça.

Já os magistrados do Ministério Público vêm a sua função enquadrada e disciplinada pelo respectivo **Estatuto do Ministério Público**, aprovado pela Lei n.º 68/2019, de 27 de agosto, já alterada pela Lei n.º 2/2020, de 31 de março. Nos termos do seu art. 2.º, cabe ao Ministério Público representar o Estado, defender os interesses que a lei determinar, participar na execução da política criminal definida pelos órgãos de soberania, exercer a ação penal com obediência ao princípio da legalidade e defender a legalidade democrática, nos termos da Constituição, da Lei e do seu Estatuto.

Estes magistrados gozam de total **autonomia** em relação aos demais órgãos do poder central, regional e local, a qual se caracteriza pela sua **vinculação a critérios de legalidade e objetividade e pela exclusiva sujeição às diretivas, ordens e instruções** ínsitas no seu Estatuto.

Os **Advogados** são os mandatários forenses, constituídos pelos seus clientes, ou nomeados oficiosamente a pedido de quem o requeira, nos termos da legislação própria. Nisto consiste o denominado **patrocínio judiciário** e aos mandatários são garantidos **direitos essenciais, que configuram verdadeiras imunidades**, por se entender que a sua intervenção é indispensável à administração da Justiça (arts. 12.º, 13.º e 14.º da LOSJ). Como reflexo das imunidades legalmente consagradas, o Advogado vê reconhecido o seu direito, bem como efetivada a garantia, para:

- Guardar o segredo que lhe foi confiado;
- Exercer livremente o patrocínio;
- Não ser sancionado pela prática dos atos conformes aos Estatutos da sua profissão;
- Ter especial proteção nas comunicações que tenha de estabelecer com o cliente;
- Preservar o sigilo relativo à documentação essencial para a defesa.

A constituição de advogado é **obrigatória**, nos termos do art. 40.º do CPC, nas causas de competência dos tribunais com alçada, em que seja admissível recurso ordinário, nas causas em que seja sempre admissível o recurso, independentemente do valor, e nos recursos e causas propostas nos tribunais superiores.

Nestes casos, quando a parte não constitua advogado, o Juiz, oficiosamente ou a pedido da parte contrária, notificá-la-á para constituir mandatário judicial, dentro de um determinado prazo, sob pena de, tratando-se de autor, o réu ser absolvido do seu pedido, tratando-se de réu, ficar sem efeito a defesa ou não ter seguimento o recurso.

Quando não seja obrigatória esta constituição, as partes podem apresentar-se em Tribunal e conduzir a sua própria defesa ou, ainda, fazerem-se representar por Advogados Estagiários e Solicitadores.

Os **Solicitadores** são auxiliares na administração da Justiça, exercendo o mandato judicial nos casos em que a lei lhes permite e com as limitações nela estabelecidas; hoje, releva, todavia, a figura do **Agente de Execução** que, por indicação dos exequentes, se encarrega da tramitação dos processos executivos, uma vez que tenha aceitado a sua nomeação.

Para além destes agentes, há que relevar o vastíssimo quadro de **funcionários judiciais**, a quem cabe a gestão corrente dos processos, a sua distribuição e autuação, o registo, a emissão de recibos, o cumprimento das mais diversas formalidades e a realização de atos processuais, bem como o estabelecimento das comunicações entre os agentes processuais, mormente com o recurso aos meios eletrónicos.

Refira-se que a **Portaria n.º 89/2012, de 30 de março**, estabelece no seu art. 1.º que as **profissões regulamentadas na área da Justiça** são o Advogado, o Agente Oficial da Propriedade Industrial, o Notário e o Solicitador. Este diploma também consagra as autoridades nacionais competentes para reconhecer as qualificações profissionais para o exercício destas profissões por cidadãos de Estados-Membros da UE ou de Estados signatários do Acordo sobre o Espaço Económico Europeu.

3.9. Acesso ao Direito e aos Tribunais

O art. 2.º do CPC estabelece a "*Garantia de acesso aos tribunais*", pela seguinte forma:

> *"1 – A proteção jurídica através dos tribunais implica o direito de obter, em prazo razoável, uma decisão judicial que aprecie, com força de caso julgado, a pretensão regularmente deduzida em juízo, bem como a possibilidade de a fazer executar.*
> *2 – A todo o direito, exceto quando a lei determine o contrário, corresponde a ação adequada a fazê-lo reconhecer em juízo, a prevenir ou reparar a violação dele e a realizá-lo coercivamente, bem como os procedimentos necessários para acautelar o efeito útil da ação."*

Esta garantia constitucional consubstancia-se no **direito e na faculdade de qualquer cidadão propor ação em Tribunal para que os seus direitos sejam devidamente protegidos**, de forma eficaz e atempada. Deste modo, a decisão judicial pretende-se proferida em "***prazo razoável***", o que implicará o bom andamento processual, a normal tramitação dos processos, sem entraves, delongas, uso de expedientes manifestamente dilatórios que põem em crise o efeito útil de qualquer decisão, por mais meritória que ela venha a ser. Tal desiderato ainda encontra os maiores obstáculos, tendo em conta que o volume excessivo de processos provoca uma alta taxa de pendências judiciais, sem que se logre obter decisões transitadas ou definitivas, muitas das vezes por via dos articulados e recursos a que a parte vencida lança mão, não raramente para dilatar no tempo a execução efectiva e prática de uma decisão prolatada no Tribunal *a quo*.

Por outro lado, o direito de acesso aos Tribunais exige a eliminação de barreiras e entraves que impedem ou dificultam a obtenção de sentença que pode compor um conflito instalado entre partes. Daí que a todos deverá assegurar-se o **patrocínio judiciário**, quando este seja obrigatório, o qual, para quem tenha dificuldades de natureza económica e financeira, será concretizado através de um sistema de proteção jurídica concedida em forma de **apoio judiciário**, adiante tratado.

O regime jurídico do acesso ao Direito e aos Tribunais é, atualmente, o constante da **Lei n.º 34/2004**, de 29 de julho, que transpôs para a ordem jurídica Portuguesa a Diretiva n.º 2003/8/CE, do Conselho, de 27 de janeiro, com vista a melhorar o acesso à Justiça nos litígios transfronteiriços, através da adoção de regras comuns no que respeita ao apoio judiciário. Esta Lei foi **objecto de várias alterações – designadamente pela Lei n.º 47/2007,** de 28 de agosto – foi **regulamentada pela Portaria n.º 10/2008 de 3 de janeiro**, posteriormente alterada pela **Portaria n.º 210/2008, de 29 de fevereiro** e, ainda, pela **Portaria n.º 654/2010, de 11 de agosto.** Com estas Portarias, o sistema de acesso ao Direito foi regulamentado em aspetos procedimentais relevantes, mormente no que respeita o **valor da taxa** devida pela prestação de consulta jurídica, as **entidades de resolução alternativa de litígios** (centros de arbitragem e de mediação) às quais se aplica o regime de apoio judiciário, para além de se ter promovido a **regulamentação do processo da admissão dos profissionais forenses** no sistema de acesso ao direito, a nomeação e substituição de patrono e de defensor e o pagamento dos respetivos honorários e despesas, entre outros aspetos. A **última versão foi-lhe conferida pela Lei n.º 2/2020, de 31 de março**, a qual será aqui devidamente respigada.

3.9.1. Modalidades do regime: informação e proteção jurídicas

Dispõe a citada Lei n.º 34/2004, no n.º 2 do seu art. 2.º, que o regime de acesso ao direito e aos tribunais constitui uma responsabilidade do Estado e compreende:

- A **informação jurídica;**
- E a **proteção jurídica**, sob as formas de **consulta jurídica** e **apoio judiciário**.

A informação jurídica incumbe ao Estado e visa assegurar que o seu **Direito e ordenamento legal sejam conhecidos** por todos, através de publicação e de outras formas de comunicação e divulgação, deste modo contribuindo para o melhor exercício da cidadania, na perspetiva dos direitos e dos deveres legalmente estabelecidos. Esta função será assegurada, também, com a gradual criação de **serviços de acolhimento** dos cidadãos nos Tribunais e serviços judiciários.

Ora, qualquer cidadão pode hoje tomar conhecimento dos atos normativos publicados no Diário da República, através do sítio www.dre.pt, cujo acesso é gratuito e universal, ao contrário do que acontecia há umas décadas, em que se tornava necessário subscrever uma assinatura do DR ou, em alternativa, adquirir um exemplar, oneroso, o que podia impedir ou dificultar o conhecimento do texto da Lei, pese embora o facto de a ignorância da Lei não exonerar quem quer que seja do dever de a cumprir e observar.

A proteção jurídica integra a **consulta jurídica** e o **apoio judiciário**, e, nos termos do disposto no n.º 2 do art. 6.º da citada Lei, é concedida para "... *questões ou causas judiciais concretas ou suscetíveis de concretização em que o utente tenha um interesse próprio e que versem sobre direitos diretamente lesados ou ameaçados de lesão*".

A **consulta jurídica** está a cargo de gabinetes que devem cobrir o território nacional e aos quais qualquer cidadão pode recorrer, gratuitamente, aí recebendo orientações de profissionais forenses que apreciam, liminarmente, se existe, ou não, fundamento legal para a pretensão do consulente, a fim de lhe ser nomeado, posteriormente o respetivo patrono oficioso ou, em alternativa, mobilizar-se os mecanismos alternativos de composição de litígios (mediação, conciliação). Esta consulta visa prestar todos os **esclarecimentos técnicos sobre o direito aplicável a questões ou casos concretos** relacionados com interesses pessoais dignos de tutela jurídica ou direitos próprios que tenham sido lesados ou se encontrem ameaçados de lesão. Ainda comporta as **diligências extrajudiciais** que decorram diretamente do conselho jurídico prestado ou que sejam essenciais para o esclarecimento da questão submetida à apreciação do Advogado.

O **apoio judiciário,** a conceder ao cidadão que o requer, visa mitigar a sua demonstrada insuficiência ou falta de capacidade financeira para custear as despesas com o litígio, criando as necessárias condições para aceder aos tribunais, e aí propor ações ou contestar, ou, ainda, requerer o que for considerado indispensável para a produção da prova (caso das perícias) tendente á boa decisão da causa. Assim sendo, tal apoio poderá ser concedida na modalidade de:

- Dispensa, total ou parcial, do pagamento das **taxas de justiça** e demais encargos com o processo;
- **Nomeação de patrono** e pagamento dos seus **honorários**;
- Pagamento dos serviços prestados por agente de execução que tenha de ser designado;
- **Pagamento faseado** das despesas atrás elencadas.

Esta proteção será conferida a:

- **Todos os cidadãos nacionais e da U.E.**;
- **Estrangeiros e apátridas**[110] com título de residência válido em Portugal ou outro Estado-membro e que demonstrem encontrar-se

[110] Cidadão que nunca teve nacionalidade ou que, por qualquer motivo, perdeu a sua nacionalidade legal.

numa situação de **insuficiência económica**, impeditiva de contratar os serviços de Advogado e suportar os custos da lide judicial (taxas de justiça, custas processuais, taxas devidas pela realização de perícias, compensação a testemunhas, etc...);
- Estrangeiros e apátridas sem título de residência válido num Estado membro da EU mas que possam beneficiar deste direito na mesma medida em que um Português seria tratado pelas leis dos respetivos Estados.

Estabelece o art. 8.º deste regime legal que se encontra em situação de insuficiência económica "*... não tem condições objetivas para suportar pontualmente os custos de um processo.*".

As **pessoas coletivas com fins lucrativos** (como as sociedades comerciais) e os **EIRL** – estabelecimentos individuais de responsabilidade limitada – não têm direito a proteção jurídica (n.º 3 do art. 7.º) e as demais **pessoas coletivas sem fins lucrativos** (associações e as fundações) "*... têm apenas direito à proteção jurídica na modalidade de apoio judiciário*", com a condição de demonstrarem que não dispõem de recursos financeiros para o patrocínio de Advogado e o pagamento dos custos com a ação (n.º 4 do citado preceito normativo).

O pedido será analisado pelos serviços da **Segurança Social**, de acordo com os critérios que se encontram fixadas no Anexo à indicada Lei. e serão **excluidos** os indivíduos que se tenham colocado voluntariamente numa situação de insuficiência económica por, eventualmente, terem alienado ou onerado, total ou parcialmente, os seus bens (n.º 5 do art. 7.º).

Nos termos do art. 8.º-A, quando o requerente seja **vítima do crime de violência doméstica**, previsto no artigo 152.º do Código Penal, nos termos da Lei n.º 112/2009, de 16 de setembro, e lhe tenha sido atribuído tal estatuto, presume-se, até prova em contrário, que a vítima se encontra em situação de insuficiência económica, ser-lhe-á garantida a célere e sequente concessão de apoio judiciário, com natureza urgente.

3.9.2. Procedimento para requerer apoio judiciário

As alterações introduzidas ao regime de acesso ao Direito e aos Tribunais – designadamente pela Lei n.º 47/2007, de 28 de agosto, que estabeleceu as regras para a apreciação da alegada insuficiência económica de quem requer a proteção jurídica – provocaram, igualmente a alteração do regime contido na Portaria n.º 1085-B/2004, de 31 de agosto, promovida pela Portaria n.º 10/ 2008, de 3 de janeiro que revogou a primeira. Esta Portaria adequou e alterou o **modelo de requerimento de proteção jurídica** (aprovado pela Portaria n.º 1085 -B/2004, de 31 de agosto), estabelecendo que o interessado deverá requerer o apoio através de **formulário próprio**, gratuitamente cedido em formato papel, em qualquer serviço de atendimento da Segurança Social ou acedendo ao site http://www.seg-social.pt (suporte digital).

A Portaria n.º 10/2008, de 3 de janeiro, foi posteriormente alterada pela Portaria n.º 319/2011, de 30 de dezembro, encontrando-se, assim, consolidado o **Regulamento da Lei de Acesso ao Direito**.

Nos termos do art. 22.º da Lei n.º 34/2004, o **requerimento** de proteção jurídica é apresentado através da plataforma informática disponibilizada pelo sítio eletrónico da segurança social, que emite prova da respetiva entrega. Mas, em casos excepcionais, poderá ser apresentado em serviço de atendimento da segurança social. Com o seu pedido, o requerente deverá juntar os **documentos e meios de prova da alegada insuficiência económica.**

3.9.3. Tramitação do pedido

Os serviços a quem cabe apreciar o pedido deverão proceder à **audiência prévia obrigatória do requerente** de protecção jurídica, devendo notoficar o mesmo, por escrito, quando proponham uma decisão de indeferimento, total ou parcial, do pedido formulado, nos termos do Código do Procedimento Administrativo (art. 23.º da citada Lei n.º 34/2004).

Quando o requerente de protecção jurídica, devidamente notificado para efeitos de audiência prévia, não se pronunciar no prazo que lhe for concedido, a proposta de decisão converte-se em decisão definitiva, não havendo lugar a nova notificação. **A notificação para efeitos de**

audiência prévia deverá conter a expressa referência a tal cominação, sob pena de esta não poder ser aplicada.

Os serviços competentes devem apreciar o pedido no prazo de 30 dias, bem como notificar o requerente da concessão, ou não, do benefício do apoio judiciário. A falta de resposta, neste prazo, terá o valor de **indeferimento tácito**.

Caso tenha sido concedido tal apoio, a Ordem dos Advogados e/ou a Ordem dos Solicitadores serão, igualmente, notificadas para, no prazo legal, designarem o defensor ou patrono que será, também, notificado dessa nomeação, devendo o requerente contactar com o seu patrono assim nomeado, a fim de se acautelarem os prazos para a propositura de ação ou contestação ou realizar outra qualquer diligência processual. Assim sendo, o **utente do apoio judiciário tem o dever de cooperar** ativamente com o patrono ou o defensor que lhe tenha sido nomeado, comparecendo a todas as consultas agendadas, prestando as informações necessárias à propositura da ação ou à contestação/defesa, entregando os requerimentos, certidões e outra documentação que se proponha obter junto dos serviços competentes (e para cuja emissão não são cobradas quaisquer taxas, por se encontrarem legalmente abrangidos pela **isenção** prevista pelo art. 9.º desta Lei), sob pena de os defensores nomeados pedirem, legitimamente, escusa do seu patrocínio.

Se a colaboração inexistir ou não for eficaz, **o patrono e o defensor têm a faculdade de solicitar à sua Ordem profissional,** mediante requerimento fundamentado, e com as razões que subjazem à sua decisão, o **abandono das funções que lhe foram confiadas**. Este pedido será devidamente apreciado e, quando seja concedida a **escusa**, será nomeado novo patrono, salvo se a razão do pedido de escusa se relacionar com a falta de fundamento legal da pretensão do requerente do apoio judiciário.

Em matéria de Direito Penal, as normas que disciplinam a nomeação do defensor oficioso são as contidas no CPP e, em síntese, refere-se, aqui, que o arguido será advertido que lhe assiste o direito de escolher e constituir defensor ou requerer o apoio judiciário. De resto, a lei estabelece, como uma garantia e direito fundamental do **arguido detido**, que o seu primeiro interrogatório ou a audiência em processo sumário e outras diligências urgentes sejam assistidas pelo defensor escolhido ou nomeado de entre os que constam da lista de escalas de prevenção (art. 41.º da Lei n.º 34/2004). As funções do defensor cessarão mal o arguido tenha constituído mandatário.

3.9.4. Cancelamento e caducidade do pedido

A proteção jurídica pode ser cancelada ou retirada, na sua totalidade ou relativamente a alguma das suas modalidades, quando se verifique que:

- O requerente adquiriu meios suficientes para suportar a lide judicial;
- As razões que levaram a conceder a proteção jurídica não existem, em face de documentos supervenientes que provem a inexistência dessa alegada insuficiência económica ou quando, por decisão transitada em julgado, se prove que eles são falsos;
- O requerente litiga de má-fé;
- F oi fixada ao requerente desta proteção jurídica, em ação de alimentos, uma pensão que lhe permite já custear as suas despesas.

Para além do cancelamento, pode **caducar** a proteção que tenha sido legalmente concedida, quando:

- Falecer o requerente ou se extinguir ou dissolver a pessoa coletiva que a usufrui (salvo se, na ação, os herdeiros, em incidente de habilitação, juntarem cópia de requerimento do apoio judiciário e este vier a ser deferido);
- Decorrer 1 ano sobre a data da concessão do apoio, sem que tenha sido prestado qualquer serviço de consulta ou instaurada a competente ação.

4. Composição Extrajudicial de Litígios

4.1. Considerações prévias

Muitos dos litígios e conflitos de interesses podem ser resolvidos fora dos Tribunais, através de estruturas às quais a lei reconhece competência para este efeito. A este propósito, refere-se a Resolução do Conselho de Ministros n.º 175/2001, de 28 de dezembro, que chamava já a atenção para "*um grande desajustamento entre a nova, muito multiplicada e diversificada procura de tutela judiciária e a capacidade oferecida pelo sistema judicial*".

Pelos fundamentos vertidos neste diploma – que se relacionam com a organização de novos meios e a construção de um sistema que permita que a administração da Justiça seja mais acessível, mais próxima, mais célere, com maior economia de meios processuais e menores formalidades, sem prejuízo de equidade e dos princípios da participação dos cidadãos, entre muitas outras preocupações – foi decidido "**Reafirmar o firme propósito de promover e incentivar a resolução de litígios por meios alternativos, como a mediação e a arbitragem**..." (n.º 1 da Resolução) e, ainda promover a inclusão, em contratos celebrados com o Estado e pessoas coletivas públicas que integram a administração estadual, de cláusulas que privilegiam o recurso a meios alternativos de resolução de litígios e diferendos entre as partes contratantes.

Ficou, deste modo, expressamente consagrada a necessidade e admissibilidade legal de outras formas de composição de litígios, com o recurso a outras instituições que não sejam, apenas, os Tribunais judiciais, durante séculos os garantes da administração da justiça e da tutela pública dos direitos.

De entre as **formas extrajudiciais** para a composição de litígios, relevam:

- Os Julgados de Paz
- A Mediação
- A Arbitragem

4.2. Julgados de Paz

4.2.1. Natureza e objetivos

Os Julgados de Paz são tribunais que apresentam características especiais, e a sua competência encontra-se prevista na Lei n.º 78/2001, de 13 de julho, alterada pela Lei n.º 54/2013, de 31 de Julho.

Já aquando da reforma judiciária de Mouzinho da Silveira, estadista português que viveu entre 1780 e 1849, eram **tribunais da paróquia**, com uma circunscrição judicial que abrangia a área da freguesia; assim, com a instalação e o funcionamento destes tribunais, recuperou-se, ainda que de modo diverso, mais aprofundado, esta tradição.

Os Julgados de Paz resolvem questões e causas de natureza cível de valor reduzido, não podendo, todavia, intervir na composição ou resolução de conflitos que versem os direitos tutelados pelo Direito de Família, Direito das Sucessões e Direito do Trabalho, já que ou estão em causa direitos indisponíveis ou estas matérias se encontram acometidas a Tribunais Judiciais com competência material, especializada ou não, para a sua resolução. Muito em síntese, os Julgados de Paz:

- Têm **sede** no concelho ou freguesia para que são exclusivamente criados ou, quando haja agrupamento destas circunscrições administrativas, ficam sedeados em local designado no diploma da sua criação;
- Têm competência para apreciar e decidir **ações declarativas cujo valor não exceda a alçada dos tribunais de 1.ª Instância (€ 5.000,00)**;
- Não têm, consequentemente, competência para executar decisões judiciais de 1.ª instância;

➢ Podem conhecer das **ações** elencadas no art. 9.º da citada Lei n.º 78/2001, que, muito sumariamente se reportam a:

- **Incumprimento de contratos e obrigações** (desde que a obrigação **não seja de natureza pecuniária** e o credor originário seja pessoa coletiva);
- **Responsabilidade civil** contratual e extracontratual;
- Direitos sobre bens móveis e imóveis (questões relativas a **direitos de propriedade**, v.g. divergências referentes a passagem forçada momentânea, litígios entre condóminos ou entre estes e o administrador do condomínio, escoamento natural de águas, comunhão de valas, regueiros e valados, e sebes vivas, abertura de janelas, portas, varandas e obras semelhantes, paredes e muros divisórios, plantação de árvores, arbustos);
- Ações relativas à **posse e usucapião**;
- Ações relativas ao **direito de uso e administração da compropriedade, superfície, uso e habitação e direito real de habitação periódica**;
- **Arrendamento urbano**, com exceção do despejo;
- **Acidentes de viação;**
- Ações respeitantes a **garantias gerais das obrigações**;

E, **desde que não tenha sido apresentada participação criminal ou haja desistência** no respetivo processo, podem, ainda, apreciar os **pedidos de in demnização cível** decorrentes de:

- Ofensas corporais simples;
- Ofensa à integridade física por negligência;
- Difamação e injúrias;
- Furto simples;
- Dano simples;
- Alteração de marcos;
- Burla para obtenção de alimentos, bebidas ou serviços.

➢ Na **mediação**, as partes podem fazer-se representar por mandatários com poderes especiais para desistir, confessar ou transigir (acordar) e podem ser assistidas por advogados, peritos e técnicos nomeados para o efeito;

- Pode ser requerido o **apoio judiciário**;
- As partes podem desistir, a todo o tempo da mediação;
- Se o **pleito for resolvido em sede de mediação**, reduz-se o acordo a escrito, que é assinado pelas partes e passa a valer como sentença, depois de homologado pelo Juiz de Paz;
- Quando não seja alcançado o acordo, realiza-se a **audiência de julgamento**, com o número máximo de 5 testemunhas para cada uma das partes – que as devem apresentar – só se admitindo um único adiamento com base em falta devidamente justificada, quer do requerente, quer do demandado;
- A **sentença** tem o mesmo valor das decisões proferidas pelos tribunais de 1.ª instância e delas cabe recurso para o Tribunal de Comarca ou Tribunal de Competência Específica competente, desde que o valor da ação seja superior a € 2.500,00;
- A s **custas** são reduzidas, havendo de ser paga a **taxa única** de € 75,00 por cada processo tramitado (Portaria n.º 1456/2001, de 28 de dezembro). O demandante paga € 35,00 quando apresenta o seu requerimento e o demandado também, com a sua contestação.
- Se as partes chegarem a acordo, o valor global das custas é reduzido para € 50,00, com a devolução de € 10,00 a cada uma das partes;
- **A parte vencedora será reembolsada** do valor que pagou.

4.3. Mediação: Noção, vantagens e desvantagens

A mediação consubstancia um meio alternativo de resolução de litígios, em que as partes, os mediados, têm a garantia legal da confidencialidade do processo e assumem uma posição ativa, cabendo-lhes a responsabilidade pela solução a que conseguirem chegar, na composição do seu litígio.

As partes que recorrem, voluntariamente, a este meio, estão conscientes de que o querem usar, pelo que se reduz a carga de conflitualidade latente que é frequente, nos meios jurisdicionais comuns. Necessitam, apenas, da intervenção de um terceiro – o mediador – que, ao contrário do árbitro ou do juiz, não tem o poder de decidir.

Pela sua natureza e vocação, a mediação deve ser usada, preferencialmente, para dirimir – e prevenir – pequenos diferendos e problemas, designadamente de índole familiar e entre vizinhos.

Pode recorrer-se à mediação, como meio consensual de resolução de um litígio, quer no âmbito dos Julgados de Paz, onde aparece como uma fase prévia à intervenção do Juiz de Paz, quer fora da competência jurisdicional dos Julgados.

A **Portaria n.º 1112/2005**, de 28 de outubro, que aprovou o Regulamento referente à organização e funcionamento dos serviços de mediação, prevê, para além daquela que é desenvolvida nos Julgados de Paz, **o recurso geral ao serviço de mediadores**, definindo o objeto, o regime, os direitos e deveres e impedimentos do mediador, a sua remuneração e avaliação, que será remetida à Direção-Geral da administração Extrajudicial.

O mediador, no exercício das suas funções, deve ser neutro, isento, independente, e manter confidencialidade de tudo a que tiver acesso e conhecimento no desempenho das suas funções.

Ficará, também, impedido de, no futuro, ser árbitro, testemunha em processo conexionado com a mediação realizada, ou, ainda, fazer acompanhamento psicoterapêutico de qualquer das partes.

Sem prejuízo das competências psicossociais e profissionais reveladas por técnicos, certo é que a mediação, enquanto instrumento a que as partes podem lançar mão, como forma de evitar o acesso aos meios coercitivos normais – quer se trate dos Tribunais ou dos próprios Julgados de Paz – pode apresentar **riscos**, alguns decorrentes da reduzida experiência acumulada nesta área de intervenção, outros já relacionados com a própria personalidade e *modus operandi* do mediador, que, extravasando as suas competências legais, poderá induzir as partes a soluções que não correspondam a uma vontade real. Donde, se aconselha a que, recorrendo a estes serviços, **as partes titulares de interesses controvertidos tenham já, pelo menos, uma perceção clara do núcleo essencial do conflito que as divide, bem como da possível procedência, ou**

não, das respetivas pretensões, para que possam chegar a um acordo intrinsecamente consensual.

Por outro lado, e como facilmente se depreenderá, a adoção célere, simplificada e sem as máximas cautelas de mecanismos institucionais para a **aplicação de uma Justiça "desjudicializada" poderá por em crise os direitos e garantias fundamentais dos cidadãos**. Senão vejamos. Entre nós proíbe-se a solução de litígios pela via da tutela privada, a qual só se justifica nos casos expressamente consagrados na Lei, como acontece com a legítima defesa, a ação direta, o estado de necessidade e o direito de retenção. Fora deste quadro de urgência e necessidade imperiosa, a administração da Justiça e a aplicação da Lei aos casos concretos reclama a intervenção do Tribunal, como órgão de soberania competente para o exercício desta função, em nome do Povo.

A tentação de obter-se, na prática, uma Justiça rápida, com o descongestionamento de processos em Tribunal, a simplificação de procedimentos, a diminuição de custos para as partes (uma Justiça "mais barata") e outros interesses de natureza meramente logística ou administrativa, não se compadece com o ideal de Justiça que as partes devem sempre perseguir na solução dos litígios e diferendos que as separam.

Refira-se, a este propósito, os denominados "procedimentos simplificados" e os designados "Balcões" que se criaram para a celebração de atos e contratos relevantes. Qualquer cidadão, ainda que não especializado na técnica jurídica, sabe, por experiência ou saber empírico, o quão difícil pode ser uma partilha por óbito ou subsequente a um divórcio. Assim sendo, como aceitar que um processo desta natureza, que reveste, por regra, dificuldades extremas e pode suscitar incidentes da mais variada natureza (intervenções provocadas, invocação de usucapião, etc.) possa ser tramitado num balcão e através de um procedimento simplificado?

Será necessário e imperioso refletir sobre o estado da Justiça, a sua real eficácia e impacto atual junto dos administrados para compreender as grandes reformas ou realizar, as quais dependerão em absoluto da q ualidade das decisões proferidas, sem que se subordine esta eficiência à mera celeridade e desfecho dos processos.

4.3.1. Mediação em processo penal

A Lei n.º 21/2007, de 12 de junho, criou o regime de mediação penal, dando execução ao art. 10.º da Decisão-Quadro n.º 2001/220/JAI, do Conselho, de 15 de março, relativo ao estatuto de vítima em processo penal.

Com este procedimento, pretendeu-se dar ao **ofendido e arguido** a possibilidade de encontrarem, em conjugação de esforços e através do processo de mediação, um **acordo que considerem ser reparador dos danos emergentes do ilícito penal, bem como da paz social**.

Aqui, a mediação **só pode ter lugar** quando:

- O crime dependa, apenas, de queixa e tenha sido perpetrado contra pessoas ou o património;
- A pena prevista não seja superior a 5 anos;
- Não se trate de crime contra a liberdade ou autodeterminação sexual, ou peculato, corrupção e tráfico de influências;
- A vítima seja maior de 16 anos.

Os demais tipos legais de crime, pela sua natureza e gravidade, são impeditivos do recurso a uma composição voluntária e extrajudicial, atentos os bens jurídicos ofendidos.

Para que a mediação se realize, pode o Ministério Público, em qualquer fase do inquérito, e depois de serem recolhidos os indícios de se ter verificado o crime e de que o arguido foi o seu agente, designar o mediador, bem como pode esta iniciativa ser tomada por arguido e ofendido.

Na eventualidade de haver mediação e se chegar a acordo, estabelece o art. 6.º da citada Lei que não poderão ser neste incluídas **sanções privativas da liberdade**, nem estabelecidos **deveres que possam ofender a dignidade do arguido** ou cujo **cumprimento seja superior a 6 meses**.

O **acordo** será reduzido a escrito, equivalerá a **desistência da queixa**, por parte do ofendido, e deverá ser homologado pelo Ministério Público no prazo de 5 dias, com notificação imediata aos intervenientes na mediação. Todavia, se o acordo não for cumprido, o **ofendido tem o direito de apresentar, de novo, queixa**, no prazo de 1 mês, reabrindo-se o inquérito.

O processo de mediação deve estar concluído no prazo de 3 meses a contar da remessa do processo, podendo, porém, o mediador, requerer a prorrogação de prazo, por mais 2 meses, se verificar que existem sérias probabilidades de se alcançar acordo.

No caso do ofendido renovar a queixa, o Ministério Público concluirá pelo incumprimento do acordo e poderá recorrer aos serviços de Reinserção Social, aos órgãos de polícia criminal e outras autoridades.

A **Portaria n.º 68-A/2008**, de 22 de janeiro aprovou o **modelo de notificação do envio do processo para mediação penal**, o qual se encontra disponibilizado aos serviços do Ministério Público por via eletrónica.

Apesar deste regime estar já em vigor, a lei estabeleceu, no seu art. 14.º, um período experimental de 14 meses, nas circunscrições designadas pelo Ministro da Justiça, a fim de ser monitorizado e avaliado.

4.3.2. Mediação familiar e laboral

O SMF – Sistema de Mediação Familiar encontra-se previsto no nosso ordenamento jurídico, com o intuito de se resolver de forma voluntária, consensual, e extrajudicial diferendos ou aspetos controvertidos que as partes delimitam entre si, com a intervenção de um terceiro – o mediador – que, como já se referiu, deve ser isento e obedecer a um estrito código deontológico.

Estabelece, desde logo, o art. 1774.º do CC que *"**Antes do início do processo de divórcio, a conservatória do registo civil ou o tribunal devem informar os cônjuges sobre a existência e os objetivos dos serviços de mediação familiar.**"*.

Este sistema foi inicialmente orientado para alcançar soluções em matérias relacionadas com a rutura conjugal e passou a abarcar as questões inerentes ao exercício das responsabilidades parentais, à futura partilha dos bens do casal dissolvido, ao destino da casa de morada de família, entre outros.

Refira-se, todavia, que a serem alcançados **acordos**, em sede de mediação, **pode o Conservador do Registo Civil considerar que os mesmos não acautelam os interesses de um dos cônjuges ou dos filhos do casal**, pelo que convidará as partes a alterá-los, ou determinará a realização de diligências para a decisão da causa (art. 1776.º do CC), tudo sem prejuízo do que estabelece o art. 1776.º-A do mesmo Código, relativamente aos acordos sobre a regulação das responsabilidades parentais quanto a filhos menores.

As referências legais Portuguesas a este sistema encontram-se vertidas no Despacho n.º 12368/97, de 25 de novembro, que determinou a criação do GMF – Gabinete de Mediação Familiar, a funcionar na dependência do Ministério da Justiça, no Despacho n.º 1091/2002, de 4 de janeiro e, ainda, no Despacho n.º 18778/2007, de 22 de agosto.

Quanto à **mediação laboral**, há que fazer referência ao denominado **GRAL – Gabinete de Resolução Alternativa de Litígios**, criado pelo Dec.-Lei n.º 127/2007, de 27 de abril. Esta entidade sucedeu à Direção -Geral da Administração Extrajudicial que foi criada em 2000, com o objetivo de assegurar o acesso ao direito e alargar as "*modalidades de resolução alternativa de litígios*", tendo a sua orgânica sido aprovada pelo Decreto-Lei n.º 90/2001, de 23 de março.

O GRAL tem a missão de centralizar procedimentos em que intervêm os centros de arbitragem, os balcões da «Empresa na hora» e empresas, os organismos do Ministério da Justiça com as atribuições na área dos registos e da informática.

O **SML – Sistema de Mediação Laboral** foi criado através de um Protocolo celebrado, em 2006, entre o Ministério da Justiça e a Confederação da Indústria Portuguesa (CIP), a Confederação do Comércio e Serviços de Portugal (CCP), a Confederação do Turismo Português (CTP), a Confederação dos Agricultores de Portugal (CAP), a Confederação Geral dos Trabalhadores Portugueses – Intersindical Nacional (CGTP-IN) e a União Geral dos Trabalhadores (UGT).

Podem recorrer a este sistema as associações profissionais, as entidades em pregadoras e os sindicatos de forma a resolverem os litígios emergentes de contratos individuais de trabalho, excetuando-se as matérias relativas a direitos indisponíveis.

De entre as questões que podem ser solucionadas por mediação, indica-se as seguintes:

- **Redução da carga horária do trabalhador**, por iniciativa do empregador, com consequente redução de salário;
- **Recusa do trabalhador em exercer funções** correspondentes a categoria profissional não contratada;
- **Transferência do trabalhador** para local distinto daquele onde a empresa desenvolve a sua atividade;
- R ecusa de prestação de **trabalho suplementar**;
- **Recusa de formação** profissional ao trabalhador;
- I ncumprimento, pelo trabalhador, das **regras de segurança, higiene e saúde** no trabalho impostas por lei e pela empresa;
- V iolação, pela entidade empregadora, do **estatuto de trabalhador-estudante**;
- E m matéria de **acidentes de trabalho**, quando exista acordo entre entidade patronal e trabalhador em relação ao grau de incapacidade resultante do sinistro laboral, a mediação pode constituir uma forma de evitar a instauração de ação judicial e permitir que o trabalhador seja ressarcido com mais rapidez. Este processo não evitará, porém, a intervenção das competentes autoridades administrativas e dos peritos a quem cabe determinar o grau de incapacidade do trabalhador.

O recurso ao SML depende de acordo mútuo; contudo, nos termos do disposto no artigo 279.º-A do CPC, **o Juiz pode suspender a instância e, se entender conveniente, requerer a mediação, salvo quando alguma das partes expressamente se opuser a tal remessa.**

Dispõe o citado preceito legal que:

> *"1 – Em qualquer estado da causa, e sempre que o entenda conveniente, o juiz pode determinar a remessa do processo para mediação, suspendendo a instância, salvo quando alguma das partes expressamente se opuser a tal remessa.*

2 – Sem prejuízo do disposto no número anterior, as partes podem, em conjunto, optar por resolver o litígio por mediação, acordando na suspensão da instância nos termos e pelo prazo máximo previsto no n.º 4 do artigo anterior. 3 – A suspensão da instância referida no número anterior verifica-se, automaticamente e sem necessidade de despacho judicial, com a comunicação por qualquer das partes do recurso a sistemas de mediação.

4 – Verificando-se na mediação a impossibilidade de acordo, o mediador dá conhecimento ao tribunal desse facto, preferencialmente por via eletrónica, cessando automaticamente e sem necessidade de qualquer ato do juiz ou da secretaria, a suspensão da instância.

5 – Alcançando-se acordo na mediação, o mesmo é remetido a tribunal, preferencialmente por via eletrónica, seguindo os termos definidos na lei para a transação.".

4.4. Arbitragem

4.4.1. Noção

Trata-se aqui da denominada arbitragem voluntária institucionalizada.

Nesta modalidade extrajudicial para dirimir conflitos, as partes podem submeter a uma instituição, regularmente constituída de acordo com a lei, a solução de um conflito, desde que este **não verse direitos indisponíveis** (como é o caso de alimentos devidos a filhos menores).

Esta modalidade para a composição de litígios encontra-se regulada pela denominada Lei pela **Lei da Arbitragem Voluntária**, aprovada pela Lei n.º 63/2011, de 14 de dezembro, já em vigor, e que, por sua vez, revogou o anterior regime legal (vertido na Lei n.º 31/86, de 29 de agosto, posteriormente alterada pelo Dec.-Lei n.º 38/2003, de 8 de março). O atual regime introduziu alterações ao Código de Processo Civil, e, nos n°s 1 a 3 do seu art. 1.º, estabelece a noção legal de **convenção de arbitragem,** nos termos seguintes:

> *"1 – Desde que por lei especial não esteja submetido exclusivamente aos tribunais do Estado ou a arbitragem necessária,* ***qualquer litígio respeitante a interesses de natureza patrimonial*** *pode ser cometido pelas partes, mediante convenção de arbitragem, à decisão de árbitros.*

*2 – É também válida uma convenção de arbitragem relativa a **litígios que não envolvam interesses de natureza patrimonial**, desde que as partes possam celebrar transação sobre o direito controvertido.*

*3 – A convenção de arbitragem pode ter por objeto um litígio atual, ainda que afeto a um tribunal do Estado (**compromisso arbitral**), ou litígios eventuais emergentes de determinada relação jurídica contratual ou extracontratual (**cláusula compromissória**).*

(negritado nosso)

Desde que não estejam em causa matérias controvertidas indisponíveis, as partes podem recorrer a esta modalidade de composição extrajudicial de conflitos, presentes ou eventualmente emergentes de uma relação jurídica que tenham estabelecido entre si; para este efeito, deverão celebrar uma **compromisso arbitral**, pela qual se obrigam a submeter à apreciação de uma determinada instituição de arbitragem a resolução de um **litígio atual** (que pode ser já objeto de processo afeto a Tribunal Judicial) ou de um **futuro litígio**, que possa eventualmente emergir de uma relação jurídica ou contrato que tenham outorgado.

Neste caso, as partes incluirão neste contrato uma cláusula, vulgarmente designada **cláusula compromissória**, que as vinculará ao dever de resolver o conflito por esta via.

O **Estado e outras pessoas coletivas de direito público** podem celebrar convenções de arbitragem, se para tanto forem autorizados por lei especial ou se elas tiverem por objeto litígios respeitantes a relações de direito privado.

Nos termos do art. 2.º da citada Lei, a convenção de arbitragem deve ser reduzida a escrito; contudo, considera-se ter sido celebrada quando as partes aceitem esta modalidade através de **documento escrito** que pode assumir a forma de corres pondência trocada entre elas, como cartas, telegramas, faxs, *e-mail* ou qualquer documento de idêntica natureza e de que fique prova escrita dessa mesma vontade. Deste modo, fica assumido o **compromisso arbitral**.

Por outro lado, a convenção de arbitragem pode ser **modificada** pelas partes até à aceitação do primeiro árbitro ou, com o acordo de todos os árbitros, até à prolação da sentença arbitral (n.º 1 do art. 4.º), e, ainda, podem as partes **revogá-la** até à prolação da sentença arbitral (n.º 2 do citado preceito nor mativo).

Registe-se que, salvo convenção em contrário, a morte ou extinção das partes não faz caducar a convenção de arbitragem nem extingue a instância arbitral (n.º 4 do mesmo artigo).

Na arbitragem as partes confiam a decisão do litígio a **um único ou a vários árbitros**, que compõem o denominado tribunal arbitral, os quais deverão ser em número ímpar e deter as competências específicas e os conhecimentos adequados para a matéria que foi levada à sua apreciação. Quando na convenção de arbitragem, ou em escrito posterior assinado pelas partes, estas não indicarem o número de árbitros, o tribunal será composto por três árbitros (art. 8.º).

Estes árbitros, que devem ser sempre **pessoas singulares e com plena capacidade jurídica**, assumem a qualidade de autênticos peritos, já que devem ser titulares de conhecimentos profundos sobre as matérias que irão apreciar, o que lhes permitirá decidir da questão, com **isenção e absoluta imparcialidade**.

Para além destes requisitos, estabelece a Lei que os árbitros "*não podem ser responsabilizados por danos decorrentes das decisões por eles proferidas, salvo nos casos em que os magistrados judiciais o possam ser.*" (n.º 4 do art. 9.º). Desta forma, **a lei faz aplicar aos árbitros o princípio da irresponsabilidade destes pelas decisões** que hajam tomado, princípio que, na ótica dos autores, seria de postergar, tendo em apreço duas ordens de razões:

- A arbitragem é, por via de regra, um procedimento que se pretende célere mas que é dispendioso para as partes envolvidas;
- Todo e qualquer decisor deve ser responsabilizado pelas suas decisões, positiva e negativamente, mormente quando tais decisões, por ineptas, inadequadas ou desconformes com o Direito aplicável, provocam danos na esfera jurídica da parte que a elas tem de se sujeitar.

Os árbitros poderão, nos termos do ar. 10.º da mencionada Lei, ser designados pelas partes, de acordo com a lista de árbitros da própria entidade de arbitragem, quer na convenção de arbitragem, quer em escrito posterior, ou, ainda, estabelecer a forma como haverão de ser designados, podendo, designadamente, confiar esta tarefa a terceiros.

Nos termos da Lei da Arbitragem Voluntária (art. 30.º), garante-se às partes uma tramitação processual que respeite os **princípios** fundamentais seguintes:

- Absoluta igualdade;
- Princípio do contraditório, em todas as fases do processo, salvo nos casos expressamente previstos nesta Lei;
- Direito de as partes serem ouvidas, oralmente ou por escrito, antes de ser proferida a decisão final, de forma a fazerem valer os seus direitos.

4.4.2. Tramitação do processo de arbitragem

Muito sucintamente, se refere aqui os passos essenciais na tramitação deste processo. Assim:

- ➢ A parte que pretenda instaurar o litígio no tribunal arbitral, deve apresentar a sua **petição, devidamente fundamentada**, considerando-se que o processo arbitral teve o seu início na data em que o demandado é notificado da submissão daquele pedido (n.º 1 do art. 33.º);
- ➢ A parte demandada poderá apresentar a sua **contestação**, no prazo fixado, e, ainda, deduzir um pedido **reconvencional**, desde que este se contenha na convenção arbitral;
- ➢ As partes podem **alterar ou completar a petição ou a contestação**, em qualquer fase do processo, a não ser que o tribunal arbitral recuse, com base na extemporaneidade ou atraso, sempre que este não se encontra justificado;
- ➢ Salvo convenção das partes em contrário, cabe ao tribunal arbitral decidir se a questão será resolvida, exclusivamente, com base na **prova documental e outros meios** de prova ou **se haverá**

lugar a uma ou mais sessões de audiência de julgamento, devendo realizá-las sempre que sejam requeridas por uma das partes (n.º 1 do art. 34.º);

- As partes podem fazer-se representar no tribunal arbitral;
- As partes podem pôr termo ao processo mediante **acordo ou transação**, a qual será homologada, salvo se ferir algum princípio de ordem pública (art. 41.º);
- Se o tribunal arbitral houver que decidir, será através de **decisão arbitral (sentença)**, que deverá ser tomada pela maioria dos membros do tribunal arbitral ou, quando seja impossível formar a maioria, pelo presidente do tribunal, devidamente fundamentada, e notificada a ambas as partes, remetendo-lhes um exemplar assinado pelo ou pelos árbitros que decidiram sobre o mérito da questão (art. 40.º);
- E sta decisão tem **força executiva** similar à de uma sentença proferida por Tribunal Judicial de 1.ª instância(art. 47.º);
- Contudo, poderá ser objeto de **impugnação** (através de pedido de anulação a um Tribunal Judicial) quando se verifique qualquer das circunstâncias previstas no n.º 3 do art. 46.º;

A Lei da Arbitragem Voluntária prevê, nos seus arts. 49.º e ss. a **arbitragem internacional** que contempla interesses de comércio internacional. Neste caso, os contratantes, poderão escolher o direito material aplicável pelos árbitros, se não os autorizarem a decidir de acordo com as regras da equidade. A **decisão arbitral será irrecorrível**, salvo se as partes tiverem, expressamente, previsto e acordado a faculdade de recorrerem da decisão para outro tribunal arbitral e regularem os termos deste recurso (art. 53.º).

4.4.3. Notas finais

Como se disse, esta arbitragem desenvolve-se no seio de instituições regularmente criadas, ao abrigo da legislação que lhes outorga competência para esta modalidade de composição e resolução de litígios, e com a especificação, em cada caso, do caráter especializado ou geral das arbitragens que podem levar a cabo.

Na prática, pode constituir uma **modalidade muito célere** de resolver conflitos, fora do âmbito dos Tribunais e sem prejuízo da qualidade da decisão, já que o ou os árbitros deverão ser técnicos altamente qualificados nas matérias controvertidas e, deste modo, competentes para proferir a decisão. De resto, as partes que subscrevem convenções de arbitragem ou inserem, nos seus contratos, cláusulas que para ela remetem, pretendem uma efetiva e rápida solução de um eventual litígio que possa decorrer da sua relação contratual.

Em Portugal, existem os chamados **Centros de Arbitragem**, legalmente autorizados a funcionar, junto de associações empresariais, sindicatos, universidades e outras entidades, com competência para uma vasta gama de matérias conflituais, designadamente as emergentes de contratos comerciais, da atividade das indústrias da madeira e mobiliário, da Hotelaria, Turismo e Restauração, do consumo, do desporto, da construção civil e obras públicas, da atividade imobiliária, das relações de inquilinato, bem como as relações controvertidas que se suscitem quanto a direitos intelectuais, publicidade, seguros automóveis, valores mobiliários, entre outras.

Porém, há que não esquecer que se trata de uma resolução de litígios que resulta frequentemente dispendiosa – já que as partes recorrem a árbitros, cujas funções são altamente remuneradas – e que pode apresentar riscos, os quais deverão ser avaliados e calculados pelas partes contratantes. Assim sendo, a tónica para esta forma alternativa de litígios deverá ser colocada na qualidade demonstrada pela entidade de arbitragem, no valor e imparcialidade das suas decisões.

ÍNDICE